감각의 역사

감각의 역사

Aisthetik

진중권 지음

창비
Changbi Publishers

감각학으로서 미학

감각론의 역사는 철학의 역사만큼이나 길다. 고중세의 철학은 오감五感에 관해 비교적 상세한 논의를 남겼으나, 그 논의는 근대 이후 철학의 무대에서 자취를 감춰버린다. 이는 근대철학이 이성중심주의logocentrism의 형태로 전개된 사실과 관련이 있을 것이다. 데카르트는 '이성적 존재가 되려면 감각을 불신하라'고 가르쳤다. 이렇게 이성이 진리의 근원으로 여겨지는 동안, 감각은 오류의 원천으로 여겨져 철학의 변방으로 밀려날 수밖에 없었다. 그러다보니 철학사의 서술에서도 고대와 중세의 감각론에 관한 기록은 아예 누락되기 일쑤였다. 이 책은 그 잃어버린 반쪽의 철학사를 복원하려는 시도라 할 수 있다.

철학에서 배제된 감각의 연구는 과학에 맡겨졌다. 데카르트는 주관적 현상으로서 빛과 객관적 실체로서 빛을 구별하며 후자만을 학문의 대상으로 간주했다. 체험으로서 감각을 학적 연구에서 배제한 것이다. 하지만 감각에 대한 과학적 접근의 한계는 명확하다. 진정으로 감각적인 것, 가령 커피의 향이나 맛과 같은 감각질qualia은 결코 과학적 데이터로 기술되지 않기 때문이다. 럭스lx로 표기될 때 체험으로서 빛은 사라지고, 헤르츠Hz로 측정될 때 체험으로서 소리는 사라진다. 따라서 감각의 현상학적

질을 기술하는 일은 여전히 사변적 방법에 의존할 수밖에 없다. 그래서 감각론의 복원을 넘어 부활이 요구되는 것이다.

철학 내에서 과도한 이성주의를 수정하려는 시도가 없었던 것은 아니다. 그 노력에서 바로 '미학'이라는 학문이 탄생했다. 오늘날 '미학'은 대체로 미와 예술에 관한 학문으로 간주되나, 그 창시자인 바움가르텐은 원래 감성론, 즉 미학aesthetica을 감성적 지각 일반, 즉 아이스테시스aisthēsis를 다루는 매우 포괄적인 학문으로 구상했다. 하지만 18세기 이후 감성의 유미화가 일어나면서 미학(감성론)의 범위가 미적 영역, 즉 미와 예술로 좁혀지고 만다. 감성에 관한 학문이 오늘날 그 어원과 관계없이 '미학美學'이라 불리게 된 것은 이 때문이다. 19세기의 철학자 헤겔은 범위를 더 좁혀 미학을 사실상 예술철학의 동의어로 만들어버렸다.

최근에 미학이 원래 가졌던 감성론의 차원을 회복하려는 움직임이 나타나고 있다. 독일의 철학자 게르노트 뵈메는 사실상 예술철학으로 좁아진 미학을 다시 "감성적 지각 일반의 학"으로 확장하며, 이를 미학Ästhetik과 구분하여 따로 '감각학'Aisthetik이라 부르자고 제안한다.[1] 이 책은 뵈메의 문제의식을 수용한다. 다만 그의 기획이 주로 현상학, 특히 슈미츠의 신新현상학의 개념도구에 의존한다면, 여기서는 새로운 학문의 이론적 원천으로서 현상학만이 아니라 고중세의 이론에서 에티엔 콩디야크와 같은 근대 비주류 철학자의 이론, 질 들뢰즈의 것과 같은 현대의 급진적 이론에 이르기까지 감성연구의 역사 전체를 두루 참조할 것이다.

감각학으로서 미학의 바탕에는 그동안 폄하되었던 감각의 권리를 복원하는 한편, 미학의 범위를 미적 영역을 넘어 사회현상 전체로 넓혀야 한다는 생각이 깔려 있다. 삶과 예술의 경계를 허무는 것은 원래 역사적 아방가르드가 추구한 목표 중의 하나였다. 그들은 레디메이드를 통해 사물을 예술로 바꿔놓고, 디자인을 통해 예술을 사물 속에 구현했다. 이 초미학적trans-aesthetic 상황 속에서 미학이 영원히 예술의 영역에만 머물 수는 없다. 최근의 미학적 자본주의는 감각의 부활에 각별한 관심을 보이고 있다. 오늘날 디자인이 시각을 넘어 청각·후각·미각·촉각의 전 영역으로 확장되는 것을 생각해보라.

이 책은 '감각학 3부작'의 일부로 구상되었다. 감각론의 역사를 다룬 이 책(제1권)의 뒤로는 감각의 관점에서 미술사를 조망하는 작업(제2권)과, 감각에 관련된 다양한 사회적·경제적·기술적 의제를 다루는 작업(제3권)이 이어질 예정이다. 그 첫걸음인 『감각의 역사』는 잃어버린 반쪽의 철학사를 복원하는 동시에, 망각된 그 절반의 역사 속에서 새로운 감각학의 구축에 소용될 이론적 단초들을 발굴하는 작업이다. 감각의 측면에서 철학사를 재구성하려는 이 작업의 이론적 효용성은, 여기서 얻어진 통찰이 이어질 '감각의 미술사'와 '감각의 사회학'에 얼마나 기여하느냐로 판가름 날 것이다.

물론 이 책의 바탕에는 감각학의 관점이 미술사의 서술에 생산적인 기여를 하리라는 기대가 깔려 있다. 최근에 등장한 설치미술을 예로 들어보자. 그동안 미술은 윤곽을 가진 객체objet를 제작하는 활동이었다. 하지만 설치미술에서는 작품이 윤곽 없는 '분위기'로 존재한다. 이때 작품의 수용은 오브제의 '형태'를 보는 시각적 경험이 아니라 '분위기'에 잠기는 촉각적 체험으로 이루어진다. 데카르트의 이원론에 뿌리를 둔 미학으로는 이 현상을 제대로 설명할 수가 없다. '분위기'란 완전히 객관적인 것도, 완전히 주관적인 것도 아니기 때문이다. 감각학은 이 '분위기'의 기술에 필요한 신체미학적soma-aesthetic 관점을 제공해줄 수 있다.

이처럼 예술을 아이스테시스와 연결하는 접근방법은 사실 새로운 것이 아니다. 양식 변화의 원인으로 지각의 변화를 꼽은 하인리히 뵐플린을 생각해보라. 발터 베냐민 역시 모더니즘 예술을 사진과 영화가 현대인의 지각에 일으킨 변화의 결과로 설명한 바 있다. 현대인의 아이스테시스는 육안의 지각에서 렌즈의 지각을 거쳐 오늘날 컴퓨터의 지각으로 진화해왔다. 가령 안드레아스 구르스키의 작업에서 우리는 이 디지털의 아이스테시스를 볼 수 있다. 새로운 매체는 새로운 지각을 낳고, 이는 다시 새로운 예술을 낳는다. 여기서 감각학은 자연스레 기술미학적technoaesthetic 차원을 갖게 된다.

한편 아이스테시스의 변화는 사회구조적 변동을 반영하기 마련이다. 시대의 전환기마다 권력은 구성원들의 신체를 뜯어고치는 생체공학을 발동한다. 가령 감각을 불신하고 정념을 억압하는 데카르트형型 아이스테시스는 중세의 호전적 전사들을 근대 국민국가의 합리적 주체subject이자 신민으로 길들이려는 기획의 산물이다. 18세기에 일어난 아이스테시스의 유미화는 서구에서 시민사회가 형성되는 과정과 밀접한 관련이 있다. 그 유미화의 결실인 미적 예술문화를 파괴하려 한 모더니즘 예술은 산업혁명, 특히 산업프롤레타리아트 계급이 시민사회에 던져준 정치미학적politico-aesthetic 충격의 미학적 반영으로 해석할 수 있다.

이렇게 특정 아이스테시스를 사회구조적 차원과 연관지어 설명하는 것이 마지막 기획인 '감각의 사회학'의 과제다. 하지만 감각의 사회학이 과거로만 시선을 돌리는 것은 아니다. 최근 미적 자본주의하에서는 제품의 설계가 점점 감각체험적 디자인에 가까워지고 있다. 증강현실AR이나 가상현실VR이 연출하는 혼합현실 속에서 인터페이스 디자인 역시 시각적인 것에서 촉각적인 것으로 변해가고 있다. 그런가 하면 최근의 인공지능AI은 논리나 추론의 영역을 넘어 감각과 감정, 나아가 상상력과 창의

성을 시뮬레이션하는 과제에 도전하고 있다. 과거에는 없었던 이 새로운 현상들 역시 '감각의 사회학'의 중요한 의제가 된다.

 2015년 12월부터 2016년 9월까지 창비 블로그에 연재한 글들이 이 책의 몸통을 이룬다. 하지만 내용의 절반 이상은 그 원고를 책으로 묶는 과정에서 새로 쓴 것이다. 애초에 '감각의 미술사'를 위한 가벼운 준비로 시작한 작업이 책으로 묶는 과정에서 독자적 목적을 가진 진지한 기획으로 바뀌어버렸다. 규모가 꽤 방대하다보니 독자들이 책을 읽다가 길을 잃을지 모르겠다. 이를 우려하여 책의 앞뒤로 「들어가며」와 「나가며」를 덧붙였다. 본문에 들어가기 전에 먼저 이 두편의 글부터 읽어두기를 권한다. 연재를 제안해주신 창비의 황혜숙, 최지수씨, 그리고 꼼꼼한 교정으로 원고의 완성도를 높여주신 김새롬씨께 감사드린다.

2019년 8월
루비 옆에서

책머리에 감각학으로서 미학   005

일러두기   014

들어가며 감각론의 역사적 전개   015

1부 소크라테스 이전 철학의 감각론

01. 진리와 속견: 파르메니데스   034
02. 유사가 유사를: 엠페도클레스   044
03. 반대가 반대를 : 알크마이온·헤라클레이토스·아낙사고라스   053
04. 위대한 절충: 아폴로니아의 디오게네스   062

2부 세개의 대(大)이론

05. 에이돌라: 데모크리토스   072
06. 불을 뿜는 눈: 플라톤   085
07. 매체를 통한 변화: 아리스토텔레스   099

3부 헬레니즘의 감각론

08. 감각은 진실하다: 에피쿠로스   130
09. 영혼의 숨결: 스토아학파   143
10. 소요학파: 테오프라스토스   151

4부 고대 감각론의 세 전통

11. 시각원뿔: 에우클레이데스   158
12. 황소의 눈: 갈레노스   170
13. 세 전통의 종합: 프톨레마이오스   185

5부 고대에서 중세로

14. 공감으로서 감각: 플로티노스   194
15. 집중으로서 감각: 아우구스티누스   211

6부 중세 아랍의 광학

16. 광학적 유출설의 부활: 알킨디   226
17. 의학적 유출설의 부활: 후나인   236
18. 유출설에서 유입설로: 이븐시나   243
19. 아리스토텔레스의 부활: 이븐루시드   252
20. 근대광학의 아버지: 알하이삼   260

7부 근대광학의 역사

21. 중세 유럽의 광학: 그로스테스트에서 베이컨까지   274
22. 영적 변화로서 감각: 아퀴나스   284
23. 르네상스의 시각론: 오컴에서 플라터까지   295
24. 근대광학의 탄생: 케플러   305

8부 외감에서 내감으로

25. 멋진 신세계: 데카르트   316
26. 빈 서판: 로크·버클리·흄   334
27. 내감의 작은 역사: 아우구스티누스와 그의 계승자들   342

9부 감성의 미학적 구원

28. 감성론으로서 미학: 바움가르텐   364
29. 취미의 세기: 영국의 취미론   373
30. 상상력의 시대: 칸트   389

10부 감각의 부활

31. 살아 있는 조각상: 콩디야크   402
32. 사태 자체로: 후설·하이데거·메를로퐁티   412
33. 정신의 감성학: 플레스너   419
34. 육체와 신현상학: 슈미츠   427
35. 감각의 논리: 들뢰즈   442

나가며   육체의 오디세이   453

저술의 약어와 인용 형식 표시   473
주   477
수록된 그림 및 소장처   499
찾아보기   502

일러두기

1. 외국의 인명과 지명은 국립국어원의 표기를 따르는 것을 원칙으로 했다. 단, 일부는 관용을 존중해 널리 알려진 대로 표기했다.
2. 작품명이나 논문명은 「 」로, 서적명은 『 』로 표시했다.
3. 〔 〕로 표시된 인용문 속의 주는 모두 인용자의 것이다. 원주는 ( )로 표시했다.
4. 자주 인용되는 저술의 제목은 생략형으로 표시했으며, 저술의 체제와 생략형의 의미 등 자세한 사항은 책 뒤에 밝혔다.
5. 도판의 자세한 출처는 책 뒤에 밝혔다.

감각론의 역사적 전개

Aisthetik

감각론의 역사적 전개

철학의 발상지인 고대 그리스 밀레토스의 자연철학자들은 감각론을 갖고 있지 않았다. 그들은 아직 감각지각과 이성적 사유를 명확히 구별하지 않았기 때문이다. 그들에게는 "그냥 보아서 지각하는 것이야말로 가장 순수하고 근원적인 의미에서 참"이었다(하이데거). 이렇게 '보는 것이 곧 참'으로 여겨지는 곳에서는 감각이 철학의 주제가 될 수가 없다. 감각의 철학적 '주제화'는 그 진실성을 의심하는 순간에 발생하기 때문이다. 이런 의미에서 감각론의 효시는 파르메니데스로 볼 수 있다. 이 엘레아의 학자야말로 처음으로 감각세계의 실재성을 의심한 철학자, 즉 최초의 형이상학자이기 때문이다.

| 소크라테스 이전의 감각론

감각지각과 이성적 사유를 구별한 것은 파르메니데스지만, 철학사에서 '감각론'이라 불릴 만한 이론을 처음 제시한 이는 엠페도클레스였다. 그는 감각일반의 이론 및 개별 감각들의 이론을 갖고 있었는데, 이는 후에 등장할 다른 모든 이론의 한 준거가 된다. 엠페도클레스에 따르면 이 세계는 물·불·공기·흙의 4원소로 되어 있다. 세상의 모든 대상은 자기 바깥으로 네 원소의 미세한 입자를 발산하는바, 감각은 이 미세한 유출물aporroai이 오감의 미세한 통로poroi 속으로 들어오는 현상이라고 한다. 이 일반론에 이어 그는 개별 감각에 대한 설명도 제시한다.

소크라테스 이전 시기에 활동한 학자들의 저서는 오늘날 거의 전해지지 않는다. 소크라테스 이전 철학의 감각론에 관하여 우리는 거의 전적으로 아리스토텔레스의 제자 테오프라스토스의 보고에 의존한다. 테오프라스토스는 『감각론』*De Sensibus*에서 기존의 감각론을 '유사가 유사를 지각'한다는 이론(유사설)과 '반대가 반대를 지각'한다는 이론(대조설)의 두 유형으로 분류한다. 위에서 언급한 파르메니데스와 엠페도클레스는 감각이 감관과 대상 사이의 유사성에 의해 일어난다고 보았다. 반면 뒤이어 등장한 헤라클레이토스나 아낙사고라스는 감각이 감관과 대상 사이의 대조에 의해 일어난다고 보았다.

『감각론』에서 테오프라스토스의 비판은 주로 데모크리토스와 플라톤에 집중된다. 그 둘을 스승과 자신의 경쟁자로 여긴 모양이다. 그는 플라톤의 이론을 유사설로 분류했지만, 데모크리토스의 이론은 제3의 부류로 간주했다. 한편 테오프라스토스와 그의 스승은 이 문제에 대해 독특한 견해를 갖고 있었다. 감관과 대상은 감각이전에는 서로 반대되는 성질을 띠나, 감각의 과정에서 변화가 일어나 감각이후에는 둘이 같은 성질을 띤다는 것이다. 앞의 두 학설을 종합한 셈이다. '동조설'이라 부를 수 있을 이 제3의 이론과 더불어 고대 감각론의 첫째 분류가 완성된다.

유사설	대조설	동조설
파르메니데스 엠페도클레스 디오게네스 플라톤	알크마이온 헤라클레이토스 아낙사고라스	아리스토텔레스

| 감각론의 대이론들

소크라테스가 무대에 등장하면서 시작되는 아테네 철학의 전성기는 동시에 감각론의 전성기이기도 했다. 그 시기에 데모크리토스의 발산설effluence theory, 플라톤의 방사설emission theory, 아리스토텔레스의 매체설medium theory 등 고대 감각론의 대大이론들이 모두 등장하기 때문이다. 이 시기에 완성된 발산설·방사설·매체설의 트라이어드는 커다란 변화 없이 헬레니즘 말기까지 그대로 이어진다.

가장 오래된 이론은 역시 발산설이다. 데모크리토스에게 감각이란 대상에서 발산된 원자들이 감관으로 들어오는 현상이다. 대상의 표면에서는 필름처럼 얇은 원자막이 끝없이 발산된다. 이 막은 마치 밀랍에 봉인을 찍듯이 주위의 공기에 자기 모습을 각인한다. 이 공기인상을 에이돌라eidōla라 부르는데, 시각이란 이 에이돌라가 동공 안으로 들어와 안방수眼房水에 반영되는 현상이라고 한다. 하지만 이 과정이 수용적이기만 한 것은 아니다. 데모크리토스에 따르면 이때 눈은 능동적 작용을 통해 대상만큼 커다란 에이돌라를 동공에 들어올 만큼 작은 크기로 축소한다.

데모크리토스가 시각을 에이돌라가 눈으로 들어오는 현상으로 본다면, 플라톤은 시각을 눈에서 광선이 뻗어나가는 능동적 과정으로 설명한다. 시각이 이루어지려면 세종류의 빛이 있어야 한다. 눈이 방사하는 빛, 대상이 발산하는 빛, 공간에 산포된 빛이 그것이다. 시각은 눈에서 대상을 향해 빛이 조사照射되는 것으로 시작된다. 눈에서 나온 시각광선은 공간을 채운 바깥의 빛들과 결합한 후 대상이 발산하는 빛과 맞부딪힌다. 이렇게 눈에서 나간 빛이 대상이 발산한 빛과 접촉하여 알아낸 정보를 눈으로 되가져와 영혼에 전달하는 현상이 바로 시각이라는 것이다.

한편 아리스토텔레스는 데모크리토스의 발산설과 플라톤의 방사설을 모두 기각한다. 그는 감각이 대상과 감관 사이의 매체metaxy를 통해 이루어진다고 본다. 감각이란 대상이 매체를 변화시키면 그 매체가 다시 감관을 변화시키는 현상이라는 것이다. 플라톤과는 달리 그는 감각을 감관이 대상으로부터 영향을 받는 수용적 과정으로 여긴다. 하지만 그것을 데모크리토스처럼 질료(원자)를 수용하는 과정으로 보지는 않는다. 아리스토텔레스에게 매체를 통해 감관에 전달되는 것은 대상의 질료hyle가 아니라 그것의 형상eidos이다. 감관은 "대상을 질료 없이" 받아들인다고 한다.

우리 눈에는 다소 황당해 보이더라도 고대인들이 이런 학설을 세운 데에는 나름대로 합리적인 근거가 있었으리라. 예를 들어 데모크리토스는 맑은 날에 신기루 현상을 보며 사물이 주위의 공기에 제 영상을 새긴다는 사실을 확신했을 것이다. 또 플라톤의 눈에는 어둠 속에서도 빛나는 동물의 안광眼光이 눈에서 시각광선이 뻗어나간다는 사실의 확실한 증거로 보였을 것이다. 그리고 아리스토텔레스는 석양의 해가 주위를 화려한 노을로 물들이는 모습을 바라보면서 자연스레 시각대상이 주위의 투명한 매체의 색채를 변화시킨다는 발상을 하게 됐을 것이다.

한편 감각이 일어날 때 무언가가 밖으로 나가느냐 혹은 안으로 들어오느냐를 기준으로 이 고대의 이론들을 다시 유출설extramission theory과 유입설intromission theory로 나눌 수도 있을 것이다. 이 경우 시각광선의 방사설은 유출설, 에이돌라의 발산설은 유입설로 분류된다. 하지만 이 구분을 절대화할 필요는 없다. 발산설에서도 에이돌라를 축소하는 눈의 능동적 작용을 강조하고, 방사설 역시 대상이 발산하는 빛의 역할을 인정하기 때문이다. 강조점만 다를 뿐 실은 두 이론 모두 감각을 감관과 대상의 협력synaugie으로 설명한다. 세 이론 중 순수 유입설은 아리스토텔레스의 매체설뿐이다.

유출설	유입설
플라톤의 방사설 (시각광선)	데모크리토스의 발산설 (공기인상)
	아리스토텔레스의 매체설 (투명한 것)

| 헬레니즘 시대의 감각론

헬레니즘 시대의 사회·정치적 불안정은 철학자들로 하여금 내면으로 침잠하게 만들었다. 철학의 관심이 윤리학으로 옮겨가는 바람에 이 시기의 철학은 본질적으로 새로운 시각의 감각론을 제시하지는 못했다. 그 결과 고전고대의 트라이어드가 이 시기에도 큰 변화 없이 그대로 이어진다. 하지만 헬레니즘 시대의 철학자들이 전대의 학설을 그저 답습하기만 한 것은 아니다. 에피쿠로스학파와 스토아학파는 감각에 관한 이전 세대의 이론을 계승하면서도 그것을 새로이 해석했다. 이 재해석의 과정에서 발산설과 방사설은 좀더 급진적인 형태로 모습이 바뀐다.

이 시기에 고대 발산설의 전통은 에피쿠로스에게 계승된다. 에피쿠로스에 따르면 사물은 제 주위로 끝없이 얇은 원자막을 발산한다. 이 막을 그는 '에이돌라'라 부르는데, 이는 데모크리토스의 에이돌라와 다른 것이다. 데모크리토스의 에이돌라가 공기에 압인된 영상이라면, 에피쿠로스가 말하는 에이돌라는 원자막 자체를 가리키기 때문이다. 에피쿠로스에게 시각이란 대상이 발산하는 이 원자막이 직접 눈으로 들어오는 현상이다. 데모크리토스와 달리 그는 이때 눈의 능동적 작용이 에이돌라를 동공에 들어오도록 축소한다고 말하지 않는다. 그는 시각을 철저히 수용적 과정으로 설명한다.

고대 방사설의 전통은 스토아학파에게 계승된다. 스토아학파에 따르면 시각은 가슴에서 뿜어져나오는 숨결에 의해 이루어진다. 동공 밖으로 빠져나간 숨결은 공기를 응집synentasis해 동공을 꼭짓점, 대상을 밑면으로 하는 시각원뿔을 만들어낸다. 눈은 이 시각원뿔을 지팡이처럼 사용하여 직접 대상을 더듬고, 마치 거미줄 위로 흐르는 진동처럼 그 정보를 중심 기관인 헤게모니콘hegemonikon으로 전달한다. 또 청각을 수동적인 과정으로 본 플라톤과 달리 스토아학파는 청각마저도 능동적 과정으로 설명한다. 청각의 경우 숨결이 주위의 공기를 원뿔이 아니라 구형球形의 파장으로 긴장시킨다고 한다.

이전 시대의 이론들은 감관과 대상의 협력을 말했다. 데모크리토스는 유입설을 주장하면서도 에이돌라를 축소하는 눈의 능동적 역할을 언급했고, 플라톤은 유출설을 표방하면서도 빛을 발산하는 대상이 필수적이라는 점을 인정했다. 하지만 헬레니즘 시대의 감각론은 더이상 감관과 대상의 협력을 말하지 않는다. 에피쿠로스의 발산설은 순수 유입설에 가깝고, 스토아학파의 방사설은 순수 유출설에 가깝다. 두 이론 모두 급진화한 것이다. 다만 소요학파만은 이 시기에도 스승 아리스토텔레스의 매체설을 원형 그대로 유지했다. 이 시기에 고전고대의 트라이어드는 이렇게 변형된다.

유출설	유입설
스토아학파의 방사설 (시각숨결)	에피쿠로스학파의 발산설 (원자막)
	소요학파의 매체설 (투명한 것)

| 세가지 접근방법

고대의 감각론 연구에는 크게 세가지 전통이 있었다. 첫째는 영혼론에 대한 관심에서 출발한 철학·자연학적 전통, 둘째는 공간의 지각을 설명하기 위한 광학·기하학적 전통, 셋째는 안과질환의 치료를 목적으로 시작된 의학·해부학적 전통이다. 이제까지 살펴본 것은 모두 철학적 전통에 속한다. 헬레니즘 시대에는 감각론 연구의 또다른 전통이 모습을 드러낸다. 바로 『광학』*Optica*의 저자 에우클레이데스에서 시작되는 광학적 전통이다. 한편 감각론 연구의 의학적 전통은 비교적 늦게 모습을 드러낸다. 이 흐름의 대표자는 로마제국에서 활동했던 그리스의 의사 갈레노스다.

에우클레이데스는 시각이 눈에서 뻗어나가는 광선에 의해 이루어진다고 본다. '시각광선'을 연속적 부피로 표상한 스토아학파와 달리 그는 그것을 분산적 광선들의 집합으로 보았다. 에우클레이데스는 시각현상을 모두 기하학적으로 설명한다. 예를 들어 시각광선들은 원뿔 모양으로 뻗어나가면서 여러 갈래로 분산된다. 그 결과 시각광선이 닿지 않는 틈이 생긴다. 멀리 있는 대상이 안 보이는 것은 그 틈에 들어가 있기 때문이라고 한다. 에우클레이데스의 『광학』은 시각적 문제의 물리적·생리학적 측면을 체계적으로 무시한다. 그의 시각광선은 가설적 존재에 가까우나, 그가 그것을 물리적 실체로 여겼을 가능성도 배제할 수는 없다.

갈레노스는 감각의 기제를 해명하는 데에 해부학을 이용했다. 로마법은 인체의 해부를 금했기에 그에게는 동물의 신체만이 허락되었다. 대상으로는 인간을 닮은 원숭이를 선호했으나, 원숭이를 구하기 어려워 주로 소나 말 같은 가축을 해부에 사용했다고 한다. 갈레노스 역시 스토아학파를 따라 감관에서 흘러나온 숨결이 공기를 긴장시켜 그것을 모종의 감각기관으로 바꾸어놓는다고 주장한다. 다만 스토아학파와 달리 그는 숨결이 가슴이 아니라 뇌실에서 만들어진다고 보았다. 뇌실에서 만들어진 숨결이 일곱쌍의 신경을 통해 온몸으로 퍼져나가 신체의 각 부위의 감관을 작동시킨다고 한다.

갈레노스는 시각현상을 규명하기 위해 해부학에 광학을 결합하려 했지만, 뜻을 이루지는 못했다. 그가 풀지 못한 과제는 결국 프톨레마이오스에게로 넘어간다. 프톨레마이오스는 에우클레이데스의 광학을 중심으로 고대 감각론의 세 전통을 종합하고자 한다. 이를 위해 그는 먼저 시각광선의 본성이 분산적이라는 에우클레이데스의 가설부터 수정한다. 분산적 광선의 끝은 점일 수밖에 없고, 정의에 따르면 점은 면적을 가질 수가 없다. 고로 시각원뿔이 분산적 광선의 다발이라면 그것으로는 대상을 볼 수 없으므로, 시각원뿔은 연속적 광선들의 부피여야 한다는 것이다.

이렇게 시각광선을 연속적 부피로 본 것은 스토아학파의 숨결 이론의 영향이다. 또 그는 시각원뿔이 대상과 접촉하면 그것에 대상의 색이 입혀진다고 보았는데, 이는 명백히 아리스토텔레스 매체설의 흔적이다. 이것이 철학적 설명이라면 해부학적 유형의 설명도 존재한다. 프톨레마이오스에 따르면 모든 감각은 '통치부'에 의해 이루어진다. '통치부'는 스토아학파에서 말하는 '헤게모니콘'과 일치한다. 다만 그는 그것을 갈레노스를 따라 가슴이 아니라 뇌에 배치한다. 뇌에 있는 이 '통치부'는 신경활동의 근원으로, 모든 감각이 거기서 시작되어 거기서 끝난다고 한다.

철학적 전통	수학적 전통	의학적 전통
스토아학파의 유출설 에피쿠로스의 발산설 아리스토텔레스의 매체설	에우클레이데스의 광학	갈레노스의 해부학
프톨레마이오스의 종합		

프톨레마이오스에게서 감각론 연구의 세 전통은 하나로 합류한다. 이 종합을 통해 고대의 감각론은 마침내 완성에 도달한다. 하지만 프톨레마이오스가 활동하던 그 시절, 플라톤주의가 새로이 부활하고 있었다. 고대 말에 경험주의적인 아리스토텔레스 철학을 제치고 초월을 강조하는 신플라톤주의 사상이 부상하면서 과학적 감각론의 전통은 점차 사라져 간다. 서구사회가 사변적 신학에 빠져 있던 시절에, 단절된 고대의 감각론의 전통을 되살린 이들은 일군의 아랍 학자들이었다. 프톨레마이오스의 『광학』*Optica*은 훗날 이들 아랍 학자들이 일으킨 '아랍 르네상스'에서 중요한 역할을 하게 된다.

| 고대에서 중세로

플로티노스는 서구의 정신사에서 하나의 혁명이었다. 그는 플라톤의 충실한 해석자를 자처했으나, 사실 그의 사상은 중요한 지점에서 플라톤의 것과 차이를 드러낸다. 예를 들어 그는 이데아를 형形이 아니라 빛光으로 표상했고, 초월적 존재와 합일하려면 눈을 자신의 바깥이 아니라 내면으로 돌려야 한다고 생각했다. 이렇게 초월을 지향하는 신플라톤주의가 부상하면서 감각론의 지형도 바뀐다. 플로티노스는 고대 감각론의 대이론을 모두 기각한다. 이는 그의 사유가 이미 고대철학의 지평을 떠났음을 의미한다. 그의 철학은 차라리 다가올 중세의 신학적 사유에 더 친화적이다.

플로티노스는 감각을 '공감에 의한 원격지각'으로 설명한다. 그에 따르면 세계는 하나의 거대한 영혼이다. 감관이든 대상이든 이 거대한 세계령世界靈의 일부이기에, 둘 사이에는 (아무 매개 없이도) 원격으로 공감이 이루어진다고 한다. 플로티노스에 따르면 모든 사물은 제 밖으로 '형상'morphe을 발산한다. 이 형상은 원래 초월적 일자一者에서 흘러나온 빛이다. 이 소문자 형상들이 눈으로 전송되면, 지성으로 상승한 영혼이 그 속에서 즉각 그와 유사한 대문자 형상Morphe을 떠올린다. 이때 질료와 섞여 있던 형상은 순수형상으로 걸러지고, 이로써 형상의 지각이 완료된다.

이 이론의 장점은 감각을 설명하기 위해 어떤 물리적 실체를 굳이 가정하지 않아도 된다는 것이다. 발산설은 대상에서 발산되는 원자막이나 공기인상, 유출설은 눈에서 유출되는 시각광선이나 시각숨결, 매체설은 감관과 대상 사이의 투명한 매체의 존재를 상정한다. 반면 공감설에서 대상이 발산하는 형상은 아무 매개 없이 직접 눈으로 들어온다. 그리고 그 형상의 실체는 초월적 일자에서 흘러나온 초감각적인 빛으로 상정된다. 어떤 측면에서 이는 매우 현대적으로 들린다. 그 초감각적 빛을 슬쩍 감각적 빛으로 바꿔놓으면 시각에 관한 현대의 인식과 크게 다르지 않기 때문이다.

아우구스티누스는 플로티노스 사상의 세례를 받았지만 정작 감각론에서는 그의 공감설을 수용하지 않았다. 이 교부철학자의 이론은 차라리 플라톤과 스토아학파의 유출설에 아리스토텔레스의 색채를 입힌 것에 가까웠다. 플로티노스의 영향은 다른 데서 나타난다. 가령 아우구스티누스는 영혼이 신체에 정신을 '집중'intentio 함으로써 신체에 감지능력을 부여한다고 말한다. 여기에서 감각을 수동적 '영향받음'이 아니라 영혼의 '능동적 활동'으로 본 플로티노스의 영향을 엿볼 수 있다. 감각론의 영역에서 그의 또다른 업적으로는 역사상 처음으로 '내감'의 개념을 제시한 것을 꼽을 수 있을 것이다.

플로티노스의 신플라톤주의는 아우구스티누스354~430와 프로클로스412~485, 위僞디오니시우스5C?~6C?를 거치면서 기독교 신학의 관점으로 재해석되어 중세 특유의 빛의 미학, 빛의 상징주의로 변모하게 된다.

| 중세 아랍과 서구의 감각론

일군의 아랍 학자들이 중세에 중단된 고대 감각론의 전통을 되살렸다. 8세기경에 일어난 이른바 '아랍 르네상스'의 효시는 알킨디였다. 그는 그리스인들이 이룩한 업적을 아랍 사회에 맞추어 완성하는 것을 아예 삶의 목표로 삼았다고 한다. 알킨디와 더불어 시작되는 아랍 광학의 역사는 전 시대와 몇가지 차이를 보인다. 먼저 원자론자들의 발산설이 이 시대에는 힘을 잃어버린다. 중세의 신학적 분위기 속에서 유물론을 함축하는 원자론이 설 자리는 없었던 것이다. 아울러 아랍이든 서구든 중세의 감각론은 고대의 원본과 달리 신플라톤주의의 색채를 강하게 띤다.

아랍에 소개된 최초의 감각론들은 유출설의 형태를 띠었다. 고대의 감각론 중에서 알킨디는 플라톤·에우클레이데스 버전의 시각광선 이론을, 의사였던 이븐 이스하크 후나인은 스토아·갈레노스 버전의 시각숨결 이론을 채택했다. 유출설의 광학적 버전과 의학적 버전이 모두 등장한 셈이다. 하지만 초기의 유출설은 곧바로 강력한 반대에 부딪힌다. 이븐시나는 유출설의 이론적 전제를 무너뜨리는 데에 집중했다. 그 비판이 얼마나 철저했던지 그후 아랍 사회에서는 유출설은 꺼내기 힘든 분위기가 되었다고 한다. 이를 토대로 이븐루시드는 아랍 세계에 본격적으로 아리스토텔레스의 유입설을 관철한다.

이들이 대체로 고대를 답습하는 동안 유일하게 고대를 뛰어넘은 이는 이븐 알하이삼이었다. 당시 아랍의 광학은 한가지 문제를 안고 있었다. 시각의 기제를 설명하는 데에는 광학이 필요하나 기존의 광학은 유출설 위에 서 있었다는 문제다. 알하이삼의 업적은 광학을 유출설에서 떼어내어 유입설과 결합했다는 것이다. 아랍에서 알하이삼의 위상은 프톨레마이오스에 비견할 수 있다. 이 고대의 학자처럼 그도 의학적·수학적·철학적 전통을 하나로 종합했기 때문이다. 다만 프톨레마이오스의 종합이 유출설 위에 서 있었다면, 알하이삼은 세 전통을 유입설의 관점에서 종합했다.

유출설	유입설
알킨디의 방사설 (시각광선)	이븐시나의 매체설 (투명한 것)
후나인의 방사설 (시각숨결)	이븐루시드의 매체설 (공기)
	알하이삼의 발산설 (빛)

아랍의 광학은 얼마 후 서구로 전파되고, 거기서도 비슷한 경로를 밟게 된다. 서구광학의 효시인 로버트 그로스테스트는 알킨디처럼 시각광선의 유출설을 주장했다. 반면 알베르투스 마그누스는 이븐시나와 이븐루시드를 인용해 이를 반박하며 매체설을 대안으로 제시했다. 그의 제자 토마스 아퀴나스는 전면적으로 아리스토텔레스의 매체설을 수용한다. 그는 아리스토텔레스의 동조설에 기대어 '시각이 우리의 내면에 영적 변화를 일으킨다'고 주장했다. 로저 베이컨은 그리스와 아랍, 기독교의 감각론 전통을 하나로 종합했다. 그는 유출설과 유입설을 결합한 절충적 견해를 보였다.

유출설	유입설
그로스테스트의 방사설	알베르투스의 매체설
	아퀴나스의 매체설
로저 베이컨의 종합	

| 르네상스와 근대의 광학

여전히 유출설의 요소를 가졌다는 점에서 베이컨의 이론은 알하이삼의 연구에 비해 외려 퇴화한 느낌을 준다. 서구의 광학은 르네상스 이후에 고대와 아랍의 수준을 능가한다. 르네상스 시대까지도 서구에서는 유출설과 유입설의 대결이 이론적으로 해결되지 않았던 것으로 보인다. 레온 바티스타 알베르티는 『회화론』*Della Pittura*에서 이 두 견해를 소개하며 자신은 어느 편도 들지 않겠다고 말한다. 하지만 그가 설명을 위해 가설적으로 취한 입장은 유출설 쪽이었다. 레오나르도 다빈치의 경우 초기에는 시각광선의 유출설을 믿었으나, 적어도 1492년 이후에는 명확히 유입설로 돌아선다.

이 시기에 아랍 학자들의 도움으로 서구에서도 의학적·해부학적 전통이 부활한다. 르네상스 시대에 서구의 학자들은 대체로 갈레노스를 따라 감광기관이 안구 중앙에 있는 수정체라고 믿었다. 서구 해부학의 효시인 몬디노 데루치는 안구가 일곱개의 막과 세종류의 체액으로 이루어졌다고 주장했다. 가브리엘레 체르비는 수정체를 구형이 아니라 렌즈 모양으로 수정했다. 르네상스 해부학의 정점은 안드레아스 베살리우스의 『인체구조론』*De Humani Corporis*이다. 거기에는 정교한 안구의 해부도가 수록되어 있다. 베살리우스 역시 갈레노스처럼 감광기관이 수정체이며 그것이 안구에 중심에 있다고 믿었다.

하지만 16세기에 들어와 조금씩 변화가 생기기 시작한다. 스위스의 의사 펠릭스 플라터는 수정체의 위치를 안구의 중앙에서 조금 앞쪽으로 옮겨놓았다. 그는 감각기관이 수정체가 아니라 망막이라고 생각했다. 이 때문에 그를 '근대광학의 아버지'라 부르는 이들도 있지만, 사실 그의 이론은 시각에 대한 현대적 설명과는 아직 거리가 있었다. 일단 그는 수정체가 빛을 굴절시키는 렌즈라는 사실을 몰랐다. 그는 수정체를 그저 스크린으로만 보고, 거기에 비친 영상을 망막이 지각한다고 생각했다. 아울러 그는 안구가 일종의 카메라 옵스쿠라camera obscura라는 사실도 아직 알지 못했다.

요하네스 케플러는 안구를 구형의 카메라 옵스쿠라로 보았다. 아울러 수정체가 렌즈의 역할을 한다고 생각했다. 대상에서 발산된 무수히 많은 광선들이 혼란 없이 우리 눈에 명료하게 지각되는 것은, 수정체가 비스듬한 각도로 들어오는 빛들을 굴절시켜 모아주기 때문이다. 수정체가 모아준 빛들은 망막에 맺히는데, 케플러는 바로 그곳이 시각이 일어나는 장소라고 보았다. 시지각의 관념이 마침내 수정체 이미징lenticular imaging에서 망막 이미징retinal imaging으로 바뀐 것이다. 또한 그는 망막에 비친 역상이 우리 눈에 바로 서 보이는 이유를 광학적으로 설명하려 했으나, 끝내 실패하고 만다.

케플러는 이를 광학이 아니라 신경생리학의 과제로 본 듯하다. 역상을 바로 세우는 것은 눈이 아니라 뇌의 해석이라는 것이다. 결국 그는 이 문제를 "물리학자들의 논쟁거리"로 남겨둔다. 케플러가 멈춘 곳에서 한걸음 더 내딛은 이는 르네 데카르트였다. 그는 망막 영상이 신경을 통해 뇌로 옮겨지는 과정의 생리학적인 설명을 시도한다. 데카르트에 따르면 망막에 생긴 영상은 전송되기 위해 일단 신호나 자극으로 변환된다. 신호나 자극은 구부러진 신경을 통해서도 전달될 수 있으므로, 전송의 전과정에 굳이 유사성이 유지될 필요는 없다. 그저 대상과 자극 사이에 패턴의 일치만 있으면 된다.

| 감각론의 소멸과 부활

이로써 시각의 원리가 남김없이 밝혀졌다. 이후 감각에 관한 연구는 철학을 떠나 과학으로 자리를 옮긴다. 하지만 감각에 대한 과학의 연구는 명백히 한계를 갖는다. 예를 들어 빛에 관한 논문에서 데카르트는 주관적 '체험'으로서 빛과 객관적 '속성'으로서 빛을 구별한다. 이 중에서 과학이 다룰 수 있는 것은 물론 후자뿐이다. 감관에 현상하는(나타나는) 질質로서 빛은 결코 과학의 대상이 될 수가 없다. 과학은 빛을 철저하게 측정하고 계량할 수 있는 물리적 실체로만 다루기 때문이다. 과학적 연구는 이처럼 색채·소리·냄새·맛·감촉과 같은 감각질의 체험을 지워버린다.

데카르트는 철학에서 감각을 배제한다. 그가 주창하는 이성적 사유는 감각을 의심하는 데서 출발한다. "이제까지 내가 참되다고 인정해온 것은 모두 감각을 통해 받아들인 것이었으나, 나는 감각들이 때로 기만한다는 것을 안다." 그는 이렇게 감각을 불신하는 것을 아예 "신중함의 표식"으로 여긴다. 이는 그 유명한 밀랍의 논증으로 이어진다. 밀랍은 시간이 지나면 그 맛과 향기와 모양과 감촉이 모두 변한다. 그럼에도 우리는 그것을 여전히 밀랍으로 인지한다. 따라서 밀랍을 밀랍으로 인지하는 것은 "보는 것도 만지는 것도 상상하는 것도 아니다". 이러한 인지는 이성의 일이라는 것이다.

데카르트는 이성적 존재가 되려면 감각을 불신하고 상상력을 배제하며 정념을 통제하라고 가르쳤다. 근대의 서구철학은 모두 데카르트의 형이상학 위에 서 있다. 물론 이 과도한 이성주의에 대한 반발이 없었던 것은 아니다. 데카르트주의를 수정하려는 시도는 그동안 크게 두가지 형태로 나타났다. 하나는 이성주의의 패러다임을 인정하되, 그 안에서 감각지각, 즉 아이스테시스를 구제하는 길을 찾는 것이다. 미학(감성론)이라는 학문은 바로 그 과정에서 탄생했다. 근대미학(감성론)이 구제한 아이스테시스는 신체활동으로서 감각^{sensation}이 아니라 정신의 하위활동으로서 지각^{perception}이었다.

지각이란 감각이후^{post-sensory}와 이성이전^{pre-rational}의 인지능력이다. 이 영역을 대륙의 이성주의자들은 '유사이성'으로, 영국의 경험주의자들은 '유사감각'으로 여겼다. 흥미로운 것은, 근대미학에서 다루는 감성의 영역이 대체로 과거에 '내감'이라 부르던 영역과 일치한다는 사실이다. 결국 한동안 망각되었던 중세와 르네상스의 내감 이론이 미학을 통해 다시 부활한 셈이다. 공통감, 상상력, 판단력 등 과거 내감의 목록을 이루던 능력들은 18세기에 일어난 감각의 유미화를 통해 새로이 정위^{定位}된다. 근대미학에서 아이스테시스는 '지각'으로서만, 그것도 미적 지각으로서만 구제된다.

한편 과도한 이성주의를 수정하는 또다른 방식이 있다. 아예 그것의 토대 자체를 거부하는 방식이다. 근대철학의 완성자 헤겔은 미학이 애써 복원한 감성의 영역을 다시 증발시켜버렸다. 그의 정신현상학에서 감성의 영역은 자연으로 '외화^{外化}'했던 정신이 자신으로 돌아가는 여정에서 궁극적으로 '지양^{止揚}'해야 할 어떤 것으로 여겨진다. 이 급진적인 이성중심주의의 근원도 데카르트주의다. 따라서 아이스테시스의 영역을 온전히 복원하려면 데카르트주의 자체를 거부하고, 신체와 정신이 아직 구분되지 않은 근원적 체험으로 되돌아가야 한다는 것이다.

바로 이것이 '사태 자체로'라는 구호의 의미다. 하이데거의 해석학, 메를로퐁티의 현상학에서 플레스너의 감성학과 슈미츠의 신현상학에 이르기까지 후설 이후의 철학은 인간에 대한 데카르트적 관념을 극복하려는 시도라 해도 좋을 것이다. 데카르트는 인간이 정신이기 이전에 신체라는 사실을 잊었다. 나는 신체를 가졌지만, 동시에 나는 나의 육체이기도 하다. 현상학이 등장하기 전인 18세기에 이미 콩디야크는 감각이야말로 사유와 정념 등 우리 마음의 모든 기능의 원천이라고 주장한 바 있다. 프랑스 유물론의 이 급진적 감각주의는 들뢰즈의 감각론을 통해 오늘날까지 그 맥을 이어가고 있다.

1부

소크라테스 이전 철학의 감각론

Aisthetik

01

진리와 속견
파르메니데스

　서양의 철학은 기원전 6세기 고대 그리스의 밀레투스 지방에서 탄생
했다. 탈레스·아낙시만드로스·아낙시메네스 등 최초의 철학자들은 모든
자연현상의 바탕에 깔린 공통의 근원, 즉 '아르케'$^{arch\acute{e}}$를 찾으려 했다. 탈
레스에게 그것은 물이었고, 아낙시만드로스에게는 무규정자^{apeiron}, 아낙
시메네스에게는 공기였다. 이렇게 만물의 근원을 찾으려는 시도는 밀레
투스학파에만 국한된 것이 아니었다. 그뒤에 등장한 다른 지역의 철학자
들도 각자 자신의 '아르케'를 제시했다. 헤라클레이토스에게 그것은 불
이었고, 엠페도클레스에게는 물·불·공기·흙의 4원소, 그리고 데모크리
토스의 그것은 원자였다.

　최초의 철학자들, 즉 오늘날 '자연철학자'^{physician}라 불리는 밀레투스의
학자들은 "철학적 성찰에서 오직 감각지각에 들어온 것만을 고려했다".[1]
그들은 '근원'에 관한 생각 역시 관찰을 통한 지각으로 정당화했다. 탈레
스를 예로 들어보자. 왜 물이 만물의 근원인가? 물이 증발하여 구름이 되
고, 구름은 비가 되고, 비는 강이 되고, 강은 바다가 된다. 모든 생명은 바
로 물에서 탄생한다. 동물이든 식물이든 물 없이는 살 수 없다. 따라서 물
이야말로 만물의 근원이라는 것이다. 이런 식으로 밀레투스의 철학자들

은 자신들의 명제를 일상적 관찰의 사실로 뒷받침하곤 했다.

최초의 철학자들은 감각지각에는 큰 관심을 두지 않았고, 당연히 감각이나 지각의 이론이라 할 만한 것도 남기지 않았다. 그 이유는 그들이 감각지각ⁱaisthēsis을 곧 인식으로 간주했기 때문이었다. 밀레투스의 자연철학자들은 '보는 것이 곧 아는 것'이라 생각했다. 이렇게 보는 것이 곧 참으로 여겨지는 한, 애초에 그것의 진실성 여부가 철학적 주제로 떠오를 수는 없는 일이다. 고로 감각지각의 주제화thematisieren가 가능하려면 '보는 것'과 '아는 것'의 이 미분화 상태에서 벗어나야 한다. 실제로 서구에서 감각지각의 이론은 '보는 것이 곧 아는 것'이라는 등식이 깨지는 순간에 나타나기 시작한다.

감각지각과 이성적 사유의 분리는 대체로 그리스의 사유가 자연철학에서 형이상학으로 넘어가는 시점에 이루어진다. 철학사에서 그 경계선에 서 있는 인물이 바로 엘레아의 파르메니데스BC 515?~?다. 테오프라스토스가 자신의 『감각론』De Sensibus을 파르메니데스에 대한 기술로 시작하는 것도 아마 그와 관련이 있을 것이다. 파르메니데스와 더불어 비로소 지각과 이성을 구별하고 이성을 지각 위에 올려놓는 서구철학의 유구한 전통이 시작되기 때문이다. 파르메니데스는 막연한 형태로나마 감각지각의 기제에 대한 설명을 제시했는데, 거기서 감각론은 아직 인식론과 분화되지 않은 모습을 보여준다.

| 불과 흙의 배합

파르메니데스는 감각지각에 대해 어떠한 정의도 내리지 않았다. 그렇다고 그에게 감각의 이론이 없었던 것은 아니다. 그는 신체기관이 뜨거운 원소와 차가운 원소의 혼합으로 이루어진다고 보았다. 이 혼합에서 어느 쪽이 우세한지에 따라 인식의 수준이 달라지는바, 탁월하고 순수한 인식은 뜨거운 원소에서 유래한다. 그렇다고 순수한 인식이 오직 뜨거운 원소로만 되어 있는 것은 아니다. 그 탁월하고 순수한 인식에도 신체기관들meleôn 속의 특정한 배합이 필요하다고 했다.

멀리 방황하는 기관들 속에서 어떤 혼합을 발견하면, 그때 이성이 인간에게 찾아온다. 지성을 가진 것의 정체는 어느 누구에게나 동일한 것이다. 그 실체란 바로 기관들이다. 지성이란 그 안에서 사유가 더 큰 비중을 차지할 때 발생한다(DS 3).[2]

이것이 난해하기로 악명 높은 단편 DK 28B16이다.[3] 무슨 뜻일까? 사실 이 구절에 대한 합의된 해석은 존재하지 않는다. 하지만 그 뜻을 대강 헤아려볼 수는 있다.[4] 앞에서 말한 두 원소 중 뜨거운 것은 불(火), 차가운 것은 흙(土)이다. 밝음에 속하는 불은 사유에 친화적이고, 어둠에 속하는 흙은 감각에 친화적이다. 이 두 원소가 인식기관에서 다양한 배합으로 섞이는바, 불이 흙보다 많을 때 이성적 판단이 찾아온다. 사유가 불과 관련이 있다면 왜 군이 흙과의 배합이 따로 필요하다는 것일까? 그것은 아마도 저 유명한 격언대로 감각이 있어야 사유도 있기 때문일 것이다.

지성에 있는 것 중에서 먼저 감각에 있지 않았던 것은 없다.(Nihil est in intellectu quod non antea fuerit in sensu.)

지각이나 인식이 일어나려면 기관 안에서 불과 흙이라는 대립적 요소의 혼합이 필요하다. 그렇다고 파르메니데스가 '대조에 의한 지각'의 이론을 지지하는 것은 아니다. 테오프라스토스는 파르메니데스를 명시적으로 '유사에 의한 지각'의 진영으로 분류한다. 그가 인용하는 파르메니데스의 말도 '유사에 의한 지각'의 이론을 뒷받침해주는 듯하다.

　죽은 사람은 불이 떠났기에 빛과 열과 소리를 감지하지 못하고 오직 어둠과 냉기와 침묵만을 지각한다.[5]

　파르메니데스에게 빛은 밝음이요 흙은 어둠이다. 신체기관의 혼합에서 밝음이 승하면 '기억'이 되고, 어둠이 승하면 '망각'이 일어난다. 그가 말하는 '기억'이나 '망각'은 일상적 의미의 기억이나 망각이 아니다. 그에게 '망각'은 수면·노년·죽음 등을 가리킨다. 여기서 수면과 노년은 부분적 망각, 죽음은 전체적 망각이라고 한다. 그가 말하는 '기억'도 '의식'이나 '인식'이라는 뜻에 가깝다. 그는 기억을 감각과 구별한다. 죽음이 기억의 블랙아웃이라 할 때, 죽음과 더불어 사라지는 것은 기억이지 감각이 아니다. 파르메니데스에 따르면 시체도 "어둠과 냉기와 침묵"을 감지한다.[6]

　테오프라스토스는 파르메니데스를 신랄하게 비판한다. 가령 파르메니데스는 불이 흙보다 우세할 때 이성적 사유가 찾아온다고 말한다. 그럼 불과 흙의 비율이 똑같을 때는 어떻게 되는가? 그것은 사유인가 아닌가? 아니라면, 그 상태는 또 뭐라 불러야 하는지 분명히 밝히지 않았다는 것이다. 물론 이는 사소한 시비에 불과하고 본격적 비판은 따로 존재한다. 테오프라스토스는 파르메니데스가 "감각을 통한 지각과 지성을 통한 파악을 동일시했다"고 비판한다. 그가 감각지각, 즉 아이스테시스^{aisthēsis}를 지성에 의한 인식인 노에시스^{noesis}와 구별하지 않고, 그것을 신체적 변화로 간주하는 오류를 범했다는 것이다.

이는 스승인 아리스토텔레스의 견해를 그대로 따른 것으로 보인다. 아리스토텔레스 역시 같은 문장을 들어 파르메니데스가 '사유란 감각지각이요, 감각지각은 물리적 변형이요, 감각지각의 인상은 필연적으로 참'이라 주장했다고 말한 바 있다.[7] 하지만 이들 사제師弟의 말처럼 파르메니데스가 감각과 이성을 동일시했을 것 같지는 않다.[8] 생각해보라. 밀레투스 철학자들이 현상세계를 탐구하는 자연학physica을 발전시켰다면, 파르메니데스는 그에 맞서 현상 너머 초월적 세계의 형이상학metaphysica을 창시했다. 그런 그가 과연 감각지각을 이성적 숙고phronesis와 동일시했을까?

아리스토텔레스와 테오프라스토스는 세가지 점에서 파르메니데스를 감각주의자sensualist로 규정한다. 첫째, 인지과정을 물리적 과정과 동일시했고 둘째, 감각지각과 이성적 판단을 구별하지 않았으며 셋째, 감각적 인상을 필연적 참으로 간주했다는 것이다. 우리의 사제는 이렇게 파르메니데스를 (부당하게) 소박한 감각주의자로 규정한다. 하지만 이때 이들은 그의 또다른 언급을 고려의 대상에서 빠뜨린 것으로 보인다.

존재하지 않는 것이 존재하는 것으로 입증될 수는 없는 일. 그러니 그대는 이런 탐구의 방식에서 생각을 돌리라. 습관에 따라 그 그릇된 길에 방황하는 눈을 돌리지 말고, 울리는 귀나 혀를 그리로 들이대지도 말라. 그리고 그것들의 증거에 대항하여 내가 제시한 미묘한 반박으로 판단하라(DK 28B7).

한마디로 판단을 내릴 때 눈과 귀나 혀에 기대지 말고 이성적 사유에 의뢰하라는 이야기다. 이는 파르메니데스가 감각과 이성을 동일시했다는 사제의 주장을 정면으로 반박한다. 반면 이 구절을 들어 거꾸로 파르메니데스를 반反감각주의자로 규정하는 이들도 있다.9 반대의 극단인 셈인데, 이는 시대착오적 판단으로 보인다. 그리스철학에서 감각과 이성 aisthétá kai noétá의 명확하고 뚜렷한 구별은 플라톤-아리스토텔레스 이후에나 이루어지기 때문이다. 파르메니데스는 감각지각과 이성적 사유를 동일시하지도 않았지만, 그 둘을 날카롭게 구별하여 서로 대립시키지도 않았다.

| 진리와 속견

단편 B16으로 돌아가보자. 서로 대립되는 두 원소는 다양한 비율의 혼합을 이룬다. 여기에는 두 극단이 존재한다. 하나의 극단은 완전한 어둠, 즉 죽음이다. 이때는 사유란 있을 수 없고, 오로지 어둠과 냉기와 침묵의 감각만이 존재할 뿐이다. 반대의 극단은 완전한 밝음, 즉 신이 되는 것이다. 인간은 이 두 극단의 사이 어딘가에서 기관에 불과 흙이 뒤섞여 있는 상태로 살아간다. 그래서 "방황하는" 존재다. 하지만 그 혼합에서 밝음이 어둠보다 우세할 때 이성적 사유를 하게 되고, 그 밝음이 어둠을 완전히 몰아낼 때 인간은 마침내 신의 눈으로 세계를 보게 된다.

파르메니데스에 따르면 세계의 인식에는 두 갈래의 길이 있다. 하나는 존재有를 탐구하는 길이요, 다른 하나는 비존재無를 탐구하는 길이다. 이 중 택해야 할 것은 물론 첫번째다. 왜냐하면 존재하는 것은 오직 유有뿐 무無는 존재하지 않기 때문이다. 세상에 무는 없다. 왜? '없는 것이 있다 (고 말하)는 것은 모순'이기 때문이다. 이것이 그 유명한 '파르메니데스의 역리'다. 물론 명백한 오류논증이지만, 중요한 것은 그 역리의 함의다. 만약 무가 없다면 생성이나 소멸도 없을 것이다. 왜? 생성이란 뭔가가 무에서 생기는 것이고, 소멸은 그것이 무로 돌아가는 것이기 때문이다.

하지만 우리 눈에 비친 현상의 세계는 분명히 온갖 생성과 소멸로 가득 차 있다. 이것들은 대체 무엇이란 말인가? 파르메니데스에 따르면 그것들은 그저 가상일 뿐이다. 눈과 귀에 의존하여 세계를 탐구할 때 우리는 속견doxa에 이르게 된다. 그때 우리는 운동과 변화를 참된 실재로 착각하게 된다. 반면 세계의 탐구에 감각적 지각이 아니라 이성적 숙고를 사용할 때 우리는 진리에 이른다. 그때 우리는 변화무쌍한 현상 속에 감추어진 세계의 참모습을 보게 된다. 그렇게 이성의 눈으로 본 세계는 영원히 생성하지도 소멸하지도 않는 하나, 이른바 '부동의 일자'immovable one다.

이처럼 파르메니데스는 구체적 원소가 아니라 추상적 실체를 아르케로 내세운다. 그가 '형이상학의 아버지'라 불리는 것은 이 때문이다. 물론 파르메니데스 이전에도 추상적 실체를 아르케로 내세운 사람은 있었다. 가령 무규정자를 말한 아낙시만드로스를 생각해보라. 달라진 것은 논증의 방식이다. 아낙시만드로스는 제 주장을 경험에 기초한 '귀납적' 추론으로 뒷받침한다. '혹자는 만물의 근원이 물이라 하고, 혹자는 불이라 한다. 하지만 그 둘은 서로 배척하는데, 어떻게 하나가 다른 하나에서 나올 수 있겠는가? 고로 오직 그 성질이 정해지지 않은 것만이 만물의 근원이 될 수 있는 것이다.'

반면 파르메니데스는 이와는 전혀 다른 성격의 논증을 사용한다. '비존재는 존재하지 않는다. 비존재가 존재한다면, 그것은 정의상 더이상 비존재가 아니다. 고로 비존재가 존재한다고 말하는 것은 모순이다.' 한마디로 '무가 없다는 사실'은 '무'의 개념 속에 이미 포함되어 있다는 것이다. 이 자명한 사실을 확인하기 위해 굳이 눈을 밖으로 돌려 자연현상을 볼 필요는 없을 것이다. 이처럼 파르메니데스는 경험적 관찰을 요하지 않는 '연역적' 추론을 사용한다. 이 사변적 논증은 아낙시만드로스의 경험적 논변과는 아예 차원이 다르다. 그가 '형이상학의 아버지'라 불리는 것은 이 때문이다.

하지만 이성을 감각의 위에 올려놓았다고 그가 속견의 중요성을 부정한 것은 아니다. 그는 감각의 세계에 대한 탐구 역시 우리가 살아가는 데에 필요하다고 본다. 여신의 입을 빌려 그는 이렇게 말한다.

그대는 모든 것을 알 필요가 있다오. 확실한 실재(진리)의 확고한 가슴만이 아니라 진정으로 신뢰할 수는 없는 가멸자들의 가상(속견)까지(DK 28B1, 28-32).

가멸자의 눈에 비친 세계는 '허상'일지는 모르나 '허위'는 아니다. 즉 이성의 눈에는 허상일지 몰라도 감각세계가 아예 없는 것은 아니다.[10] 가령 증기나 얼음의 실체는 변함없이 물(H_2O)이나, 그렇다고 물이 비나 증기로 바뀌는 변화가 안 일어나는 것은 아니잖은가. 이렇게 속견 역시 생활에 필요한 지식이라 말할 때 파르메니데스는 자연학자physician에 가깝다. 반면 속견에 비친 세계로 눈과 귀를 돌리지 말라고 권할 때의 그는 형이상학자metaphysician에 가깝다. 사실 그는 이 두 면모를 모두 갖고 있다. 그를 둘러싼 치열한 해석의 전쟁도 결국 이 이중성에서 비롯된 것이리라.

| 융즉과 물활론

고대에는 언어를 통한 세계의 분절이 덜 이루어져 사물들이 서로 명확히 구별되지 않은 채로 남아 있었다. 이 미분화의 상태를 '융즉融卽'이라 부른다. 가령 우리는 생물과 무생물을 구별하나, 유년기 인류는 무생물에도 생명이 있다고 믿었다. 고대의 그리스인들에게 '헤라클레스의 돌'(자석)은 물질이 살아 있음을 보여주는 확실한 증거였다. 탈레스 같은 철학자조차도 '물'이 살아 있다고 믿었다. 물질이 곧 생명이라 보는 이 물활론hylozoism은 물론 원시 애니미즘의 흔적이다. 철학적 사유도 초기에는 이 '융즉'의 경향에서 자유롭지 못했는데, 그것은 크게 다음의 세가지 양상으로 나타난다.

첫째, 존재와 사유의 융즉이다. 초기 그리스인들은 육체와 영혼을 분리된 것으로 보지 않았다. 그들에게 신체의 죽음은 곧 영혼의 죽음을 의미했다. 육체적 과정이 곧 정신적 과정이기에, 아직 존재와 인식의 분리도, '인지하는' 주체와 '인지되는' 객체 사이의 구분도 없었다. 물활론의 관점에서 인지과정은 당연히 물리과정으로 간주된다. 파르메니데스가 인지과정을 불과 흙, 두 원소가 혼합되는 물리과정으로 설명한 것은 그 때문이다. 이 물질이 살아 있다고 보는 물활론의 관점에서는 사체가 "어둠과 냉기와 침묵"을 지각한다는 이야기도 그리 이상하게 들리지는 않을 것이다.

둘째, 감각지각과 사유의 융즉이다. 파르메니데스는 진리를 향한 존재의 길과 속견을 향한 비존재의 길을 대립시킴으로써 사유와 감각지각을 비교적 뚜렷이 구별한 바 있다.[11] 또 감각지각을 통한 관찰을 그대로 증명으로 받아들인 밀레투스학파와 달리, 파르메니데스는 연역에 따른 이성적 판단('비존재는 존재할 수 없다')으로 감각의 증거들('변화와 운동이 있다')을 기각하기도 했다. 하지만 그런 파르메니데스도 불과 흙, 두 원소의 혼합에서 불의 비율이 절반을 넘으면 이성이 찾아온다고 말한다. 감각과 이성의 차이를 질적 차이가 아니라 여전히 양적 차이로 생각했던 것이다.

셋째, 감각과 지각의 융즉이다. 오늘날 우리는 감각sensation과 지각

perception을 구별한다. 가령 어떤 액체의 맛과 향을 느끼는 것은 감각의 문제이지만, 그 맛과 향을 근거로 그것이 커피라고 판단하는 것은 지각의 문제다. 하지만 그리스인들은 그 둘을 구별 없이 모두 '아이스테시스'라 불렀다. 파르메니데스 역시 감각과 지각을 구별하지 않았다. 아이스테시스의 이 두 측면의 구별이 도입되는 것은 나중의 일이다. 예를 들어 먼 훗날 에피쿠로스는 '감각된 것'aisthētá은 모두 참이며 오류는 판단에서 비롯된다'고 말하는데, 이는 감각과 지각의 명확한 구별 위에서만 할 수 있는 말이다.

아리스토텔레스와 테오프라스토스는 파르메니데스가 '사유와 감각지각을 동일시하고, 감각지각을 신체적 변형으로 설명하고, 감각지각의 인상을 필연적 참으로 간주했다'고 비판한다. 물론 소크라테스 이전 철학presocratics이 그렇듯이 그의 이론에도 융즉의 경향은 여전하다. 하지만 이는 파르메니데스 개인의 한계로 보기 힘들다. 존재·사유, 감각지각·사유, 감각·지각의 융즉은 초기철학의 일반적 특징이기 때문이다. 파르메니데스는 그 미분화에서 벗어나는 위대한 첫걸음을 내딛은 인물이다. 감각론의 역사에서 그는 한 시대에서 다른 시대로 넘어가는 가교의 역할을 했다고 할 수 있다.

유사가 유사를
엠페도클레스

파르메니데스는 '보는 것이 곧 아는 것'이라는 등식을 깨고 감각지각을 철학적 주제화했다. 하지만 감각지각에 관한 그의 이론은 아직 인식 일반의 이론과 구별되지 않는 막연한 형태를 취하고 있었다. 파르메니데스는 개별 감각의 이론은 물론이고, 감각 일반의 이론이라 할 만한 것도 갖고 있지 않았다. 본격적으로 '감각론'이라 부를 만한 이론이 등장하는 것은 엠페도클레스에 이르러서다. 그에게서 처음으로 우리는 감각 일반의 원리와 기제, 그리고 개별 감각에 대한 논의와 마주친다. 엠페도클레스의 이론은 하나의 전범이 되어 후에 등장할 모든 이론에 영감의 원천을 제공하게 된다.

| 4원소설(說)

엠페도클레스^{BC 495?~435?}는 우주가 물·불·공기·흙으로 이루어져 있다고 보았다. 여기서 흙은 고체, 물은 액체, 공기는 기체, 불은 열을 각각 상징한다. 이 넷을 흔히 4원소라 부르나, '원소'는 플라톤의 표현이고, 엠페도클레스는 그것을 '뿌리'라 불렀다. 4원소가 내포한 생산성을 표현하는 데에는 식물학적 은유가 적합하다고 본 모양이다. 세상의 모든 것은 이

네 뿌리에서 탄생한다. 엠페도클레스는 그것들을 신과 동일시했다. 즉 불은 제우스, 흙은 헤라, 공기는 하데스, 물은 네스티스라는 것이다. 아마도 세계를 이루는 이 네 뿌리가 신처럼 영원불멸하는 존재라는 뜻이리라.

세상의 모든 것은 이 네 원소의 혼합으로 만들어진다. 하지만 네 원소의 혼합과 분리를 통해 수많은 사물이 탄생하고 사멸해도, 파르메니데스의 일자처럼 원소들 자체는 그대로 남는다. 변화하는 게 있다면 오직 하나, 혼합의 비율뿐이다. 엠페도클레스는 이를 화가들이 물감을 다양한 비율로 섞어 여러 색깔을 만들어내는 과정에 비유한다. 이 네 뿌리는 원래 구球 모양으로 합쳐져 있었다. 그러다 미움neikos의 원리에 따라 서로 분리되고, 사랑philia의 원리에 따라 다시 합쳐진다. 이렇게 분리와 합류를 거듭하며 우주는 영원히 네 단계로 이루어진 고리를 순환하게 된다.

생명도 당연히 물·불·공기·흙의 혼합에서 탄생한다. 원소의 혼합으로 먼저 피와 살과 뼈가 생성된다. 처음에 이것들은 서로 무작위로 결합하여 "머리들이 목 없이 자라나고, 팔들이 어깨 없이 혼자 다니며, 눈들이 이마 없이 홀로 돌아다닌다".[12] 이 단계에서는 얼굴이 둘 달린 머리, 소의 머리가 달린 인간의 몸, 인간 머리가 달린 소의 몸, 양성구유 등 기이한 생명체들이 나타난다. 하지만 시간이 지나면서 생존에 불리한 생명체들은 도태되고, 오직 목적과 기능에 적합한 생명체만 살아남게 된다. 다윈의 자연선택 이론을 수천년 전에 선취한 셈이다.

| 감각의 일반이론

테오프라스토스에 따르면 엠페도클레스는 모든 감각을 설명하는 일반이론을 갖고 있었다. 그 이론은 물론 4원소설의 틀 안에서 전개된다. 즉 감각의 대상과 기관 모두 4원소의 혼합으로 이루어진다는 것이다. 가령

물·불·공기·흙으로 이루어진 우리의 감각기관은 미세한 구멍들을 갖고 있고, 역시 같은 원소들로 이루어진 대상들은 제 밖으로 끊임없이 미세한 물질을 발산한다. 감각은 대상이 발산하는 이 미세한 유출물aporroai이 여러 감각기관의 미세한 통로poroi 속으로 들어옴으로써 일어난다. 엠페도클레스는 이렇게 모든 감각을 대상과 감관 사이에 일어나는 물질적 과정으로 설명한다.

모든 감각기관에는 저마다 다른 모양의 통로가 있다. 대상에서 유출된 입자들이 그중에서 제게 딱 들어맞는 구멍을 찾아서 들어온다. 특정 감관에 적합한 것들은 구멍을 통과하나, 구멍에 비해 너무나 크거나 작은 것들은 아예 들어오지를 못한다. 이렇게 구멍에서 부적합한 대상을 걸러내기에 하나의 감각기관은 다른 기관들의 대상을 분별하지 못한다. 즉 눈으로는 냄새를 못 맡고, 코로는 소리를 못 듣고, 귀로는 앞을 보지 못한다. 이것이 오감 모두에 적용되는 감각의 일반론이다. 이어서 그는 시각·청각·후각 등 개별 감각에 대한 설명을 제시한다.

시각의 기관은 눈이다. 엠페도클레스에 따르면 눈의 중심에는 불(안광)이 있다. 그 불을 물이 감싸고 있고, 이 둘을 다시 흙과 공기(각막)가 에워싸고 있다. 엠페도클레스는 눈의 구조를 등불에 비유한다.

폭풍우가 부는 밤에 길을 떠나려는 사람은 이글거리는 불길을 바람막이 판들로 에워싼 등불을 준비하기 마련인데, 이때 바람을 분산시키는 판들 사이로는 빛이 흘러나와, 판 사이의 빈틈으로 그보다 더 미세한, 꺼지지 않는 광선들이 비치게 된다. 그와 비슷하게 눈에서는 원초적 불, 즉 둥근 동공을 막과 조직들이 에워싸고 있는데, 거기에는 온통 신묘한 구멍들이 나 있어 동공을 둘러싼 물은 막아주지만, 자기보다

미세한 불은 통과시킨다(DK 31B84).[13]

등불의 빛이 밖으로 새어나오듯이 눈 속의 불은 각막의 미세한 구멍들을 통해 밖으로 빠져나간다. 동시에 그 작은 구멍들을 통해 대상에서 발산된 유출물들이 눈 안으로 들어오기도 한다. 시각이 발생하려면 대상의 유출물이 눈의 통로에 맞아야 한다. 유출물이 들어오는 눈은 불의 통로와 물의 통로가 교차하는 식으로 배열되어 있다. 눈은 불의 통로로는 흰색을, 물의 통로로는 검은색을 지각한다. 이 두 색 외에 다른 색에 대한 그의 설명은 전해지지 않는다. 다만 스토바이오스[5세기경 활동]는 엠페도클레스가 4원소설에 맞추어 흑·백·적·녹을 4원색으로 보았다고 전한다.

여기에는 서로 대립되는 이론에 속하는 두개의 모티브가 공존한다. 먼저 내면의 불이 흙과 공기의 구멍을 빠져나간다는 모티브는 안광이 밖으로 방사됨으로써 시각이 발생한다는 '유출설'에 친화적이다. 반면 유출물이 눈 안의 물과 불의 통로로 들어와 시각이 발생한다는 모티브는 '유입설'을 지지하는 듯하다. 존 비어의 평가대로 엠페도클레스는 대립하는 "이 두 입장을 화해시키는 일의 어려움과 필요성을 아직 못 느끼는 듯하다".[14] 엠페도클레스 이후의 감각론은 서로 대립되는 두 방향, 즉 플라톤의 유출설과 원자론의 유입설로 분화하기 시작한다.

엠페도클레스의 이론은 어느 쪽에 더 가까울까? 등불의 은유 때문에 후대에 그의 이론은 종종 유출설로 해석되곤 했다.[15] 하지만 엠페도클레스의 이론은 유출설보다는 유입설에 가까워 보인다. 등불에서 새어나오는 빛처럼 안광이 흙과 공기(각막)의 틈으로 빠져나간다는 말이 후에 플라톤이 주장할 유출설을 뒷받침하는 것은 아니기 때문이다. 엠페도클레스는 플라톤처럼 안광이 눈 밖으로 빠져나가 대상에서 발산된 불을 만난다고 말하지는 않는다. 그에게서 눈 속의 빛은 그저 눈 밖의 빛과 보족적 관계를 맺고 조리개로 명암을 조절하듯이 시각에 필요한 명암의 평형을 잡아주는 역할을 할 뿐이다.

눈의 안쪽은 불과 물이라는 대립되는 두 원소로 이루어진다. 하지만 그 구성은 동물마다 달라 불이 눈의 중심에 있는 동물이 있는가 하면, 불이 좀더 눈의 바깥쪽에 있는 동물도 있다. 그래서 밤에 잘 보는 동물도 있고, 낮에 잘 보는 동물도 있는 것이다. 낮에는 불의 원소가 적은 검은 눈들이 유리하다. 안쪽의 빛이 바깥쪽 빛의 도움으로 (눈 안의)[16] 물과 평형을 이루기 때문이다. 반면 밤에는 물의 원소가 적은 (즉 불의 원소가 더 많은) 빛나는 눈이 유리하다. 밤에 부족한 빛을 안쪽의 빛이 보충해주기 때문이다. 결국 시각이 제대로 이루어지려면 안과 밖의 빛이 모두 있어야 하는 셈이다.

불이 과도한 야행성동물은 낮에 눈이 침침해진다. 내면의 불에 외부의 불까지 합쳐져 물의 통로를 점령해버리기 때문이다. 반면 물이 과도한 주행성동물은 밤에 눈이 침침해진다. 거꾸로 불의 통로가 물에 점령당하기 때문이다. 눈이 침침하여 제대로 보지 못하는 이 상태는 물이 과도한 상태가 외부에서 빛의 도움으로 해소되거나, 혹은 불이 과도한 상태가 공기의 견제를 받아 해소될 때까지 계속된다. 이런 식으로 동물들은 대립물을 자신의 치료약으로 삼는다. 엠페도클레스에 따르면 눈은 대립되는 원소들이 평형을 이룰 때 가장 잘 볼 수 있는 최선의 상태가 된다.

한편 청각은 머리 안에서 울리는 소리에 의해 발생한다. 목소리에 의해 공기가 움직일 때마다 머리 안의 공기가 반향을 일으킨다. 청각기관은 그가 "육체적 돌출부"라 부르는 작은 연골이다. 공기의 파장이 이 연골에 충격을 가하면, 종 혹은 나팔처럼 귀 안에서 그 음파가 되울리고,

그로써 청각이 발생한다. 눈에 '등불'이 들어 있어 볼 수 있듯이, 귀에는 '종'이 들어 있어 들을 수 있다는 것이다. 한편 대상의 유출물이 제게 맞는 구멍을 찾아 들어온다는 감각의 일반론을 여기에 적용하자면, 청각의 경우 그 유출물은 공기 혹은 공기의 미세한 입자일 것이다.

이어서 후각은 호흡에 기인한다. 고로 가장 왕성하게 호흡을 하는 사람들이 후각도 가장 날카롭다. 그리고 가장 강렬한 냄새는 입자가 곱고 가벼운 대상에서 흘러나온다고 한다. 이것이 테오프라스토스를 통해 알려진 엠페도클레스 후각론의 전부다. 1~2세기에 활동했던 아에티우스는 이렇게 전한다. "엠페도클레스는 후각이 폐가 하는 호흡에 의해, 그것과 함께 발생하며, 따라서 호흡이 가쁘면 그 거칢 때문에 기관지염^{catarrhs}에 걸린 사람처럼 냄새를 잘 맡지 못한다고 주장한다."[17] 마지막으로 미각과 촉각에 관해서는, 그 방식에 관해서든 혹은 기관에 관해서든, 아무런 설명도 전해지지 않는다.

엠페도클레스 역시 테오프라스토스의 날카로운 비판을 피해가지 못한다. 입자들은 무생물에 있는 구멍으로도 들어갈 텐데, 그렇다면 생물과 무생물의 차이는 어디서 찾아야 하는가? 또 불로 불을 지각한다면 왜 생명체만 지각을 하는가? 바깥의 불들도 자기들끼리 지각을 해야 하지 않겠는가? 나아가 서로 들어맞기 위해 입자와 구멍이 굳이 똑같은 크기여야 하나? 큰 것이 작은 것으로는 못 들어가도 작은 것이 큰 것으로 들어갈 수는 있지 않은가. 이런 시시콜콜한 비판에 이어 테오프라스토스는 마지막으로 총평을 내린다. "엠페도클레스는 많은 지점에서 길을 잃어버렸다."(DS 24)

ㅣ유사가 유사를

흥미로운 점은 엠페도클레스가 감각을 쾌·불쾌의 감정과 연결했다는 것이다. "그 구성의 요소와 방식이 감관과 유사한 것들은 쾌감을, 그에 반대되는 것들은 고통을 일으킨다."(*DS* 10) 고대 그리스에서 '쾌감'은 주로 섭생이나 성교와 관련해서 논의되곤 했는데,[18] 엠페도클레스가 최초로 이를 감각과 연결한 것이다. 이 모티브는 훗날 근대미학에서 중요한 역할을 하게 된다.* 엠페도클레스에 따르면 통로로 들어오는 유출물이 감관과 유사하면 쾌감을 느끼고, 상반되면 고통을 느낀다. 여기서 벌써 그의 감각론이 어떤 성격을 가졌는지 짐작할 수 있다.

> 흙으로써 흙을 보고, 물의 원칙으로 물을 보고, 공기로써 신성한 공기를 보며, 불로써 이글거리는 불을 본다. 그것은 사랑으로써 사랑을 알고, 미움으로 미움을 아는 것과 마찬가지다(DK B109).

이른바 '유사에 의한 지각'의 원리다. 엠페도클레스는 이를 사유에까지 확장한다. "사유는 감각지각과 동일하거나 혹은 거의 비슷하다." 이것으로 보아 그 역시 파르메니데스처럼 인식론과 감각론을 구별하지 않은 듯하다. 그렇다면 유사에 의한 유사의 '인식'은 어떻게 이루어질까? 테오프라스토스는 엠페도클레스가 유사에 의한 유사의 인식이 일어나는 다양한 방식을 일일이 설명했다고 밝힌다. 하지만 아쉽게도 그 내용은 우리에게 전해지지 않는다. 다만 그는 알려지지 않은 그 설명에 근거하여 '인식은 유사에 기초하고, 무지는 차이에 기인한다'는 결론을 내린다.

---

* 18세기 미학에서 아름다움은 '쾌'를 통해 지각되는 것으로 설명된다. 이에 대해서는 이 책의 366~367면, 397면을 참조.

전해지지 않는 엠페도클레스의 설명을 추정은 해볼 수 있을 것이다. 테오프라스토스는 '유사에 의한 지각'의 이론이 다음 세가지 근거 중 하나 위에 서 있다고 말한다. 첫째, 사물들은 그와 비슷한 것에 비추어볼 때 더 잘 이해가 된다. 둘째, 자기와 같은 종을 알아보는 것은 모든 생명체의 자연적 특성이다. 셋째, 감각은 유출물이 그와 비슷한 구멍을 통해 들어옴으로써 발생한다. 엠페도클레스는 유사에 의한 유사의 '감각'을 세번째 방식으로 설명한다. 두번째는 우리의 맥락과 관계없으니, 유사에 의한 유사의 '인식'은 첫번째 원리, 즉 유비^{喩比}로 설명했을 가능성이 크다.[19]

엠페도클레스에 따르면 인간은 피^血로 생각한다. 그 어디보다 피 속에서 4원소가 가장 온전히 뒤섞이기 때문이다. 원소들이 고른 비율로 섞인 사람들은 지적이고 감각도 섬세하다. 이 비율에 근접할수록 사람은 똑똑하고, 멀어질수록 아둔해진다. 원소들이 느슨하고 희박한 사람들은 느리고 근면하다. 반면 원소들이 조밀하고 섬세한 사람들은 충동적이어서 이것저것 벌여만 놓고 정작 이루는 일은 별로 없다. 이상적 비율이 특정 부위에 나타나면 바로 그 부분에서 탁월한 사람이 된다. 가령 그 비율이 혀에 나타나면 훌륭한 연설가, 손에 나타나면 뛰어난 장인이 된다는 것이다.

정확히 말하면 엠페도클레스는 사유가 모든 신체기관에서 일어난다고 생각했다. 당연한 일이다. 그 역시 파르메니데스처럼 감각지각을 물질적 과정과 동일시하고 지각을 원소들의 혼합으로 보았기 때문이다. 생각해보라. 그의 말대로 사유와 감각이 동일하거나 거의 같다면, 당연히 모든 감관에서 사유가 일어나야 한다. 왜? 감각기관이 동시에 사유기관이기 때문이다. 그럼에도 그가 피를 유독 사유의 기관으로 지목한 것은 그저

그곳에서 4원소가 가장 온전히 혼합되기 때문이었다. 고로 '피로 생각한
다'는 말은 그곳에서 사유가 '가장' 왕성하게 일어난다는 뜻에 가깝다.

'물질이 감각을 한다'거나 '물질이 사유를 한다'는 말은 우리 귀에 이
상하게 들린다. 우리는 이미 정신 대對 물질이라는 데카르트적 이분법에
익숙하기 때문이다. 데카르트에게 '사유'는 정신의 활동이고, 물질은 그
저 '연장延長'을 가질(공간을 차지할) 뿐이다. 사유하는 정신이 '주체'가 될
때, 물질은 지각과 인식의 '객체'로 전락한다. 이에 반발하여 17세기에
스피노자가 '물질이 곧 정신'이라 주장했을 때, 18세기 프랑스 유물론자
들이 '물질의 사유'를 이야기했을 때, 20세기에 바슐라르가 '물질의 상상
력'을 말했을 때, 이들 모두는 이 아득한 고대의 전통으로 되돌아가려 한
셈이다.

반대가 반대를
알크마이온·헤라클레이토스·아낙사고라스

감각지각에 관한 다양한 견해들은 크게 보면 다음의 두 진영으로 나뉜다. 어떤 연구자들은 감각지각이 '유사'ómoios를 통해 일어난다고 보고, 다른 연구자들은 그것이 '대조'enantíos를 통해 일어난다고 본다. 가령 파르메니데스, 엠페도클레스, 플라톤은 그것을 유사로 설명하고, 아낙사고라스와 헤라클레이토스는 그것을 대조로 설명한다(*DS* 1).

테오프라스토스는 감각론을 두 유형으로 구분한다. 이 중 '유사에 의한 지각'의 이론은 앞에서 파르메니데스와 엠페도클레스를 통해 살펴보았고, 이제 그 반대편에 있는 입장들, 즉 '대조에 의한 지각'의 이론을 살펴볼 차례다. 위의 인용문이 말해주듯이 테오프라스토스는 아낙사고라스와 헤라클레이토스가 이 유형에 속하는 것으로 본다. 하지만『감각론』에는 이 두 사람 외에 "지각을 유사가 아닌 다른 것에 돌리는" 또다른 인물의 이름이 언급된다. 바로 철학자이자 의학자였던 크로톤의 알크마이온이다.

| 알크마이온

  엠페도클레스와 달리 알크마이온BC 500?~450?에 활동은 이성적 사유와 감각적 지각이 동일하지 않다고 본다. 그에 따르면 인간은 동물과 다른데, 그것은 "오직 그(인간)만이 이해력suniêmi을 가졌기" 때문이다. "다른 동물들은 감관으로 지각은 해도 이해는 하지 못한다."(DS 25) 여기서 비로소 처음으로 지각과 사유 사이의 명확한 구별이 등장한다. 다만 알크마이온이 사용한 '이해력'이란 낱말은 그저 '함께 모으다'는 뜻이어서 이말이 본격적 의미의 '이성'을 가리키는지는 불분명하다. 하지만 오감의 경험을 '함께 모으는' 것쯤은 동물도 하는 일이니, '이해력'이 그 이상을 의미하는 것만은 분명하다.[20]

  알크마이온이 도입한 또 하나의 혁신은 모든 감각이 어떤 방식으로든 뇌와 연결되어 있다고 본 것이다. 그는 뇌가 방해를 받는다면 그 통로가 막혀 감각들이 제 기능을 발휘하지 못한다고 보았다. 오늘날에는 이 뇌중심주의encephalocentrism가 상식으로 통하나, 그 시대만 해도 의식의 거처를 머리로 보는 이는 그가 거의 유일했다.[21] 파르메니데스와 엠페도클레스가 감각기관을 동시에 사유기관으로 여긴 것을 생각해보라. 여기서 그가 얼마나 시대를 앞섰는지 알 수 있다. 오감을 관장하는 기능이 뇌에 있다는 주장은 먼 훗날 갈레노스129~200?에 이르러서야 비로소 정설로 인정받는다.

  로마의 저술가인 칼시디우스4세기경 활동는 알크마이온이 해부학을 사용했다고 전한다. 그 때문에 오늘날 알크마이온을 해부학 연구의 선구자라 여기는 이들도 있다.[22] 하지만 그가 인간이든 동물이든 사체를 해부하여 감관의 신경들이 뇌로 이어지는 것을 직접 확인했을 것 같지는 않다.[23] 최고의 기관이 뇌라는 견해는 해부학적 관찰에서 나온 것이 아니라, 그저 눈·코·귀·입 등 주요 감관이 머리에 몰려 있다는 데서 유추한 것으로 보인다. 그가 오감 중에서 시각·청각·후각·미각만 논하고 '촉각'을 빠뜨린 것은 이와 관련이 있을 것이다. 촉각의 기관은 머리만이 아니라 온몸에 퍼져 있지 않은가.

테오프라스토스는 알크마이온이 '대조에 의한 지각'의 이론을 주장했다고 말한다. 하지만 이 일반이론에 대한 설명은 생략한 채 곧바로 그의 개별 감각 이론들을 소개한다. 알크마이온에 따르면 눈은 물과 불로 이루어졌다. 눈 속에 불이 있다는 사실은 눈 주위를 세게 얻어맞으면 앞이 캄캄해지는 것으로 알 수 있다고 한다. 눈 속의 불이 꺼졌기 때문이다. 불의 주위는 물이 감싸고 있는데, 여기에 사물의 영상이 비침으로써 시각이 성립한다. 시각은 사물의 영상을 비추는 물의 투명함에 달려 있으므로, 그 물이 순수하면 순수할수록 당연히 시각은 더 완전해진다고 한다.

여기서 처음으로 시각의 반영反映, antiphanie 이론이 등장하는데, 이는 알크마이온만의 생각이 아니라 당시에 꽤 널리 퍼진 견해였다. 소크라테스 이전 철학의 시각 이론은 대체로 세가지 가정 위에 서 있었다. 첫째, 시각의 기관은 동공이다. 둘째, 눈에는 불이 있다. 셋째, 안구는 물로 채워져 있다.[24] 한마디로 시각이란 대상의 영상이 동공을 통해 눈 속의 물에 비치는 현상이라는 것이다. 이 시각의 반영론은 시각기관이 동공에서 수정체로 바뀌는 사소한 변화가 있었을 뿐, 17세기에 이르러 데카르트의 손에 폐기되기까지 서구와 아랍의 광학에서 끈질긴 생명력을 자랑하게 된다.

알크마이온에 따르면 청각은 귀로 실현된다. 귀에는 빈 공간이 있고, 거기에 반향이 일어나 우리가 듣게 된다는 것이다. 고둥의 내부에서 바닷소리가 나듯이 어떤 소리는 이 빈 공간 자체에서 생산되고 그때 내부의 공기가 이를 되울린다는 설명은 이명 현상을 말하는 듯하다. 후각은 호흡하여 뇌로 공기를 불어넣어줄 때 비강에서 일어난다. 혀로는 맛을 구별한다. 혀는 따뜻하고 부드러워 그 열로 물체들을 녹인다. 그 느슨하고 유연한 질감 때문에 혀는 맛을 쉽게 수용하고 전달한다. 한편 알크마이온은 촉각의 방식이나 수단에 관해서는 아무 말도 남기지 않았다.

| 헤라클레이토스

'대조에 의한 지각'이 구체적으로 무엇인지 알크마이온을 통해 알 길은 없다. 개별 감각들에 관한 그의 논의 역시 '대조에 의한 지각'이 어떻게 일어나는지 우리에게 알려주지 않는다. 헤라클레이토스[BC 540?~480?]를 통해서도 마찬가지다. 테오프라스토스는 그의 이론을 '대조에 의한 지각'으로 분류하면서, 정작 그에 관련된 언급은 하나도 남기지 않았다. 우리로서는 그저 '대조'에 의한 지각을 말한다는 헤라클레이토스의 이론이 그가 주창하던 '대립물의 통일'의 관념과 연관되어 있으리라 막연히 추측할 뿐이다.

감각에 관한 헤라클레이토스의 생각은 알 길이 없지만 지각과 이성의 관계를 논한 그의 몇몇 단편들이 지금까지 전해진다. 그런데 그 언급들은 언뜻 보기에 서로 배치되는 듯하다.[25] 가령 "시각, 청각, 체험으로 배울 수 있는 것들을 나는 선호한다"(DK 22B55). 여기서 감각은 인식의 수단으로 선호된다. 최고는 역시 시각이다. "눈은 귀보다 더 정확한 증인이다."(DK 22B101a) 이와 반대되는 언급들도 더러 눈에 띈다. "자연은 숨기를 좋아한다."(DK 22B123) "감추어진 조화가 겉으로 드러난 조화보다 더 거대하다."(DK 22B54) 한마디로 자연은 감각에 참모습, 즉 로고스 logos를 드러내지 않는다는 이야기다.

위의 언급들, 특히 DK 22B55와 DK 22B123은 서로 모순되는 것처럼 보인다. 가령 로고스가 감추어져 있다면 감각에 드러날 수 없고, 감각이 인식의 믿을 만한 수단이라면 로고스는 숨을 수 없다. 하지만 사실 이 두 명제는 보기와 달리 서로 모순되지 않는다. 헤라클레이토스도 알크마이온처럼 감각지각과 이성적 사유를 구별한다. 이성의 지도를 받지 않는 한 감각은 아무 소용없다는 것이다. "이해력 없이 듣는다면 귀머거리나 다름없다."(DK 22B34) 그러므로 감각이 제아무리 정확한 기관이라 하더라도 "야만인의 영혼을 가진 이들에게 눈과 귀는 그저 형편없는 증인일 뿐이다"(DK 22B107).

초기의 자연학자들은 대체로 감각지각을 신뢰했다. 자연이 제 본질을 감각지각에 온전히 드러낸다고 보았기 때문이다. 하지만 헤라클레이토스에게 자연은 제 모습을 완전히 감추지도 않고, 완전히 드러내지도 않는다. 마치 델피에서 신탁을 내리는 신처럼 그저 우리에게 알 듯 모를 듯 기호를 던져줄 뿐이다. 문제는 세계가 우리에게 던져주는 이 메시지(로고스)를 이해하는 것이다. 이는 감각적 경험을 모으는 것만으로 될 일이 아니다. 물론 감각지각은 필요하나, 그것만으로는 충분하지 않다. 참된 인식을 위해서는 무엇보다 감각정보를 해독할 능력, 즉 이성이 있어야 한다.

| 아낙사고라스

알크마이온이나 헤라클레이토스를 통해서는 '대조에 의한 지각'이 어떻게 일어나는지 알 수가 없었다. 아낙사고라스[BC 550~428]에 이르러 '대조에 의한 지각'의 이론이 비교적 명확한 형태로 나타난다. '대조설'을 주장하는 이들은 대체로 감각지각이 어떤 '변화'[alteration]에 의해 일어난다고 본다. 그런데 유사는 유사에 영향을 받지 않으므로 변화를 일으킬 수

없다는 것이다. 아낙사고라스 역시 "유사는 유사에 의해 영향을 받지 않으므로" 감각지각은 대립물에 의해 이루어진다고 주장한다. 이어서 그 일이 개별 감각에서 각각 어떻게 일어나는지 구체적으로 설명하기 시작한다.

아낙사고라스에 따르면 시각은 동공에 사물이 비침으로써 발생한다. 하지만 동공은 같은 색조의 사물을 잘 반영하지 못하고, 다른 색조의 사물을 잘 반영한다. 몇몇 동물들은 동공과 사물의 색조대비가 밤에 더 잘 일어나, 밤눈이 밝다. 하지만 대부분의 동물은 동공과 사물의 색조대비가 주로 낮에 일어나기에 낮에 더 잘 본다. 이처럼 대상의 반영이 주로 낮에 이루어지는 것은, 빛이 반영에 기여하기 때문이고, 강한 색과 약한 색의 차이가 클수록 반영이 더 잘 이루어지기 때문이다.

촉각이나 미각 역시 자극의 '대조'에 의해 이루어진다. 동일한 정도로 따뜻하거나 차가운 것들은 서로 더 따뜻하거나 차갑게 하지 못한다. 이 경우 당연히 감각은 발생하지 않는다. 단맛이나 신맛은 그 자체로 알려지는 것이 아니다. 단맛은 신맛에 대비해 알려지고, 신맛 역시 단맛에 대비해 알려진다. 나아가 우리는 뜨거움으로 인해 차가움을 알고, 짠물로 인해 마시기 좋은 시원한 물이 뭔지 알게 된다. 한편 후각은 들숨에 수반되고, 청각은 소리가 속이 빈 뼈를 통과하여 뇌로 전달되는 현상인데, 두 감각 역시 '대조'를 통해 이루어진다고 한다.

아낙사고라스의 설명이 그럴듯하게 느껴지는 까닭은 그것이 일상의 경험과 일치하기 때문일 것이다. 실제로 색채는 명암대비나 보색대비로 인해 더 돋보인다. 탕에 몸을 담그면 처음에는 뜨거우나, 시간이 지나면 온도 차가 사라져 더이상 뜨거움을 느끼지 못하게 된다. 테오프라스토스는 후각과 청각에서 '대조에 의한 지각'이 어떻게 일어나는지 전해주지 않지만, 아낙사고라스가 이를 어떻게 설명했을지 짐작할 수는 있다. 우리는 경험을 통해 강한 냄새도 계속 맡으면 곧 사라진다는 것을 안다. 소리 역시 정적, 혹은 성질이 전혀 다른 소리와 대조될 때 더 또렷이 들릴 것이다.

아낙사고라스에 따르면 모든 감각에는 통증이 따른다. 이는 필연적 귀결이다. 왜냐하면 대조적인 대상에 접촉하는 것 자체가 기관에는 부담이 되기 때문이다. 특히 어떤 인상이 너무 오래 지속되거나, 너무 자극적인 대상 앞에 있을 때 그 부담은 더 커진다. 같은 것을 오래 보거나 들으면 지겨워지고, 너무 현란한 색채나 너무 요란한 소리 앞에서는 괴로워진다. 하지만 테오프라스토스의 지적대로 감각에 고통이 따른다는 아낙사고라스의 말은 좀 이상하게 들린다. 왜냐하면 "몇몇 대상들은 쾌감을 가지고 지각되며, 대부분은 적어도 고통 없이 지각되기 때문"이다(DS 31).

감각지각의 탁월함은 대체로 기관의 크기에 비례한다. 커다란 눈을 가진 동물은 큰 대상, 먼 대상을 보고, 작은 눈을 가진 동물은 작은 것, 가까운 것만 본다. 청각도 마찬가지다. 큰 동물들은 큰 소리와 먼 데서 나는 소리를 듣고, 더 작은 소리는 듣지 못한다. 반면 작은 동물들은 작고 가까운 소리만 듣는다. 냄새도 비슷하다. 공기가 희박할수록 냄새도 강하다. 큰 동물은 호흡할 때 진한 공기와 옅은 공기를 모두 마시고, 작은 동물은 옅은 공기만 들이마신다. 그 결과 큰 동물은 옅은 냄새를 못 맡고, 작은 동물은 진한 냄새를 못 맡는다고 한다.

아낙사고라스가 이처럼 '크기'에 집착하는 것은 유출물이 감각의 통로에 맞추어 들어온다고 본 엠페도클레스의 영향으로 보인다. 하지만 이 역시 이상하게 들린다. 감각은 크기보다는 "신체의 일반적 상태와 구성"에 달려 있기 때문이다. 덩치가 작다고 감각능력이 떨어지고, 크다고 그

능력이 뛰어난 것은 아니다. 한편 시각이 '반영'에 의해 이루어진다는 것은 당시 세간에 널리 떠돌던 견해였다. 테오프라스토스는 "이 견해가 옳다면 생명이 없는 사물도 시각을 갖고 있어야 할 것"이라 비판한다. 물이나 청동, 그밖의 매끈한 사물의 표면에도 다른 사물의 영상이 비치기 때문이다.[26]

| 클리데모스

아낙사고라스에 이어 테오프라스토스는 짧게 클리데모스[BC 378~340 활동]를 언급한다. 이상하게도 그는 클리데모스가 '유사에 의한 지각'과 '대조에 의한 지각' 중 어느 진영에 속하는지 말하지 않는다. 그는 클리데모스를 시각에 관해 유일하게 독창적인 생각을 제시한 인물로 꼽는다. 시각이 반영에 의해 발생한다는 생각은 사실 당시에 누구나 하던 생각이었고, 오직 클리데모스만이 "눈의 지각력이 전적으로 그것의 투명함에서 나온다"라고 했다는 것이다(DS 38). 이는 이상하게 들린다. 왜냐하면 바로 앞에서 테오프라스토스는 제 입으로 알크마이온도 시각을 눈의 투명함으로 설명했다고 말했기 때문이다.

시각론이 동형인 것으로 보아 클리데모스 역시 알크마이온처럼 대조설을 주장했을 가능성이 크다. 그뒤로는 다른 감각들에 대한 다소 식상한 설명이 이어진다. 우리가 귀로 듣는 것은 공기가 그 안으로 밀고 들어와 움직임을 일으키기 때문이다. 우리가 비강으로 냄새를 맡는 것은 냄새가 공기에 섞여 그리로 들어오기 때문이다. 맛과 냉온은 혀로 지각되는데, 이는 혀가 해면조직으로 되어 있기 때문이다. 신체의 나머지 부분으로는 여러 이름의 성질들을 지각한다. 온기와 냉기, 습도와 건조함 등은 특수한 기관 없이 온몸으로 지각된다. 흥미로운 것은 그다음이다.

〔클리데모스는〕 귀는 스스로 판단하는 능력이 없어 자기가 수용한 것을 이성에 보고해야 한다고 주장한다. 하지만 아낙사고라스처럼 이성을 모든 것〔감각들〕의 근원으로 간주하지는 않는다(*DS* 38).

파르메니데스는 지각과 사유의 차이를 배합되는 원소의 양적 차이로 설명했다. 엠페도클레스 역시 사유가 감각지각과 동일하거나 거의 비슷하다고 보았다. 반면 알크마이온은 감각과 이성을 명확히 구별했고, 그 구별 위에서 헤라클레스는 감각을 이성에 종속시켰다. 위의 인용문은 아낙사고라스가 이성을 모든 감각 위에 올려놓았다고 말한다. 시간이 흐를수록 이성과 감각의 분리, 감각에 대한 이성의 우위라는 고전적 프레임이 뚜렷해지는 것을 볼 수 있다. 이런 상황에서 테오프라스토스는 클리데모스가 청각만 예외적으로 이성에 종속시키고 시각을 비롯한 나머지 감각의 독립성을 여전히 인정했다는 것이다.

이 때문에 클리데모스를 "감각의 장소로 대뇌피질로 보는 이론the cortical theory을 폐기한 이들의 외로운 선구자"라 보는 이도 있다.[27] 예를 들어 어떤 동물들은 목이 잘리고도 여전히 신체가 살아 자극에 반응하곤 한다. 여기에 착안하여 현대의 몇몇 학자는 감각의 장소가 뇌가 아니라 감관이라는 이른바 '감각물리'aesthetophysical 가설을 주창했다.[28] 하지만 당시에 클리데모스가 외로웠을 것 같지는 않다. 감각지각뿐만 아니라 사유까지도 감관에서 일어난다고 보는 것은 초기 그리스철학의 보편적 특성이었기 때문이다. 클리데모스는 그저 이 태곳적archaic 관념을 채 버리지 못했을 뿐이다.

위대한 절충
아폴로니아의 디오게네스

앞에서 감각에 관한 소크라테스 이전 철학의 여러 견해를 '유사설'과 '대조설'의 두 진영으로 나누어 살펴보았다. 이제 마지막 주자로 넘어가 보자. 지금부터 살펴볼 아폴로니아의 디오게네스[BC 5경 활동]는 당시 학계를 양분하던 아낙시메네스·헤라클레이토스의 일원론monism과 엠페도클레스·아낙사고라스의 다원론pluralism을 절충 내지 종합한 인물로 알려져 있다. 흔히 소크라테스 이전 철학은 디오게네스에서 발전의 정점에 도달했다고 말한다.[29] 감각론도 마찬가지다. 소크라테스 이전 철학의 감각론 역시 이 위대한 절충주의자의 종합을 통해 정점에 도달한다.

| 공기, 지성과 영혼
디오게네스의 철학적 과제는 존재의 단일성과 다양성을 동시에 설명하는 것이었다. 그의 생각은 이렇게 요약된다. "존재하는 모든 사물은 동일한 사물의 다른 형태들로서 실은 같은 것이다." 왜냐하면 "물·불·공기·흙을 비롯해 우주의 모든 것들은 만약 그 본성이 서로 다르다면, 서로 섞일 수도, 이롭거나 해로운 영향을 주고받을 수도 없기 때문이다. 그 모든 것이 원래 성질이 같은 것이 아니라면, 땅에서 식물이 자라나거나 동물이 태어나는 것도 설명할 수 없게 된다". 따라서 "이 모든 것들은 같은 것에서 분화되어 언젠가 같은 것으로 돌아가는 것"으로 봐야 한다 (DK 64A1).

디오게네스는 그 '같은 것'을 '공기'라 부른다. 물론 이는 엠페도클레스의 4원소 중 하나인 공기와는 다른 것이다. 다른 원소들도 바로 공기의 응축이나 확산으로 인해 만들어지기 때문이다. 따라서 디오게네스의 공기는 차라리 아낙시만드로스의 무규정자에 가깝다. 그리스어로 공기^{aer}는 '숨결'이라는 뜻도 있다. 디오게네스의 공기는 아담에게 불어넣은 야훼의 숨결처럼 사물을 살아 움직이게 하는 원리다. "사람과 동물은 호흡을 통해 공기를 마시며 살아간다. 그것이 (…) 그들의 영혼이자 지성이다. 공기가 떠나면 그들은 죽고, 지성도 사라진다."(DK 64B4)

여기서 디오게네스는 공기를 영혼이자 '지성'^{noesis}이라고 부르고 있다. 이는 모든 것의 바탕에 이성이 있다고 본 아낙사고라스의 영향으로 보인다. 디오게네스에 따르면 감각지각은 물론이고 이성적 의식 역시 공기가 있어서 가능한 것이다. "지성을 가진 것은 공기라는 것이다. 모든 인간은 그것에 의해 지배되고, 그것으로 모든 것을 다스린다." 나아가 그는 공기를 아예 신과 동일시한다. "바로 이것〔공기〕이 신이다. 그것은 모든 것에 도달하고, 모든 것을 관장하며, 모든 것 속에 존재한다. 그것이 들어 있지 않은 것은 아무것도 없다."(DK 64B5) 여기서 디오게네스의 이론은 마침내 범신론의 성격을 띠게 된다.

| 시각의 이론

디오게네스는 감각의 기제 역시 공기의 작용으로 설명한다. 감각이란 유기체 내, 특히 뇌의 내부나 근처의 공기가 신체 밖에서 움직이는 공기와 관계를 맺는 활동이다. 그 활동은 감각인상을 감관 속의 공기와 섞어 뇌 속이나 뇌 근처의 공기로 실어 나르면서 시작된다. 테오프라스토스는 디오게네스의 감각론을 '유사설'로 분류한다. "왜냐하면 그(디오게네스)는 모든 것이 하나의 동일한 근원에서 나오지 않으면 능동성도 없고, 수동성도 없다고 주장하기 때문이다."(DS 39) 세상의 모든 것이 공기에서 나온다면, 당연히 공기 없이는 '지각하는' 것도, '지각되는' 것도 없을 것이다.

> 모든 것은 같은 것(공기)에 의해 살고, 보고, 듣고, 그 나머지 지성도 같은 것에서 취한다(DK 64B5).

오늘날 우리는 혈액이 코로 흡입한 산소를 신체 각 부분으로 운반하여 몸을 움직인다는 것을 안다. 디오게네스는 이 모델을 그대로 감각기제의 설명에 옮겨놓는다. 먼저 시각에 관한 설명을 보자. 디오게네스도 아낙사고라스처럼 대상이 눈동자에 반영됨으로써 시각이 발생한다고 본다. 하지만 이는 그저 필요조건에 불과하고 충분조건은 따로 있다고 한다.

> 시각은 대상이 동공에 반영될 때 일어난다. 그러나 그것이 지각이 되려면 내부의 공기와 섞여야 한다(DS 40).

즉 대상의 반영상反映像이 공기와 뒤섞여 뇌로 전달되어야 한다는 것이다. 설사 눈동자에 상이 반영되어 있더라도 안구와 연결된 혈관에 염증이 생기면 그 상이 공기와 섞이지 못한다. 이 경우 시각은 발생하지 않는다.

시각을 좌우하는 것은 도관과 공기의 섬세함이다. 따라서 내면의 공기와 도관이 섬세한 동물들이 시각도 예리하다. 또한 눈에 윤기가 흐를수록 시각도 밝다. 눈은 대비되는 색을 더 잘 반영하므로, 검은 눈동자를 가진 이들은 낮에 밝은 것을 더 잘 보고, 밝은 눈동자를 가진 이들은 밤에 어두운 것을 더 잘 본다. 하지만 지각의 진짜 행동주는 (영상을 비추는 동공이 아니라) 눈 속의 공기다. 그것이야말로 우리 내면에 들어 있는 "한 조각의 신성神性"으로, 이 공기가 엉뚱한 곳에 몰리면 동공에 영상이 비치고 귀에 소리가 울려도 우리는 보거나 듣지 못한다(DS 42).

디오게네스의 이론은 여러 기존 이론의 종합 내지 절충으로 이루어져 있다. 미세한 입자가 도관을 흐른다는 것은 엠페도클레스에게서, 눈의 윤기가 시력과 연관되어 있다는 것은 알크마이온과 클리데모스에게서, 대비되는 색이 눈에 더 잘 비친다는 것은 아낙사고라스에게서 받아들인 모티브이리라. 아낙사고라스의 대조론을 수용했는데도 테오프라스토스가 디오게네스의 이론을 '유사론'으로 분류한 것이 이상해 보일지 모르겠다. 이는 디오게네스가 시각의 본질을 대상이 동공에 반영되는 것(대조)이 아니라 그 반영상이 뇌에서 "한 조각의 신성"을 만나는 것(유사)으로 보았기 때문이다.

| 다른 감각들

디오게네스에 따르면 청각은 귓속의 공기가 외부의 공기에 의해 움직여 그 울림을 두뇌로 전달할 때 발생한다.[30] 미세한 도관導管을 가진 동물, 귓구멍이 짧고 섬세하고 곧은 동물, 곧게 선 큰 귀를 가진 동물들은 청각이 날카롭다. 청각이 발생하려면 귀의 바깥쪽 공기가 안쪽의 공기를 움직여야 하는바, 이때 청각기관이 너무 넓게 열려 있으면 공기가 움직일 때 안에서 웅얼웅얼하는 울림이 생겨, 듣고자 하는 소리가 그에 묻혀버리기 때문이다.

후각은 두뇌 주위의 공기에 의해 발생한다. 뇌 자체에는 수없이 구멍이 나 있고, 그 도관들은 매우 섬세하다. 거기에는 냄새와 짝을 이루려고 공기가 모여 있다(DS 39). 후각은 공기가 머리에 제일 적게 든 동물이 가장 날카롭다. 그때 공기가 냄새와 가장 잘 섞이기 때문이다. 또한 비정상적일 정도로 길고 좁은 통로로 숨을 들이마시는 동물일수록 후각이 날카롭다. 그래야 냄새가 더 잘 탐지되기 때문이다. 몇몇 동물들은 인간보다 후각이 더 발달되어 있다. 하지만 구성 측면에서 냄새가 두뇌 안의 공기와 상응할 때 인간의 지각은 극단적으로 정확한 편이다.

미각은 혀에서 발생한다. 혀는 개방되어 있고 부드러운 조직을 가졌기 때문이다(DS 40). 대량으로 피와 섞인 공기는 정상적 상태로 온몸에 퍼지므로 쾌감이 발생한다. 하지만 비정상적인 상황에서는 피가 공기와 섞이지 못해 걸쭉해진다. 이때 고통이 발생한다. 혀는 쾌감의 가장 탁월한 판단자이다. 극히 부드럽고 열린 조직이며, 모든 도관들이 그리로 연결되어 있기 때문이다. 많은 병의 증상이 혀에서 발견된다. 동물의 경우 혀를 보면 그 피부색을 알 수 있다. 한편 디오게네스는 촉각의 기제나 그 대상에 관해서는 아무런 설명도 남기지 않았다.

| 사유는 마른 공기에서

사유 역시 공기가 하는 일이다. 사유는 특히 깨끗한 마른 공기에서 나온다(DS 44). 습기는 지성을 방해한다. 이 때문에 잠을 자거나 술에 취하거나 배가 부를 때는 생각이 느려진다. 동물을 보면 습기가 이성을 잠식한다는 것을 알 수 있다. 동물의 이해력이 떨어지는 것은 주둥이를 땅에 대고 흙에서 나오는 젖은 공기를 마시며 살기 때문이다. 이 괴상한 생각은 헤라클레이토스에게 넘겨받은 것으로 보인다. 헤라클레이토스에 따르면 술은 영혼을 적셔 사람을 아이처럼 만든다(DK 22B117). 축축한 것은 영혼에게 죽음이므로(DK 22B77), 현명하고 훌륭한 것은 마른 영혼이라고 한다(DK 22B118).

새들은 어떤가? 높은 곳에서 마른 공기를 마시니 새들은 지성적인가? 그렇지 않다. 새들이 깨끗한 공기를 마시는 것은 사실이다. 하지만 새들의 본성은 물고기와 다르지 않다. 새의 살은 단단하고 빽빽해서 숨이 몸전체를 꿰뚫지 못하고 배 근처에서 막힌다. 그래서 새들은 음식을 빨리 소화하나 멍청한 채로 남는다. 음식을 먹는 데에만 적합하게 생긴 새들의 입과 혀도 새들이 멍청한 상태에 머무르는 원인이다. 그 입으로 새들은 서로 소통하지 못한다. 한편 식물들은 전적으로 사유가 결여되어 있는데, 안이 비어 있지 않아 공기를 받아들일 수 없기 때문이다.

같은 이유에서 어린이들은 이해력이 없다. 아이들의 신체는 과도하게 습기가 차서 공기가 몸 전체로 퍼지지 못하고 가슴에 머문다. 이것이 아이들을 아둔하게 만든다. 아이들은 행동적이고 충동적인데, 이는 그 작은 몸에서 많은 공기가 배출되기 때문이다. 그래서 아이들은 잘 망각한다. 공기가 몸 전체를 꿰뚫지 못하면 이해력을 가질 수가 없다. 이를 증명하는 사례가 있다. 가령 뭔가를 기억해낼 때 우리는 가슴이 답답함을 느낀다. 그러다가 기억이 다시 떠오르면 가슴에 뭉친 공기가 풀리면서 불편한 느낌이 해소된다.

| 위대한 절충

테오프라스토스는 디오게네스가 "무리하게 모든 것을 공기와 연결하려다가 여러 지점에서 확신을 주는 데에 실패한다"라고 비판한다(DS 46). 이 총평에 이어 그는 이론의 문제점을 하나하나 지적하기 시작한다. 예를 들어 디오게네스의 말대로 감각의 행동주가 공기라면 죽은 사물도 지각을 할 수 있어야 한다. 공기는 도처에 존재하기 때문이다. 또 다섯 감각이 모두 공기로 이루어진다면, 코로 소리를 듣거나 귀로 냄새를 맡을 수도 있어야 한다. 시각의 설명도 어리석기 짝이 없다. 시각의 반영론은 넘어섰지만 아직 시각의 참된 원인을 제시하지는 못했다.

디오게네스는 지각과 사유와 쾌감을 공기가 피와 섞이는 것으로 설명하나, 물고기처럼 피가 없거나 숨을 안 쉬는 동물도 많다. 또 특정부위에만 공기가 있으면 되지, 기억이나 이해를 위해 굳이 온몸에 퍼져 있어야 하는 것은 아니다. 이성은 몸 전체가 아니라 특정한 부위에 있기 때문이다. 인간이 더 순수한 공기를 마시기에 동물과 구별된다는 말도 우습다. 그렇다면 고지대에 사는 사람들이 저지대에 사는 이들보다 똑똑해야 한다. 식물의 속이 비어 있지 않아 사고력이 없다는 주장도 어리석다. 속이 비었다고 항아리가 사유를 하는 것은 아니다.

테오프라스토스에 따르면 디오게네스는 대부분의 책을 "절충적 방식"으로 썼다고 한다.[31] 실제로 그의 철학은 당시 대표적인 두 존재론(일원론과 다원론)의 종합으로 이루어진다. 그의 감각지각 이론 역시 당시의 대표적인 두 감각론(유사설과 대조설)을 종합한 것이다. 특히 디오게네스의 감각론은 알크마이온·엠페도클레스·아낙사고라스·헤라클레이토스 등 상이한 근원에서 유래한 다양한 모티브의 절충으로 이루어져 있다. 이것들을 하나의 체계로 조직함으로써 그는 소크라테스 이전 철학의 감각론을 마무리하는 역할을 했다고 할 수 있다.

파르메니데스의 막연한 설명으로 시작된 감각론 연구는 디오게네스에 이르러 상당한 구체성을 띤다. 즉 동공에 물체가 반영되는 광학적 과정, 시각인상이 도관을 통해 전송되는 생리학적 과정, 그 인상이 뇌와 그 근처의 공기에 의해 지각되는 뇌과학적 과정 등 감각의 기제가 얼추 갖추어진 형태로 나타난다. 그러나 감각지각과 이성적 사유는, 둘 다 공기의 작용으로 간주되는 것으로 보건대 아직 깔끔히 분화되지 않았다. 다만 여러 감각과 달리 지성만은 습기에 오염되지 않은 깨끗한 공기로 설명된다는 점에서 감각지각과 이성적 사유, 두 인지 방식의 차이는 충분히 의식된 것으로 보인다.

| 소크라테스 이후의 감각론

파르메니데스에서 디오게네스에 이르기까지, 여러 철학자의 감각론을 평가하면서 테오프라스토스는 같은 지적을 반복한다. 이들이 생물과 무생물의 차이를 충분히 구별하지 못했다는 것이다. 예컨대 파르메니데스는 "죽은 사람[도] (…) 어둠과 냉기와 침묵은 지각한다"고 말했다. 엠페도클레스는 "생명체가 무생물과 어떻게 다른지" 설명하지 않았다. 또 아낙사고라스가 옳다면 "생명 없는 사물도 시각을 갖고 있다고 해야 한다". 이처럼 비슷한 취지의 지적이 반복되는 것은 소크라테스 이전 철학이 여전히 물활론에서 자유롭지 못했음을 시사한다.[32]

초기철학 특유의 물활론은 소크라테스 이후 점차 사라지기 시작한다. 예를 들어 플라톤 철학의 중요한 특징은 물질과 영혼의 확실한 분리이다. 디오게네스만 해도 여전히 영혼을 특정한 종류의 물질(공기)로 간주했지만, 플라톤은 생명의 근원인 영혼을 비물질적인 실체로 상정한다. 물질은 존재의 수동적 재료일 뿐, 그것을 살아 있게 하는 영혼은 물질세계 밖의 초월적 존재라는 것이다. 물질이 아니기에 영혼은 해체될 수 없

고, 해체되지 않기에 죽지도 않는다. 영혼은 죽음과 함께 신체에서 분리
되었다가 또다른 신체 속에서 다시 태어나기를 거듭한다.

　반면 여러 면에서 플라톤의 대척점에 서 있던 데모크리토스는 영혼을
물질적 존재로 보았다. 영혼도 원자로 이루어져 있어 죽으면 신체처럼
해체된다는 것이다. 물론 이는 물활론과는 별 관계가 없다. 그는 초기 자
연학자들처럼 특정한 원자나 원자들이 살아 있다고 말하지는 않기 때문
이다. 그에게 살아 있는 것은 원자가 아니라 그것들의 '배열'이다. 어떤
면에서는 데모크리토스의 교설敎說이 나중에 활동한 플라톤의 설명보다
현대적이다. 플라톤이 영혼의 불멸과 윤회를 말하는 신비주의자라면, 데
모크리토스는 미립자로 우주를 설명하는 현대의 물리학자를 닮았다.

2부

세개의 대(大)이론

Aisthetik

에이돌라
데모크리토스

데모크리토스BC 460?~370?는 우리에게 '원자론'의 대표로 알려져 있다. 하지만 그가 원자론의 창시자였던 것은 아니다. 고대의 우주론 중에서 거의 유일하게 현대 물리학의 지지를 받는 이 '과학적' 이론을, 데모크리토스는 스승인 레우키포스BC 5세기경 활동에게 물려받았다고 한다. 하지만 오랜 시간에 걸친 여러번의 중복 인용을 통해 간접적으로 전해지는 파편적 언급들만 가지고 그의 이론에서 어디까지가 스승의 생각이고 어디부터가 그 자신의 생각인지 구분하기란 불가능하다. 그러니 두 사람의 논의를 통칭하여 '레우키포스·데모크리토스의 원자론'이라 부르기로 하자.

| 부동의 일자와 만물의 유전

원자론의 세계는 원자atom와 공간void으로 이루어진다. 원자 자체는 너무 작아 우리 눈에 보이지 않지만, 이 미립자들이 공간을 가로질러 서로 충돌하고 결합함으로써 감관에 지각되는 다양한 현상이 만들어진다. 현상세계의 다양성은 이 원자들의 크기·모양·위치·배열의 차이에서 비롯된다는 것이다. 경제적인 가설이다. 원자의 가짓수를 제한했다면 더 좋았을 것이다. '레우키포스·데모크리토스의 원자론'의 세계에서 원자의 종류는 무한하다. 시대에 어울리지 않게 과학적인 이 이론은 실은 소크라테스 이전의 위대한 두 철학자, 즉 파르메니데스와 헤라클레이토스의 사상과 씨름하는 과정에서 만들어졌다.

파르메니데스는 세계에는 오직 '존재'만 존재할 뿐, '무'는 존재하지 않는다고 말했다. 없는 것이 있다(고 말하)는 것은 그 자체로 모순이기 때문이다. 이것이 그 유명한 파르메니데스의 역리다. 무가 없으면 빈틈도 없을 터, 존재하는 것은 빈틈없이 연속된 하나One일 수밖에 없다. 하나는 움직이지 않는다. 움직일 틈이 없기 때문이다. 하나는 변하지도 않는다. 변화란 무에서 유가 생겨나거나 유가 무로 돌아가는 것인데, 무가 없다면 생성도 소멸도 불가능하기 때문이다. 따라서 세계는 필연적으로 '부동의 일자'일 수밖에 없다는 것이다.

헤라클레이토스는 정반대의 주장을 한다. 그에 따르면 우리는 같은 강물에 두번 몸을 담글 수가 없다. 그 강에 몸을 다시 담가도 어제 내 몸을 감쌌던 물의 입자들은 오늘 이미 다 흘러가버렸기 때문이다. 한마디로 강을 이루는 구성요소는 모두 변했는데도 그것을 여전히 동일한 강으로 본다면 이는 착각이라는 것이다. 따라서 "모든 것이 흘러간다고 보는 것이야말로 (⋯) 이성logos에 합치한다". 이것이 이른바 만물유전panta rhei의 사상이다. 파르메니데스가 사물의 '변화'를 허상으로 본다면, 헤라클레이토스는 거꾸로 사물의 '동일성'을 허상으로 본다.[1]

파르메니데스의 사상은 제자인 제논BC 5경 활동에게 이어진다. 제논은 운동을 부정하기 위해 스승의 것만큼 교묘한 또다른 역리를 동원한다. 물체는 무한히 쪼갤 수 있다. 그렇다면 쪼개진 조각들 사이에는 무한히 많은 간격이 존재할 터, 유한한 시간 안에 이 무한개의 간격을 가로질러 움직일 수는 없다. 고로 운동은 불가능하다는 것이다. 이것이 그 유명한 제논의 역리로, 우리에게는 '날아가는 화살'이나 '아킬레우스와 거북의 경주' 같은 대중적인 예로 더 잘 알려져 있다. 파르메니데스와 제논을 비롯한 엘레아학파의 역리는 물론 궤변에 불과하다. 원자론은 특히 제논의 역리를 겨냥한다.

제논의 역리에서 빠져나오려면 그 전제가 되는 '물체를 무한히 나눌 수 있다'는 명제를 부정해야만 한다. 바로 이 때문에 레우키포스와 데모크리토스는 '물체를 무한히 쪼갤 수는 없으며, 우주는 더이상 쪼갤 수 없는 미세한 단위(원자)로 이루어졌다'고 주장한 것이다. 이 두 철학자의 말대로 우주가 원자로 이루어졌다면, 더 쪼갤 수 없는 이 입자들 사이에는 빈틈이, 즉 무가 있을 수밖에 없다. 그것이 바로 원자와 더불어 우주를 이루는 요소라는 공간void이다. 이렇게 무의 존재를 상정함으로써 원자론은 제논의 역리와 그것의 원형인 파르메니데스의 역리를 반박한다.

| 현상계와 예지계

원자론은 소크라테스 이전에 살았던 위대한 두 자연철학자의 대립을 꽤 성공적으로 해소한다. 가령 원자론의 우주에서는 서로 충돌하는 원자들의 결합과 해체에 따라 생성과 소멸의 드라마가 펼쳐진다. 이는 헤라클레이토스의 견해에 가깝다. 하지만 그 원자들 자체는 새로 생기거나 사라지는 것이 아니어서, 원자의 수가 무한하다 해도 그 총량에는 변함이 없다. 이는 파르메니데스가 말한 '일자'의 속성에 가깝다. (다만 원자론에는 무한히 많은 일자가 존재할 뿐이다.) 이처럼 원자론 안에서 파르메니데스와 헤라클레이토스의 생각은 변증법적 종합을 이룬다.

여기서 잠시 진리aletheia와 속견doxa의 구분으로 되돌아가보자. 파르메니데스에게 진리는 '부동의 일자'이고, 헤라클레이토스에게 진리는 '만물유전'이다. 전자에게는 변화가 허상이고, 후자에게는 동일성이 허상이다. 이 두 사상의 이율배반을, 원자론은 세계를 두 영역으로 나누는 방식으로 해결한다. 즉 세계를 이성의 눈으로 보는 예지계와 감각의 눈으로 보는 현상계로 나눈 다음, 파르메니데스가 본 세계를 전자에, 헤라클레이토스가 본 세계를 후자에 할당하는 것이다. 데모크리토스는 이렇게 말했다고 전해진다.

습속nomos에 의해 달거나 쓰고, 습속에 의해 뜨겁거나 차갑고, 습속에 의해 색깔이 있을 뿐, 실제로 존재하는 것은 원자와 공간뿐이다.[2]

한마디로 맛이나 온도, 색채 등은 감관에 비친 '가상'을 일컫는 관습적 이름일 뿐, 감각 너머의 진정한 '실재'는 원자와 공간이라는 것이다. 언뜻 보면 파르메니데스와 똑같은 이야기를 하는 듯하다. 파르메니데스 역시 맛이나 색채와 같은 감각적 특질들을 한갓 허상으로 보았기 때문이다. 하지만 사실을 말하자면 두 사람은 실은 서로 다른 얘기를 하고 있다. 파르메니데스에게 현상계는 실체적 근거가 없는 순수한 허깨비일 뿐이다. 반면 데모크리토스의 현상계는 뚜렷한 객관적 근거를 갖고 있다. 물론 그 '근거'란 다양한 크기와 모양, 위치와 배열을 가진 원자들이다.

세계를 현상계와 예지계로 나누는 전략은 이후 서양철학의 확고한 전통으로 자리 잡는다. 데모크리토스의 반대편에 선 플라톤 역시 얼마 후 현상계는 가상이며, 진정한 실재는 천상의 이데아라고 말하게 된다. 결국 고대 유물론과 관념론의 두 대표자가 모두 실재는 감각 너머에 있다고 믿었던 것이다. 감각에 대한 이성의 승리. 이 패러다임이 후에 등장하는 모든 감각론의 성격을 규정하게 된다. 하지만 데모크리토스가 감각을 부정적으로만 본 것은 아니다. 섹스투스 엠피리쿠스[200년경 활동]에 따르면 데모크리토스는 이렇게 말했다.

두 종류의 지식이 있다. 진정한 것과 어두운 것. 다음에 말하는 모든 것은 어두운 지식에 속한다. 시각·청각·후각·미각 그리고 촉각. 진정한 지식은 이것들과 별개로 존재한다. 어두운 인식이 보거나 듣거나 냄새 맡거나 맛보거나 만짐으로써 지각하는 데에는 한계가 있을 때, 그러나 더 섬세한 연구가 이루어져야 할 때, 그것을 대신하여 더 섬세한 인식기관을 가진 진정한 지식이 나서게 된다.[3]

데모크리토스에게 감각이란 대상에서 발산된 원자들이 영혼의 원자와 충돌하는 현상이다. 이것 자체로 하나의 물리적 현상이기에, 감각 역시 실재에 관한 무언가를 알려주기는 한다. 하지만 감관이 지각하는 것은 실재 자체가 아니다. 감각의 대상들은 영혼이라는 주관적 요소와 뒤섞인 혼합물이기에, 감각은 우리에게 그저 실재에 관한 '어두운 지식'을 전해줄 뿐이다. 참된 실재는 원자와 공간인바, 그것들은 감각으로 인식할 수 있는 게 아니다. 따라서 '진정한 지식'에 도달하려면 우리는 감각을 넘어 "더 섬세한 인식기관"으로, 즉 이성의 사용으로 나아가야 한다는 것이다.

이는 이성을 위해 감각을 버리라는 이야기가 아니다. 데모크리토스는 감각을 경시하는 것 역시 경계한다. 갈레노스에 따르면 '감각은 관습일 뿐 실재하는 것은 원자와 공간'이라는 그 유명한 말에 이어 데모크리토스는 이렇게 덧붙였다고 한다. "불쌍한 이성이여, 너는 우리에게서 증명의 자료를 탈취해 우리를 종속시키려 하는구나. 너의 승리가 곧 너의 몰락이 될 것이다."[4] 여기서 데모크리토스는 감각의 대변자로서 발언하고 있다. 이게 사실이라면, 이성적 사유를 위해 일부러 태양에 눈을 노출시켜 시각을 버렸다는 그의 유명한 전설은 허구일 가능성이 크다.

| 에이돌라와 반영

데모크리토스는 역사상 최초로 감각의 종류를 시각·청각·후각·미각·촉각, 이렇게 다섯가지로 제시한 이로 알려져 있다. 그는 다섯 감각의 기제 역시 원자론으로 설명한다. 감각은 사물에서 발산된 원자가 영혼의 원자와 충돌하는 현상이라는 것이다. 그의 설명에 따르면 보편적 감각은 촉각이다. 시각·청각·후각·미각도 실은 접촉, 즉 원자의 충돌에 의해 발생하기 때문이다. 이처럼 감각이란 대상에서 발산된 원자들이 신체로 들어와 영혼원자와 부딪히는 촉각적 사태다. 데모크리토스는 감각 자체를 하나의 물리적 현상으로, 즉 외부의 감각적 인상이 신체 내부에 일으키는 변형의 결과로 본다.[5]

데모크리토스에 따르면 시각은 사물에서 발산된 이미지가 눈으로 들어옴으로써 발생한다. 데모크리토스에 따르면 가시적 대상의 표면에서는 원자들이 필름처럼 얇은 막의 형태로 끝없이 발산된다. (이 때문에 그의 먼 후예들은 물이 증발하듯이 오랜 시간이 지나면 대상도 증발한다고 주장하기도 했다.) 이 얇은 막은 밀랍으로 봉인하듯이 공기에 제 모습을 각인하고, 이때 눈에서 무언가가 마중 나와 이를 작은 크기로 수축시켜 동공 안으로 들어갈 수 있게 만든다.[6] 이 압축된 공기에 새겨진 대상의 영상을 데모크리토스는 에이돌라eidōla라 부른다.

데모크리토스에게 신기루 현상은 대상이 공기에 자신의 상을 압인押印한다는 확실한 증거로 여겨졌을 것이다. 그는 이 공기인상air-imprint이 눈의 능동적 작용으로 축소되어 동공에 들어와 안방수眼房水, 즉 안구에 들어있는 물에 반영^{emphasis}되는 것이 바로 시각이라고 주장한다. 사실 이는 당시에 그리 새로운 설명이 아니었다. 대상에서 뭔가가 끊임없이 발산된다는 얘기는 이미 엠페도클레스가, 또 시각이 동공에 반영되어 발생한다는 이야기는 알크마이온과 아낙사고라스가 먼저 했기 때문이다. 데모크리토스는 예로부터 전해지는 여러 견해를 원자론의 토대 위에서 새로이 종합했을 뿐이다.

여기서 흥미로운 것은 눈에서 무엇인가가 마중 나간다는 생각이다. 자세히 살펴보자. 시각에 대한 그의 설명은 크게 세 부분으로 이루어진다. ①눈과 대상 사이의 매개체 ②대상에 의한 그 매개체의 변형 ③이를 눈으로 실어 나르는 운반체가 그것이다. 먼저 시각의 매개체는 공기다. 데모크리토스에 따르면 공기는 물이나 흙보다 작은 원자로 이루어져 있다. 이렇게 작은 알갱이로 된 공기가 시각의 매개체로 적합한 것은 자갈보다 모래 위에 자국이 더 잘 남는 것과 같은 이치다. (물론 이는 공기보다는 물에, 물보다는 흙에 자취를 남기는 게 더 쉽다는 상식에는 배치된다.)

이어서 매개체인 공기에 영상이 새겨지는 과정을 보자. 에이돌라는 ①대상에서 발산된 원자들의 얇은 막 ②눈의 능동적 작용 ③태양이나 그밖의 빛으로 빚어진다. 빛이 공기를 확산시킨다는 통념과 달리, 데모크리토스는 불의 원자로 이루어진 빛이 공기를 마치 밀랍처럼 응축시킨다고 본다. 빛이 응축시킨 이 밀랍 같은 공기 위에, 대상에서 발산된 막이 영상을 찍으면, 눈이 그것을 동공에 들어갈 만한 크기로 축소시킨다. 눈과 대상을 잇는 시각원뿔 속에서 눈에 가까워질수록 영상이 대상의 실제 크기보다 작아지는 현상을 눈의 능동적 작용 때문이라고 해석한 것이다.

변형이 끝나면 이제 영상을 눈으로 나르는 일만 남았다. 그 운반체 또한 빛이다. 데모크리토스의 시각론에서 빛은 공기를 응축시키고 그 응축된 공기에 새겨진 영상을 눈으로 나르는 이중의 역할을 한다. 눈으로 운반된 에이돌라는 안방수에 반영된다. 이 반영된 인상은 눈에 머무르지 않고 신체의 다른 부위를 통해 영혼으로 전송된다. 이때 눈과 뇌를 잇는 정맥이 모종의 방식으로 그 인상을 영혼에 적응시킨다. 결국 '감각'이란 대상에서 발산된 원자들이 영혼원자에 일으킨 변화인 셈이다. 참고로 데모크리토스는 영혼마저도 원자로 이루어진 물리적 실체로 보았다.[7]

| 오감과 감각질

다른 감각에 대한 설명도 이와 크게 다르지 않다. 가령 청각이란 압축된 공기가 귓속으로 밀려와 내적 충격을 만들어내고, 이것이 영혼으로 전달될 때 발생하는 현상이다. 데모크리토스에 따르면 공기의 충격은 사실 신체 전체로 전달된다. 다만 귀에는 큰 구멍이 나 있어 신체의 그 어느 부위보다 응축된 공기를 더 잘 받아들이기에 귀가 청각기관으로 여겨지는 것뿐이다. 한편 후각에 관해서 그는 "무거운 것에서 발산되는 뭔가 미세한 것이 후각의 원인"이라는 짤막한 말만 남겼다(DS 82). 그리고 냉온을 느끼는 기관, 즉 촉각기관은 따로 존재하지 않는다고 보았다.

원자론에서 색깔·소리·냄새·맛·감촉과 같은 감각질qualia은 결국 사물 자체의 성질이 아니라 대상 원자와 감관 원자의 충돌이 만들어내는 환영으로 설명된다. 즉 감각질은 감관에 나타나는 주관적 성질일 뿐이며, 사물 자체, 즉 원자와 공간은 감각 너머에 있다는 뜻이다. 하지만 감각질이 실체 없는 허깨비에 불과한 것은 아니다. 감관에 비친 주관적 환영이긴 하나, 감각질 역시 충돌하는 원자들의 크기·모양·위치·배열과 객관적으로 연결되어 있기 때문이다.[8] 흥미롭게도 데모크리토스는 원자의 성질과 감각적 특질 사이의 관계를 설명하기 위해 맛을 예로 든다.

단맛을 내는 원자들은 둥글고 크기가 적당하며, 떫은맛을 내는 원자들은 크고 거칠고 다각형에 모가 났고, 매운맛을 내는 원자들은 그 이름이 지시하듯이 날카롭게 각이 지고 휘어졌으며 (…), 쏘는 맛을 내는 원자들은 둥글고 작고 각지고 구부러졌고, 짠맛을 내는 원자들은 각지고 적당한 크기에 비뚤어졌으며, 쓴맛을 내는 원자들은 둥글고 부드럽고 비뚤어지고 작고, 느끼한 맛을 내는 원자들은 섬세하고 둥글고 작다.[9]

색채도 다르지 않다. 데모크리토스는 이 세계에 존재하는 모든 색은 흑·백·적·황록의 조합으로 이루어진다고 본다. 물론 이 네가지 기본 색의 각 특질은 원자의 상이한 성질에서 비롯된다고 설명한다.

흰색을 이루는 것〔원자〕은 부드럽다. 거칠거나 그림자를 드리우지 않아 통과하기 수월한 것들은 밝기 때문이다. (…) 검은색은 흰색과 정반대의 형태들, 즉 거칠고 불규칙하고 서로 차이 나는 형태로 이루어진다. (…) 붉은색은 뜨거운 것 속으로 들어갈 만한 형태로 이루어진다. 다만 붉은색을 이루는 것들은 좀더 클 뿐이다. (…) 황록색은 견고함과 빈 공간으로 이루어진다. 이들 요소의 배치와 배열에 따라 색조가 달라진다. 이것이 기본 색들이 가진 〔원자들의〕 형태다. 이들 색 각각은 더 순수하여 다른 형태들이 덜 섞였다. 그밖의 다른 색은 이들 색깔의 혼합에서 나온다.[10]

4원소가 있듯이 4원색이 있다는 데모크리토스의 생각은 엠페도클레스에게서 받아들인 것으로 보인다.[11] 또 대상이 발산한 원자의 막이 신체의 구멍으로 들어온다거나, 눈이 대상의 영상을 동공의 크기에 맞게 능동적으로 축소시킨다는 생각도, 결국 '대상에서 발산된 유출물이 감관에 맞는 구멍으로 들어온다'는 엠페도클레스의 발상에서 유래한다. 흥미롭게도 데모크리토스는 에이돌라가 동공만이 아니라 신체의 모든 구멍으로 들어온다고 보았다. 우리가 꿈을 꾸는 것은 이 때문이다. 꿈이란 감긴 눈을 우회하여 신체의 다른 구멍들 속으로 들어온 희미한 영상이라는 것이다.

| 테오프라스토스의 비판

테오프라스토스는 데모크리토스의 이론을 '유사론'도 '대조론'도 아닌 제3의 부류로 분류하며,[12] 그가 "뭔가 독창적인 생각을 말하려다 해결에서 더 멀어졌다"라고 평가한다.[13] 비판은 예리하다. 데모크리토스는 빛이 공기를 응축시킨다고 하나 외려 빛에 수반되는 열은 공기를 흩뜨린다. 데모크리토스의 말대로 공기가 영상이 새겨지는 매체라면 사물은 공기보다 응집력이 강한 물속에서 더 또렷이 보여야 하고, 원자 막이 공기에 각인된다면 사물의 좌우와 요철이 뒤집혀 보여야 하며, 두 사람의 시선이 교차할 경우 두 에이돌라가 교차점에서 충돌해 눈에 도달할 수 없어야 할 것이다. 하지만 그런 일들은 벌어지지 않는다.

이밖에도 테오프라스토스는 거의 모든 대목에서 데모크리토스의 주장을 시시콜콜 반박한다. 그중에 주목할 만한 것은 데모크리토스가 감각적 특질의 성격에 대해 모순되는 설명을 내놓았다는 지적이리라. 예를 들어 데모크리토스는 맛이 특정한 (원자의) 형태에서 비롯된다고 설명하면서도, 동시에 개인별 입맛의 차이를 근거로 미각이 객관적 실재를 갖지 못한다고 말한다. 테오프라스토스에 따르면 이는 명백히 '모순'이다. 감각대상은 객관적 실재를 갖든지, 못 갖든지 둘 중 하나여야 한다는 것이다.[14] (미각의 객관성은 훗날 '취미'taste라는 이름으로 18세기 미학의 중요한 문제로 떠오른다.)

흥미롭게도 제자 테오프라스토스와 스승 아리스토텔레스는 데모크리토스의 이론을 서로 다르게 이해하고 있다. 가령 아리스토텔레스의 『영혼론』De Anima에는 이런 구절이 등장한다. "데모크리토스는 사이의 공간이 비어 있다면, 하늘 끝에 있는 개미도 보일 것이라고 했는데, 이는 틀린 생각이다."(DA 419a13-17) 즉 데모크리토스가 대상과 눈 사이의 공기 때문에 먼 곳에 있는 개미가 안 보인다고 말했다는 것이다. 이게 사실이라면, 데모크리토스는 공기를 시각의 매개체가 아니라 방해물로 보았다는 뜻이 된다. 이는 물론 테오프라스토스가 전하는 데모크리토스의 이론과는 배치된다.

아리스토텔레스의 말이 옳다면 테오프라스토스가 전하는 '에이돌라' 이야기는 데모크리토스의 견해라고 믿을 수 없게 된다. 사실 테오프라스토스 자신도 예외적으로나마 공기가 시각의 방해물이 될 때가 있다고 인정한 바 있다. 다른 색과 달리 검은색만은 거친 공기가 눈을 교란시켜 지각된다는 것이다.[15] 이 때문에 아예 에이돌라의 이론을 폐기하자고 주장하는 학자들도 있다.[16] 실제로 레우키포스와 데모크리토스 이후 원자론의 노선은 우리가 아는 에이돌라 이론을 폐기하는 방향으로 나아갔다. 원자론의 전통을 계승한 에피쿠로스BC 341?~270?의 말을 들어보자.

우리가 외부대상의 형태를 보거나 생각하는 것은 대상에서 발산된 무언가가 [우리 내부로] 들어오기 때문이라고 생각해야 한다. 외부대상들의 색채와 형태의 본성이 우리에게 각인되는 것은 ① 대상들과 우리 사이에 존재하는 공기라는 매개체를 통해서나, 혹은 ② 우리에게서 대상을 향해 뿜어나가는 그 어떤 광선이나 흐름에 의해서라기보다는, *그 크기가 어떠하든*, 사물들 자체가 발산하는 어떤 막이 우리의 눈이나 정신 안으로 들어옴으로써 이루어진다. 이때 그 막이나 윤곽은 외부대상 그 자체와 똑같은 색깔과 형태를 갖고 있다.[17]

"대상들과 우리 사이에 존재하는 공기라는 매개체"와 "우리에게서 대상을 향해 뿜어나가는 그 어떤 광선이나 흐름"을 제외하면, 남는 것은 결국 대상에서 유출되는 원자들의 얇은 막뿐이다. 에피쿠로스에 따르면, 시각은 바로 이 얇은 막이 직접 눈에 들어와 발생한다. 한마디로 그는 공기인상으로서 에이돌라 이론을 폐기한 것이다.

"그 크기가 어떠하든"이라는 말 속에는 실은 곤란한 물음이 함축되어 있다. '그 커다란 막이 어떻게 조그만 눈으로 들어올 수 있는가?' 이 문제를 먼 훗날 루크레티우스[BC 94?~55?]는 이렇게 해결한다. 즉 돌덩이에서 떨어져나온 조각만 봐도 돌덩이 전체의 특성을 알게 되듯이 발산된 막의 극히 일부만 눈에 들어와도 사물 전체의 특성을 알게 된다는 것이다. 한편 이 이론에 따르면 공기는 시각을 매개하는 게 아니라 방해한다. 루크레티우스는 이 문제의 해결책도 제시한다. 빛이 공기원자들 사이의 틈을 벌려놓기에 대상의 막이 그 틈을 통과해 눈으로 들어간다는 것이다.

에피쿠로스는 공기인상 대신에 대상에서 발산되는 원자막[film]을 '에이돌라'라 부른다. 공기를 시각의 매개체로 인정하지 않기 때문이다. 에이돌라에 대한 이 두가지 상이한 규정 속에는 사실 고대 감각론의 중요한 논점이 숨어 있다. 즉 시각이 능동적 과정이냐, 수용적 과정이냐 하는 것이다. 에이돌라를 공기인상으로 규정할 경우 시각은 수용적·능동적 과정이 된다. 반면 그것을 원자막으로 규정할 경우 시각은 전적으로 수용적 과정이 된다. 에피쿠로스의 시각론이 순수 유입설이라면, 데모크리토스의 시각론은 유출설의 특징이 섞인 유입설이라고 할 수 있다.

불을 뿜는 눈
플라톤

　원자론과 대립되는 노선으로 건너가보자. 바로 플라톤[BC 427~347]의 관념론 철학이다. 플라톤의 사상은 피타고라스, 엠페도클레스, 데모크리토스의 철학을 체계적으로 종합한 것이라 할 수 있다. 예컨대 그는 데모크리토스를 따라 우주의 모든 것이 미세한 입자들로 이루어졌다고 본다. 그 입자들은 엠페도클레스가 말한 물·불·공기·흙의 4원소라고 한다. 이들 원소는 각각 정사면체(불)·정육면체(흙)·정팔면체(공기)·정이십면체(물)의 형태를 취하는바, 모두 두종류의 직각삼각형($1:1:\sqrt{2}$, $1:\sqrt{3}:2$)을 조합하여 만들 수 있다. 물론 이 생각은 피타고라스에게 물려받은 것이다.

| 코라, 우주의 포궁

　하지만 물·불·공기·흙은 그저 재료일 뿐, 이 질료들의 범벅에서 우주의 조화가 나오는 것은 아니다. 이 때문에 플라톤은 질료의 혼돈에 '형태'를 부여하는 존재를 상정한다. 그것이 바로 데미우르고스[dēmiourgos]다. 이 플라톤의 조물주는 기독교의 창조주와 다르다. 야훼는 무에서 세상을 창조하나 데미우르고스는 이미 존재하는 재료에 형태를 부여하는 장인이다. 데미우르고스는 이 우주를 어떤 이상적 모범[paradeigma]에 따라 만들었다고 한다. 우주 제작에 사용된 이 '패러다임'을 플라톤은 수학적·기하학적 실체, 즉 수^{arithmo}와 도형^{eidos}으로 표상한다(Tim. 53b).[18] 가령 천구의 궤도와 주기를 생각해보라.

이 우주는 모범의 불완전한 모방^{mimeta}에 불과하다. 물질이 섞여 있기 때문이다. 삼각형의 관념은 완전하나 현실의 삼각형에는 늘 오차가 있는 것과 마찬가지다. 비록 불완전한 모상에 불과하지만, 그래도 이 우주는 가능한 최선의 세계다. 데미우르고스가 그것을 자신의 선한 본성에 따라 최상의 상태로 만들려 했기 때문이다(Tim. 53b). 이렇게 우주에 질서와 조화가 존재하는 원인을 어떤 인격적 존재의 의도에서 찾기에 플라톤의 우주론은 목적론적이다. 이 점에서 그의 우주론은 원자의 배열 이상을 가정하지 않는 데모크리토스의 그것과 극명한 대조를 이룬다.

『티마이오스』에서 플라톤은 세계를 "언제나 존재$^{to on}$하되 생성^{genesis}하지 않는 것"의 영역과 "언제나 생성하되 존재하지 않는 것"의 두 영역으로 구분한다(Tim. 27d). 여기서 전자는 영원불변한 모범들의 세계(예지계)이고, 후자는 그 모범을 본떠서 만든 덧없는 모상들^{eikôn}의 세계(현상계)다. "존재하되 생성하지 않는 것"이란 물론 파르메니데스의 '부동의 일자'에서 유래한 것이고, "생성하되 존재하지 않는 것"은 헤라클레이토스의 '만물유전'으로 거슬러올라간다. 결국 플라톤은 두 철학자의 서로 대립되는 우주론을 받아들여, 각각을 예지계(이데아계)와 현상계(감각세계)에 할당하고 있는 셈이다.

두 세계는 서로 어떤 관계에 있는가? 플라톤은 그것을 '분유'$^{分有, methexis}$와 '임재'$^{臨在, parousia}$의 관계로 설명한다. 모범(보편자)은 하나이나 그것을 본뜬 모상(개별자)은 수없이 많다. 이때 감각세계의 모상들은 보편적 모범을 '분유'하고, 이데아계의 모범은 감각세계에 '임재'한다는 것이다. 여기서 '분유'라 함은, 마치 자식들이 아비의 재산을 나눠갖듯이, 감각적 모상들 각각이 이데아의 속성을 나눠갖는다는 뜻이다. 한편 '임재'는 신이 예수의 육신으로 이 세상에 내려오듯이 초월적 세계의 이상적 모범이 감각세계의 대상들 속으로 강림하는 것을 가리킨다.

하지만 성질이 다른 두 세계가 어떻게 분유와 임재의 관계를 맺는가? 이를 설명하기 위해 플라톤은 그 두 세계 사이에 제3항triton genos를 상정한다. 바로 '코라'chora, 즉 우주의 포궁이다. 플라톤은 이를 일종의 '장소'로 표상한다(Tim. 52d).* 이것은 이데아계의 대상이 감각세계에서 물리적 대상으로 탄생할 수 있게 해주는 어떤 바탕 같은 것으로, 'there is x'라는 영어 문장 속에서 'there'와 비슷한 기능을 한다고 할 수 있다. 플라톤은 '존재'ousia, '생성'genesis, '장소'chora의 관계를 가족에 비유한다. 즉 이데아로서의 존재가 아버지라면, 생성하는 자연physis은 자식, 장소로서의 코라는 낳아주신 어머니라는 것이다(Tim. 50d).**

하지만 이로써 사정이 나아진 것은 아니다. 이제 '코라'가 무엇인지 말해야 하기 때문이다. 플라톤도 코라가 무엇인지 설명하기 어렵다고 자인한다. 그가 코라의 존재를 상정한 데에는 이유가 있다. 가령 제작을 할 때 관념적 설계도에서 바로 제품이 나오는 것은 아니다. 물리적 대상인 제품을 찍어내려면 주형이 있어야 한다. 바로 '코라'가 그 거푸집ekmageion 역할을 한다(Tim. 50c). 문제는 코라의 모호한 위상이다. 현실의 거푸집은 물리적으로 존재하나, 코라는 물리적 대상도 관념적 실체도 아니기 때문이다. 따라서 이것은 두 세계의 구별 위에 선 플라톤주의에 잠재적

---

* 그리스어로 '코라'는 폴리스 바깥의 공터를 가리킨다.
** 이는 신이 마리아를 통해 예수로 강림하셨다는 이야기를 연상시킨다. 우리가 아는 기독교는 사실 플라톤주의의 세례를 듬뿍 받았다.

위협이 된다.[19]

| 불멸의 영혼

유물론자 데모크리토스는 우주의 조화가 자연발생한다고 보았다. 반면 플라톤은 무질서ataxia에 질서taxia를 부여하는 것은 데미우르고스의 작업이라고 본다. 플라톤에 따르면 이 장인은 "지성nous을 영혼psyche 안에, 영혼은 신체sôma 안에 있게 하여 이 우주를 구성"했다(*Tim.* 30b). 여기서 말하는 지성과 영혼, 신체는 개별 인간의 것이 아니라, 세계지성, 세계영혼, 세계를 이루는 재료로서 물질을 가리킨다. 플라톤은 우주 전체를 정신과 영혼과 신체를 가진 하나의 생명체로 바라보는 셈이다. 플라톤에 따르면 이 우주는 유일하게 가능한 세계이자 최고로 완전한 세계다.

데미우르고스는 우주의 가장 훌륭한 부분으로 천상의 신들, 즉 천체를 만들었다. 우리에게 알려진 신화 속의 신들daimones은 이 별들의 자손이다. 플라톤은 이들의 탄생에 관해서는 관습에 따라 예로부터 전해 내려오는 이야기를 믿으라고 권한다. 천상의 신이든 신화 속의 신이든, 신들은 장인의 손으로 생성되었기에 불사의 존재는 아니나, 그렇다고 가멸적 존재도 아니다. 데미우르고스가 이들을 절대로 해체하지 않겠다고 약속했기 때문이다. 이렇게 장인, 혹은 조물주가 보증을 했으니, 행여 해와 달과 별들이 언젠가 사라질까 걱정하지 않아도 된다.

우주를 창조한 후 데미우르고스는 천상의 신들에게 "그대들을 낳은 나의 역량을 모방하여" 지구상에 생물을 만들어내라고 명한다. 먼저 "불사의 것" "신적인 것"을 씨처럼 뿌린 후 그는 나머지 작업을 천체의 신들에게 넘긴다. "나머지는 그대들이 불사의 것에 사멸하는 것을 짜맞추어 생물을 만들어내고 탄생시켜 영양을 주어 자라게 하며, 그것들이 소멸하면 다시 받아들일지어다."(*Tim.* 41d) 이어서 그는 자신이 우주를 짓는 데에 쓰다 남은 "영혼"을 천상의 신들에게 골고루 나눠주며, 그것으로 하늘을 나는 것과, 땅을 기는 것과, 물에서 헤엄치는 것을 만들라고 명한다.

여기서 데미우르고스가 씨처럼 뿌렸다는 "불사의 것" "신적인 것"이란 '세계지성'을 가리킨다. 또 그가 나눠줬다는 "영혼"은 '숨쉬다' psychein 에서 유래한 말로, 원래 '생명' 혹은 '생기'를 뜻했다. 데모크리토스는 영혼을 사멸하는 물리적 실체로 보았지만, 플라톤은 영혼을 사멸하는 것과 불멸하는 것으로 나눈다(*Tim.* 69c). 이 중 불멸하는 영혼은 조물주가 뿌린 씨앗, 즉 정신을 담은 이성적 부분 logistikon 으로, 플라톤은 이것이 머리에 있다고 보았다. 사멸하는 영혼은 신체를 살아 움직이게 하는 것으로, 가슴에 있는 것은 열정 thumetikon, 배에 있는 것은 욕망 epithumetikon 이라 불린다 (*Tim.* 69e).

천체의 신들은 조물주의 명에 따라 그가 나눠준 영혼으로 "신을 가장 공경하는 자"(인간)와 그밖의 다른 동물들을 만들었다. 이렇게 조물주가 뿌린 지성의 텃밭 위에 신들이 영혼으로 빚은 생명들은, 당연히 순수성으로 따지면 천체들보다 못한 "두번째나 세번째 단계의 것"이다. 데미우르고스가 "지성을 영혼 안에, 영혼은 신체 안에 있게 하여 이 우주를 구성"한 것처럼, 신들도 "지성을 영혼 안에, 영혼은 신체 안에 있게 하여" 인간을 창조했다. 이렇게 인간은 우주의 모상이기에 되도록 영혼이 원상인 우주와 닮을 수 있도록 노력해야 한다.

인간의 신체 안에는 영혼이 있고, 그 안에는 정신이 깃들어 있다. 정신은 조물주가 직접 뿌리신 "불사의 것" "신적인 것"이다. 이 때문에 자신을 정화하여 정신에 가까워진 영혼은 신들과 같아지고(*Tim.* 41c), 그렇지 못한 영혼은 환생하여 윤회의 수레바퀴를 돌게 된다. 성욕을 억제하지 못한 영혼은 여자로 태어나고(이 뻔뻔한 성차별주의가 당시에는 상식으로 통했다), 시각을 증거로 믿는 자들은 새로, 철학을 모르는 자들은 네발짐승으로, 이들보다 아둔한 영혼은 땅을 기는 동물로 다시 태어난다. 가장 어리석은 자들은 물고기로 태어나는바, 이들은 숨을 쉴 가치도 없다고 한다(*Tim.* 91d-92a).

'영혼'은 정신과 신체를 매개하는 어떤 것이다. 그것은 신이 뿌린 정신을 담은 그릇이자, 동시에 육체를 움직이는 기관이다. 영혼이 정신에 가까워지면 불사의 존재가 되나, 육체에 가까워질 때에는 가멸적 존재로 전락한다. 육체는 영혼에 교란을 일으킨다. 이때 발생하는 것이 감정과 감각이다. 이 교란을 극복하고 평정을 회복하여 천체의 궤도처럼 신적 질서와 조화에 도달할 때, 그 영혼은 육체에서 떨어져나와 천상의 신들처럼 '불사의 것' '신적인 것'이 된다. 그렇지 못한 영혼은 다시 육체에 갇혀 덧없는 생성의 세계에서 환생해야 한다.

플라톤에 이르러 감각을 바라보는 서구철학의 두가지 경향이 뚜렷해지기 시작한다. 첫번째는 감각이 우리를 덧없는 생성의 세계에 가둔다고 보는 경향이다. 감각이 매개하는 것은 속견일 뿐 진리에 도달하려면 이성의 힘으로 감각을 초월해야 한다는 것이다. 이는 플라톤의 것이라기보다는 오래전 파르메니데스의 생각을 기원으로 한다. 두번째는 감각을 윤리적 측면, 즉 실존미학의 관점에서 바라보는 경향이다. 감각이나 감정을 영혼이 불멸에 도달하기 위해 극복해야 할 대상으로 여기는 것은 이후 서구철학의 확고한 전통으로 자리 잡는다.

| 신들의 회전

플라톤에 따르면 천상의 신들은 구형球形인 우주를 본떠 인간의 머리를 만들고, 그 안에 천체의 질서, 즉 이성을 집어넣었다. 이 머리야말로 우리의 신체 중에서 가장 신적이고, 다른 모든 부분의 주인 노릇을 하는 것이다(*Tim.* 44d). 한편 신들은 앞쪽이 뒤쪽보다 더 귀하다고 여겨 머리의 앞부분에 얼굴을 만들고, 거기에 "영혼의 배려를 위한 기관들"을 달아 신체를 지휘하게 만들었는데, 그중에서도 빛을 전달하는 눈을 제일 먼저 달아주었다고 한다(*Tim.* 45a, b). 여기서 주목해야 할 것은 "영혼의 배려를 위한 기관"이 감각기관이라는 점이다.

플라톤에게는 시각이야말로 우리에게 "최대의 혜택"이다. 눈으로 태양과 별들과 하늘을 보는 덕분에 우리가 우주를 논하고, 수를 고안하고, 신이 주신 최고의 선물인 철학을 할 수 있기 때문이다(*Tim.* 47a). 그 유명한 상기설에 따르더라도 일단 감각세계의 대상을 봐야 탄생 이전에 보았던 이데아의 기억을 떠올릴 수 있다. 사실 '이데아'라는 말 자체도 '보다'라는 뜻의 '이데인'idein에서 유래한 것이다. 플라톤에 따르면 신들이 인간에게 시각opsis을 준 까닭은 그 눈으로 천체의 회전을 보고 모방하여 자신의 사고를 그만큼 완전하게 만들라는 뜻에서였다.

신은 시각을 고안해서 우리에게 주었는데, 이는 하늘에 있는 지성 (천체)의 회전을 보고서 이것들을 사고의 회전을 위해 우리가 이용할 수 있도록 하기 위해서입니다. 동요하는 우리의 지성에 동요하지 않는 하늘의 지성을 적용할 수 있도록 말이지요. 또한 그것을(천체의 회전을) 우리가 철저히 배우고 자연에 따른 계산법의 정확성을 습득함으로써 전혀 방황하는 일이 없는 신의 회전을 흉내 내어 방황하는 우리의 회전을 정상화할 수 있도록 하기 위해서입니다(*Tim.* 47b-c).

청각은 시각과 더불어 특권적 지위를 누린다. 플라톤에 따르면 소리와 청각도 "같은 이유, 같은 목적으로 신들한테서 주어졌다". 귀는 무엇보다도 말logos을 듣는 기관이기 때문이다. 신들은 인간에게 또다른 선물도 주었다. 청각이 영혼의 질서를 바로잡는 데에 도움이 되도록 무사이 여신들mousai이 시가詩歌, mousike를 내린 것이다. 이는 "우리 안에 생겨난 조화롭지 못한 혼에 대항하여 혼이 질서를 찾고 스스로 화합토록 하기 위해서"였다(*Tim.* 47d). 이런 의미에서 시가는 철학적이다. 실제로 플라톤은 최고의 시가는 철학이라고 말하기도 했다.*

천체의 회전과 달리 영혼의 회전이 종종 혼돈에 빠지는 것은 애초에 우주가 '지성'과 '필연'ananke의 결합으로 이루어져 있어서다.** 여기서 '필연'이라는 말은 오늘날의 용례와 달리 '물질의 혼란스러운 운동'을 가리킨다. 지성은 조화로우나, 필연이 그 조화를 깨뜨리는바, "지성은 필연으로 인해 생성되는 것들의 대부분을 최선의 상태로 이끌고 가도록 설득함으로써" 필연을 다스려야 한다(*Tim.* 48a). 눈과 귀가 지성의 모범인 천체의 회전을 보고, 말 속의 로고스와 음악의 화음을 들음으로써 필연이 초래하는 혼란을 극복하고 영혼을 조화로운 상태로 이끌어준다는 것이다.

이렇게 플라톤은 오감 중에서 시각과 청각에 특권적 지위를 부여한다. 훗날 자크 데리다1930~2004가 이성중심주의logocentrism 혹은 청각중심주의phonocentrism라 부를 것이 최초의 완성태로 모습을 드러낸 셈이다. 영혼의 정화를 위해 나머지 감각들이 담당한 역할에 대해서 플라톤은 별다른

---

* 하지만 모든 시가를 철학적이라고 본 것은 아니다. 외려 그는 당대의 시가들이 이성을 위해서가 아니라 비이성적 쾌락을 위해 오용되고 있다고 생각했다.
** '아난케'(ἀνάγκη)는 그리스어로 힘·제약·필연성을 가리킨다. 나아가 어쩔 수 없이 강요되는 힘으로서 운명 혹은 숙명을 가리키기도 한다.

언급을 남기지 않았다. 아마도 다른 감각들은 정신이나 영혼보다는 주로 신체의 유지에 기여한다고 보았기 때문이리라. 이 논의에 이어서 플라톤은 느낌·맛·냄새·소리·색깔을 상세히 설명한다. 흥미로운 것은 그가 느낌에 대해서 길게 논하면서도 촉각을 별개의 감각으로 인정하지 않았다는 점이다.

| 불을 뿜는 눈

플라톤은 4원소설에 따라 시각기관이 "태울 수는 없는 부드러운 불^{pyr}"로 이루어졌다고 말한다. 짐승들이 밤에 안광을 발하는 것을 생각해보면 이 발상이 어디서 비롯됐는지 짐작할 수 있다. 시각이 성립하려면 세 종류의 빛이 있어야 한다. 첫째는 눈이 뿜어내는 빛, 둘째는 지각대상에서 뿜어져나오는 빛, 셋째는 불의 성질을 가진 낮의 물질인데, 이는 공기 속에 흩어진 태양빛으로 이루어진다고 한다. 밤이 되어 낮의 불이 떠나버리면, 눈이 뿜어내는 빛은 주위의 공기와 합쳐지지 못해 꺼져버린다. 우리가 밤에 사물을 보지 못하는 것은 이 때문이다.

플라톤 역시 엠페도클레스처럼 유사가 유사를 지각한다는 원리에 따라 시각이 이루어진다고 본다. 시각이란 눈 안의 순수한 불이 밖으로 나가 공기 속의 불과 결합한 후, 대상에서 발산된 불을 만나 동질화한 물질을 이루고, 이것이 몸을 통해 영혼에 전달되는 현상이라는 것이다. 언뜻 보기에 데모크리토스의 에이돌라 이론과 비슷해 보이나, 둘 사이에는 큰 차이가 있다. 먼저 데모크리토스의 영상이 공기라면, 플라톤의 그것은 불이다. 또 데모크리토스가 시지각을 공기압인으로 설명한다면, 플라톤은 그것을 충돌하는 불火입자들의 수축^{synkrisis}과 확장^{diakrisis}으로 설명한다.

시각광선의 입자들이 물체에서 나오는 입자들과 충돌하는 세 가지 경우가 있다. 먼저 대상의 입자가 시각광선의 입자보다 클 때, 더 큰 대상 입자들이 작은 시각광선 입자들을 수축시킨다. 그 결과 시각광선의 밀도가 높아져 대상은 검게 보인다. 반면 대상의 입자가 시각광선의 입자보다 작으면, 시각광선 입자들 사이로 들어가 틈을 벌려놓는다. 그러면 시각광선의 밀도가 낮아져 대상이 하얗게 보인다. 반면 대상의 입자가 시각의 입자와 같은 크기일 때에는 수축도 확장도 일어나지 않아 지각이 이루어지지 않는다. 이런 대상은 투명해 보인다(*Tim.* 67d-e).

또다른 부류의 불은 너무 빠르고 날카로워 중간에 시각광선을 만나도 눈으로 억지로 밀고 들어와 눈물길까지 녹여버린다. 이런 대상은 '눈부시다'거나 '빛이 난다'고 말한다. 하지만 어떤 빛은 흘러나오는 눈물 속에서 꺼져버려 빛을 발하지 못하고 핏빛을 띠는데, 우리는 이를 '빨강'이라 부른다. 나머지 색들은 이 세가지 색의 혼합으로 만들어진다. 가령 밝은 빛이 빨강 및 하양과 섞이면 노랑, 빨강이 검정 및 하양과 섞이면 자주색, 백색과 흑색이 섞이면 회색, 노랑과 회색이 섞이면 황갈색, 흰색과 노란색이 섞이면 황톳빛을 띤다는 것이다(*Tim.* 68a-c).

| 나머지 감각들

플라톤은 시각을 매우 능동적인 활동으로 보면서도 청각은 전적으로 수용적인 과정으로 설명한다.[20] 고대에는 이처럼 시각을 능동적인 것, 청각을 수동적인 것으로 보는 것이 상식이었다. 고대인들은 번개가 먼저 보이고 뒤늦게 천둥소리가 들리는 현상이 눈은 번개를 향해 달려가는 반면, 귀는 소리가 들려오기를 앉아서 기다리기 때문이라 믿었다. 플라톤은 '소리'를 "공기에 의해 귀를 통해서 뇌와 피를 거쳐 혼까지 전달되는 충격"으로 보고, 청각을 "머리에서 시작하여 간의 자리 주변에 도달하는 운동"이라 규정한다(*Tim.* 67a). 청각에 대해 그는 더이상 설명하지 않는다.

음고·음색·음량은 진동의 특성으로 설명한다. 가령 즉 진동이 빠르면 높은 소리가, 느리면 낮은 소리가 난다(이는 주파수가 높을수록 음이 높아진다는 오늘날의 인식과 일치한다). 진동이 일정하면 부드러운 소리가, 불규칙하면 거친 소리가 나며, 진동이 크면 큰 소리가, 약하면 작은 소리가 난다(*Tim.* 67b). 플라톤은 진동수가 높은 고음은 빨리 전달되고, 진동수가 낮은 저음은 늦게 전달된다고 믿었다(물론 소리의 전달속도는 진동수와 관계없이 동일하다). 그 덕에 먼저 도달한 고음의 진동이 점점 느려지다가 뒤늦게 도착한 저음의 진동과 통합되는 현상이 화음이라고 한다(*Tim.* 80a-b).

후각에 대한 플라톤의 설명은 '대상의 입자가 자기에게 딱 맞는 구멍을 찾아 들어온다'는 엠페도클레스의 감각론을 연상시킨다. 플라톤에 따르면, 후각기관은 콧구멍에 난 미세한 관이다. 그런데 이 관은 "흙과 물에 대해서는 너무 좁게 구성된 반면에, 불과 공기에 대해서는 너무 넓게 구성"되어 있어, 4원소 자체는 그 안으로 들어올 수가 없다. 따라서 냄새는 어떤 것이 축축해지거나 부패하거나 녹거나 기화되는 중간단계에서 오직 증기나 안개의 형태로만 존재한다. 이때 물에서 공기로 이행하는 것이 증기, 공기에서 물로 이행하는 것이 안개라고 한다(*Tim.* 66d-e).

모든 냄새는 물보다는 미세한 반면 공기보다는 굵다. 그래서 입에 수건을 대고 숨을 쉬어보면, 공기는 들어와도 냄새는 들어오지 않는 것이다. 플라톤에 따르면, 맛이나 색깔과 달리 냄새에는 특정한 유형이 없다. 다면체인 물·불·공기·흙과 달리 냄새는 어중간한 이행형태(증기나 안개)로서 기하학적 비율을 갖지 않기 때문이다(*Tim.* 66d). 굳이 구별하자면 그저 좋은 냄새와 나쁜 냄새가 있을 뿐인데, 전자는 "같은 부분을 부드럽게 하여 다시 자연스러운 만족한 상태로 돌리는 것"이고, 후자는 "머리 꼭대기와 배꼽 사이의 강腔 전체를 거칠게 하여 거부감을 주는 것"이라고 한다(*Tim.* 67a).

플라톤은 미각이 혀에서 심장까지 뻗어있는 작은 관들의 수축과 확장으로 발생한다고 설명한다. 시각의 대상이 불, 청각의 대상이 공기, 후각의 대상이 물과 공기의 중간형태라면, 미각의 대상은 흙이라고 한다. 미세한 흙입자들이 침에 녹아 혀에 난 관들을 수축시키거나 마르게 할 때 '떫은맛'이 난다. 그것들이 혀 조직을 녹일 정도로 과하게 관들을 씻어내면 '쓴맛'이 되고, 적당히 씻어내면 '짠맛'이 된다(*Tim.* 65c-d). 한편 입의 열로 데워진 입자들이 거꾸로 입 자체를 뜨겁게 하고 머리 위로 상승하며 부딪히는 모든 것을 칼처럼 베면, 그것은 '매운맛'이 된다(*Tim.* 66a).

흥미로운 것은 '신맛'에 대한 설명이다. 부패가 일어난 사물에서는 흙입자와 공기입자가 비례를 이루어 휘젓는 운동을 하게 되는데, 이때 공기입자를 흙입자가 에워싸서 가운데에 공동空洞이 생긴다. 이를 거품이라고 하고 이것이 부글거리면 발효라고 하는바, 이때 신맛이 난다. 지금까지 이야기한 맛들이 혀를 긴장시킨다면 이와 정반대로 작용하는 맛도 있다. 까칠해진 부분을 매끄럽게 해주고, 부자연스럽게 수축되거나 확장된 것을 풀어주어 혀를 다시 자연스러운 상태로 되돌려줄 때, 모든 이에게 즐겁고 사랑받는 '단맛'이 발생한다.

플라톤은 촉각을 별도의 감각으로 간주하지 않았다. "몸의 특수한 부분"을 기관으로 갖는 다른 감각들과 달리 촉각은 할당된 기관 없이 "몸 전체에 공통되는 느낌"으로 존재하기 때문이다(*Tim.* 64d). 플라톤은 촉각의 부류로 먼저 냉온의 감각을 든다. 뜨거움은 불과 관련이 있다. 뜨거운 사물은 칼로 베는 듯한 느낌을 주는데, 이는 불입자가 네 원소 중 가장 뾰족한 정사면체이기 때문이다. 차가움은 몸 주위의 습기가 몸속의 작은 불입자를 쫓아내나, 너무 커서 그 빈자리로 들어갈 수 없어 신체를 수축시킬 때 발생한다. 이때 신체는 수축을 풀고 원래 상태로 돌아가느라 떨게 된다.

딱딱함은 "살이 눌리어 들어가는 느낌"이고, 부드러움은 "살에 눌리어 들어가는 느낌"이다. 거친 것은 딱딱함이 고르지 못한 것과 섞일 때 생기고, 매끄러움은 고른 것이 빽빽함과 섞일 때 생긴다. 무거움과 가벼움에 대한 설명은 다소 복잡하다. 플라톤에 따르면 땅은 흙의 지대, 중간은 공기의 지대, 천상은 불의 지대다. 이때 불과 흙의 지대는 각자 사물을 제 쪽으로 끌어당기는바, 제 위치에서 그 힘이 위로 향할 때 '가볍다'고 하고, 아래로 향할 때 '무겁다'고 한다. 즉 땅에서 무거운 것이 하늘에서는 가볍고, 하늘에서 무거운 것이 땅에서는 가벼운 셈이다(*Tim.* 63e).

흥미로운 것은 감각을 고통이나 쾌락과 연결시키는 대목이다. 엠페도클레스는 감각에 늘 쾌나 고통이 따른다고 보았고, 엠페도클레스는 감각 자체가 고통이라고 말했다. 플라톤에 따르면 시각처럼 쉽게 일어나는 감각은 고통이나 쾌감에 관여하지 않는다. 불이나 칼을 보더라도 고통이 생기지 않는다. 시각광선의 나뉨과 모임에는 강제가 없기 때문이다. 쾌락과 고통을 일으키는 감각은 몸 전체에 운동을 전달한다. 그리하여 몸에 무언가가 강제될 때 고통이 발생하고, 그 강제가 풀릴 때 즐거움이 발생한다.

부자연스럽고 무리하게 우리에게 한꺼번에 일어나는 느낌은 고통스

러운 것이지만, 자연스러운 상태로 다시 한꺼번에 돌아가는 느낌은 즐거운 것입니다.(*Tim.* 64d)

여기서 쾌락과 고통의 감정이 신체의 결함을 극복하고 그것을 다시 조화롭게 만드는 기능을 하는 것을 알 수 있다. 이렇게 촉각도 영혼의 가멸적인 부분의 조화를 돕는다. 이는 시각과 청각이 영혼의 불멸적인 부분이 조화를 이루도록 배려하는 것과 마찬가지다. 문제는 감각 자체가 아니다. 감각에 매몰되어 그 너머의 초월적 세계로 나아가지 못하는 것이다. 감각이 천상의 신들의 회전을 보고 그것을 본받아 우리 내면에 다시 질서와 조화를 가져오는 데에 쓰일 때, "야만적인 진흙탕 속에 묻힌 영혼의 눈"은 비로소 천상의 신들이 사는 저 영원한 세계를 향할 것이다.[21]

매체를 통한 변화
아리스토텔레스

앞에서 철학의 대립되는 두 노선을 살펴보았다. 데모크리토스의 유물론은 물질이 스스로 형태와 조화를 이룬다고 본 반면, 플라톤의 관념론은 사물의 형성에는 질료 외에 어떤 정신적 원리가 필요하다고 말한다. 스승인 플라톤을 따라 아리스토텔레스[BC 384~322] 역시 물질이 스스로 조화를 이룬다는 생각을 거부한다. 원자들을 모아봤자 한 뭉텅이의 물질에 불과하다는 것이다. 하지만 스승과 달리 아리스토텔레스는 이데아라는 초월적 세계를 인정하지 않는다. 사물형성의 원리가 이미 사물 속에 들어 있다고 보았기 때문이다. 아리스토텔레스에 따르면 모든 사물 속에는 형상[eidos]과 질료[hyle]가 결합되어 있다.

| 네개의 원인

이 질료형상론[hylomorphism]의 장점은 명확하다. 형상이 이미 사물 속에 들어 있다고 하면, 데미우르고스든 천상의 신들이든 형상과 질료를 결합해줄 신화적 주체를 따로 상정할 필요가 없기 때문이다. 또 예지계와 현상계의 사이의 매개항으로 '코라'와 같은 설명하기 힘든 개념을 도입할 필요도 없다. 사물의 원인으로서 초월적 존재의 개입을 배제한다는 점에서 아리스토텔레스의 생각은 데모크리토스의 생각과 유사하다. 하지만 둘 사이에는 간과해서는 안 될 차이가 있다. 데모크리토스의 설명이 기계론이라면 아리스토텔레스의 형이상학은 목적론이라는 점이다.

'사물은 왜 존재하는가?'라는 물음에 대한 답으로 아리스토텔레스가 4원인설을 제시했다는 것은 철학사의 상식이다. 그 4원인^{aitia}이란 질료인·형상인·작용인·목적인이다. 예를 들어 대리석 신상이 있다고 하자. 이 신상은 왜 존재하는가? 이 물음에 우리는 네가지 대답을 할 수 있다. '그것은 재료인 대리석으로, 장인의 마음에 떠오른 형상을 본떠서, 장인의 노동에 의해, 신전에 모셔놓을 목적으로 만들어졌다.' 다시 말해, 신상은 먼저 어떤 목적이 있고(목적인), 그 목적에 적합한 형상을(형상인), 장인의 노동에 힘입어(작용인) 특정한 재료(질료인) 속에 집어넣었기 때문에 존재하는 것이다.

인공물을 4원인설로 설명하는 것은 자연스러워 보인다. 문제는 자연의 대상을 설명할 때 발생한다. 가령 개구리의 발가락 사이에 달린 갈퀴는 어떤 목적^{telos}이 있어 보인다. 헤엄을 더 잘 치기 위해 그것을 갖게 되었다는 것이다. 하지만 우리는 그 물갈퀴의 형태가 우연의 산물임을 안다. 우연히 생존에 적합한 돌연변이가 선택된 것일 뿐, 애초에 '헤엄을 더 잘 치기 위해서'라는 목적을 누군가 설정해둔 것은 아니다. 비록 플라톤처럼 창조주를 상정하지 않더라도, 아리스토텔레스의 목적론에도 의인법적 사유의 흔적은 남아 있다.

'잠재태'^{dunamis}와 '현실태'^{entelecheia}의 구별 또한 주목해야 한다. 도토리는 상수리나무의 잠재태라면, 상수리나무는 도토리의 현실태다. 아리스토텔레스는 이 두 양태를 다시 세분한다. 가령 아기에게는 말을 할 가능성이 잠재되어 있다. 이것이 제1잠재태다. 아이가 자라 언어를 배우면 그

능력은 현실태가 된다. 하지만 말을 배웠다고 늘 말을 하는 것은 아니다. 말을 배우고도 말을 안 하는 상태가 제1현실태다. 할 수 있는 말을 아직 안 한다는 의미에서 제1현실태는 제2잠재태이기도 하다. 한편 말을 배운 사람이 실제로 말을 하면 그 능력은 제2현실태가 된다.

| 형상으로서 영혼

질료형상론이라는 이 형이상학적 프레임이 그의 『영혼론』을 규정한다.[22] '영혼'이란 생물과 무생물을 구별하는 기준으로, 생물을 살아있게 하는 원리다. 아리스토텔레스에 따르면 영혼은 신체와 분리될 수 없다. 이는 형상과 질료가 서로 분리될 수 없는 것과 마찬가지다. 그는 영혼과 신체의 관계를 밀랍과 그위에 각인된 인상의 관계에 비유한다. 그 둘을 서로 떼어놓을 수 없기에 '영혼과 신체가 하나인가?'라는 질문은 애초에 할 필요가 없다는 것이다. 영혼은 신체 없이 존재할 수 없지만, 그 자체가 신체인 것도 아니다(*DA* 414a19-21). 굳이 말하자면 영혼은 신체의 형식 혹은 형상이다.

아리스토텔레스에게 "영혼은 살아 있는 신체의 원인이며 원리이다"(*DA* 415b10). 영혼은 세가지 의미에서 살아 있는 신체의 원인이 된다. 첫째, 영혼은 신체의 작용인이다. 그것은 신체를 움직이게 하는 어떤 것이다. 둘째, 영혼은 신체의 형상인이다. 그것은 살아 있는 신체에 형태를 부여한다. 셋째, 영혼은 살아 있는 신체의 목적인이다. 뒤집어 말하면 자연적 신체들은 영혼의 도구다. 여기에는 4원인 중의 하나가 빠져 있다. 영혼이 신체의 원인이라 할 때, 질료인이 빠진 것은 "영혼은 형식 또는 형상이지 질료가 아니"기 때문이다(*DA* 416a19-20). 질료는 자연적 신체의 원인일 뿐 생명의 원인은 아니다.

아리스토텔레스는 영혼을 "생명을 잠재적으로 가지는 자연적 실체의 제1현실태"로 정의한다(*DA* 412a29-30). 일반적으로 생명체는 섭생능력·감각능력·욕구능력·이동능력·사유능력 등을 갖고 있다. 어떤 존재가 이 중에서 최소한 하나의 능력을 갖추고 있다면, 그것은 살아 있다고, 즉 영혼이 있다고 말할 수 있다. 한편 위의 정의에서 '제1현실태'라 함은 (마치 말을 할 줄 아는 사람이 말을 안 하는 상태처럼) 당장은 섭생이나 감각이나 이동에 관련된 활동을 하지 않더라도 '잠재적으로' 활동할 능력을 갖추고 있다면, 그것은 살아 있다고, 즉 영혼이 있다고 봐야 한다는 뜻이다.

영혼의 가장 기초적 기능은 섭생이다. 영양을 섭취하고 번식하는 일은 식물도 한다. 아리스토텔레스에 따르면 섭생활동이란 "할 수 있는 한에서 영속적이며 신적인 것에 참여하는 것"이다. 다만 생물의 수명은 유한하기에 "영속적이고 신적인 것에 지속적으로 참여하는 것은 불가능하다"(*DA* 415b1-8). 식물에게 섭생능력이 있다면 동물은 그 위에 감각능력을 갖는다. 아리스토텔레스에 따르면 "동물은 무엇보다도 감각 때문에 생명을 갖는다"(*DA* 413b3). 어떤 동물들은 이동능력이 없어 붙박이 생활을 하지만, 감각을 가진 한 우리는 그것들을 동물이라 부르기 때문이다.

"가장 근본적인 감각"은 촉각이다(*DA* 413b5). 다른 감각들이 존재하기 위해서는 촉각이 필수적이지만, 촉각은 다른 감각들 없이도 존재할 수 있기 때문이다. 어떤 동물들은 시각이나 청각, 혹은 후각이 없다. 하지만 어떤 것이 동물이라 불리려면 최소한 "가장 필수적 감각"인 촉각은 갖고 있어야 한다. 아리스토텔레스에 따르면 감각능력을 가진 생물은 동시에 상상과 욕구를 갖는다. "왜냐하면 감각이 있는 곳에는 고통과 즐거움이 있으며, 이것들이 있는 곳에는 필연적으로 갈망도 있기 때문이다."(DA 413b23-25) 인간과 그 이상의 존재들(신들)은 이에 더해 "지성과 숙고의 능력"을 갖는다.

섭생능력·감각능력·욕구능력·이동능력·사유능력 등 영혼의 여러 기능을 나열한 후 아리스토텔레스는 "앞선 것은 뒤따르는 것에 항상 잠재적으로 존재한다"고 덧붙인다(DA 414b32). 다시 말해 사유하는 존재는 이동능력을 갖고 있고, 이동능력을 가진 존재는 감각능력과 욕구능력을 갖고 있으며, 이 두 능력을 가진 존재는 필연적으로 섭생능력도 갖는다는 것이다. 이를 집합으로 표현하면 '사유능력⊂이동능력⊂감각능력과 욕구능력⊂섭생능력', 즉 섭생능력을 가진 존재의 집합이 상위의 능력을 가진 존재들을 차례차례 부분집합으로 포함하는 관계라 할 수 있다.

| 불멸의 영혼

문제는 다음 구절이다. 영혼의 여러 기능 중 사고능력을 논하는 대목에서 아리스토텔레스는 언뜻 알아듣기 힘든 말을 한다.

> 지성과 숙고의 능력에 관해 분명한 것은 아무것도 없지만, 그 능력은 다른 종류의 영혼으로 여겨지며, 영속하는 것들이 사멸하는 것들로부터 분리되듯이 그것만이 분리될 수 있다(DA 413b24-27).[23]

플라톤과 달리 아리스토텔레스는 형상과 질료는 분리될 수 없다고 본다. 그렇다면 영혼과 신체도 분리될 수 없어야 한다. 실제로 그는 영혼과 신체가 밀랍과 그위에 새겨진 인상처럼 서로 분리될 수 없다고 말한 바 있다. 하지만 아리스토텔레스는 사고능력을 "다른 종류의 영혼"이라 부르며 그것이 예외적으로 사멸하는 육체와 분리될 수 있다고 말한다. 이처럼 영혼과 신체의 분리가능성을 암시하는 대목은 『영혼론』의 곳곳에 존재한다. "만약 영혼에만 고유한 어떤 기능이 (…) 있다면, 그것은 신체에서 분리될 수 있다."(*DA* 403a11) 이를 이해하기 위해서는 약간의 설명이 필요하다.

『영혼론』 3권에서 아리스토텔레스는 정신을 '수동적 이성'nous pathetikos과 '능동적 이성'nous poietikos으로 나눈다(*DA* 430a10-14). 이 둘 중 어느 하나만 없어도 사유는 불가능하다(*DA* 30a25). 둘의 관계를 그는 잠재태와 현실태의 관계로 설명한다. 수동적 이성이 외부대상의 형상이 새겨질 가능성, 즉 빈 서판tabula rasa이라면(*DA* 430a1-2), 능동적 이성은 그 위에 형상이 실제로 나타나게 하는 힘이라는 것이다. 능동적 이성은 '빛'과 같은 것이어서 빛을 받아야 사물에 잠재된 색이 나타나듯이, 잠재태로서 수동적 이성은 능동적 이성의 빛을 받아 비로소 현실태로서 '사유'가 된다는 것이다(*DA* 430a16-17).

사유와 감각은 특성이 서로 다르다. 가령 감각은 수동적이다. 자극이 오면 우리는 감각한다. 반면 사유는 능동적이다. 생각은 스스로 원할 때에만 할 수 있다(*DA* 417b23-24). 감각은 신체와 결합되어 있기에 우리에게 강제되며, 사유는 신체와 분리되어 있기에 우리가 선택할 수 있다. 문제는 이것이다. 사유란 외부세계에 관한 것이기에 언제나 외부와 관계를 맺어야 하나, 능동적인 것이기에 동시에 외부세계와 분리되어야 한다. 이 딜레마를 아리스토텔레스는 이성을 두 부분으로 나누는 방식으로 해결한 셈이다.

사유의 잠재태로서 수동적 이성은 신체와 결부되는 반면, 사유의 현실태로서 능동적 이성은 신체와 분리된다. 즉 사유의 잠재적 가능성은 우리 신체에 뿌리를 두지만, 실제로 사유를 하는 것은 신체와 분리된 능동적 활동이다. 이 때문에 아리스토텔레스는 능동적 이성이 불멸하는 반면, 수동적 이성은 가멸적이라고 말할 수 있었다(*DA* 430a23-25). 문제는 이 생각이 '영혼과 신체는 형상과 질료처럼 서로 분리될 수 없다'는 그의 주장과 모순된다는 것이다. 플라톤의 '코라'처럼 아리스토텔레스의 능동적 이성 개념은 그의 형이상학 체계를 위협한다.

영혼에 대해서는 예로부터 상반되는 두 견해가 존재했다. 가령 호메로스는 병사가 전쟁에서 목숨을 잃는 것을 "그가 영혼을 잃었다"라고 표현하기도 하고, 가끔은 "육신에서 그의 영혼이 분리되었다"라고 표현하기도 했다. 호메로스의 시대에는 영혼이 사멸한다는 견해와 불멸한다는 견해가 공존했던 것이다. 데모크리토스는 전자를 취하여 죽음과 더불어 영혼도 사멸한다고 보았고, 피타고라스는 후자를 취하여 영혼이 신체와 분리되어 영원한 세계로 돌아간다고 보았다. 플라톤은 이 두 견해를 종합하여 영혼을 가멸과 불멸의 두 부분으로 나누었다.

영혼에서 플라톤이 불멸한다고 본 부분은 '정신'이었다. 영혼에서 감각이나 욕망과 관련된 부분은 신체와 더불어 사멸하나, 정신만은 신체에서 분리된다는 것이다. 아리스토텔레스는 '정신'을 다시 둘로 나누어 정신의 능동적 부분, 즉 능동적 이성만 불멸한다고 말한다. 플라톤에 비하면 영혼에 대한 관념을 훨씬 더 세속화한 셈이다. 그런데 그는 왜 굳이 자신의 형이상학을 위험에 빠뜨리면서까지 이성의 일부를 가멸적 신체에서 분리하려 했을까? 알 수 없다. 다만 능동적 이성 개념은 그가 피타고라스에서 플라톤으로 이어지는 영혼의 불멸에 관한 오랜 사유의 전통에서 완전히 자유롭지 못했음을 보여준다.

| 감각의 매체설

『영혼론』은 감각을 섭생·욕구·이동 등 영혼이 발휘하는 여러 기능 중의 하나로 다룬다. 여기에서 시작된 감각에 관한 논의는 또다른 저서인 『감각 및 감각대상론』*De Sensu et Sensibilibus*, 이하 '감각론'에서 더 상세하게 전개된다.24 이 두 저서를 통해 아리스토텔레스는 파편적으로 전해지던 학설들을 정리·종합하여 당대의 감각생리학을 완성한다. 그의 이론은 워낙 정교한 것이어서 중세의 서구는 물론이고 멀리 아랍과 유대 지역까지 영향을 끼쳤으며,25 근대에도 권위적인 이론으로서 경험적·과학적 감각연구의 출발에 지장을 줄 정도로 오랫동안 정설로 통했다.

아리스토텔레스 감각론의 가장 중요한 특징은 대상과 감관의 직접적 접촉이 아니라 매체metaxy를 통해 감각이 이루어진다고 보는 것이다.* 이 새로운 이론은 당시를 지배한 두 이론을 모두 반박한다. 데모크리토스의 발산설effluence theory은 시각을 대상이 발산하는 원자막이 눈으로 들어오는 현상으로 설명한다. 반면 플라톤의 방사설emission theory에서는 시각을 눈에서 유출된 불이 대상에서 발산된 입자들과 충돌하는 현상으로 본다. 서로 방향은 다르나, 두 이론에는 공통점이 있다. 바로 감각이 직접적 접촉에 의해 발생한다고 전제하는 것이다. 매체설medium theory은 두 이론의 공통전제를 무너뜨린다.

플라톤과 달리 아리스토텔레스는 시각을 대상으로부터 영향을 받는 수용적 과정으로 본다. 하지만 데모크리토스처럼 감관이 대상으로부터 직접 질료(원자)를 받아들이는 과정으로 시각을 보는 것도 아니다. 대상이 중간의 매체를 움직이면, 그 움직임이 매체를 통해 감관에 전달되어

---

* 이 '중간의 것'(metaxy)이 토마스 아퀴나스의 라틴어 번역을 거쳐 오늘날의 '미디어'(media)가 된다.

시각이 성립한다는 것이다. 아리스토텔레스는 시각론을 확장하여 다른 감각에도 적용한다. "소리와 냄새도 마찬가지다. 둘 중 어느 것도 감각기관과 접촉해 지각을 일으키는 게 아니다. 냄새와 소리가 매체를 건드리고, 그것이 각각의 감관을 건드리는 것이다."(DA 419a23-29)

데모크리토스에게 감각은 대상에서 발산된 원자가 감관으로 들어오는 것이다.* 반면 아리스토텔레스는 매체를 통해 감관에 전달되는 것이 대상의 질료가 아니라 오직 그것의 형상뿐이라고 본다. 감관은 "대상을 질료 없이" 받아들인다. "그 때문에 대상을 떨어뜨려 놓아도 지각과 표상이 여전히 감관에 남아 있는 것이다."(DA 419a) 감각의 대상이 눈앞에서 사라진 후에도 우리는 머릿속으로 그 형상을 그릴 수 있다. 이는 감각이 대상으로부터 직접 질료를 받아들이는 과정이 아니라, 오직 대상의 형상만을 수용하는 과정임을 분명히 보여준다.

감각은 "일종의 질적 변화"다(DA 415b24). 즉 감관이 움직여지고 영향받는 현상이다. 이 변화는 그동안 상반된 두가지 방식으로 설명되었다. 하나는 "유사한 것이 유사한 것에", 또 하나는 "상반된 것이 상반된 것에" 영향을 받는다는 설명이다. 아리스토텔레스에 따르면 두 설명 모두 옳으면서 동시에 옳지 않다(DA 416b3-8). 감관은 대상에게 "영향을 받는 동안에는 〔대상과〕 유사하지 않으나 그 과정이 완료되었을 때는 유사해지기 때문이다"(DA 417a14-20). 예를 들어 따뜻한 물속에 찬 손을 담그면 처음에는 온도를 느끼나, 나중에는 손도 따뜻해져 온도차를 못 느끼게 된다.

잠재태의 감각능력을 현실태로 만들어주는 것은 감각대상이다. 감각

---

* 여기서 '데모크리토스'는 물론 아리스토텔레스 버전의 데모크리토스를 말한다.

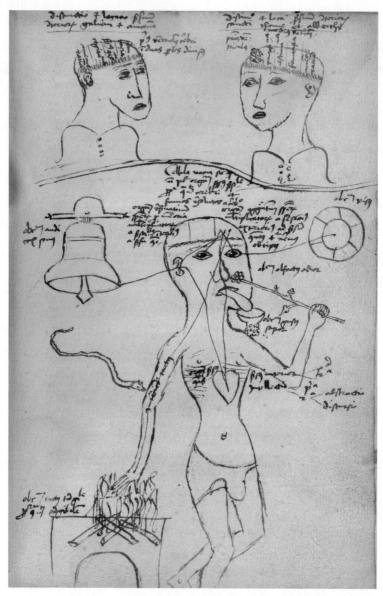

아리스토텔레스의 감각체계. 공감각이 심장에 있다는 아리스토텔레스의 이론을 반영해 청각·후각·미각을 심장으로 연결했다. 또한 오감을 뇌의 전실과 연결해, 뇌에 공감각을 배치한 갈레노스의 견해도 반영했다. 여기서 아리스토텔레스 이론은 '수정'되어 있다. (하르데르비크, 『아리스토텔레스 자연철학의 요약 혹은 수정』, 1496)

대상은 세 종류가 있다. 첫째, 색깔·소리·맛·냄새·감촉 등 개별 감각에 고유하여 다른 감각으로는 지각되지 않는 고유대상^{idia}이다. 둘째, 다수의 감각에 지각되는 공통대상^{koina}이 있다. 가령 운동·정지·수·형태·크기 등은 시각과 촉각 모두로 지각할 수 있다. 셋째, 이들과 달리 우연히 다른 것과 더불어 지각되는 우유적^{偶有的} 대상이 있다. 예컨대 "그 흰 것이 디아로스의 아들"이라고 할 때, "흰 것"과 "디아로스의 아들"의 결합은 우연적이다. 따라서 우유적 대상은 앞의 두가지와 달리 착오의 가능성을 내포한다(*DA* 418a7-25).

아리스토텔레스에 따르면, 영혼의 종류에 따라 감각은 상이하다. 식물에는 감각능력이 없다. 어떤 동물들에게는 시각, 청각 혹은 후각이 없다. 반면 인간은 다섯가지 감각을 모두 갖추고 있는바, 아리스토텔레스는 이 다섯가지 외에 다른 감각은 있을 수 없다고 단언한다. 감각의 수를 다섯으로 한정하고, 그것들을 시각·청각·후각·미각·촉각의 순서로 나열하는 전통은 여기서 비롯된다. 이 다섯가지 감각 외에도 그는 이 개별 감관들을 하나로 통합해주는 공통감^{koinē aisthēsis}이 심장 근처에 있다고 믿었다. 하지만 그것을 오감처럼 별도의 감각으로 간주하지는 않았다(*DA* 425a18).

| 시각에 관하여

감각 및 감각대상에 관한 일반적 설명에 이어 아리스토텔레스는 차례로 개별 감각과 그 대상들의 특성을 논한다. 제일 먼저 설명하는 것은 물론 시각이다. 아리스토텔레스에 따르면, 시각기관은 물과 불의 혼합으로 이루어지며, 시각의 대상은 색깔이다. 하지만 색깔이 직접 눈으로 들어오는 것은 아니다. 감각은 직접적 접촉이 아니라 매체를 통해 이루어지기 때문이다. 예를 들어 색깔이 있는 대상을 눈 위에 직접 갖다대면 우리

는 그것을 볼 수가 없다. 따라서 시각이 가능하려면 중간의 매체^{metaxy}가 있어야 한다는 것이다.

데모크리토스는 '중간의 공간이 비어 있다면 저 멀리 하늘 끝에 있는 개미라도 뚜렷하게 보일 것'이라고 했는데, 이는 잘못된 견해다. 그것은 불가능하다. 시각은 지각할 수 있는 것이 무언가에 영향을 받을 때 발생하기 때문이다. (…) 중간이 비어 있다면, 우리는 정확히 못 볼 뿐 아니라, 아예 아무것도 볼 수 없을 것이다(*DA* 419a15-21).

눈과 색깔 사이에는 매체로서 무언가 '투명한 것'^{diaphanes}이 존재한다. 색깔의 본질은 이 투명한 것을 움직이는 것이다. 대상의 색깔이 본성에 따라 투명한 것을 움직이면, 마치 물결처럼 연쇄적으로 눈에 전달된 그 움직임을 우리가 보게 된다. 문제는 그 매체의 정체다. 아리스토텔레스는 매체가 투명하다는 것 이상의 설명을 하지 않는다. 그저 그것이 현실태로 작동할 때에는 '빛'이라 불리고, 잠재태로 머무는 동안에는 '어둠'이라 불린다고 말할 뿐이다. "빛은 투명한 것이 투명한 것으로서 실제로 작용하는 것이다. 그것의 잠재태가 존재하는 곳에는 어둠도 존재한다."(*DA* 418b10-12)

다소 모호하지만 아리스토텔레스가 생각하는 시각의 과정을 재구성하면 다음과 같다. 색깔의 수용체는 색깔이 없고, 소리의 수용체는 소리가 없다. 따라서 시각의 매체도 색깔이 없다. 즉 투명하다. 대상의 색채는 본성에 따라 이 투명한 것을 변화시킨다. 잠재태로는 어둠이었던 이 투명한 것이 현실태인 빛의 상태가 되어 대상을 만나면, 투명한 그 바탕 위에 대상의 색깔이 입혀진다. 매체를 통해 이 변화가 눈에 전달되면, 눈 역시 그 영향을 받게 된다. 눈도 대상과 유사한 색깔을 갖게 되고, 그 덕에 비로소 대상에 잠재되어 있던 색깔을 보게 된다는 것이다.

여기서 빛(이나 어둠)으로 존재한다는 그 투명한 것은 '물질적 실체'라기보다는 차라리 '가시성의 조건'에 가깝다. 아리스토텔레스에 따르면 "빛은 불도 아니고 물체도 아니며, 물체에서 발산된 어떤 것도 아니다". 왜냐하면 "두개의 물체가 같은 시간, 같은 장소에 동시에 있을 수는 없기 때문이다"(*DA* 418b14-18). 다시 말해 빛은 물리적 실체가 아니기에 색깔과 공존할 수 있다는 얘기다. 여기서 시각의 매체가 "물체도, 물체에서 발산된 어떤 것도 아니"라는 말은, 대상이 발산하는 원자들을 받아들이는 과정으로 시각을 이해하는 데모크리토스를 겨냥한 것으로 보인다.

아리스토텔레스가 해석한 데모크리토스의 이론에 따르면,* 시각은 ① 대상이 발산한 원자막이 ② 중간매체 없이 눈으로 들어와 ③ 안방수에 비침으로써 발생한다. 아리스토텔레스는 빛이 "물체에서 발산된 어떤 것도 아니"라는 말로 첫째 조건을 부정하고, "중간이 비어 있다면 아무것도 볼 수 없을 것"이라는 말로 둘째 조건을 반박한다. 셋째 조건에 대한 비판은 『감각론』에 등장한다. 누군가의 눈동자에 대상의 영상이 비칠 때, 그 반영상은 내가 보지 그가 보는 게 아니다. 또 사물의 표면에 영상이 비친다고 그 사물이 본다고 할 수는 없다는 것이다(*DSS* 438a5-12).

발산설에 이어 아리스토텔레스의 비판은 이제 유출설을 겨냥한다. 유출설에 따르면, 시각은 눈이 뿜어내는 불이나 빛이 대상을 더듬어 발생한다. 만약 별을 보려면 눈에서 나온 불이나 빛이 순식간에 엄청난 거리를 이동해야 할 것이다. 실제로 이 이론의 주창자인 엠페도클레스는 빛

---

* 앞에서 말한 것처럼 아리스토텔레스와 제자인 테오프라스토스는 데모크리토스의 감각론을 전혀 다르게 이해하고 있다. 이 책의 82면 참조.

이 순식간에 지구와 그 둘레 사이를 운행한다는 주장을 했다고 한다.*
이는 오늘날의 상식과 일치하나, 아리스토텔레스는 이것이 "이성에 어긋나며 관찰에도 위배된다"고 단언한다. 짧은 거리에서만 그렇게 보일 뿐 충분히 긴 거리에서라면 빛의 움직임을 볼 수도 있다는 것이다(DA 48b20-25).

『감각론』에서는 플라톤의 이론이 비판의 대상이 된다. 플라톤의 말대로 등불처럼 눈에서 빛이 뿜어 나간다면 밤에도 볼 수 있어야 한다. 플라톤은 우리가 밤에 보지 못하는 것은 눈에서 나간 빛이 밤의 습기에 꺼져 버리기 때문이라 설명한다. 하지만 불은 습기에 꺼질지 몰라도 빛은 습기에 꺼지지 않는다. 이런 논리라면 비가 내리는 날에도 볼 수 없어야 할 것이다(DSS 437b15-24). 나아가 플라톤은 시각이 이루어지려면 안의 빛과 밖의 빛이 합쳐져야 한다고 주장하나, 이는 불가능하다. 안과 밖 사이에는 막이 있어 두 빛이 합쳐질 수가 없기 때문이다(DSS 438b1-2).

아리스토텔레스와 더불어 고대 시각론의 세 유형이 모두 등장한 셈이다. 첫째 유형인 유출설에서는 시각을 눈에서 무언가가 뿜어나가는 능동적 과정으로 바라본다. 그 '무언가'는 엠페도클레스에게는 불, 플라톤에게는 빛, 앞으로 등장할 갈레노스에게는 숨이다. 반면 데모크리토스에서 시작된 원자론의 전통은 발산설을 주장한다. 시각이란 대상에서 발산된 원자가 눈으로 들어오는 현상이라는 것이다. 아리스토텔레스 역시 시각을 수용적 과정으로 본다. 다만 그의 매체설media theory은 눈이 질료 없이 매체를 통해 대상의 형상만 받아들인다고 본다.

시각을 무언가가 눈으로 들어오는 과정으로 본다는 점에서 발산설과

---

* 아리스토텔레스는 엠페도클레스의 이론을 '유출설'로 분류한다. 하지만 우리는 이를 유입설로 분류한 바 있다. 이 책의 47면을 참조하라.

매체설을 묶어 유입설intromission theory이라 부를 수도 있을 것이다. 유출설이든 유입설이든, 고대의 이론은 오늘날의 시각론과는 매우 다르다. 아리스토텔레스 자신은 물론이고, 아리스토텔레스 이전이나 이후의 자연철학자들도 시각현상을 빛의 굴절과 연결시키지는 못했다. 과학적 시각론의 등장을 보려면 아직 천년 넘게 더 기다려야 한다. 현대적 유형의 시각론을 최초로 제시한 이는 10세기와 11세기 사이에 살았던 중세 아랍의 학자 이븐 알하이삼으로 알려져 있다.[26]

아리스토텔레스에게 시각대상은 결국 색채다. 데모크리토스가 흑·백·적·황록의 4원색을, 플라톤이 흑·백·적의 3원색을 말한다면, 아리스토텔레스는 모든 색이 흑·백 2원색의 혼합으로 만들어진다고 보았다(여기서 흑은 흙의 색, 백은 불의 색이다. 물과 공기는 색이 없다고 보았다). 흑과 백의 혼합에서 회색이 아닌 다른 색이 나온다는 발상이 독특한데, 이는 색깔을 가리키는 그리스어가 동시에 밝기를 가리키는 것과 관련이 있다고 한다.[27] 가령 안개를 통해 보면 하얀 해가 붉게 보이는 현상을 목격한 그리스인들은 하얀색에 약간의 그늘이 지면 붉은색이 나온다고 생각했을 법도 하다.

아리스토텔레스는 색의 혼합을 설명하는 두가지 이론을 소개한다. 색의 혼합이 병렬juxtaposition에 의해 일어난다는 견해와 중첩superposition에 의해 일어난다는 견해다. 이 두 견해를 모두 기각하며, 아리스토텔레스는 색의 혼합을 일종의 화학적 결합으로 설명한다. 흥미로운 것은 이 결합을 그가 수학적 비례로 설명한다는 점이다. 이는 현絃의 길이와 음높이의 관계를 설명하는 음악 이론에서 빌려온 설명이다. 음악에서도 조화롭게 들리는 음들은 2:1(옥타브), 4:3(4도), 3:2(5도), 3:1(옥타브+5도), 4:1(두 옥타브)처럼 서로 정수비의 관계를 맺는 것으로 설명된다.

색에는 크게 세 부류가 있다. 1차색은 물론 원색인 흑과 백이다. 2차색은 빨강·파랑·노랑·보라·녹색으로, 이 색들은 흑백의 원색이 유리수의 비례로 혼합될 때 만들어진다. 아리스토텔레스는 이들 색이 자연적 색채에 가까워 화가가 인위적으로 물감을 섞어 만들어낼 수 없다고 본다. 한편 3차색은 2차색의 혼합으로 만들어지는 모든 색깔로, 앞의 색들만큼 순수하지는 않다. 계산하기 까다로운 무리수의 비례로 색이 혼합되기 때문이다. 이처럼 수학을 동원하여 색채를 설명하는 것은 매우 독특하다. 플라톤도 이렇게까지는 하지 않았기 때문이다.

| 청각과 청각대상

감각이 매체를 통해 간접적으로 일어난다는 일반론은 다른 감각에도 그대로 적용된다. "같은 논증이 소리와 냄새에도 적용된다. 소리와 냄새도 감각기관에 직접 접촉함으로써 감각을 일으키는 것이 아니기 때문이다. 냄새와 소리에 의해 중간의 매체가 움직이며, 이 매체에 의해 해당 감각기관 각각이 움직이는 것이다." 따라서 소리나 냄새를 내는 사물을 직접 감관에 갖다대면 감관은 아무것도 느끼지 못한다. 우리로서는 이해하기 힘든 주장이지만, 아리스토텔레스는 여기서 더 나아가 "촉각이나 미각의 경우도 양상은 다소 다르나 마찬가지"라고 말한다(*DA* 419a5-34).

아리스토텔레스에 따르면 청각기관은 귀이며, 귀가 지각하는 것은 소리다. 청각의 매체는 공기(때로는 물)로, 이를 통해 소리의 움직임이 귀에 전달된다. 청각이란 바깥의 소리가 중간매체인 공기를 통해 감관에 전달됨으로써 발생하는 현상이다. 우리가 소리를 들을 때마다 마치 고둥 속에서처럼 귓속에 갇힌 공기가 울린다. 하지만 이 소리는 "밖에서 들어오는 것이지 귀에 고유한 것이 아니다"(*DA* 420a17). 이 말은 엠페도클레스를 겨냥한 것으로 보인다. 엠페도클레스는 청각기관을 종鐘에 비유하며 종 모양의 감관 자체가 소리를 만들어낼 수 있다고 주장한 바 있다.[28]

아리스토텔레스는 청각기관이 고실鼓室, 즉 고막 뒤의 공간속 공기에 둘러싸여 있다고 보았다. 당시로서는 획기적인 생각이었다. 근대 초까지도 고막과 중이中耳만 알려졌을 뿐, 내이內耳는 연구되지 않았기 때문이다.[29] 아리스토텔레스에 의하면 고실 안으로는 물이 들어가지 못한다. 그래서 물속에서도 들을 수 있는 것이다. 다만 물속에서는 소리가 작게 전달된다. 데모크리토스는 소리가 온몸의 구멍들로 들어온다고 했다. 하지만 소리는 온몸으로 듣는 것이 아니다. 우리는 속이 빈 것의 공명을 통해 듣는바, 신체의 다른 부위는 공기를 품고 있지 않기 때문이다(DA 420a19-20).

모든 대상이 소리를 낼 수 있는 것은 아니다. 소리를 낼 수 있으려면 대상이 견고하고 매끄러워야 한다. 소리란 사물이 매끄러운 표면에 세게 부딪혔을 때 다시 튀어나오는 것과 같은 방식으로 이루어지는 공기의 움직임이기 때문이다. 부딪히는 대상이 견고하고 매끄러워야 흩어지기 쉬운 공기가 하나의 덩어리로 튀어나오며 진동할 수 있다. 음에는 높은음과 낮은음이 있다. 촉각의 유비를 동원하면 날카로운 음과 둔탁한 음이 있다고 할 수도 있을 것이다. 높고 날카로운 음은 짧은 시간 안에 많이 움직이며, 낮고 둔탁한 음은 긴 시간 동안 조금만 움직인다.

또다른 종류의 소리가 있다. 바로 인간의 목소리다. 흡입된 공기는 두 가지 용도로 사용된다. 첫번째 용도는 신체에 필요한 온기를 취하기 위해서이고, 두번째 용도는 목소리를 내기 위해서다. 소리는 공기의 운동이기에, 공기를 들이마시는 생물만이 목소리를 낼 수 있다. 아켈레오스 강에 목소리를 내는 물고기가 있다고 하나, 그것은 지느러미를 부딪혀내는 소리에 불과하다. 동물이 내는 모든 소리가 목소리는 아니다. 기침을 할 때처럼 혀를 통하지 않고도 소리는 낼 수 있기 때문이다. 목소리는 신체 속의 영혼이 들이마신 공기를 목구멍에 부딪혀내는 소리다.

목소리는 의미를 가진 소리, 즉 로고스이기에 반드시 영혼과 심상을 가져야 한다. 생명의 유지에는 시각이 가장 중요한 역할을 하나, 정신적 생활에 결정적 의미를 갖는 것은 청각이다. 청각으로 영혼과 심상을 가진 인간의 목소리를 들을 수 있기 때문이다. 다만 로고스를 듣는 능력은 청각 자체의 본질이라기보다는 우연히 갖게 된 부수적 능력에 불과하다. 여기까지가 『영혼론』의 설명이라면, 『감각론』에서는 청각에 관한 논의를 생략한다. 이 책에서 그는 소리와 분절된 말에 대해서는 이미 『영혼론』에서 다루었다며, 시각에서 곧바로 후각과 미각에 관한 논의로 건너뛴다.

| 후각과 후각대상

아리스토텔레스는 냄새가 무엇인지는 색깔이나 소리처럼 분명하지 않다고 보았다. 인간의 후각은 동물만큼 발달하지 못했기 때문이다. 한가지 확실한 것은 "후각도 공기 또는 물과 같은 중간매체를 통한 것"이라는 점이다. 날짐승은 냄새에 이끌려 멀리서도 날아오고, 수중생물도 물속에서 냄새를 맡는다. 물고기와 달리 인간은 숨을 들이마실 때에만 냄새를 맡을 수 있다. 이는 눈꺼풀이 있는 동물이 눈꺼풀을 열어야 볼 수 있는 것과 마찬가지다. 아리스토텔레스에 따르면, 후각은 심장에서 뇌를 거쳐 뿜어나온 숨결pneuma이 코와 뇌 사이의 도관들 속에서 코로 흡입된 공기와 뒤섞이는 현상이다.

아리스토텔레스는 후각기관이 코가 아니라 뇌 근처에 있다고 믿었다

(*DSS* 438b25-29).* 그 이유는 다음과 같다. 냄새는 연기 같은 것이고, 연기 같은 것은 불에서 나온다. 반면 뇌는 신체에서 가장 차갑고 축축한 부분에 속한다. 차가운 것은 잠재적으로는 뜨거운 것이다(*DSS* 438b25-29). 왜 그러한가? 감관이 점차 대상의 영향을 받아 대상과 유사해진다고 보는 아리스토텔레스의 감각론에 따르면 냄새는 뜨겁고 건조하므로 냄새의 영향을 받는 후각기관은 반대로 축축하고 차가워야 하기 때문이다. 물론 그 과정의 끝에서는 냄새를 따라 뜨겁고 건조한 성질로 변해야 한다.

냄새가 '증기'라 말하는 이가 있고 '연기'라고 말하는 이도 있으며, 어떤 이는 둘 다라고 말한다. 하지만 냄새는 실은 증기도 아니고, 연기도 아니다.** 증기란 결국 물에 불과할 뿐이고, 연기는 물속에 존재할 수 없기 때문이다. 하지만 물고기가 냄새를 맡는 것으로 보아 냄새는 물속에도 존재할 수 있어야 한다(*DSS* 443a23-35). 공기와 물속에 존재하는 습기가 건조한 물질에서 빠져나온 무언가와 뒤섞여 변형된 것이 냄새의 정체다(*DSS* 443b3-5). 그런 의미에서 냄새는 "맛을 가진 건조한 물질이 축축한 것 속에서 띠는 성질"로 정의할 수 있다(*DSS* 443a8-9).

냄새는 맛과 성질이 동일하다. 아리스토텔레스는 아예 냄새가 맛에서 나온다고 단언한다. 맛이든 냄새든 그 실체는 축축한 것 속에 녹아 있는 건조한 것으로, 발현하는 양상에 따라 때로는 맛으로, 때로는 냄새로 나

---

* 당시에 코는 그저 뇌에서 분비된 액체(catarrh)가 흐르는 '배설강'으로 여겨졌다고 한다. 로마의 의학자 갈레노스는 아리스토텔레스의 생각을 받아들여 후각기관을 "뇌실 앞쪽의 가장 바깥 부위"에 배치하게 된다. 당시 이 두 저자의 권위는 너무나 압도적이어서, 이들의 이론으로 인해 외려 후각 생리학의 발전은 오랫동안 지장을 받게 된다. 후각신경으로서 후각모(嗅覺毛)가 발견된 것은 1500년경, 후각기관이 비점막(鼻粘膜)에 있음이 밝혀진 것은 17세기 중반의 일이다. Robert Jutte, *Geschite der Sinne: von der Antike bis zum Cyberspace*, C.H.Beck 2000, 51면.
** 이는 "냄새는 연기 같은 것이고, 연기 같은 것은 불에서 나온다"(*DSS* 438b25)라는 『감각 및 감각대상론』의 문장에 배치된다.

타난다. 맛이 없는 것은 동시에 냄새도 없는 경우가 많다. 이는 냄새와 맛이 같은 성질을 갖고 있다는 증거다. 냄새를 지칭하는 낱말의 대부분이 맛에서 유래하는 것도 이 때문이다. 냄새는 맛처럼 분명하지 않아, 그 이름을 맛에서 취하는 수밖에 없다. 그래서 우리가 냄새를 가리켜 시거나 떫거나 신선하거나 느끼하다고 말하는 것이다.

크게 두 부류의 냄새가 있다. 첫번째 부류는 그 쾌적함과 불쾌함이 때에 따라 다르게 나타나는 냄새다. 예를 들어 음식냄새는 배가 고플 때는 쾌적하나 배가 부를 때는 불쾌할 수 있다. 또 그 음식을 좋아하는 이에게는 쾌적하나, 싫어하는 이에게는 불쾌할 것이다. 두번째 부류는 본질적으로 쾌적한 냄새다. 예를 들어 꽃의 향기는 식욕과 상관없이 그 자체로 쾌적하다. 오직 인간만이 이 냄새에 끌리는데, 이는 인간의 뇌가 다른 동물의 것보다 더 크고 습한 것과 관계가 있다. 꽃이나 그밖의 향이 쾌적한 것은, 그 향의 따뜻한 요소가 우리 뇌의 과도한 습기와 한기를 바로잡아주기 때문이다.

인간이 가진 감각의 가짓수는 홀수(5)이기에 중간값(3)에 해당하는 감각이 있다. 바로 세번째 감각인 후각이다. 후각은 신체접촉을 통해 지각하는 미각·촉각과, 외적 매체를 통해 간접적으로 지각하는 시각·청각의 중간에 있다. 이 때문에 후각의 모든 대상은 만질 수 있는 것과 들을 수 있는 것, 볼 수 있는 것 속에 존재한다(*DS* 445a5-14). 한편 피타고라스학파의 몇몇 사람들은 냄새를 먹고 사는 동물도 있다고 말한다. 아리스토텔레스가 보기에 이는 어리석은 주장이다. 후각기관은 영양이 아니라 후각대상에 의해 변형된 매체를 받아들이기 때문이다. 물과 공기는 영양가가 없다. 냄새는 영양과 무관하다.

| 미각과 미각대상

미각은 촉각의 일종이다. 그러나 신체의 다른 부위로는 맛을 보지 못한다는 의미에서 미각은 별개의 감각이기도 하다. 미각은 신체 외에 다른 매체를 요하지 않는다. 촉각처럼 미각의 대상도 매체 없이 감각된다. 미각의 대상으로서 '맛'은 흙의 성분이 습기와 섞인 것이다. 이 때문에 미각대상은 습하며, 그 습기는 만질 수 있다. 반면 미각기관은 습해서도 안 되고 습해질 수 없어서도 안 되며, 습한 것과 접촉해 녹지 않으면서 습해질 수 있어야 한다(DA 422a34). 앞서 언급했듯이, 아리스토텔레스의 감각론 체계에서 감관은 영향을 받는 동안에는 대상과 유사하지 않지만, 영향받는 과정이 끝났을 때는 대상과 유사해져야 하기 때문이다.

혀가 너무 마르면 맛을 볼 수가 없다. 혀가 습해지지 않기 때문이다. 이 경우 감관이 변화하지 않아 감각이 일어나지 않는다. 반대로 입이 너무 습해도 맛을 느끼기 어렵다. 침이 너무 고여 있으면 감관이 과도하게 변화하기 때문이다. 이런 일은 지나치게 강한 맛을 본 후 다른 맛을 볼 때 종종 일어난다. 강한 맛 때문에 혀가 너무 습해지면 그보다 섬세한 변화는 감지할 수 없게 된다. 마찬가지로 아픈 사람의 입에는 모든 것이 쓰다. 혀가 침으로 가득 차 맛을 느낄 수 없기 때문이다(DA 422a34). 아리스토텔레스에게 맛의 부재는 곧 쓴맛을 의미한다.

엠페도클레스는 맛이 물에서 나온다고 보았다. 물에는 모든 종류의 맛의 입자들이 들어 있어, 식물들이 이 눈에 보이지 않을 정도로 미세한 입자들을 선택적으로 빨아들여 고유의 맛을 얻는다는 것이다. 아리스토텔레스는 여기에 동의하지 않는다. 식물을 말리거나 가열하거나 그 즙을 증류하면 맛이 변하는데, 이 변한 맛은 물에서 왔을 리 없기 때문이다. 그런가 하면 아리스토텔레스는, 물이 맛의 씨앗을 품은 보편적 모태이고 물에 따라 그 씨앗으로 각기 다른 맛을 낳는다는 주장도 반박한다. 동일한 물을 먹고 자란 식물이라도 종에 따라 각기 다른 맛을 내는 것을 보면, 이 견해 역시 옳지 않아 보인다는 것이다(DSS 441a3-23).

아리스토텔레스는 맛이 열에서 나온다는 주장도 언급한다. 그러면서 열이 맛을 변질시키는 것은 사실이나, 맛이 열에서 나오지는 않는다고 지적한다. 맛은 마른 것, 그중에서도 영양가 있는 마른 것에서 나온다는 것이다. 하지만 마른 것이 맛을 내려면 습한 것과 섞여야 한다. 한편 미각은 우리에게 무엇을 먹고 무엇을 먹지 말아야 할지 알려준다. 동물의 성장과 쇠퇴를 결정하는 것은 온기와 냉기다. 성장의 동력인 온기를 품은 음식은 단맛을 낸다. 그래서 우리는 단맛에 끌린다. 하지만 단맛은 영양이 과도하기에, 우리는 반대되는 성질을 가진 쓴맛과 짠맛, 혹은 그밖의 다른 맛으로 그것을 견제한다(DSS 441b25-442a13).

아리스토텔레스에 따르면 맛은 색깔처럼 모두 일곱가지이다. 색깔에 흑백이 있듯이 맛에도 단맛과 쓴맛이 있어, 이 둘의 배합으로 모든 맛이 만들어진다. 단맛 가까이에 고소한 맛이 있고, 쓴맛 가까이에 짠맛이 있다. 회색이 검정의 일종이듯이 고소한 맛은 단맛의 변종이다. 한편 짠맛과 쓴맛은 단맛이 결여된 상태이다. 단맛과 쓴맛·짠맛의 두 극단 사이에 매운맛·떫은맛·신맛·쏘는 맛이 있다. 후각기관은 잠재적으로는 이들 맛의 특질을 모두 갖고 있다. 물론 미각대상이 그 잠재적 특질을 현실태로 바꾸어준다(DA 442b10-16; DSS 442a18-32).

아리스토텔레스 이후 일곱가지 색이 있듯이 일곱가지 맛이 있다는 견해가 사회의 지배적 관념이 된다. 이는 단맛·쓴맛·짠맛·신맛을 진정한 의미의 맛으로 분류하고, 떫은맛·매운맛·쏘는 맛 등은 혀의 세포를 손상하는 자극으로 간주하는 오늘날의 과학과는 다르다. 한편 아리스토텔레스는 미각기관을 특정하지 않는다. 미각을 촉각의 일종으로 분류했기 때문이다. 미각의 기제를 혀와 음식물의 촉각적 접촉으로 표상한 것이다. 미각기관이 혀 전체가 아니라 거기에 돋아난 돌기 모양의 미뢰^{味蕾}라는 사실은 1669년 이탈리아의 해부학자 마르첼로 말피기[1628~1694]에 의해 밝혀진다.[30]

| 촉각과 촉각대상

모든 감각에는 한쌍의 상반자^{相反者}가 존재한다. 시각에는 흑색과 백색이 있고, 청각에는 고음와 저음, 미각에는 단맛과 쓴맛이 존재한다. 이에 반해 촉각에는 여러쌍의 상반자가 존재한다. 뜨거움과 차가움, 건조함과 축축함, 단단함과 부드러움 등이 그것이다. 여기에서 한가지 문제가 발생한다. 그렇다면 촉각은 하나가 아니라 여러개의 감각인가? 이 물음에 아리스토텔레스는 촉각기관이 단 하나라고 대답한다. 그러면서 여러쌍의 상반자를 가진 것은 촉각만이 아니라고 덧붙인다. 청각에도 고음과 저음의 대립 외에 부드러운 소리와 거친 소리의 대립이 존재하고, 시각에도 색깔의 대립이 존재한다는 것이다.

오늘날 우리는 촉각이 여러가지이며, 촉각기관은 밀도로 따지면 통점·압점·촉점·냉점·온점의 순서로 피부 전체에 분포한다는 것을 안다. 하지만 아리스토텔레스는 단 하나의 촉각기관이 피부막이 아니라 살 아래쪽 어딘가에 있다고 믿었다. 그 하나가 무엇인지는 "확실하지 않다"고 한다(DA 422b33). 그가 촉각기관을 살 위가 아니라 살 아래에서 찾는 이유가 있다. 다른 감각의 경우 대상을 감관에 직접 갖다대면 (중간매체가 없어) 그것을 감지하지 못한다. 하지만 촉각은 대상을 피부에 갖다대면 바로 감지한다. 따라서 피부는 감각기관일 리 없다는 것이다.

아리스토텔레스 감각론에서 일반적으로 감각이 가능하려면 대상과 기관이 떨어져 있어야 하고, 그 사이에 매체가 있어야 한다. "촉각대상의 중간매체는 살이다."(*DA* 423b26) 청각의 매체는 공기이고, 후각의 매체가 물이나 공기라면, 고체인 신체를 이루는 원소는 흙이다. 특히 살이 매체로 작용한다면, 그것은 흙과 물이나 공기의 혼합으로 이루어졌다고 봐야 한다. 신체에서 살의 역할은 청각을 실현하는 공기의 역할과 같다. 차이가 있다면 청각이나 후각과 달리 촉각의 대상들은 "중간매체를 통해서가 아니라 중간매체와 더불어" 감각된다는 점이다(*DA* 423b13-15).

| 공통감에 관하여

촉각에 관한 설명과 더불어 개별 감각에 관한 『영혼론』 2권의 논의는 종결된다. 이어지는 3권은 '이 다섯가지 외에 또다른 감각은 없는가?'라는 물음으로 시작된다. 아리스토텔레스는 이들 외에 제6의 감각이 없다는 것을 매우 복잡한 과정을 거쳐 '증명'한다. 논증은 목적론적 성격을 띤다. 즉 제6의 감각이 있다면 그것을 가진 동물도 있어야 하나, 우리가 아는 한 그런 동물은 없다. 설사 그런 동물이 있다면, 그 동물을 제외한 나머지 대부분의 동물이 감각을 결여한, 일종의 불구라는 논리가 성립하는데, 최대의 완전성을 지향하는 자연이 그럴 리가 없다는 것이다(*DA* 424b22-425a13).

이는 말할 필요도 없이 오류논증이다. 새나 벌이나 박쥐가 인간에게 없는 감각을 가졌다고 인간이 불구의 상태가 되는 것은 아니다. 실은 인간의 감관도 다섯개가 넘는다. 눈·코·귀·혀·피부 외에도 중이中耳 속에는 균형을 지각하는 전정기관이 있기 때문이다. 널리 알려진 것처럼 이 기관은 평형감각을 관장한다. 그외에도 인간에게는 신체의 상태를 자각하는 고유수용감각proprioception이 있다. 이미 위에서 말한 것처럼 촉각 자체도 단일한 감각이 아니어서, 이를 몇가지로 보느냐에 따라 우리가 가진 감각의 가짓수도 달라질 수 있다.

아리스토텔레스에 따르면, 색깔·소리·냄새·맛·느낌이 하나의 감각으로만 지각되는 고유대상이라면, 운동·정지·수·크기·형태 등은 동시에 여러개의 감각으로 지각될 수 있는 공통대상이다. 감각대상이 여러 감각에 속하는 덕에, 우리는 설사 하나의 감각이 실수를 해도 다른 감각으로 만회할 수 있다. 하지만 여기서 한가지 의문이 제기된다. 눈으로 보아서 파악한 것과 손으로 만져서 파악한 것이 실은 '같은' 형태라는 것을 어떻게 아는가? 이는 시각이나 촉각, 둘 중 하나만으로 알 수 있는 게 아니다. 이것이 가능하려면 두 감각을 통합해주는 무언가가 있어야 한다(*DA* 425a14-20).

가령 사과를 보고 만지고 냄새 맡고 맛본다고 하자. 이때 눈으로 본 '색깔'과 손으로 만진 '감촉', 코로 맡은 '냄새'와 혀로 느낀 '맛'이 동일한 대상에 속함을 어떻게 아는가? 이 역시 어느 하나의 감각만으로는 대답할 수 없다(*DA* 425a22-24). 나아가 내가 뭔가를 보고 있다고 하자. 이때 뭔가를 본다는 사실을 나는 어떻게 지각하는가? 시각으로 시각을 지각한다고 말할 수는 없는 일이다. 시각을 보는 그 시각을 보는 또다른 시각으로 무한퇴행하게 되기 때문이다(*DA* 425a15-17). 따라서 이런 일이 가능하려면 개별 감각을 서로 연결해주는 어떤 통합적 기능이 있어야 한다.[31]

그 기능을 아리스토텔레스는 '공통감'이라 부른다(*DA* 425a27). 그는 공통감이 심장 근처에 있다고 보았다. 하지만 그가 그것을 별개의 감각으로 본 것은 아니다. 그에게 오감 외에 다른 감각은 있을 수 없기 때문이다. 그렇다고 공통감이 감각 외적인 능력인 것은 아니다. 그는 그것을 어디까지나 감각 '내'의 현상으로 간주한다. 즉 개별 감각의 협력에 기초한 신체의 능력이 이 색과 이 향과 이 맛을 '사과'로 지각한다는 것이다. 이 점에서 아리스토텔레스는 근대의 철학자들과 구별된다. 그들은 공통감의 기능을 감각이 아닌 정신의 능력으로 여겼기 때문이다.

공통감에 관한 논의가 감각능력과 사유능력을 서로 연결하는 역할을 한다는 점은 확실하다. 공통감은 오감에 들어온 자료를 종합하여 대상의 지각을 제시한다. 지각은 아직 물리적인 것이다. 이를 받아서 상像으로 떠올리는 것은 상상력phantasia의 임무다. 상상은 감각에서 나오나 감각은 아니다. 첫째, 상상은 꿈에서처럼 실제로 감각을 하지 않는 동안에도 떠오르고 둘째, 상상력을 갖지 못한 일부 하등동물들도 있으며 셋째, 감각은 언제나 옳은 반면 상상은 틀릴 수 있기 때문이다. 어떤 것이 노랗다고 지각하는 감각은 틀릴 수 없다. 오류는 가령 그것이 담즙이라고 판단할 때 발생한다.

아리스토텔레스는 감관으로 지각한 외부대상의 복제를 상상이라고 본다. 기억을 하거나, 꿈을 꾸거나, 사유를 할 때 상상력은 머릿속에 이 복제를 제시한다. 이때 사유와 상상을 불가분의 관계로 간주한다는 점이 흥미롭다. "무엇을 사유하든지, 우리는 동시에 필연적으로 이미지를 사유하게 된다."(DA 432a8-9, 431a16-17) 오늘날 밝혀진 바에 따르면 사유에 반드시 이미지가 필요한 것은 아니다. 하지만 아리스토텔레스는 이미지가 인간의 인지에서 필수불가결하다고 보았다. 결국 공통감은 사유에 반드시 필요한 대상의 이미지를 원본의 형태로 제시하는 역할을 하는 셈이다.

| 니코마코스 윤리학

『영혼론』은 자연철학의 한 부분으로 오늘날의 시각으로는 생물학에 심리학을 합쳐놓은 것에 해당한다. 질료형상론이라는 형이상학을 토대로 전개된 『영혼론』은 공통감각을 매개로 마침내 지성적 사유에 관한 논의로 나아간다. 이처럼 감각론이 인식론과 연결되는 지점이 『영혼론』이라면, 감각론과 윤리학의 연결은 주로 『니코마코스 윤리학』 *Êthika Nichomacheia* 에서 이루어진다.[32] 『영혼론』의 관심이 이론적이라면, 『정치학』 *Politiká* 과 『니코마코스 윤리학』의 관심은 실천적이다. 전자가 공인公人, 예컨대 입법자의 입장에서 공동체의 공공선을 논한다면, 후자는 사인私人의 입장에서 개개인에게 좋은 삶이 무엇인지 묻는 식이다.

그리스인들은 '좋음'과 '선함'을 오늘날처럼 엄격히 구별하지 않았다. 그들에게는 '좋은' 것이 동시에 윤리적 선이기도 했다. 가령 의학에서는 건강, 전략에서는 승리가 좋은 것이자 선이다. 하지만 건강이나 승리가 각각 의학이나 전략과 같은 별도의 목적을 위한 것이라면, 다른 것을 위해서가 아니라 그 자체로 좋은 것도 있다. 이 자기목적의 선이야말로 추구해야 할 최고의 선인바, 이것이 바로 행복 eudaimonia 이다(*Nic.* 95a15). 아리스토텔레스에 따르면 행복이란 '영혼의 활동이 덕 aretē 과 완전히 일치하는 상태'다. 윤리학은 최고목표인 행복한 삶을 위해 유덕한 성격 ethikē aretē 을 갖추는 방법에 관한 학문이라 할 수 있다.

그리스인들이 말하는 '덕' aretē 이란 오늘날과 달리 자신에게 잠재된 특성을 최대한 발휘하며 지내는 상태를 가리킨다. 따라서 행복의 조건으로서 '영혼의 활동이 덕과 완전히 일치'한다는 말은, 『영혼론』에서 다룬 영혼의 다양한 기능이 최고의 상태를 유지하는 것을 의미했다. 영혼의 기능은 다양하기에 영혼이 갖추어야 할 덕목에도 당연히 여러가지가 있다.

용기·절제·관용·위엄·정의·지혜·지성 등 아리스토텔레스가 거론하는 여러 덕목 중에서 그가 꼽은 최고의 것은 공교롭게도 실천적인 것이 아니라 이론적 성격의 것, 즉 관조적 지혜^{theôria}였다(*Nic.* 1177a).

여러 미덕 중에서 감각과 관련되는 것은 절제^{sôphrosunê}다. 절제의 대상은 쾌락이고, 쾌락은 주로 감각에서 나오기 때문이다. 아리스토텔레스에게 덕의 본질은 지나치지도 모자라지도 않은 중용^{mesotes}에 있다. "악덕이 행동과 감정에서 요구되는 것보다 모자라거나 그를 넘어서는 것이라면, 덕은 그 중간을 발견하고 선택한다."(*Nic.* 1107a3-6) 예를 들어 용기는 만용과 비겁의 중간, 관용은 낭비와 인색의 중간, 진실은 자만과 자괴의 중간이다. 마찬가지로 '절제'는 쾌락에 과도하게 탐닉하는 '방종'^{akolasia}과, (좀처럼 보기 힘들지만) 아예 쾌락을 못 느끼는 '무감'^{anaisthêtos}의 중간으로 설명된다.

그렇다면 어떤 쾌락이 절제의 대상이 되는가? 일단 그는 쾌락을 육체의 쾌락과 영혼의 쾌락, 두 종류로 나누고, 이 중에서 후자, 즉 명예욕이나 탐구열과 같은 정신적 쾌락을 절제의 대상에서 제외한다. 명예나 학습을 너무나 좋아한다고 해서 '방종하다'고 하지 않고, 그것을 자제한다고 해서 '절제한다'고 하지도 않기 때문이다. 또 신화나 이야기를 너무 좋아한 나머지 입담으로 밤낮을 지새우는 사람이 있더라도, 그를 '게으른 입담꾼'이라 부를지언정 그가 '방종하다'고 말하지는 않는다. 따라서 절제의 대상이 될 수 있는 것은 오직 육체의 쾌락, 그중에서도 극히 일부뿐이다.

예를 들어 색채·형태·그림 등 '시각'에서 나오는 쾌락을 즐기는 사람에게는 방종하다거나 절제한다고 말하지 않는다. 그것을 넘치게 즐기든, 모자라게 즐기든 전혀 문제가 될 게 없다. '청각'도 마찬가지다. 누군가 음악이나 연극 공연을 과도하게 즐긴다고 해서 그가 방탕하다고 말하지 않고, 적당히 즐긴다 해서 절제한다고 말하지도 않는다. '후각'을 서술할 때에도 방종이나 절제라는 표현은 사용하지 않는다. 다만 고급향수나 미식美食의 냄새에 탐닉하는 이들은 간혹 방종하다고 일컬어지는데, 이는 그들이 그 냄새를 통해 욕망하는 것을 떠올리기 때문이다.

예컨대 배가 고프면 음식냄새에 지나치게 집착하는 이들이 있다. 그런 사람들을 방종하다고 한다. 그들은 그 냄새에서 식욕의 대상을 떠올리기 때문이다. 인간이 아닌 동물들은 시각이나 청각, 후각에 관련된 쾌감을 느끼지 못한다. 개들은 토끼의 냄새에서 쾌감을 느끼지 않는다. 그것을 잡아먹어서 쾌감을 느낀다. 마찬가지로 사자는 황소의 울음소리를 듣고 쾌감을 느끼지 않는다. 역시 황소를 잡아먹는 데서 쾌감을 느끼는 것이다. 사슴이나 염소를 보기 때문에 쾌감을 느끼는 것도 아니다. 사자의 쾌감은 곧 그 동물들의 고기를 먹을 수 있겠다는 데에서 나온다.

절제나 방종이라는 말은 결국 인간과 동물이 공유하는 쾌락, 즉 미각과 촉각에만 적용될 수 있다. 그 때문에 이 두 감각은 노예적이고 야수적으로 보이기까지 한다. 하지만 이 중에서 미각은 사실 방종이나 절제와 거의, 혹은 아예 관계가 없다. 예를 들어 섬세한 미감으로 와인의 맛을 보거나 고기에 간을 하는 사람들이 있다. 이런 이들은 정작 자기들이 맛보는 음식이나 음료를 과도하게 섭취하지는 않는다. 방종한 이들은 대개 음식의 맛보다는 음식이 목으로 넘어가는 촉감을 더 즐긴다. 그래서 어떤 탐식가는 자기 목이 황새의 목보다 더 길어지기를 기원했다고 한다.

아리스토텔레스가 보기에 방종과 본격적으로 관련된 것은 여러 감각 중에서도 가장 보편적인 감각인 촉각뿐이다. 아무리 하등한 동물이라도 최소한 촉각은 갖고 있다. 인간만이 아니라 동물이라면 갖는 감각이 촉각이다.[33] 촉각과 관련된 방종은 매우 동물적인 것이어서 큰 비난의 대상이 되곤 한다. 물론 촉각의 쾌감 중에서 하나는 예외로 해야 한다. 바로 운동을 마친 후에 하는 마사지와 사우나의 자유로운 쾌감이다. 방종한 사람들의 관심을 끄는 쾌감은 대개 신체 전체가 아니라 신체의 "특정한 부위"에 국한된 것이기 때문이다(Nic. 1118b7).

결국 촉각의 특수한 경우만 제외하면 감각에서 나오는 쾌락은 인간에게만 허용된 고상한 즐거움인 셈이다. 절제할 필요가 있는 것은 촉각적 쾌감 중에서 신체의 특정부위와 관련된 것, 즉 식욕이나 성욕과 관련된 쾌감뿐이다. 『니코마코스 윤리학』의 뒷부분에서 아리스토텔레스는 감각과 쾌락의 관계를 다시 논한다. 그에 따르면, 좋은 상태의 기관이 아름다운 대상을 만날 때 감각은 최선의 활동을 한다. 즉 기관이 최상의 조건에서 최고의 대상을 만날 때 감각은 가장 완전한 상태에 도달하며, 여기에서 최고의 즐거움이 발생하는바, 이것이 행복을 위해 감각이 갖추어야 할 덕이라는 것이다(Nic. 1173b15-23).

이는 오감의 쾌락에 대한 거의 전면적인 긍정이라 할 수 있다. 물론 아리스토텔레스에게도 최고의 쾌락은 역시 영혼의 최고 기능인 정신의 관조이다. 하지만 그보다 하위에 있는 감각의 쾌락 역시 최고의 목표인 행복을 위해서는 필수적인 요소다. 감각의 쾌락을 즐기는 것이 관조의 지혜를 방해하는 것은 아니다. 아리스토텔레스는 초월적 세계로 상승하기 위해 감각의 쾌락을 포기하라고 가르치지 않는다. 그의 윤리학은 플라톤의 것과 달리 철저히 현세적이다. 그가 말하는 행복은 '저' 높은 세계가 아니라 '이' 낮은 세계 안에서 추구하고 또 실현해야 할 어떤 것이다.

3부

헬레니즘의 감각론

Aisthetik

08

감각은 진실하다
에피쿠로스

기원전 4~5세기를 흔히 그리스의 고전기라 부른다. 오늘날 우리가 '그리스적'이라 부르는 모든 특성이 바로 이 시기에 형성된다. 감각론의 역사에서도 그리스 고전기는 매우 생산적인 시기이다. 고대 감각론의 세 가지 대이론(발산설·유출설·매체설)이 바로 이 시기에 완성되기 때문이다. 200여년의 찬란한 황금기를 거친 후 그리스 문화는 이른바 헬레니즘 시대를 맞게 된다. 헬레니즘 시대란 구체적으로 알렉산더대왕의 사망^{BC 323} 이후 그리스가 로마에 멸망하는 악티움해전^{BC 31} 사이의 기간을 가리키는데, 이 시기에 그리스의 철학도 발전의 후기로 접어든다.

| 헬레니즘의 철학

후기 그리스철학은 유감스럽게도 새로운 관점을 보여주지 못하고, 앞 시대의 이론들을 받아들여 약간 수정·변형한 수준에 머물렀다. 헬레니즘 철학이 앞 시대의 원자론이나 플라톤·아리스토텔레스의 형이상학에 의존하는 한, 본질적으로 새로운 시각의 감각론을 기대하기는 힘들다. 헬레니즘 시대가 도래한 이후 철학의 관심이 자연철학에서 윤리학으로 바뀐 것도 유리한 조건은 아니었다. 당시에 감각론은 오늘날의 생물학·심리학에 해당하는 영혼론의 주제였다. 하지만 철학자들의 눈이 개인의 윤리로 돌아가 있는 상황에서는 감각론에 대한 관심이 상대적으로 줄어들 수밖에 없었다.

철학자들은 헬레니즘 시대의 사회적·정치적 불안정으로 인해 개인의 내면으로 침잠했다. 이 시기를 대표하는 철학의 세 흐름, 즉 에피쿠로스 학파의 쾌락주의, 스토아학파의 금욕주의, 피론BC 360?~270?의 회의론은 이 불안한 정국의 산물이었다. 에피쿠로스학파의 '아타락시아'atarxia나 스토아학파의 '아파테이아'apatheia는 혼란한 외부상황 속에서도 내면의 행복eudaimonia에 도달하는 방법으로 제시된 것이다. 회의론 역시 내면의 평정을 위해 자신을 세계와 단절시키는 경향을 따랐다. 회의론자들은 세상에 확실한 지식은 없으므로 아예 세계에 대한 판단을 중지하라고 가르쳤다.

에피쿠로스BC 341~270?가 말하는 아타락시아나 스토아학파가 설파하는 아파테이아의 경지는 흔히 생각하는 '쾌락'이나 '금욕'과는 성격이 전혀 다르다. 가령 행복을 위해 고통을 회피하고 쾌락을 획득하라고 말하는 에피쿠로스가 최고의 열락으로 꼽은 것은 육체의 쾌락이 아니라 정신의 '평정'ataraxia이었다. 스토아학파의 금욕주의도 마찬가지다. 후세에 '금욕'으로 잘못 번역된 'askesis'는 원래 그 어떤 역경 속에서도 내면의 평정을 유지하는 연습을 뜻했다. 아스케시스는 중세 수도승들의 자기금욕 같은 것이 아니라, 그저 변덕스러운 감정의 지배에서 벗어나 행복에 필요한 '무감'apatheia의 경지에 이르기 위한 연습의 하나일 뿐이었다.

| 정신의 평정을 위하여
서로 격렬히 싸웠지만 에피쿠로스학파나 스토아학파나 인생의 목적을 행복에서 찾는다는 점에서는 한가지였다. 아타락시아가 교란tarasso이 없는ᵃ 상태를, 아파테이아가 감정pathê이 없는ᵃ 상태를 가리킨다는 점에서, 행복에 이르는 방법에도 큰 차이는 없는 셈이다. 실제로 스토아학파 역시 '아파테이아'와 함께 '아타락시아'라는 용어를 같이 사용했다. 회의학파도 마찬가지다. 피론이 세계에 대한 판단을 중지하라고 가르친 것도 그래야 마음의 평정, 즉 아타락시아에 도달할 수 있다고 믿었기 때문이다. 이들 학파 사이에 차이가 있다면, 마음을 교란하는 그 요인을 무엇으로 보는지에 있다.

회의학파는 세계에 대한 '견해'가 마음의 평정을 깨뜨린다고 보았다. 속 편히 살려면 그들의 말대로 세상에 대해 아무 견해도 갖지 않는 편이 나을지도 모르겠다. 스토아학파는 '정념'이 마음을 교란한다고 보았다. 정념은 욕망에서 비롯되므로, 마음의 평정에 도달하려면 정념을 일으키는 욕망을 제어해야 할 것이다. 한편 에피쿠로스학파는 최고의 쾌락을 '고통'이 없는 상태로 보았다. 마음의 고통은 주로 신과 죽음에 대한 공포에서 나온다. 진리의 인식을 통해 그 공포에 아무 근거가 없음을 깨달을 때 인간은 정신의 교란이 없는 평정의 상태에 도달한다는 것이다.

에피쿠로스는 신이 존재하여 인간에게 형벌을 내린다는 이야기가 모두 허구라 믿었음에 틀림없다. 원자론에 따르면 우주는 서로 충돌하는 원자들로 이루어진 무정한 기계로, 계획이나 건축가는 없기 때문이다. 노골적인 무신론이다. 하지만 당시에 신을 부정하는 것은 위험한 일이었기에, 대신 그는 신들이 인간사에 관심이 없어 전혀 관여하지 않는다고 주장했다. 그러니 신들의 응보를 두려워할 필요도 없는 셈이다. 이로써 신에 대한 공포는 해결됐고, 남은 것은 죽음에 대한 두려움뿐이다. 죽음의 공포를 극복하는 방법은 자주 인용되는 그의 유명한 말 속에 들어 있다.

죽음은 우리에게 아무것도 아니다. 우리가 존재하는 한 죽음은 우리에게 부재하고, 죽음이 오면 우리는 더이상 존재하지 않는다.[1]

| 윤리학적 원자론

에피쿠로스는 데모크리토스의 원자론을 수용하면서 거기에 몇가지 중요한 수정을 가한다. 그중 하나가 원자의 운동에 대한 설명을 덧붙인 것이다. 데모크리토스에 따르면 원자의 운동에는 시작이 없다. 최초의 원동자原動子 없이 처음부터 원자들은 소용돌이를 이루어 서로 충돌하고 결합하는 운동을 해왔다는 것이다. 아리스토텔레스는 데모크리토스가 원자운동의 이유를 설명하지 않았다고 비판한다. '그렇다면 원자들은 왜 애초에 정지해 있지 않고 하필 운동을 하고 있는 것일까?' 에피쿠로스는 원자론의 견해를 유지하려면 먼저 이 물음에 답해야 한다고 생각한 모양이다.[2]

에피쿠로스는 이 물음에 크게 두가지 답변을 제시한다. 첫째, 원자들이 데모크리토스가 말한 크기, 형태에 더해 '무게'를 갖고 있다는 것이다. 이로써 원자들이 낙하운동을 하는 이유가 설명된다. 루크레티우스BC 94?~55?의 전언에 따르면 에피쿠로스는 원자들이 마치 떨어지는 빗방울처럼 바닥이 없는 우주의 허공 속으로 무한히 낙하운동을 한다고 보았다. 이는 사물이 땅으로 떨어진다는 명백한 경험적 사실을 설명하기 위한 장치로 보인다. 하지만 이로써 문제가 해결된 것은 아니다. 그렇다면 같은 속도로 떨어지는 원자들이 어떻게 서로 충돌할 수 있는가?

에피쿠로스에 따르면 이는 원자가 아래로 떨어지는 운동과 더불어 옆으로 벗어나는 운동을 하기 때문이다. 기울기clinamen 운동을 도입함으로써 이제 낙하하는 원자들이 다양한 방향으로 운동하는 이유를 설명할 수 있게 된다. 일부 원자는 아래로 떨어지다가 옆으로 기울어져 다른 원자들과 부딪힌다. 이 충돌로 인해 비슷한 것은 비슷한 것끼리 결합하고, 성질이 다른 원자들은 서로 튕겨내 그 반동으로 다른 원자들과 또다른 충돌을 일으키게 된다. 눈에 보이지 않는 이 입자들의 미시운동에 의해 눈에 보이는 거시세계의 물체와 운동이 만들어진다는 것이다.

기울기 운동으로 인해 에피쿠로스의 원자론은 데모크리토스의 것에는 없었던 윤리학적 뉘앙스를 띠게 된다. 데모크리토스의 원자론은 결정론적 성격이 강하여 선행하는 충돌이 모든 사건을 미리 결정한다고 보는 경향이 있다. 에피쿠로스 역시 낙하운동을 기계적 필연성을 띠는 운동으로 여긴다. 하지만 이와 달리 기울기 운동은 우연적·자발적으로 이루어지는 것으로 상정한다. 루크레티우스는 이 물리학에서 어떤 윤리적 함의를 읽어낸다. 필연성에서 벗어난 기울기 덕분에 기계처럼 돌아가는 우주 속에서도 인간의 '자유의지'에 따른 행동이 가능하다는 것이다.

┃ 감각은 진실하다

에피쿠로스와 데모크리토스 원자론의 또다른 차이는 감각론에서 찾을 수 있다. 데모크리토스는 감각적 특질을 한갓 허상으로 보았다. "습속에 의해 달거나 쓰고, 습속에 의해 뜨겁거나 차갑고, 습속에 의해 색깔이 있을 뿐, 실제로 존재하는 것은 원자와 공간뿐이다."(DK 68B9) 감각적 특질이란 사람마다 달라지는 주관적 성질에 불과하다는 것이다. 반면 에피쿠로스는 "모든 감각된 것은 참"이라고 단언한다. 대상의 감각적 특질은 원자의 배열이 만들어내는 관계적 속성으로서 그 자체가 대상에 속하는 객관적 특성이라는 것이다. 이는 같은 원자론이라 하더라도 두 철학자의

존재론에 적잖은 차이가 있음을 보여준다.[3]

'감각된 것은 참'이라는 에피쿠로스의 명제는 데모크리토스보다는 당시 경쟁관계에 있던 피론을 겨냥한 것으로 보인다. 이 고대의 회의주의자는 세상에 확실한 것은 없으므로 감각이나 견해를 신뢰해서는 안 된다고 주장했다. 루크레티우스는 회의학파를 반박하는 에피쿠로스학파의 논증을 세가지로 요약한다. 첫째, 세상을 인식할 수 없다면 '세계를 인식할 수 없다'는 인식은 어떻게 얻었는가? 둘째, 감각이 진리가 아니라면 그렇게 말하는 당신은 무엇을 통해 진리의 개념을 알게 되었는가? 셋째, 세상에 확실한 지식이 없다면 매사에 결정불능의 상태에 빠져 삶 자체가 불가능해진다.

우리의 맥락에서 중요한 것은 두번째 논증이다. 이에 따르면 "참에 대한 지식은 감각에서 나오며 감각은 반박될 수 없다".[4] 에피쿠로스의 말대로 "감각을 배격한다면, 그것이 오류라고 주장할 근거마저 사라지고 말 것"이기 때문이다.[5] 그렇다면 감각이 종종 우리를 현혹하는 현상은 어떻게 설명되는가? 에피쿠로스에 따르면 오류는 감각이 아니라 성급한 판단으로 인해 발생한다. 즉 어떤 선입관에 따라 아직 확증할 수 없는 것을 이미 확증된 것으로 여겨, 실제로 감각된 것을 넘어서 성급한 판단을 내릴 때 오류가 발생하는 것일 뿐, 감각 자체는 참되다는 것이다.

| 다시 에이돌라로

다섯가지 감각에 관한 에피쿠로스의 논의는 「헤로도토스에게 보낸 편지」Epistula ad Herodotum 속에 요약되어 있다. 에피쿠로스는 데모크리토스의 원자론과 에이돌라 이론을 받아들인다. 앞서 언급한 것처럼 데모크리토스의 감각론에 대해서는 아리스토텔레스와 테오프라스토스의 증언이 서

로 엇갈린다. 전자는 데모크리토스가 공기를 시각의 방해물로 여겼다고 생각한 반면, 후자는 데모크리토스가 공기를 시각의 매체로 여겼다고 생각했다. 에피쿠로스는 이 중 아리스토텔레스 버전의 데모크리토스를 취한 것으로 보인다.

우리가 형태를 보거나 생각하는 것은 뭔가가 밖에서 우리 안으로 들어오기 때문이라고 보아야 한다. 외부대상이 원래 자신이 가진 <u>색채와 형태</u>를 우리에게 각인하는 원인은 ①<u>그 대상과 우리 사이에 있는 공기나 빛</u>, 혹은 ②<u>우리에게서 그리로 뻗어나가는 그 어떤 흐름</u>들이 아니기 때문이다. 그 일을 하는 것은 대상의 색채와 형태를 가지고 눈이나 오성悟性에 알맞은 크기로 우리 안으로 들어오는, 대상의 어떤 형상typoi이다(Ep. Hdt. 49).[6]

여기서 에피쿠로스는 아리스토텔레스의 '매체설'(①)과 플라톤의 '유출설'(②)을 모두 비판하는 듯하다. 하지만 동시에 ①은 테오프라스토스 버전의 데모크리토스에 대한 반박을 함축하고 있음에 틀림없다. 테오프라스의 데모크리토스는 우리 눈에 들어오는 것이 대상에서 발산된 원자막이 아니라 그것이 공기에 찍은 인상이라 본다. 반면 에피쿠로스는 대상에서 발산된 형상이 직접 눈에 들어온다고 본다. 이는 순수한 형태의 발산설이다. 대상이 발산하는 그 형상을 에피쿠로스도 데모크리토스를 따라 '에이돌라'라 부른다.

견고한 물체에서 나온 어떤 형상들이 있는데, 이 형상들은 그 물체와 똑같은 모양을 하고 있으나, 눈에 보이는 그 어떤 대상보다도 얇다.

주위의 공간에 그 물체의 굴곡과 평평함을 표현할 수 있는 얇은 막〔껍질〕, 그러니까 그것이 견고한 물체에 붙어 있을 때 가졌던 그 형세와 표면을 그대로 지닌 발산물이 발생할 수 있다. 이 형상을 우리는 '에이돌라'라 부른다(Ep. Hdt. 46).[7]

주의해야 할 것은 그사이에 '에이돌라'의 의미가 달라졌다는 점이다. 데모크리토스의 에이돌라가 원자막이 찍어내는 공기인상이라면, 에피쿠로스의 그것은 발산된 원자막 자체를 가리킨다. 에피쿠로스에 따르면 물체는 마치 양파껍질이 벗겨지듯이 원자 하나 두께의 에이돌라를 공기 중으로 발산한다. 이 발산은 물 흐르듯 연속적으로 이루어진다. 끊임없이 원자막을 발산하지만 눈에 띄게 물체의 크기가 줄어들지는 않는다. 워낙 미세한 양이라 발산된 원자들의 빈 자리를 내부에서 계속 보충하기 때문이다. 물론 아주 오랜 시간이 지나면 물체 자체도 휘산하고 말 것이다.

에피쿠로스에 따르면 에이돌라는 순식간에 형성된다. 에이돌라가 물체의 껍질 같은 것이어서 깊이를 가질 필요가 없기 때문이다. 에이돌라가 순식간에 이동하는 것도 이와 관련이 있다. 에이돌라는 공기의 저항을 전혀, 혹은 거의 받지 않는다. 워낙 미세한 양의 원자로 이루어진 성긴 막이라 공기원자들 틈으로 쉽게 빠져나오기 때문이다. 거리가 멀수록 에이돌라의 비행시간도 오래 걸릴 것이다. 하지만 워낙 빠른 속도로 움직이기에 먼 거리에서 날아온 것이든, 가까운 물체에서 나온 것이든 우리 눈에는 동시에 도착하는 것처럼 보인다.

에이돌라의 정의가 달라진 것은 존재론의 차이를 함축한다. 그리고 존재론의 차이는 인식론의 차이를 낳기 마련이다. 에피쿠로스는 피론의 회의주의에 맞서 진리의 가능성과 지식의 객관성을 확보하기 위해 데모크리토스의 감각론을 수정한 것으로 보인다. 모든 감각된 것은 참이라는 주장이 암시하듯이 에피쿠로스는 에이돌라 안에 그것을 발산한 물체의 속성이 그대로 보존된다고 믿었다.

그것들〔에이돌라들〕은 단일하고 지속적인 유출 덕분에 우리 감각에 어떤 표상을 만들어낸다. 이때 에이돌라들은 그 대상과 일치하는데, 이는 그것들이 그 물체 안에서 일어나는 원자의 진동과 똑같은 충격을 보존하고 있기 때문이다. 그리고 우리가 그것을 오성으로 수용하든 감각으로 수용하든, 혹은 수용한 것이 형태이든, 아니면 그밖의 다른 속성이든, 그것은 그 견고한 물체가 가진 형태다(Ep. Hdt. 50).

데모크리토스의 에이돌라가 공기인상, 즉 원자막의 '모상模像'이라면, 에피쿠로스의 에이돌라는 원자막 자체, 즉 '원상原象'의 일부다. 따라서 에피쿠로스는 에이돌라의 객관성과 진정성을 의심할 이유가 없었던 것이다.

| 다른 감각들에 관하여

시각에 관한 이야기는 다른 감각에도 그대로 적용된다. 에피쿠로스는 청각 역시 물체가 발산하는 입자들이 귀에 전달되는 현상으로 본다. 다만 이 경우 원자들은 '형상'eidōla이 아니라 '흐름'flux을 이룬다. "나아가 청각도 말하는 자, 소리나 소음을 내는 것, 혹은 청각을 일으키는 그밖의 다른 근원에서 흘러나오는 어떤 흐름을 통해 발생한다." 이 흐름은 같은 크기의 입자들로 이루어져 있는데, 그 배열은 입자들을 발산한 물체 속의 각 부분들이 이루는 배열과 동일해, 대상의 속성, 혹은 적어도 그것의 존재나 위치를 알려줄 수 있다(Ep. Hdt. 52).

 "특정한 형태로 배열된 부분들을 가진 대상에서 나온 유출물의 전송 없이는 청각은 가능하지 않다." 이렇게 단언한 후 에피쿠로스는 이어서 공기를 청각의 매체로 보는 견해를 반박한다. "우리는 공기 자체가 전송된 목소리나 그와 비슷한 것에 의해 형태 지어지는 것이라 생각해서는 안 된다." 이는 아리스토텔레스의 매체설을 겨냥한 것으로 보인다. 에피쿠로스는 소리가 공기라는 매체가 아니라 원자들의 흐름으로 인해 발생한다고 주장한다. "목소리를 낼 때 발생하는 충격이 꽤 많은 양의 입자들을 방출하고. 이것이 마치 숨결처럼 우리 안에 흘러들어올 때 청각이 발생한다."(Ep. Hdt. 53)

 이 일반론이 후각에도 적용된다. "청각처럼 후각도 물체로부터 나와 전송되는 입자들이 없다면 가능하지 않다고 믿어야 한다. 이 입자들은 후각기관을 때로는 불쾌하고 이상하게, 때로는 향긋하고 기분 좋게 자극하기에 적합한 성질을 갖고 있다."(Ep. Hdt. 53) 시각원자의 집합을 '에이돌라', 청각원자의 집합을 '흐름'이라 부른 것과 달리, 에피쿠로스는 후각을 일으키는 원자의 집합에는 따로 이름을 붙이지 않았다. 하지만 그의 후예인 루크레티우스가 후각원자의 집합을 '흐름'이라 부른 것으로 보건대, 청각원자처럼 후각원자들 역시 일종의 '흐름'으로 보았으리라 추정된다.

 한편 「헤로도토스에게 보낸 편지」에는 미각과 촉각에 대한 언급은 빠져 있어, 그에 관한 에피쿠로스의 생각을 알 길은 없다. 그가 미각과 촉각을 설명하려 했다면, 미각은 물체의 원자막이 껍질처럼 벗겨져나와 혀와 접촉하는 현상으로, 촉각은 신체가 원자막이 아니라 물체를 이루는 원자 자체와 접촉하는 현상으로 설명했을 것이다. 하지만 가까스로 전해내려오는 몇가지 단편적 언급과 후대인들의 간접적 보고만으로 분명히 언급되지 않은 감각들에 대한 설명을 재구성하는 것은 위험한 일이다. 그러니 이 부분은 상상의 영역으로 남겨놓기로 하자.

| 자연과 감각

데모크리토스와 에피쿠로스 모두 원자에는 감각적 특질이 없다고 본다. 물론 원자도 크기와 형태, 무게를 가지나 원자의 수준에서는 지각 불가능한 것이다. 두 사람의 견해는 색깔·소리·냄새·맛·느낌 등 현상적 특질qualia의 성격을 무엇으로 보는지를 놓고 갈린다. 데모크리토스에 따르면 현상적 특질은 우리의 감관이 생성하는 주관적 허상에 불과하다. 따라서 감각의 내용은 사람마다 다르며 동물들마다 다를 수도 있다. 반면 에피쿠로스는 현상적 특질이 대상의 객관적 속성이라고 본다. 원자의 속성은 아니더라도 최소한 원자들의 배열이 갖는 관계적 속성임에 틀림없다는 것이다.

존 로크는 사물 자체에 속하는 '제1성질'과 감관에서 만들어지는 '제2성질'을 구분한 바 있다. 데모크리토스에 따르면 감각적 특질은 자연physis이 아니라 감각pathê에 속한다. 로크의 표현을 빌리면 현상적 특질을 제2성질로 간주하는 셈이다. 반면 에피쿠로스는 현상적 특질을 제1성질로 간주한다. (헤로도토스에게 보낸 편지에서 쓴 "외부대상이 원래 자신이 가진 색채와 형태'라는 표현에서 볼 수 있듯이) 그는 색채를 형태와 더불어 사물 자체의 성질로 분류한다. 색채는 감각이 아니라 자연에 속한다는 것이다. 이처럼 색채를 대상 자체의 속성으로 보는 것은 그의 후예 루크레티우스도 마찬가지다. 그의 저술인 『사물의 본성에 관하여』*De Rerum Natura* 제4권을 살펴보자.

물체들이 깊은 내면으로부터만 표면에서 자신의 색채 자체를 발산시키는 것을 확실히 볼 수 있다(*DRN* Ⅳ.72-89).

루크레티우스는 심지어 냄새와 소리, 맛까지도 제1성질의 목록에 집어넣는다. 색채원자가 대상의 표면에서 발산된다면, 냄새는 물체의 내면 깊숙한 곳에서 나온다고 한다.

나아가 냄새, 연기, 열이나 그와 비슷한 것들은 마치 형체가 없는 연기처럼 물체에서 흘러나오는데, 이는 그것들이 깊숙한 내부에서 유출되기 때문이다(*DRN* Ⅳ.90-92).

마치 강에서 시원함이, 태양에서 열이 흘러나오고, 바다의 파도에서 물보라가 흘러나오듯이, 어떤 물체들에서는 끊임없이 향기의 흐름이 흘러나온다. 모든 종류의 소리가 공기를 통해 끊임없이 밀려들고 있다. 해변을 걸으면 우리 입으로 염분 섞인 물기가 들어오고, 눈앞에서 약초를 섞는 것을 볼 때에는 쓰디쓴 발산물이 입에 와닿는다(*DRN* Ⅳ.218-224).

한마디로 색채·소리·향기·맛 등은 감관에서 생성되지 않고 대상 자체에 들어 있다가 발산된다는 것이다. 에피쿠로스가 "모든 감각된 것은 참"이라고 말한 것은 이 때문일 것이다. 앞서 말했듯이 사실 이 명제는 데모크리토스보다는 피론을 겨냥한 것으로 보인다. 피론은 행복해지려면 인식을 포기하라고 가르쳤다. 반면 에피쿠로스는 행복이란 오직 참된 인식을 통해서만 가능하다고 보았다. 따라서 행복해지려면 피론의 회의주의와 그 바탕을 이루는 데모크리토스의 감각론을 반박해야 했고, 그러다 보니 그 철학자의 존재론까지 수정해야 했으리라.

하지만 그로써 모든 문제가 풀린 것은 아니다. "모든 감각된 것은 참"이라는 명제는 에피쿠로스학파로서는 대답하기 어려운 한가지 물음을 낳기 때문이다. 정말 감각적 특질이 대상 자체에서 유래한다면, 사람마다 맛을 다르게 지각하는 현상은 어떻게 설명할 수 있단 말인가? 플루타르코스[45?~120?]는 「콜로테스에 대한 반론」Adversus Colotem에서 에피쿠로스학파의 감각론을 이렇게 비판한다.

> 한두 사람은 와인이 쓰다고 하고, 다른 이들은 달다고 하고, 이 중 그 누구의 감각도 틀린 것이 아니라면, 어떻게 와인이 달기보다는 쓰다고 할 수 있겠는가? 하나의 동일한 대상이 이 사람에게는 달고 저 사람에게는 달다면, 결국 자신도 모르는 사이에 그것이 쓰면서 달다고 말한 셈이 아닌가?[8]

한마디로 에피쿠로스학파의 감각론을 받아들이면 하나의 동일한 대상이 서로 상반된 성격을 동시에 갖는다고 말해야 하는 모순에 빠진다는 것이다. 여기에서 벌써 우리는 훗날 근대철학의 근본문제로 등장하는 주관성과 객관성의 대립을 본다. 입맛의 객관성을 둘러싼 논란은 먼 훗날 '취미론'이라는 형태로 다시 나타난다. 18세기 유럽에서 '입맛'taste은 미적 취향의 은유로 사용되었는데, 뒤에서 살펴보겠지만 미를 판정하는 이 정신적 입맛의 객관적 기준을 찾으려는 시도에서 근대미학이 탄생한다.

영혼의 숨결
스토아학파

헬레니즘 시대에 에피쿠로스학파와 쌍벽을 이룬 사조는 제논[BC 334~262], 클레안테스[BC 331~232], 크리시포스[BC 280?~206?] 등으로 대표되는 스토아주의였다. 이들이 '스토아학파'라 불린 이유는 창시자인 제논이 주로 공공의 광장이었던 아고라 근처의 '스토아 포이킬레'[stoa poikile], 즉 벽화가 그려진 주랑에서 가르침을 펼쳤기 때문이다.[9] 이들 구舊스토아학파보다는 루시우스 세네카[BC 4?~AD 65]나 마르쿠스 아우렐리우스 황제[121~180]와 같은 로마의 신新스토아학파가 대중적으로 더 널리 알려져 있다. 스토아학파는 독특한 유형의 존재론을 갖고 있었는데, 그에 못지않게 독특한 감각론을 발전시켰다.

| 숨결과 물질

스토아학파에 따르면 태초에 신이 있었다. 이 신은 불과 같은 존재다. 신은 자신을 이루는 불을 공기와 물과 흙으로 변화시키고(*LLP* Ⅶ.142), 이 네 원소의 결합으로 우주가 만들어진다. 우주의 모든 것은 언젠가 거대한 불로 되돌아갈 것이다. 이 대화재 속에서 새로운 세계가 탄생하며, 이 탄생과 소멸의 순환은 영원히 반복된다. 세계를 이루는 네 원소는 능동적인 것과 수동적인 것으로 나뉜다. 능동적 원소인 불과 공기는 '숨결'이 되고, 수동적 원소인 물과 흙은 '물질'이 된다. 숨결은 불처럼 따뜻하며 공기처럼 자유로이 움직이고, 물질은 물처럼 축축하고 흙처럼 건조하여 만물의 질료가 된다.

우주의 모든 것은 '숨결'과 '물질'의 결합으로 만들어진다. '숨결'은 구약성서의 야훼가 아담의 입에 불어넣어준 숨처럼 질료에 생명을 부여하는 원리다. 스토아학파가 로고스, 즉 세계창조의 원리를 '숨결'pneuma이라 부른 것은 당시에 유행하던 의학 이론의 영향으로 보인다. 숨결은 곧 신이다. 하지만 이 신은 『티마이오스』의 조물주, 데미우르고스가 아니다. 숨결로서 신은 제작자의 자격으로 사물의 밖에 존재하지 않고, 아리스토텔레스의 형상인처럼 사물 안에 스며들기 때문이다. 숨결은 생물만이 아니라 무생물에도 깃들어 있다. 이렇게 우주를 거대한 생명체로 본다는 점에서 스토아주의는 범신론적이다.

스토아학파는 신마저도 물리적 존재로 간주했다. 신은 물질이 아니지만, 그렇다고 관념도 아니어서 모종의 물리적 실체성을 갖는다는 것이다. 이는 유물론materialism과 구별하여 물리주의physicalism라 부를 만한 견해다. 스토아학파가 신을 물리적 존재로 본 까닭은 오직 물리적 존재만이 물리적 존재에 영향을 줄 수 있다고 믿었기 때문이다. 영혼도 마찬가지다. 영혼과 신체는 상호작용을 하는바, 이것이 가능하려면 영혼도 신체처럼 물리적 실체여야 한다. 이처럼 스토아학파는 신체-정신의 관계에 대해서 물리주의적 일원론의 입장을 견지했다. 우리에게 익숙한 데카르트의 심신이원론과는 확연히 다른 입장이다.

| 영혼으로서 숨결

우주에는 능동성^{to poioun}과 수동성^{to paschon}의 두 원리가 있다. 수동적 원리는 물질이며, 능동적 원리는 이성^{logos}, 즉 신이다(*LLP* Ⅶ.134). 스토아학파는 신 역시 물질만큼이나 물리적인 것으로 보아, 그것을 일종의 '숨결'로 표상했다. 만물은 이 신성한 숨결이 물질에 스며들어서 생성된다. 스토아학파는 숨결과 물질의 결합을 물리적 병존이나 화학적 결합이 아닌 모종의 공존으로 설명한다. 이 결합에서 능동적 원리가 승할수록 존재는 신적·이성적이고, 수동적 원리가 승하면 존재는 물질에 가까워진다. 존재 안에 신성한 숨결이 얼마나 스며들어 있는지에 따라 자연에도 위계가 존재하게 된다.

사물의 존속인存續因, synektikon aition으로서 숨결은 그 위계의 가장 낮은 단계에서 '긴장'^{tonos} 상태로 존재한다. 이것이 사물에 '응집력'^{hexis}을 주어 모양을 유지하게 한다. 다음의 상위 단계에서 숨결은 자연의 '생장력'^{physis}을 이룬다. 그 덕분에 식물이 살아 성장할 수 있다. 그다음의 단계에서 숨결은 '영혼'^{psyche}을 이루고, 동물로 하여금 운동과 지각, 생식을 할 수 있게 한다. 위계의 최고 단계에 이르러 숨결은 마침내 '이성적 영혼'^{logike psyche}이 된다. 스토아학파에 따르면 인간의 이성적 영혼은 신적 영혼의 한 파편이다. 따라서 이것은 '우리 안의 신'이라 할 수 있다.

제논에 따르면 인간의 영혼은 여덟 부분으로 이루어져 있다. 다섯가지 감각기관(시각·청각·후각·미각·촉각), 표상기관, 언어기관, 헤게모니콘^{hêgemonikon}이 그것이다(*LLP* Ⅶ.110). 이중 '헤게모니콘'은 나머지 일곱 기관을 지휘하는 최상위의 기관으로, 유압장치처럼 숨결을 뿜어내어 감각기관·표상기관·언어기관을 작동시킨다. 이처럼 이성적 동물로서 인간의 고유한 활동을 관장하는 기관이기에, 크리시포스는 헤게모니콘이 '나',

즉 인간의 '자아'나 다름없다고 말한다.[10] 공통감을 가슴에 배치한 아리스토텔레스처럼 스토아학파도 이 중앙지휘부가 머리가 아닌 가슴에 있다고 믿었다.

| 감각과 헤게모니콘

스토아학파는 감각지각이 일어나는 과정을 세 단계로 구분한다. 먼저 감각기관이 외부대상에 의해 '영향'pathos을 받는다. 둘째, 그 영향을 토대로 표상기관이 그 대상의 '인상'phantasia을 형성한다. 그렇게 형성된 인상을 헤게모니콘이 최종적으로 '승인'sygkatathesis한다. 하지만 헤게모니콘이 사후에 승인하는 역할만 하는 것은 아니다. 애초에 표상기관을 움직이는 것도 헤게모니콘이요, 감관을 작동시키는 것 또한 헤게모니콘이기 때문이다. 마치 왕이 궁정 밖으로 전령을 보내 정세를 알아보듯이, 헤게모니콘은 감관에 숨결을 보내 외부대상의 정보를 모아 자신에게 보고하도록 한다.

첫 단계, 즉 영향을 받는 단계는 헤게모니콘이 가슴에서 오감으로 숨결을 뿜어내면서 시작된다. 스토아주의자들은 숨결이 헤게모니콘에서 오감으로 갈라져나가는 모습을 문어에 비유하고는 했다. 이 중 시각에 사용되는 숨결은 '시각숨결'horatikon pneuma이라 부른다. 시각숨결은 가슴에서 뿜어져나와 눈에 이른 후 다시 동공 밖으로 빠져나가 공기를 만난다. 위에서 말한 것처럼 숨결의 기본속성은 '긴장'이고, 이 속성이 사물에 '응집력'을 부여한다. 시각숨결은 자기가 만난 공기를 함께 응집synentasis하여, 동공을 꼭짓점, 대상을 밑면으로 삼는 원뿔, 즉 시각원뿔pyramis visibilis을 만들어낸다.

눈은 시각원뿔을 마치 지팡이처럼 사용하여 대상을 더듬는다. 원뿔모양으로 이루어진, 긴장된 공기의 장場이 대상을 어루만져 그 형태를 탐지하는 셈이다. 스토아학파는 색채 역시 대상의 표면이 가진 질감으로 간주한다. 즉 각각의 색채가 고유의 패턴으로 시각원뿔을 교란하고, 이를 감지함으로써 우리가 색채를 지각하게 된다는 것이다. 시각을 일종의 촉각으로 간주하는 셈인데, 스토아학파는 시각만이 아니라 다른 감각도 긴장된 장이 대상과 접촉한다고 설명했다. 모든 감각은 여러 종류의 숨결이 마치 거미줄처럼 헤게모니콘으로 진동tonikē kinēsis을 전달함으로써 발생한다는 것이다.

예를 들어 "청각은 소리 나는 대상과 청각기관 사이의 공기가 구형으로 충격을 받을 때 발생한다. 그후 공기는 저수지에 던진 돌이 수면에 동심원을 만들어내듯이 파장을 일으키며 귀로 몰려든다."(LLP Ⅶ.158) 그러면 신체의 숨결이 그 파장의 패턴을 파악하여 헤게모니콘에 보고한다는 것이다. (수면에서 두개의 원이 다가와 서로 부딪히는 장면을 상상해보라.) 원뿔이냐 구형이냐의 차이일 뿐, 긴장된 공기의 장을 통해 지각이 이루어진다고 보는 점에서는 같다. 플루타르코스에 따르면 스토아학파는 후각·미각·촉각도 같은 원리로 설명했다고 한다.

| 빛이냐 숨이냐

스토아학파의 시각론을 숨이 아니라 빛으로 해석하는 견해도 있다. 디오게네스 라에르티오스도 그렇게 전한다. "시각은 눈과 대상 사이에서 원뿔 모양으로 확산되는 빛에 의해 이루어진다."(LLP Ⅶ.157) 이 혼란은 스토아학파가 시각숨결을 뭔가 빛나는 것augoeides, 빛 같은 것photoeides으로 규정한 데서 비롯되었다. 그들은 공기가 시각숨결을 만나 (원뿔 모양으로) 함께 긴장되려면 서로 등질적homogenes이어야 한다고 믿었다. 즉 공기도 밝아야 한다는 것이다. 공기를 시각숨결처럼 밝게 해주는 것은 물론 태양의 숨결이다. 태양이 없는 어둠 속에서 제대로 볼 수가 없는 것은 이 때문이다.

시각숨결이 동공 밖으로 빠져나가는지를 놓고도 여러 해석이 존재한다. 시각숨결이 동공을 통해 대상까지 뻗어나간다고 말하는 이들도 있고, 동공을 빠져나가되 눈 주위의 최소범위에서만 공기를 긴장시킨다고 말하는 이들도 있다. 어떤 이들은 시각숨결이 헤게모니콘에서 눈까지만 나아가고, 동공 밖으로 빠져나가지는 않는다고 주장하기도 한다. 시각숨결이 눈까지만 나아가는 대신 동공의 열린 틈으로 시각숨결이 가진 '빛'의 성질이 방사되어 비슷한 성질을 가진 공기를 원뿔 모양으로 긴장시킨다는 것이다.[11] 스토아학파의 견해는 아마도 세번째에 가까울 것이다.

스토아학파의 감각론은 당시에 존재하던 주요 이론들을 종합한다. 먼저, 눈에서 나온 무언가에 의해 시각이 실현된다고 보는 것은 플라톤적 요소다. 스토아학파는 그 유출물을 광선이 아니라 숨결로 규정했지만, 숨결을 빛과 같은 성질로 본다는 점에서 플라톤의 생각과 맞닿아 있다. 한편 시각에 중간매체가 필요하다고 보는 것은 아리스토텔레스적 요소다. 아리스토텔레스는 그 매체를 현실태로는 빛, 잠재태로는 어둠인 어떤 것이라고 했다. 스토아학파의 공기는 태양의 숨결을 받아야 비로소 빛의 성질을 띤다는 점에서 아리스토텔레스가 말한 매체와 비슷하다.[12]

스토아학파의 감각론은 다소 이질적인 성격의 이론들도 포함한다. 가령 시각원뿔의 이론은 유클리드의 『광학』에서 유래한 것이다. 이 수학적·기하학적 유형의 감각론은 원자론자들의 문제를 간단히 해결한다. 대상에서 발산된 커다란 원자막이 어떻게 조그만 동공으로 들어올 수 있는가? 시각원뿔의 이론은 시각장의 크기가 이 거리에 비례한다고 설명하기에 물음 자체가 불필요하다. 또한 숨결 이론은 당대의 의학에서 차용한 것이다. 여기에서 우리는 훗날 갈레노스가 도입할 새로운 유형, 즉 의학적 유형의 감각론을 미리 엿볼 수 있다.

｜감각의 승인

앞에서 스토아학파의 감각론이 영향·인상·승인의 세 단계로 이루어진다고 말했다. 그들의 가장 독창적인 측면은 마지막 단계, 즉 밖에서 들어온 인상을 정신이 '승인'한다고 말하는 데에서 찾을 수 있다. 스토아학파에 따르면 감관을 통해 영향을 받고, 표상능력을 사용하여 인상을 만드는 것은 동물이나 어린아이도 한다. 다만 그들은 이성으로 그 인상을 승인하여 '개념'을 형성하지는 못한다. 이는 이성적 존재인 '인간'만이 할 수 있는 고유한 활동인데, 동물은 영원히 이를 하지 못하고, 아이의 경우에는 14살이 넘어야 비로소 능력을 갖게 된다고 한다.

승인을 거친 인상은 이른바 '렉스톤'lexton이 된다. 렉스톤은 '말하여질 수 있는 것'이라는 뜻으로, 여기서 감각된 것은 막연한 인상을 넘어 마침내 개념, 즉 언어로 표현되는 명제의 자격을 얻게 된다. 한마디로 성인이 된 인간은 헤게모니콘의 승인 덕분에 동물이나 아이와 달리 언어로 표현할 수 있는 분명하고enarges 명증한tranes 감각을 갖는다는 것이다. (이 표현들은 '명석·판명함'clair et distinct이라는 데카르트의 용어를 연상시킨다.) 이는 철학사적으로 꽤 중요한 의미를 갖는다. 여기서 감각을 이성이 주도하는 '인지' 혹은 '지각'의 측면에서 바라보는 전통이 탄생했기 때문이다.

에피쿠로스와 스토아학파에 관한 이야기를 마치며 마지막으로 지적해두어야 할 것은, 이 두 학파에 이르러 고대 감각론의 두 기둥인 발산설과 방사설이 더 순수한 형태로 대립하게 됐다는 점이다. 가령 에피쿠로스의 이론은 에이돌라를 원자막 자체로 규정한다는 점에서 (그것을 공기인상으로 규정하는) 데모크리토스의 것보다 더 순수한 형태의 발산설이라 할 수 있다. 스토아학파의 방사설 역시 플라톤의 것보다 더 급진적이다. 그들은 시각만 능동적으로 보고 청각은 수동적이라 생각했던 플라톤과 달리, 청각은 물론이고 나머지 감각마저도 능동적 과정으로 설명하기 때문이다.

사실 플라톤에 따르면 시각도 순수한 능동적 과정이 아니다. 눈에서 유출되는 빛과 대상이 발산하는 빛이 모두 필요하기 때문이다. 따라서 그의 이론은 유출설보다는 차라리 감관과 대상의 협력설synaugie에 가깝다. 데모크리토스의 이론 역시 대상에서 발산되는 에이돌라만이 아니라 그것을 압축하는 눈의 활동을 전제한다는 점에서 일종의 협력설로 볼 수 있다. 이 고전적 유입설과 유출설이 헬레니즘 시대에 이르러 더 순수하고 더 급진적인 형태로 바뀐 것이다. 헬레니즘 시대에도 그 모습이 변하지 않은 것은 단 하나, 아리스토텔레스의 매체설뿐이었다.

소요학파
테오프라스토스

에피쿠로스학파·스토아학파와 더불어 헬레니즘 철학을 구성하는 또 하나의 흐름은 이른바 소요학파peripatêtikos다. 이들은 아리스토텔레스가 설립한 리세움BC 335을 중심으로 활동하던 학자들로, 대부분 생의 마지막까지 스승 아리스토텔레스의 충실한 추종자들로 남았다. '소요학파'라는 이름이 걸어다니면서 강의하는 아리스토텔레스의 버릇에서 왔다는 이야기가 있으나, 실은 당시에 리세움이 건물의 보행로를 가리키는 '페리파토스'peripatos라는 별명으로 불린 데서 비롯된 명칭이라고 한다. '스토아학파'라는 명칭이 그림이 있는 주랑柱廊에서 유래한 것과 마찬가지다.

| 감각에 관하여

소요학파는 아리스토텔레스의 사상을 연구하고 전파하는 데에 전념했던 터라 그들이 스승의 가르침에 새로 덧붙인 부분을 찾기란 쉽지 않다. 이 학파의 대표적 인물은 스승의 사후에 리세움을 넘겨받아 36년간 이끌었던 테오프라스토스BC 372?~287?다. 소요학파는 스승의 거대한 유산 중에서 각자 다른 부분을 물려받았는데, 테오프라스토스의 경우 형이상학보다 자연학에 더 관심이 많았다. 그의 후계자 스트라토BC 335?~259?가

'자연학자'라 불린 것으로 보아 테오프라스토스는 그리스의 사유가 "위대한 형이상학적 체계에서 좀더 자연학적 사유모드로 이행"하던 시기의 인물로 보인다.[13]

테오프라스토스의 가장 중요한 업적은 물론 『감각론』*De Sensibus*을 쓴 것이리라. 사실 이 텍스트의 내용은 그 원천이 되는 스승의 『감각론』*De Sensu et Sensibilibus*과 여러 곳에서 겹친다. 플라톤에 대한 기술의 경우 감각론을 담은 플라톤의 원전(『티마이오스』)이 전해지기에 그 가치가 떨어진다. 후대에도 산발적이거나 간접적인 영향을 끼쳤을 뿐이었다. 하지만 적어도 소크라테스 이전 철학자들의 감각론에 관한 한 테오프라스토스의 『감각론』을 대체할 텍스트는 존재하지 않는다. 이 한권의 책 안에 다른 학자들이 쓴 모든 글을 합친 것보다도 더 많은 정보가 담겨 있기 때문이다.

『감각론』은 크게 감각작용을 다루는 1부와 감각대상을 다루는 2부로 구성된다. 1부에서는 파르메니데스·알크마이온·아낙사고라스·클리데모스·디오게네스·데모크리토스와 플라톤, 모두 8인의 이론이 소개되는데, 각 철학자마다 평균 10절 정도의 지면이 할애된다. 다만 클리데모스(1절)와 알크마이온(2절)은 예외인데, 이 둘의 이름은 그저 다른 이론을 소개하는 과정에서 참고로 언급된 것으로 보인다. 가장 많은 지면을 차지하는 인물은 데모크리토스로, 무려 34절에 달하는 그에 관한 기술은 책 전체의 3분의 1을 차지한다. 이것으로 보아 그는 데모크리토스를 가장 강력한 논적으로 여긴 듯하다.

테오프라스토스는 이들의 이론을 크게 유사설과 대조설의 두 진영으로 나눈다. 8인의 저자 중 파르메니데스·엠페도클레스·플라톤은 명확히 유사설의 진영에 속하고, 알크마이온과 아낙사고라스는 대조설의 진영에 속한 인물들로 분류된다. 나머지 세 인물에 대한 그의 생각은 뚜렷하지 않다. 클리데모스는 아예 언급하지 않고, 데모크리토스는 이도 저도 아닌 제3의 부류로 분류한다. 한 발투센은 "디오게네스의 경우에는 심지어 대조를 선호하는 진영으로 잘못 분류된 듯이 보인다"고 비판한다.[14] 하지만 (4장에서 말했듯이) 대조가 반영에 유리하다는 주장이 유사설을 배척하는 것은 아니다.*

"감각대상 각각의 본성과 특질에 관해서는 데모크리토스와 플라톤 외에 그 누구도 기술하지 않았다."(DS 59) 그래서 감각대상을 논하는 2부는 전적으로 플라톤과 데모크리토스에게 바쳐진다. 플라톤은 『감각론』에서 데모크리토스 다음으로 많은 분량을 차지한다. 『감각론』에서 플라톤과 데모크리토스는 집중적인 비판의 대상이 되는데, 이는 테오프라스토스가 이 두 인물을 스승 아리스토텔레스의 강력한 경쟁자로 의식했다는 것을 의미한다. 한마디로 『감각론』은 아리스토텔레스의 매체설이 위대한 두 이론, 데모크리토스의 발산설과 플라톤의 유출설에 맞서는 치열한 대결의 현장인 셈이다.

| 테오프라스토스 고유의 이론

테오프라스토스는 자신만의 감각론을 남기지는 않았지만, 다른 이론에 가한 논평들을 통해 감각에 관한 그의 생각을 미루어 짐작할 수는 있다. 실제로 『감각론』의 번역자 조지 말콤 스트래튼은 이 방법으로 "테오프라스토스 자신의 학설"을 재구성한다.[15] 하지만 테오프라스토스의 비판적 논평들은 대개 '그가 어떻게 생각했는지'가 아니라 '어떻게 생각하지 않았는지'를 알려줄 뿐이어서 좀처럼 유기적 전체로, 체계적 이론으

---

* 디오게네스에게 시각의 본질은 동공에 대상이 반영(대조)되는 데에 있는 것이 아니라, 그 반영상을 뇌 속의 공기가 지각(유사)하는 데에 있다.

로 조직되지 않는다. 프리스키아노스6세기경 활동가 고쳐쓴 테오프라스토스의 감각론이 전해지나, 6세기의 저작인 데다가 신新플라톤주의에 물들어 있어 참조할 때 세심한 주의가 필요하다.[16]

그렇게 재구성한 테오프라스토스의 이론은 유감스럽게도 아리스토텔레스의 것과 잘 구별되지 않는다. 먼저 그는 감각의 유출설을 비판한다. 유출설로는 대상과 접촉을 요하는 촉각과 미각을 설명할 수가 없다. 우리가 냄새를 맡으려 코로 늘 무언가를 뿌리고 다녀야 한다면 정말 피곤할 것이다. 대상에서 뭔가가 감관으로 들어온다는 발산설도 기각하므로, 결국 테오프라스토스가 채택한 이론은 아리스토텔레스의 매체설인 셈이다. 스트래튼은 그가 유사설보다 대조설을 선호한다고 말하나, 이 역시 감각은 차이로 시작하여 유사로 끝난다는 아리스토텔레스의 주장을 벗어나지는 않는다.*

다만 그가 인접한 감각들 사이의 관계를 논하는 대목은 주목을 끈다. 테오프라스토스에 따르면 촉각과 미각은 유사하다. 둘 다 '접촉'의 감각이기 때문이다. 미각과 후각 역시 친족관계에 있다. 둘은 주관적 '효과'가 유사하다. 대개 냄새 없이는 맛도 없고, 맛 없이는 냄새도 없다. 후각과 청각은 '공기'를 통한 지각이라는 공통점을 갖고 있다. 물론 귀로 냄새를 들을 수 없고, 코로 소리를 못 맡으니, 같은 공기라도 후각의 매체로

---

* 스트래튼은 심지어 테오프라스토스가 플라톤의 유출설로 되돌아갔다고까지 주장한다. 그는 현기증에 관한 테오프라스토스의 설명을 근거로 삼아 "시각행동을 할 때 무언가가 눈에서 유출된다는 생각을 테오프라스토스가 다시 받아들인 것으로 보인다"고 추정하며, "이는 유구한 역사를 가진 관념으로, 아리스토텔레스가 거부했던 것이다"라고 덧붙인다. 나아가 밤에 안광을 내는 동물들의 사례를 근거로 테오프라스토스가 "플라톤처럼, 그리고 아리스토텔레스와 달리, 눈 안의 불에 중요한 위치를 부여"했다고 주장한다. 물론 이런 주장은 믿기 어렵다. 테오프라스토스가 채택한 매체설에 위배되고, 유출설에 대한 그 자신의 비판과 모순되기 때문이다. Theophrastus, "Theophrastus on the Senses," in George Malcolm Stratton, *Theophrastus and the Greek Physiological Psychology before Aristotle*, E.J.Bonset and P.Shippers N.V. 1964, 30면.

작용할 때와 청각의 매체로 작용할 때 각각 다른 성질로 변형될 것이다. 전해지지는 않지만, 청각과 시각의 관계 역시 비슷한 방식으로 설명했을 것이다.

자신의 감각론을 남기지 않은 테오프라스토스가 흥미롭게도 유독 후각에 대해서는 꽤 긴 논문을 남겼다. 『냄새에 관하여』*De Odoribus*에 따르면 냄새는 혼합에서 발생한다. 그러므로 다른 원소와 섞이지 않은 물·불·공기는 냄새가 없다. 냄새는 대개 다른 원소와 섞여 있는 흙에서만 난다. 냄새는 크게 나쁜 냄새와 좋은 냄새로 구별되는데, 나쁜 냄새는 동물이든 식물이든 부패하는 것에서 나온다. 인간은 동물에 비해 후각이 약하나, 동물과 달리 냄새 그 자체를 즐길 수 있다. 그뒤로는 좋은 냄새를 풍기는 다양한 향유香油에 관한 지루할 만큼 상세한 논의가 이어진다.[17]

| 경험적 세속화

철학사에서 고전고대는 감각론의 세가지 주요 형태가 차례로 완성되는 시대였다. 먼저 데모크리토스가 발산설을 제출하고, 여기에 플라톤이 유출설로 맞서며, 두 이론을 모두 비판하는 아리스토텔레스의 매체설이 등장한다. 데모크리토스·플라톤·아리스토텔레스의 삼파전은 헬레니즘 시대로 이어진다. 이 시기에 발산설은 에피쿠로스에게, 방사설은 스토아학파에게, 그리고 매체설은 소요학파에게 각각 계승된다. 매체설의 변화가 적었다면, 상대적으로 발산설과 유출설은 더 급진적 형태로 모습을 바꾸어 더 날카롭게 대립하게 된다.

소요학파는 테오프라스토스의 뒤를 이은 에라시스트라토스BC 304?~250? 이후 급격히 세력이 기울었다가, 로마시대 이후 부활하나 3세기 이후에는 사라진다. 서로마에서는 이들의 저작이 거의 상실되었으나 동로마에서 재발견되어 이슬람 철학에 유입된다. 그 저작들은 아랍의 학자들에 의해 유럽의 중세를 뒤흔든 아리스토텔레스 철학의 중흥에 결정적인 역할을 하게 된다. 그 저작 중의 하나가 '아리스토텔레스의 주석자'라 불리는 아프로디시아스의 알렉산더³세기경 활약의 저서, 『아리스토텔레스의 감각론에 관하여』 *Peri Aisthêseôs kai Aisthêtôn*다.18 훗날 이 책은 이븐시나와 같은 아랍 학자들의 연구에 중요한 기여를 하게 된다.

리세움의 운영이 아리스토텔레스에서 테오프라스토스를 거쳐 스트라토로 이어지는 사이에 그리스인들의 사유에 어떤 변화가 일어난다고 앞서 언급한 바 있다. 그것은 경험적 세속화의 경향이다. 테오프라스토스의 스승(아리스토텔레스)은 '형이상학자'였다. 하지만 그의 제자(스트라토)는 이미 '자연학자'라 불렸다. 그즈음에 그리스의 사유가 "위대한 형이상학적 체계에서 좀더 자연학적인 사유모드로 이행"하고 있었던 것이다.19 이러한 의미에서 감각론의 철학적 전통에 대한 논의를 잠시 접어두고, 이제 막 시작된 감각에 대한 수학적·의학적 접근으로 눈을 돌려보자.

4부

고대 감각론의 세 전통

Aisthetik

시각원뿔
에우클레이데스

고대의 시각론에는 크게 세가지 전통이 존재했다. 첫째는 인식론과 심리학(영혼론)에 대한 관심에서 출발한 철학적·자연학적 전통, 둘째는 주로 공간지각에 대한 기하학적 설명을 제공하기 위해 탄생한 수학적 전통, 셋째는 해부학과 생리학에 대한 관심과 눈병치료의 목적에서 시작된 의학적 전통이다.[1] 지금까지 우리가 살펴본 이론들은 모두 첫번째, 즉 철학적·자연학적 전통에 속했다. 다만 마지막으로 살펴본 스토아학파의 감각론에서는 어렴풋하게나마 성격이 다른 나머지 두 전통, 즉 수학적·의학적 모델의 영향을 볼 수 있었다.

| 시각론의 공리들

시각론의 수학적 모델을 대표하는 것은 우리가 '유클리드'라고 알고 있는 에우클레이데스$^{BC\ 330\sim275}$의 광학이다. 『기하학원론』^{Stoicheia}의 저자인 그는 비슷한 시기에 『광학』^{Optica}을 집필한 것으로 알려져 있다. 수학자가 광학에 관한 책을 쓴다는 것이 당시에는 그리 특별한 일이 아니었다. 가령 아리스토텔레스의 『자연학』^{Physica}에는 이런 구절이 등장한다. "광학은 수학적 선들을 연구하되, 그것들을 수학적 선이 아니라 물리적

『기하학원론』의 파편. 도형은 제2권에 수록된 명제5의 증명에 관한 것이다. (옥시린코스 파피루스, 100년)

선으로 다룬다."(*Phys.* 194a7-194a11) 즉 관념적 공간에만 머무는 일반기하학을 현실의 물리적 공간에 옮겨놓은 학문이 바로 광학이라는 것이다. 이는 당시 사람들이 광학을 기하학의 한 분야로 여겼음을 보여준다.

에우클레이데스의 『광학』은 시각에 대한 최초의 기계적 설명으로, 훗날 이는 르네상스 원근법의 토대가 된다. 알베르티의 『회화론』*Della Pittura*이 소묘와 원근법의 기하학적 기초로 원용한 것도 에우클레이데스의 『광학』이었다. 에우클레이데스는 『광학』에서 시각론의 물리적·생리적 측면은 무시한 채 논의의 범위를 기하학적 측면으로 한정한다. 방법론은 『기하학원론』에 사용된 것과 같다. 먼저 그는 공리의 역할을 하는 일곱가지 '요청' 혹은 '정의'를 제시하고, 여기에서 모두 58개의 정리를 연역해낸다. 일곱가지 정의는 다음과 같다.

1. 눈에서 나와 직진하는 광선이 끝없이 뻗어나간다.
2. 일군의 시각광선들이 눈을 꼭짓점으로, 대상의 표면을 밑으로 하는 원뿔을 이룬다.
3. 시각광선이 닿는 대상은 보이고, 시각광선이 닿지 않는 대상은 보이지 않는다.
4. 더 큰 시야각으로 보이는 대상들은 커 보이고, 더 작은 시야각으로 보이는 대상들은 작아 보이며, 동일한 시야각으로 보이는 대상들은 크기가 같아 보인다.
5. 더 높은 시각광선에 의해 보이는 대상은 높아 보이고, 더 낮은 시각광선에 의해 보이는 대상은 낮아 보인다.
6. 오른쪽으로 빗겨난 광선에 의해 보이는 대상은 오른쪽에 있는 것으로 보이고, 왼쪽으로 빗겨난 광선에 의해 보이는 대상은 왼쪽에 있는 것으로 보인다.
7. 더 많은 시야각으로 볼수록 대상은 더 명확하게 보인다.[2]

정의1은 시각의 전제조건이 눈에서 뻗어나간 광선이라고 말한다. 이는 플라톤에서 스토아학파에 이르기까지 모든 유형의 유출설이 공유하는 가정이다. 정의2는 눈에서 뻗어나간 광선들이 원뿔 모양을 이룬다고 말한다. 여기서 스토아학파의 시각원뿔 이론이 에우클레이데스 광학과 관련이 있음을 알 수 있다. 정의3은 대상이 보이려면 진행하는 시각광선과 대상이 중간에서 만나야 한다고 말한다. 이 역시 스토아학파의 이론과 일치한다. 한편 같은 유출론이라 하더라도 플라톤은 시각광선의 입자들이 대상 자체가 아니라 대상에서 발산된 불의 입자들과 중간에서 만난다고 생각했다.

정의4, 5, 6은 너무나 당연하여 굳이 설명이 필요없다. 대상이 클수록 시야각이 넓어지고, 대상이 작을수록 시야각이 좁아지며, 크기가 같은 두 대상의 경우에는 시야각도 같을 것이다. 위쪽에 있는 대상을 보려면 시선이 위를 향하고, 아래쪽에 있는 대상을 보려면 아래를 향해야 할 것이다. 또 오른쪽에 있는 대상을 보려면 시선이 중앙에서 오른쪽으로, 왼쪽에 있는 대상을 보려면 중앙에서 왼쪽으로 치우쳐야 할 것이다. 이어지는 정의7은 선명한 시각의 조건을 말해준다. 더 많은 시각광선들을 받아 더 많은 시각원뿔이 생길수록 대상은 더 선명하게 보인다는 것이다.

| 광학의 정리들

이렇게 모두 일곱개의 공리를 제시한 후 에우클레이데스는 거기서 58개의 정리를 연역해낸다. 여기에서는 위의 일곱가지 정의들이 일부 정리들을 증명하는 데에 어떻게 사용되는지 보자.

정리1. 어떤 대상도 한번에 전체 모습이 다 보이는 것은 아니다.

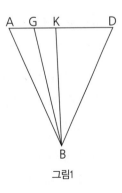

그림1

시각대상을 선AD라 하고, 눈을 점B라 하며, B에서 나와 대상에 닿는 시각광선을 선BA, BG, BK, BD라 하자. 시각광선은 뻗어나가면서 여러 갈래로 분산된다. 그 결과 선AD 위에는 시각광선이 닿지 않는 틈들이 존재하게 된다. 따라서 시각대상AD의 전체 모습을 동시에 볼 수는 없다. 우리가 대상의 전체상을 동시에 보는 것처럼 느끼는 이유는 시각광선이 워낙 빠르게 이동하기 때문이다.

즉 원뿔 모양으로 갈라지는 시각광선들 사이에는 틈이 존재하기 때문에 한번에 사물의 전체상을 볼 수는 없다는 것이다. 여기서 알 수 있듯이 에우클레이데스는 스토아학파와 달리 시각광선을 연속적인 것이 아니라 분산적인 것으로 보았다. 우리가 첫눈에 대상의 모든 디테일을 보지 못하는 것도 이 때문이다. 이 첫번째 증명에 사용된 것은 물론 정의3이다.

두번째 정리는 거리에 따라 시각의 선명도가 달라질 수밖에 없는 이유를 설명한다.

정리2. 가까이에 있는 대상은 멀리 있는 대상보다 더 선명하게 보인다.

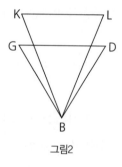

그림2

점B를 눈이라 하고 선GD와 KL을 시각대상이라 하자. 이 두 대상의 크기가 서로 같으며 또한 평행을 이룬다는 점을 명심하라. 또한 두 대상GD, KL과 닿는 시각광선이 선BG, BD, BK, BL을 이루며, 대상GD가 눈과 더 가깝다고 하자. 대상KL과 닿는 시각광선은 점 G, D를 통과하지 못한다. 만약 시각광선이 점 G, D를 통과한다면 연장된 선문KL과 만나 삼각형BDLKGB를 만들고, 이 삼각형에서는 선KL이 선GD보다 길 것이다. 하지만 우리는 위에서 그 두 선의 길이, 즉 두 시각대상의 크기가 같다고 가정했다. 따라서 대상GD는 대상KL보다 더 선명하게 보일 것이다. 왜냐하면 시야각이 많을수록 사물은 더 선명하게 나타나기 때문이다.

그림에서 보듯이 선KL을 볼 때는 원뿔의 각이 하나만(∠KBL) 필요하다. 하지만 그보다 가까이에 있는 선GD 위로는 두개의 각(∠KBL, ∠GBD)이 떨어진다. 따라서 길이가 같아도 멀리 있는 대상KL보다 대상GD가 더 선명해 보인다. 정의7에 의하면 "더 많은 시야각으로 볼수록 대상은 더 명확하게" 보이기 때문이다.

이어서 세번째 정리는 왜 거리가 멀수록 사물이 점차 보이지 않는지 설명한다.

　　정리3. 모든 시각대상은 특정한 거리의 한계를 갖고 있어서
　　　　　 그 한계에 이르면 더이상 보이지 않게 된다.

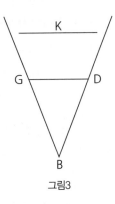

눈을 점B라 하고, 시각대상을 선GD라 하자. 선GD를 멀리 떨어뜨려놓으면 그것은 더이상 보이지 않을 것이다. 선GD를 갈라지는 시각광선들의 중간지점에 놓고, 그 광선들의 한계가 선K라고 하자. 그러면 점B에서 나온 어떤 광선도 선K와 닿지는 않을 것이다. 시각광선이 닿지 않는 대상은 보이지 않는다.

그림3

역시 이 증명에도 '시각광선이 닿는 대상은 보이고, 시각광선이 닿지 않는 대상은 보이지 않는다'고 한 정의3이 사용되었다.

| 광학과 원근법

그뒤로 이어지는 정리들은 오늘날 '원근법'이라 부르는 것과 직접적으로 관련된 내용을 주로 담고 있다. 먼저 정리5를 보자.

> 정리5. 동일한 크기의 대상이라도 거리에 따라 크기가 달라져 눈에 가까운 것이 더 커 보인다.

크기가 같은 두 대상AB와 GD가 있고, 점E를 눈이라 하자. 그리고 눈과 두 대상의 거리가 서로 다르되, 대상AB가 더 눈에 가깝다고 하자. 그러면 AB가 더 커 보일 것이다. 그위로 시각광선EA, EB, EG, ED를 떨어뜨리자. 정의4에 따르면 더 큰 시야각 안에서 보이는 대상이 더 커 보이는데, 각AEB가 각GED보다 크므로, 대상AB가 대상GD보다 커 보일 것이다.

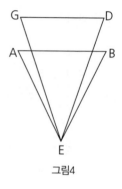

그림4

정리6은 두 평행선의 간격이 눈에서 멀어질수록 좁아 보이는 이유를 설명한다.

> 정리6. 평행선들은 멀리서 보면 간격이 다른 것처럼 보인다.

서로 평행하는 두개의 선AB와 GD가 있고, 눈이 점E에 있다고 하자. 이때 AB와 GD는 평행이 아니고 가까운 쪽의 간격이 먼 쪽의 간격보다 넓은 것처럼 보인다. 두 평행선 위로 시각광선EB, EZ, ET, ED, EL, EK

를 떨어뜨리고, 그 점
들을 직선BD, ZL, TK
로 이어보자. 그러면
각BED가 각ZEL보다
크므로 정의 4에 따라
선BD가 ZL보다 길어
보일 것이다. 마찬가지

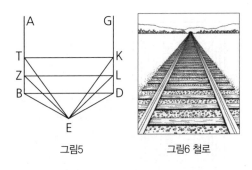

그림5   그림6 철로

로 각ZEL은 각TEK보다 크므로 선ZL이 선TK보다 길어 보일 것이다.
이는 점B와 D의 간격이 점Z과 L의 간격보다, 그리고 점Z과 L의 간격
이 점T와 K의 간격보다 커 보임을 의미한다. 따라서 평행하는 선들일
지라도 거리에 따라서 간격이 다른 것처럼 보인다.

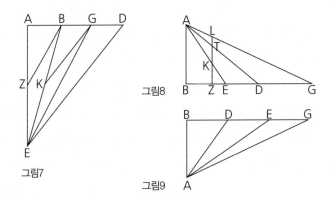

그림7

그림8

그림9

한편 정리4는 일직선상에 놓인 대상이어도 눈에서 멀어질수록 작게
보이는 이유를(그림7), 정리10은 눈높이 아래에 있는 평면이 (가령 수평선
처럼) 멀어질수록 점점 높아 보이는 이유를(그림8), 그리고 정리11은 눈높
이 위에 있는 평면이 (가령 구름층처럼) 멀어질수록 낮아 보이는 이유를
설명한다(그림9). 아래의 그림10은 이 세 정리를 하나로 종합하여 우리 눈

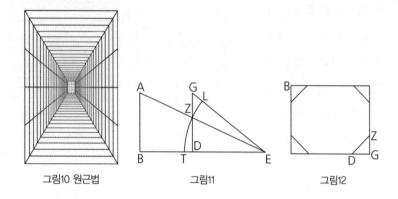

그림10 원근법　　　　　그림11　　　　　그림12

에 보이는 대로 표현한 것이다.

　원근법이란 결국 기하학의 객관적 도면을 화가의 주관적 광경으로 번역한 것이다. 즉 기하학이 사물을 '있는 그대로' 표기한다면, 원근법은 그것을 '보이는 대로' 묘사한다.

　정리8과 9는 먼 거리에서 네모난 사물이 왜 둥글게 보이는지 설명한다. 이 문제는 이미 고대철학자들 사이에서 논란이 된 바 있다. 먼 훗날 데카르트 역시 이 현상을 근거로 들어 감각을 신뢰해서는 안 된다고 주장한 바 있다. 먼저 그림11을 보자. 사물GD 위로 시각광선EG와 ED가 떨어진다. 선GD를 뒤로 물려 선AB의 위치에 놓으면, 광선ED는 연장해도 점B에 닿으나, 광선EG를 연장하면 점A 위로 비껴간다. 따라서 A는 보이지 않는다. 이 원리를 사물의 네 귀퉁이마다 적용하면 그림12가 얻어진다. 시각광선은 점B, G를 포함한 귀퉁이들을 비껴가기에 네모난 사물이 둥글게 보이는 것이다.

　당시 에우클레이데스는 양안시각binocular이 공간적 깊이의 지각과 관련되어 있다는 사실을 알지 못했다. 다만 그는 시야를 넓히기 위해 시각에 두 눈이 사용된다고 믿었다. 그림13을 보라. 점A를 구의 중심이라 하고

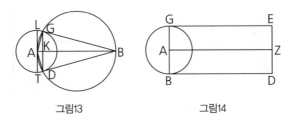

그림13   그림14

점B를 눈이라 하자. 점B의 위치에서는 선GD까지만 보이고, 선LT는 보이지 않는다. 이렇게 단안시각monocular에는 구의 지름 전체가 눈에 들어오지 않는다. 구 전체를 보려면 두 눈이 필요하다. 그림14를 보라. 점A를 구의 중심이라 하고, 점E와 점D를 두 눈이라고 하자. 이 경우 선GB, 즉 구의 지름 전체가 눈에 들어온다. 이렇게 양안시는 시야를 넓혀준다는 것이다.

| 기하학이냐 물리학이냐

『광학』에는 그밖에도 사물의 그림자를 이용해 높이를 측정하는 방식, 해가 없을 때 사물의 높이를 측정하는 방식, 움푹 파인 지형의 깊이를 측정하는 방법, 구체가 활처럼 보이는 이유 등에 대한 설명이 이어진다. 여기서 다시 앞의 예로 돌아가보자. 에우클레이데스는 네모난 사물이 멀리서 둥글게 보이는 이유를 철저히 기하학적으로 설명한다. 하지만 이를 다른 식으로 설명할 수도 있다. 가령 유출설에서는 이를 뻗어나가는 광선의 힘이 멀리 갈수록 줄어들기 때문이라 말할 것이고, 발산설이라면 원자막이 눈으로 전달되는 과정에서 손상되기 때문이라고 설명할 것이다.

에우클레이데스의 시각론이 기하학적 설명이라면, 유출설과 발산설의 시각론은 물리적 설명이라고 할 수 있다. 여기서 한가지 물음이 떠오

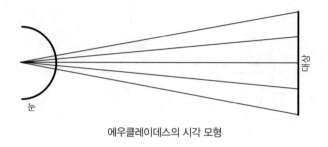

에우클레이데스의 시각 모형

른다. 에우클레이데스가 말한 '시각광선'은 물리적 성격의 것인가? 아니면 관념적·기하학적 성격의 것인가? 물론 그의 『광학』은 "시각적 문제의 물리적·생리학적 측면을 모두 체계적으로 무시"한다.[3] 그러나 '눈에서 광선이 뻗어나간다'거나 '광선이 대상 위로 떨어진다'는 표현은 '시각광선'이라는 낱말이 그저 은유로 사용된 게 아님을 강하게 시사한다. 시각광선이 물리적 광선일 가능성을 논리적으로 배제하지는 않은 것이다.

만약 그렇다면 에우클레이데스는 플라톤에서 출발하여 스토아학파로 이어지는 유출설의 전통 위에 서 있는 셈이다. 물론 눈이 빛을 뿜어낸다는 주장은 우리에게 매우 이상하게 들린다. 하지만 그에게는 그렇게 믿을 이유가 있었다. 어둠 속에서 빛나는 동물들의 안광은 차치하고라도, 가령 바닥에 떨어진 바늘을 찾는다고 해보자. 만약 시각이 밖에서 눈으로 들어오는 빛에 의해 이루어진다면 바늘은 저절로 보여야 한다. 하지만 바늘을 찾는 일은 눈의 수고를 요한다.[4] 이 때문에 에우클레이데스에게는 시각이 눈에서 나온 빛의 능동적 작용에 의해 이루어진다는 생각이 자연스러웠을 것이다.*

에우클레이데스의 『광학』에서 시작된 기하학적 시각론의 전통은 알렉산드리아의 헤론[10?~70?]을 거쳐 프톨레마이오스[100?~170?]로 이어진다. 에우클레이데스가 '시각광선'을 기하학적 구성이자 물리적 현상으로 보았듯이 기하학적 모델이 다른 유형의 시각론을 배제하는 것은 아니다. 다음으로 살펴볼 갈레노스는 시각에 대한 자신의 의학적 설명을 기하학적 설명으로 보완할 필요가 있다고 말한다. 고대광학의 마지막 주자인 프톨레마이오스는 기하학적 모델에 의학적 모델과 철학적 모델을 결합하여 이 위대한 세가지 전통을 하나로 종합한다.[5]

---

* 스토아학파도 비슷한 논증을 제시한 적이 있다. 그들은 시각만이 아니라 청각도 능동적이라 여겼다. 가령 여러 사람이 떠드는 시끄러운 방에서 특정한 소리를 들으려면 귀를 긴장시켜야 한다. 따라서 청각도 감관의 능동적 작용에 의존한다는 것이다.

황소의 눈
갈레노스

또다른 유형의 감각론을 대표하는 이는 로마제국에서 활동했던 갈레
노스129~210?다.6 이 그리스 출신의 의사이자 철학자는 히포크라테스 이
래의 의학 이론을 집대성하여 서구의 중세는 물론이고 중세 아랍에서도
의학의 대명사로 통하게 된다. 철학자이기 전에 의사였기에, 그는 감각
론을 펼칠 때에도 사변적 방법보다는 경험적 방법을 선호했다. 에우클레
이데스가 기하학의 '연역적' 방법으로 시각을 연구했다면, 갈레노스는
관찰과 실험이라는 '귀납적' 방법을 따른 셈이다. 굳이 말할 필요도 없이
이 두가지 방법은 오늘날 과학 연구의 두 기둥을 이룬다.

| 생체해부학자 갈레노스

갈레노스의 '경험적' 접근이란 신체의 해부를 말한다. 로마법은 인체
의 해부를 금했기에 그는 오직 동물의 신체만 다룰 수 있었다.* 여러 동

---

* 고대의 해부학 연구는 헤로필로스(BC 325?~255?)와 그의 제자 에라시스트라토스(BC 304?~
250?)로부터 출발한다. 이들은 공개적으로 동물의 사체를 해부했으며, 인간사체도 수백구 해
부한 것으로 알려져 있다. 하지만 로마시대 이후 인간사체의 해부는 1800여년간 금지된다.
Rafael Romeo Reverón, "Herophilus and Erasistratus, Pioneers of Human Anatomical Dissection,"
Vesalius, 20(1), 2014, 55~58면.

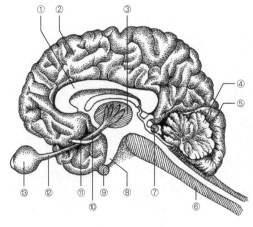

시신경과 뇌실 사이의 관계에 대한 갈레노스의 관념. 갈레노스는 시신경이 시교차(視交叉)를 지나 측뇌실(側腦室)에서 끝난다고 보았다.
①측뇌실 ②대뇌 ③시상 ④소뇌 ⑤소뇌충부 ⑥척수 ⑦솔방울샘 ⑧누두 ⑨뇌하수체 ⑩시삭 ⑪시신경교차 ⑫시신경 ⑬눈

물 중에서 그는 인간을 닮은 원숭이를 가장 선호했으나, 당시 원숭이를 구하기 어려워 주로 돼지나 염소, 소나 말과 같은 가축을 사용했다고 한다. 때로는 동물을 산 채로 해부했는데, 이때 뇌나 신경의 부위를 누르거나 잘라 신체의 어느 기능이 마비되는지 살펴보는 식으로 지식을 쌓아나갔다. 그 관찰이 얼마나 예리했던지 안드레아스 베살리우스[1514~1564]의 해부학도 그의 것에 비하면 시대에 뒤떨어져 보일 정도라고 한다.

하지만 에우클레이데스가 시각광선이라는 형이상학적 실체를 가정했듯이 갈레노스 역시 여전히 스토아학파가 주장한 '숨결'의 형이상학에 의존했다. 갈레노스는 피가 폐동맥으로 흐른다는 사실을 처음 발견했다. 그에 의하면 피는 간에서 생성되어 심장으로 들어간다. 일부의 피는 폐동맥으로 들어가 폐로 흡입한 공기에서 열의 성질을 띤 활력소를 흡수해 활성숨결[pneuma zotikon]을 만들어낸다. 오늘날에는 이를 '정맥혈의 동맥혈화'라 부른다. 활성숨결은 뇌동맥 속에서 뇌숨결[pneuma psychikon]로 변형되어 뇌실에 모이는데, 갈레노스는 모든 감각기관이 이 뇌실의 숨결에 의

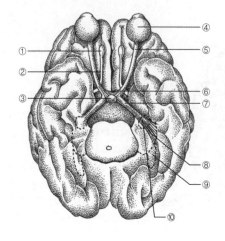

갈레노스에 따른 시각과 후각 시스템 해부.
①후구 ②후삭 ③하수체 ④눈 ⑤시신경
⑥시신경교차 ⑦시삭 ⑧시상 ⑨측뇌실
⑩외측슬상체

해 작동된다고 믿었다.

갈레노스는 인식과 지각을 주도하는 기관이 뇌에 있다고 보았다. 당시로서 이는 인식의 혁명이라 할 만한 전환이었다. 플라톤, 아리스토텔레스와 스토아학파는 헤게모니콘이 가슴에 있다고 보았기 때문이다. 뇌는 뇌신경으로 숨결을 뿜어내 신체의 각 부위를 움직인다. 갈레노스는 숨결의 통로인 뇌신경이 모두 일곱쌍이라고 보았다. 이는 우리의 인식과 다소 차이가 난다. 오늘날에는 뇌신경이 모두 열두쌍이라 본다.* 그는 우리에게 알려진 몇몇 신경은 아예 알지 못했고, 어떤 신경은 두개의 신경으로 보았으며, 셋을 묶어 하나의 신경으로 분류하기도 했다.**

---

* ①후(嗅)신경 ②시(視)신경 ③동안(動眼)신경 ④활차(滑車)신경 ⑤삼차(三叉)신경 ⑥외선(外旋)신경 ⑦안면(顔面)신경 ⑧청(聽)신경 ⑨설인(舌咽)신경 ⑩미주(迷走)신경 ⑪부(副)신경 ⑫설하(舌下)신경
** 후신경은 신경이 아니라 뇌의 일부로 간주했다. 활차신경의 존재를 몰랐으며, 외선신경의 역할도 몰랐다. 삼차신경은 감각부분과 운동부분을 나누어 두개의 신경이라 본 반면, 안면신경은 청신경의 일부로 여겨졌고, 설인신경, 미주신경, 부신경은 하나의 신경으로 분류했다.

| 감각과 뇌숨결

아무리 경험적 연구를 했다고 해도 갈레노스의 의학적 모델은 여전히 형이상학의 토대 위에 서 있었다. 그는 전통적인 시각론을 크게 두종류로 구분한다.

> 시각의 대상은 두가지 중의 하나를 한다. 즉, 우리에게 무언가를 보내 자신의 특성을 알리든지, 아니면 스스로 무언가를 보내지 않을 경우에는 우리에게서 어떤 감각적 힘이 나와서 자신에게 오기를 기다린다.[7]

전자는 유입설, 후자는 유출설이라 할 수 있다. 갈레노스는 이 중 유입설을 거부하며, 그 대표적 형태인 원자론의 발산설을 몇가지 근거를 들어 비판한다. 거대한 산이 동공으로 들어오려면 엄청나게 축소되어야 하는데 이는 불가능하고, 동일한 산의 이미지가 동시에 다수의 동공으로 날아간다는 가정 역시 불합리하다는 것이다. 고로 산이 우리에게 오지 않는다면, 우리의 눈에서 무언가가 산을 향해 흘러나가야 한다. 그리하여 그는 시각의 유출설, 더 구체적으로 말하면 스토아주의의 숨결 이론을 연구의 철학적 토대로 받아들이기로 한다.

스토아학파의 숨결 이론은 갈레노스의 손에서 적절히 수정된다. 그는 스토아학파처럼 숨결을 시각숨결, 청각숨결로 나누지 않는다. 존재하는 것은 오직 영혼숨결로서 뇌숨결뿐이며, 이것이 각 기관으로 들어가 각기 다른 역할을 한다는 것이다. 한편 갈레노스는 스토아학파를 따라 시각에는 숨결 외에 태양의 작용이 필요하다고 보았다. 숨결의 작용에 관한 스토아학파의 교설을 놓고 크게 세가지 해석이 존재한다. ①숨결이 눈까지 나아간다는 설 ②눈 주위의 공기까지 나아간다는 설 ③멀리 시각대상까지 뻗어나간다는 설이 그것이다. 갈레노스는 이 중 두번째 견해를 취하는 것으로 보인다.

> 태양은 공기의 맨 위층을 건드려 제 힘을 전체에 퍼뜨린다. 시신경으로 전달되는 시각은 숨결의 성질을 갖고 있어서 그것이 주위의 공기를 때리면 그 첫 충격에 의해 〔공기의〕 변화alloiosis가 일어나는데, 이 변화는 가장 먼 곳까지 전달된다.[8]

태양이 공기의 최상층에만 닿아도 그 영향이 전체로 퍼지듯이, 뇌숨결역시 눈 주위의 공기만 접촉해도 그로 인한 변화가 순차적으로 퍼져나가 시각대상 주위의 공기에까지 이른다는 뜻이다. 이때 공기 자체가 민감해져 "눈에게 대상을 분별하기 위한 도구가 되어주는데, 이는 신경이 뇌의 도구가 되는 것과 똑같다"고 한다. 한마디로 공기 자체가 모종의 감각기관으로 변한다는 것이다.

아리스토텔레스를 따라서 갈레노스도 감각이 매체를 통해 이루어진다고 보았다.* 하지만 아리스토텔레스와 달리 그는 그 매체를 '공기'aero라 부른다. 갈레노스가 말하는 '공기'란 그냥 공기가 아니다. 감관과 대상을 매개하는 '공기'를 그는 세종류로 나눈다. '빛 같은 것'augoeides은 시각의 매체(이는 아리스토텔레스가 '투명한 것'diaphanes이라 부른 것과 일치한다), '공기 같은 것'aeroeides은 청각의 매체, '증기 같은 것'atomoeides은 후각의 매체이다. 이들 세종류의 공기는 모두 하나의 숨결, 뇌숨결의 접촉으

---

* 똑같이 '매체'를 언급한다고 해서 갈레노스와 아리스토텔레스가 같은 이야기를 하는 것은 아니다. 갈레노스의 매체는 그 자체가 감관이 되나, 아리스토텔레스의 매체는 감지능력을 갖고 있지 않다.

로 인해 민감해져 감도를 갖게 된다. 감각을 위해 달라지는 것은 숨결이 아니라 공기, 즉 매체다.

| 안구의 해부

여기까지는 사실 이전 시대의 학설과 비슷하다. 갈레노스의 이론이 스토아주의의 학설과 확실히 구별되는 특징은 경험적 연구방법이리라. 가령 시각의 기제를 밝히기 위해 황소의 눈을 해부할 때, 숨결의 형이상학은 경험과학의 성격을 띠게 된다. 갈레노스에 따르면 시각은 뇌가 시신경을 통해 숨결을 뿜어내면서 시작된다. 이 숨결은 시신경을 통해 먼저 망막retina에 도달하고, 모양체ciliary body를 거쳐 수정체lens로 흘러간 후 다시 눈 밖으로 빠져나간다. 그렇게 유출된 숨결은 '공기'를 긴장시켜 대상을 감지한 후 그 이미지를 눈으로 가져온다.

이 과정이 완료되면 눈에는 대상의 영상이 맺힌다. 실제로 이 반영상은 각막 위에 생기는데, 갈레노스는 그것이 수정체전낭에 생긴다고 주장했다. '수정체가 시지각의 최고기관'이며 눈의 모든 부분이 수정체를 위해 존재한다고 믿었던 것이다. 하지만 그의 생각과 달리 수정체는 그저 들어온 광선을 굴절시켜 망막의 가장 민감한 부위인 황반macula에 모으는 역할을 할 뿐이다. 또한 갈레노스는 모양체를 수정체와 망막을 잇는 숨결의 통로로 여겼다. 하지만 모양체 역시 실제로는 수정체의 두께를 조절하는 기능을 할 뿐이다. 나아가 그는 홍채iris가 숨결을 부풀리는 방식으로 동공의 크기를 조절한다고 믿었다.

한편 그는 설원을 행군하던 병사나 일식을 관찰하던 사람들이 시력을 잃는 것은 눈에서 나오는 광선이 그보다 훨씬 강한 태양광에 의해 파괴되기 때문이라고 보았다. 오늘날에는 이러한 현상을 돋보기 역할을 하는 수정체가 태양광을 한데 모아 황반을 태우기 때문이라고 설명한다. 이처럼 오늘날의 시각에서 갈레노스의 해부학은 그리 정확한 편이 아니다. 특히 시각의 고유기관을 망막이 아닌 수정체로 본 것은 결정적 오류이다. 하지만 이는 그의 한계라기보다는 시대의 한계로 봐야 한다. 당시에는 카메라 옵스쿠라camera obscura의 원리도 알려지지 않았고, 망막의 감광感光기능은 1400여년 후에야 발견되기 때문이다.

| 청각

시각에 대한 설명과 마찬가지로 다른 감각에 대한 설명도 몇몇 올바른 통찰과 다수의 그릇된 관찰의 결합으로 이루어져 있다. 일부의 그릇된 관찰은 설명의 토대를 이루는 숨결의 형이상학과 관련이 있다. 청각을 예로 들어보자. 갈레노스는 스토아학파를 따라 청각의 매체는 원뿔이 아니라 동심원 모양으로 긴장된다고 보았다. 동시에 아리스토텔레스를 따라 청각이 공기의 진동을 직접 지각하는 것 아니라, 공기의 질적 변화를 감지하여 이루어진다고 생각했다. 아무래도 이 형이상학적 요소가 귀를 해부할 때 모종의 선입관으로 작용할 수밖에 없었을 것이다.

우리의 지식에 따르면 청각은 고막의 진동으로 시작된다. 이 진동이 중이소골ossicles을 통해 달팽이관cochlea으로 전해지면, 이 나선형의 기관이 그 소리를 감지한다. 하지만 갈레노스는 청각의 고유기관이 달팽이관이 아니라 튼튼한 바위골petrous bone 안쪽 부위라고 믿었다. 달팽이관은 그저 점점 좁아지는 구조를 통해 과도한 자극이나 이물질로부터 내이內耳를 보호하는 역할만 한다는 것이다. 그는 고막이 내이를 보호할 정도로 튼튼하다고 보지 않았다. 고막이 그 정도로 튼튼하면 듣는 데에 지장이 있을 것이라 믿었기 때문이다. 그는 전정기관vestibule이 평형감각에 기여한다는 것도 알지 못했다.

청각에서 고막의 기능을 놓치고 중이소골의 존재를 간과한 것으로 보아, 갈레노스의 귀 해부는 눈만큼 정교하지 못했던 듯하다. 특히 그는 달팽이관과 전정기관이 투명한 액체로 채워져 있다는 사실을 발견하지 못했는데, 물론 이는 그 부위의 해부가 특별히 까다롭기 때문이리라. 하지만 그가 견지했던 숨결의 형이상학 역시 관찰을 방해한 것으로 보인다. 그는 달팽이관이 '물'이 아니라 '공기 같은 것'(숨결)으로 채워져 있다고 굳게 믿었을 것이다. 숨결 이론에 따르면 청각의 대상은 '공기 같은 것'에 실려오는바, 이를 감지하려면 청각기관 역시 '공기 같은 숨결'로 채워져 있어야 하기 때문이다.

| 후각

후각에 대한 갈레노스의 견해는 매우 독특하다. 현대 해부학이 후신경을 12쌍의 뇌신경 중 제1뇌신경으로 꼽는다면, 갈레노스는 해부를 통해 후신경의 존재를 알아내지 못했다. 육안으로 확인하기에는 너무 미세하기 때문이었을 것이다. 신경을 찾지 못했기에, 그는 후각에는 눈이나 귀 같은 최종기관이 없어 냄새가 신경을 거치지 않고 곧바로 뇌로 지각된다고 믿었다. 그가 해부를 통해 발견한 것은 후구olfactory bulb와 후삭olfactory bulb이었다. 그는 이것들이 구조상 뇌의 일부라고 올바로 추정했는데, 이것이 뇌에서 특정 기능을 담당하는 부위의 위치를 특정하려 한 최초의 시도라고 한다.

오늘날 우리는 비점막에 냄새를 감지하는 세포들이 있어 이들이 감지된 자극을 후각모olfactory filae를 통해 후구로 보내는 것을 안다. 하지만 갈레노스는 냄새의 입자들이 사골篩骨의 사상판이나 비막, 뇌막에 난 작은

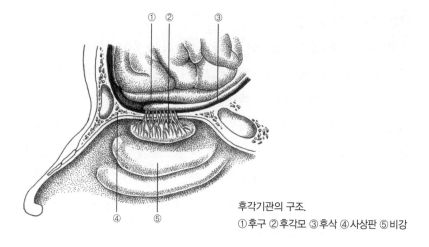

후각기관의 구조.
①후구 ②후각모 ③후삭 ④사상판 ⑤비강

구멍을 통해 비강nasal cavity에서 곧바로 후구로 보내진다고 믿었다. 그가 후각구조에 두가지 기능을 할당했다는 점도 흥미롭다. 후각구조는 냄새를 맡는 기능 외에 뇌의 분비물을 배설하는 역할도 한다는 것이다. 그가 뇌에서 코로 배설된다고 말한 분비물은 오늘날 뇌가 아니라 혈청에서 생성된다고 여겨진다.

후각에 대한 설명은 사실 숨결 이론과는 잘 어울리지 않는다. 구멍으로 들어온 증기에 섞인 냄새의 '입자들'을 뇌가 직접 감지한다는 설명은 갈레노스가 배척하는 원자론자들의 발산설을 함축하기 때문이다. 게다가 뇌가 증기, 즉 물과 섞인 공기를 직접 호흡한다는 주장은 폐로 활성숨결을 흡입한다는 그의 일반론에 배치된다. 다른 감각과 달리 후각에만 최종기관이 없다는 것도 자연스럽지 못하며, 공기가 들어오는 그 구멍으로 동시에 뇌의 분비물을 배설한다는 것도 매우 이상하게 들린다. 다만 이런 점들을 미루어보았을 때, 그는 후각이 다른 감각들과는 원리적으로 다르다고 생각했음에 틀림없다.

그것〔코 내벽〕의 물질적 구성은 다른 감각기관과 달리 자기의 감각 대상과 조응하지 않는다. 시각기관이 빛과 같고, 청각기관이 공기와 같고, 미각기관이 습한 해면질이고, 촉각기관이 딱딱한 흙과 같다는 점에서 볼 수 있듯이, 각각의 기관은 자연에 의해 그것의 〔감각〕대상과 유사하게 만들어졌다. 그렇다면 냄새를 지각하는 기관도 증기와 같아야지, 비공鼻孔 막처럼 단단한 흙 같아서는 안 될 것이다.[9]

후각에 대한 갈레노스의 설명은 스스로 말하듯이 심지어 '유사가 유사를 지각한다'는 감각 일반론에도 배치된다.

| 미각

갈레노스에 따르면 "냄새의 지각과 맛의 지각 사이에는 커다란 유사성이 있다".[10] 냄새를 분별하는 데에 종종 맛의 이름이 사용되는 것은 이 때문이리라. 후각 고유의 분류법으로는 고작 '좋은 냄새'와 '나쁜 냄새'의 구별이 있을 뿐이다. 갈레노스는 후각보다는 미각이 더 믿을 만하다고 보았다. 냄새입자들은 증기에 섞여 들어오는 반면, 미각의 입자moria들은 혀로 직접 지각되기 때문이다. (이 역시 그의 반反원자론적 태도에 배치된다.) 맛의 종류로는 쓴맛pykros, 단맛, 짠맛, 신맛 외에 또다른 종류의 쓴맛austerotes, 떫은맛, 매운맛 등 모두 이렇게 일곱가지를 들었다.

환자의 몸에서 풍기는 냄새로 병을 진단하듯이, 갈레노스는 혀의 색깔로 환자의 상태를 알 수 있다고 믿었다. 예를 들어 그는 포궁에 열병이 생기면 혀가 검은색으로 변한다고 반복적으로 강조하곤 했는데, 당시에는 포궁패혈증이 매우 흔한 질병이었다고 한다. 또한 그는 히포크라테스의 체액설에 따라서 노란 혀는 황담즙의 과다를, 검은 혀는 흑담즙의 과다를 의미한다고 보았다. 나아가 새빨간 혀는 체내의 울혈을 가리키고, 창백한 혀는 환자의 몸에 가래가 많음을 보여준다고 해석했다. 그의 관찰에 따르면 혀의 색깔은 대체로 오줌의 색깔과 일치한다.

설舌신경의 분포를 밝혀낸 것은 그의 업적 중에서 가장 빛나는 부분이라 할 수 있다. 그는 해부를 통해 혀를 지원하는 세 신경의 각기 다른 기능을 정확히 밝혀냈다. 그가 이름 없이 남겨둔 그 세 신경을 오늘날에는 '설신경', '설인舌咽신경', '설하舌下신경'이라 부른다. 그는 설신경이 미각을 담당하면서 동시에 다른 기능을 한다고 보았다. 실제로는 촉각을 담당하며 부분적으로 미각을 지원한다는 것이다. 또한 미각의 주요기관이 설인신경이며, 설하신경은 혀의 운동을 관장한다고 보았는데, 이 관찰의 올바름은 1834년 이탈리아의 의사 바르톨로메오 파니자[1785~1867]에 의해 확증된다.

| 촉각

오늘날 우리는 통점·압점·냉점·온점 등 4개의 감각점이 피부 전체에 상이한 밀도로 분포되어 있음을 안다. 하지만 갈레노스는 말초신경이 다양한 기능으로 분화되어 있지 않다고 보았다. 자신의 관찰에 따르면 피부의 말초신경들은 다양한 종류의 자극에 함께 맞대응antibasis한다는 것이다. 그리하여 그는 모든 운동신경이 동시에 감각신경이라고 믿었다. 두 신경은 말초신경에서 하나로 합류하나 척수에서 나올 때는 서로 다른 뿌리를 갖는다는 사실을 몰랐던 것이다. 신경 말단의 섬유들을 그 기능에 따라 섬세하게 분리하는 것은 당시의 해부학 기술로는 불가능했다.

의사로서 갈레노스에게 중요한 의미를 갖는 촉감은 통증이다. 갈레노스는 운동신경과 감각신경 외에도 제3의 신경으로 내장신경을 든다. 그는 해부를 통해 미주신경이 식도와 위를 잇는 부위를 수많은 섬유로 감싸고 있는 것을 발견하고, 이 사실이 우리가 종종 겪는 상복부 통증을 설명해준다고 생각했다. 한편 그 역시 아리스토텔레스처럼 피부 위의 통증은 말초신경을 손상시킬 정도로 과도한 자극을 받을 때 생긴다고 보았다. 물론 오늘날에는 온점·냉점·압점과 더불어 통점이 따로 존재하며, 이 네가지 기본감각이 각기 다른 신경말단에 의해 따로 지각되는 것으로 여겨진다.

| 종합의 시도

그 전통의 창시자임에도 불구하고 갈레노스는 해부학만으로는 감각을 설명하기에 충분하지 않다고 보았다. 특히 시각에 대한 온전한 이해는 해부학에 광학을 결합할 때에만 가능하다고 믿었다. 그래서 그는 자신의 강의에 광학을 도입하기도 했지만, 결국 "배운 사람들조차도 그런 과학(광학)을 연구하는 전문가들을 싫어하고 배척"한다는 사실만 알게 된다.[11] 그럼에도 그는 의학적 모델에 광학적 모델을 통합하려는 노력을 포기하지 않았다. 통합의 단초를 제공한 것은 시각원뿔의 가설이었을 것이다. 하지만 이는 실패할 수밖에 없는 시도였다. 당시 두 모델은 양립불가능한 전제 위에 서 있었기 때문이다.

스토아학파에 따르면 시각원뿔은 긴장된 공기로 이루어진다. 원래 '긴장'tonos이란 말은 장인들이 건물의 벽이나 담을 수직이나 수평으로 만드는 데에 사용하는 실의 팽팽함을 가리켰다고 한다. 실이 팽팽하면 곧 직선을 이루었다는 뜻이고, 직선은 동시에 빛의 진행방식이기도 하다. 따라서 스토아학파의 머릿속에는 자연스레 '숨결=긴장=광선'이라는 등식이 성립했을 것이다. 또한 그들은 시각원뿔을 지팡이에 비유했는데, 이는 시각숨결의 쌍방향 운동을 설명하는 데에 매우 유용한 비유라 할 수 있다. 지팡이는 대상을 향해 뻗어나가는 동시에 대상의 정보를 알려주기 때문이다.

하지만 갈레노스는 지팡이의 비유를 거부했다. 지팡이가 촉감은 전달해도 색채나 모양은 전달하지 못한다는 이유에서다. 이 지점에서 그는 아리스토텔레스를 따라 시각을 매체의 질적 변화를 감지하는 현상으로 간주한다. 하지만 지팡이의 비유를 기하학적 광학으로 대체하려다 그는 예상치 못한 문제에 봉착한다. 즉 빛은 입사각과 반대로 반사되므로, 시각광선들이 원뿔로 뻗어나간다면 그 대부분은 꼭짓점(눈)으로 되돌아오지 못한다는 것이다. 그러면 당연히 시각이 이루어질 수 없다. 똑같이 시각원뿔의 개념을 사용한다 해도 광학적 모델과 해부학적 모델은 이처럼 양립이 불가능했다.

나아가 광학의 도입이 가끔 해부학적 인식의 오류를 낳기도 했다. 가령 갈레노스는 동공-수정체-시신경이 일직선을 이룬다고 보았다. 시각영상이 기하학적 직선으로 전달되어야 한다고 믿다보니, 해부학적 관찰에서도 실수를 범한 셈이다. 나아가 그는 양안시각이 공간적 깊이의 지각을 위한 것임을 알지 못하고, 그저 단안시각보다 더 넓은 시야를 제공해주는 역할을 한다고만 믿었다. 이 한계 역시 에우클레이데스의 『광학』과 관련이 있을 것이다. 이에 따르면 구체를 한 눈으로 보면 아치처럼 보이나(정리23), 두 눈으로 볼 경우 반구半球 전체가 눈에 들어온다(정리25).12

이러한 난점들로 인해 갈레노스는 광학과 의학을 결합해야 한다는 확고한 믿음을 가지고도 끝내 유출설의 두 유형을 하나의 이론으로 통합하는 데에 이르지는 못했다. 갈레노스가 남긴 과제를 해결한 사람은 그

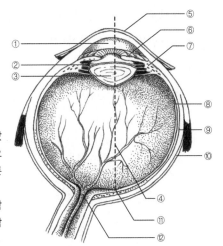

눈의 구조. 고대인들은 해부도를 남기지 않았다. 갈레노스는 시신경(optic nerve)이 점선으로 표시된 시축(visual axis)과 일직선을 이룬다고 보았다.
①전안방 ②후안방 ③수정체 ④시축 ⑤각막 ⑥홍채 ⑦모양체 ⑧망막 ⑨맥락막 ⑩공막 ⑪황반 ⑫시신경

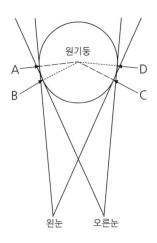

단안과 양안의 시야 차이. 갈레노스도 에우클레이데스를 따라 양안시각이 시야를 넓혀준다고 보았다. 오른눈에는 AB구간이 안 보이고, 왼눈에는 CD구간이 안 보인다. 두 눈을 다 사용할 경우 AB구간과 CD구간이 모두 눈에 들어온다.

의 동시대인이자 이집트에서 활동하던 프톨레마이오스였다. 이 알렉산드리아의 천재는 서로 통약불가능해 보이는 두 학설을 하나로 통합하는 가운데, 에우클레이데스의 광학을 스토아학파와 아리스토텔레스의 철

학적 모델로 수정한다. 그 결과 프톨레마이오스에 이르러 고대 시각론의 세 전통, 즉 광학적·의학적·철학적 전통은 마침내 위대한 종합에 이르게 된다.

세 전통의 종합
프톨레마이오스

| 절충의 시대

프톨레마이오스[100?~170?]가 활동하던 시절에 알렉산드리아에는 그 유명한 대도서관이 있었고, 전세계의 수많은 지식인들이 지적 교류를 위해 몰려들었다. 이 도시에서는 플라톤주의·아리스토텔레스주의·스토아주의·에피쿠로스주의·회의론·영지주의 등 당시에 존재하던 모든 철학을 접할 수 있었고, 에우클레이데스·아르키메데스·헤론·헤로필로스 등 수학과 과학, 의학의 영역에서 최고의 권위를 누리던 고대학자들의 생각도 단절 없이 전해지고 있었다. 이 모든 사상을 제 것으로 전유하는 과정에서 당시의 지식인들의 사유는 자연스레 절충주의적 성격을 띨 수밖에 없었다.

세상의 모든 사상이 모이는 도시에서 여러 담론들의 종합이나 절충이 이루어진 것은 너무나 자연스러운 일이었다. 시각 이론의 위대한 세 전통을 생각해보자. 에우클레이데스부터 헤론을 거쳐 프톨레마이오스로 이어지는 광학적·기하학적 전통. 해부학의 선구자 헤로필로스와 에라시스트라토스에게서 갈레노스로 이어지는 의학적·생리학적 전통. 마지막은 데모크리토스·플라톤·아리스토텔레스 등 다양한 철학적 감각론의 전통. 이들 중 프톨레마이오스가 종합을 위한 중심 모델로 선택한 것은 피타고라스로부터 플라톤을 거쳐 스토아학파로 이어지는 시선의 유출설이었다.

프톨레마이오스의 시각론은 『광학』^{Optica}을 중심으로 전개된다. 시각이 일어날 때 일반적으로 대상과 감관은 직선으로 연결된다. 다만 빛이 반사되거나 굴절될 경우에는 예외가 생긴다. 이런 빛의 성질에 조응하여 『광학』은 시각 일반의 이론(I, II), 반사광학(III, IV), 굴절광학(V)의 3부 5권으로 이루어진다. 이 중 제1권은 아쉽게도 전해지지 않는다. 거기에는 "무엇이 빛과 시각물결이 상호작용하게 해주며, 그 둘이 어떻게 서로 동화되는지"(*Opt.* II.1) 설명되어 있었다고 한다.[13] 그러므로 남아 있는 제2권을 중심으로 프톨레마이오스가 어떻게 갈레노스가 남긴 과제를 해결하고 위대한 종합에 이르는지 살펴보기로 하자.

| 딜레마의 해결

다시 갈레노스에게 돌아가보자. 그가 시각원뿔의 이론을 채택한 이유는 그 이론이 거대한 대상의 이미지가 조그만 동공 속으로 들어오는 이치를 깔끔히 설명해주기 때문이었다. 하지만 시각원뿔 이론을 기하학적 광학과 결합하는 순간 논리적으로 매우 심각한 문제가 한가지 발생한다. 빛은 입사각과 반대로 반사되어 나가므로, 원뿔 모양으로 확산되는 수많은 광선 중 중앙광선만이 꼭짓점(눈)으로 되돌아온다는 문제다. 시각이 이루어지려면 빛을 감지하는 '영역', 즉 일정한 크기의 면적이 필요하나, 중앙광선은 되돌아와 눈에 점 하나를 찍을 뿐이다. 점 하나로 사물을 볼 수는 없지 않은가.

설사 시각광선들이 모두 눈으로 되돌아온다 해도 문제가 사라지지는 않는다. 기하학적 정의에 따르면 점은 면적을 가질 수도 없다. 고로 시각원뿔이 분산적 광선으로 이루어졌다면, "점들은 연장을 갖지 않기에 우리는 아무것도 볼 수 없어야 할 것이다."[14] 스토아학파는 이 딜레마에 빠질 이유가 없었다. 시각원뿔을 '연속적' 광선들의 부피volume로 간주했기 때문이다. 하지만 갈레노스는 스토아학파의 지팡이의 비유 대신에 기하학적 광학의 설명을 선택했고, 그 결과 에우클레이데스처럼 시각원뿔을 분산적 광선의 묶음으로 상정했다가 결국 위에서 본 것 같은 딜레마에 빠진 것이다.

오늘날의 우리에게는 이것이 문제가 되지 않는다. 우리는 기하학의 점이나 선은 그저 머릿속의 '추상'에 불과하다고 생각하기 때문이다. 하지만 광학을 기하학의 일부로 여기던 갈레노스와 당대 사람들은 기하학적 점과 선이 객관적으로 실재한다고 믿었다. 이렇게 점과 선의 실체성을 인정하는 이상 갈레노스가 위의 딜레마에서 벗어날 길은 없었던 셈이다. 현대과학에서는 시각영상이 빛을 감지하는 극미한 점들의 극세한 선적 연결로 만들어진다고 본다. 이 픽셀 원리로 점과 면, 연속과 분산 사이의 딜레마가 해소되는데, 이는 오늘날 광학이 물리학에 편입되었기 때문에 가능한 일이다.

당대에 위의 딜레마에서 벗어나는 유일한 방법은 다시 스토아학파를 따라 시각원뿔을 '연속적' 광선들의 부피로 간주하는 것뿐이었다. 결국 『광학』 제2권에서 프톨레마이오스는 이렇게 토로한다.

시각광선의 본성이 필연적으로 분산적이라기보다는 연속적일 수밖에 없음을 인정할 필요가 있다.(*Opt.* II.50)[15]

그에게는 이렇게 믿을 또 하나의 이유가 있었다. 예를 들어 시각원뿔이 분산적 광선들의 다발로 이루어졌다면, 눈에서 멀어질수록 개별 광선 사이의 틈이 점점 벌어져 큰 대상은 모자이크처럼 듬성듬성 보이고, 작은 대상들은 광선들 사이의 빈틈에 떨어져 아예 안 보여야 할 것이다. 하지만 실제로 그런 일은 벌어지지 않는다. 따라서 시각원뿔은 분산적인 다발이 아니라 연속적인 다발로 봐야 한다는 것이다.

| 세 전통의 종합

연속적 부피로서 시각원뿔에 대한 설명은 철학적 성격을 띤다. 이 설명은 피타고라스에서 스토아학파로 이어지는 유출설의 전통을 크게 벗어나지 않는다. 스토아학파를 따라 프톨레마이오스 역시 눈에서 방사되는 광선을 '숨결'pneuma로 표상한다. 이 방사된 '시각물결'visus은 눈 깜짝할 사이에 외부대상으로 날아가는데, 이때 눈에서 뻗어나간 시각원뿔이 마치 거미줄처럼 일종의 감지기관으로 기능한다. 이처럼 시각의 기본방식은 촉각으로 상정된다(Opt. Ⅱ, 17, 63). 한편 멀리 있는 대상이 희미하게 보이는 까닭은 눈에서 멀어질수록 시각광선의 힘이 약해지기 때문이라고 한다.

프톨레마이오스에 따르면 시지각은 세 단계로 이루어진다. ①먼저 시각물결이 원뿔 모양으로 뻗어나가 대상과 접촉한다. ②접촉으로 얻은 정보가 눈의 중심principium으로 옮겨지면 ③그것을 토대로 두뇌의 '통치부'virtus regitiva가 대상에 관한 판단을 내린다. 흥미로운 것은 색色의 지각을 설명하는 그의 방식이다. 프톨레마이오스에 따르면 시각원뿔이 대상과 접촉하면 그것에 대상의 색깔이 입혀진다. 이는 중간매체가 대상의 색깔을 입는다는 아리스토텔레스 이론의 영향으로 보인다. 색채의 지각

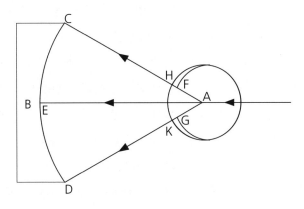

프톨레마이오스의 시각 모형

을 설명하는 그의 모델은 명백히 감각론의 철학적·자연학적 전통 위에
서 있다.

색채를 제외한 나머지 요소의 설명에는 수학적 전통에서 비롯된 기하
학적 광학의 모델이 사용된다. 그림을 보라. 눈의 중심A에서 동공FG와
망막HK를 통해 시각숨결이 뿜어나와 시각원뿔CAD를 이룬다. 이때 눈
과 대상B의 거리는 시축AE의 길이로, 대상이 위치하는 방향은 시축AE
에 대한 AC와 AD의 상대적 기울기로 알려진다. 대상의 형태는 AC와 AD
와 AE의 길이의 종합으로, 그것의 크기는 시각원뿔의 각CAD의 크기와
시축AE의 길이의 종합으로 알려진다. 시각원뿔의 각도가 같다면 당연히
시축이 긴 쪽이 더 클 것이다. 모든 정보는 시각원뿔의 꼭짓점A로 전해지
고, 이를 토대로 대상의 형태·색채·크기·위치를 판단한다.

양안시각 역시 기하학적 광학으로 설명된다. 눈은 둘인데 대상이 하나
로 보이는 현상을 그는 이렇게 설명한다. 다음 그림을 보라. 두 눈의 중심 A
와 C에서 각각 점선으로 표기된 두개의 시각원뿔이 방사된다. 두 눈이 하

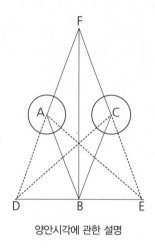

양안시각에 관한 설명

나의 영상을 만들려면, 두 원뿔의 밑동이 시각대상인 선DE 위에서 정확히 중첩되어야 하고, 그러려면 시축AB와 CB가 '공동시축'이라 불리는 선FB와 하나의 점(B)에서 만나야 한다(*Opt.* Ⅲ, 35). 이때 시각중심인 점A와 C에서 연장된 두 선이 점F에서 만나는데, 이 모습이 어쩔 수 없이 시신경교차^{chiasma}, 즉 두 가닥의 시신경이 뇌 앞에서 합쳐지는 것을 연상시킨다.[16]

이것이 광학적 설명이라면 프톨레마이오스에게는 의학적 전통을 따르는 해부학적 유형의 설명도 존재한다. 프톨레마이오스에 따르면 모든 감각은 '통치부'에 의해 이루어진다. 통치부는 스토아학파에서 말하는 '헤게모니콘'과 역할이 같으나, 그는 갈레노스를 따라 그것을 가슴이 아니라 뇌에 위치시킨다. 뇌에 있는 이 통치부는 "신경활동의 근원"(*Opt.* Ⅱ, 13)으로, 모든 감각이 거기에서 시작되어 거기에서 끝난다. 시각숨결도 거기서 나온다. 시각숨결은 시신경을 통해 눈의 중심으로 전달되고, 거기서 안방수를 뚫고 동공을 통해 밖으로 나간다. 이때 유출되는 시각원뿔의 각도는 동공이 조절한다고 한다.

| 고대의 가을

프톨레마이오스는 양안시각을 공간적 깊이의 지각과 연관지었지만 이를 제대로 설명하지는 못했다.[17] 이처럼 오늘날의 관점에서는 부족한 점이 많지만, 감각론의 세 전통을 종합하여 시각에 대한 통합적 설명을 시도한 것은 분명 위대한 업적이 아닐 수 없다. 지금까지 살펴본 것처럼 시

간이 흐르면서 시각현상의 해명에 필요한 이론적 전제들이 하나씩 준비되었지만, 시각을 과학적으로 설명하려는 시도는 갈레노스와 프톨레마이오스에 이르러 정점을 찍은 후 점차 사라진다. 이는 경험을 중시하는 아리스토텔레스 철학을 제치고 다시 플라톤주의가 부상한 상황과 관련이 있을 것이다.

갈레노스와 프톨레마이오스의 시절, 플라톤주의는 아직 중기에 머물러 있었다. 이른바 '중中플라톤주의'Middle Platonism는 흔히 신新플라톤주의 Neoplatonism의 예비단계로 여겨지나, 실은 그것과 꽤 분명히 구별되는 흐름이기도 했다.[18] 이 시기의 철학자들은 아직 플라톤의 텍스트에 아리스토텔레스를 넣어 읽었다. 하지만 3세기 이후 플라톤주의는 훨씬 더 초월적이고 사변적인 성격을 띠는 신플라톤주의로 진화한다. 이 변화는 당연히 감각론 연구에도 영향을 끼쳤다. 신플라톤주의의 완성자 플로티노스 204?~270는 감각에 관한 논의를 경험과학에서 다시 사변철학의 영역으로 옮겨 놓는다.

플로티노스가 기각한 것은 감각론의 의학적 전통과 수학적 전통만이 아니었다. 곧 살펴보겠지만 그는 철학적·자연학적 감각론의 세 흐름, 즉 발산설·유출설·매체설을 모두 기각한다. 한마디로 고대 감각론을 지탱해온 의학적·수학적·철학적 전통을 모두 거부한 셈이다. 이는 곧 그가 이미 '고대'의 지평을 떠났다는 것을 의미한다. 실제로 그의 철학은 중세 신학적 사유의 형성에 결정적 영향을 끼친다. 여기서 그의 급진성이 드러난다. 그리고 이 급진성은 감각론으로 이어져, 플로티노스에게서 우리는 고대에서는 볼 수 없었던 완전히 새로운 유형의 이론을 보게 된다.

프톨레마이오스에게서 '종합'에 도달한 고대의 전통은 플로티노스 이후 역사의 뒤안길로 사라져버린다. 서구사회가 사변적 신학연구에 매달려 있을 때, 단절된 고대의 전통을 이어간 이들은 일군의 아랍 학자들이었다. '고대의 부활'이라는 의미의 르네상스Renaissance는 사실 아랍에서 먼저 일어났다. 아랍의 학자들은 서구에서는 소실된 고대 감각론의 전통을 발견해 서구에 되돌려주었다. 그 학자들 중의 하나가 바로 '근대광학의 아버지' 이븐 알하이삼이다. 그가 없었다면 케플러와 데카르트가 완성한 과학적 시각 이론은 아예 탄생할 수 없었거나, 탄생했더라도 그 시기가 많이 늦어졌을 것이다.

알하이삼의 광학연구에 프톨레마이오스가 중요한 역할을 했다는 견해도 있다. 실제로 그의 기획이 프톨레마이오스의 영향을 받았다고 추정할 만한 근거들이 있다. 가령 알하이삼이 시각과정을 세 단계로 설명하고, 저서를 시각일반·반사광학·굴절광학의 3부 7권으로 구성한 것이 그저 우연의 일치는 아니리라. 하지만 무엇보다 중요한 것은 그가 시각연구의 철학적·수학적·의학적 전통을 녹여 "봉합선 없이 이어진 전체"로 주조해냈다는 사실이다. 세 분과의 결합으로 포괄적인 시각 이론을 만들려 했던 알하이삼의 시도는 사실 800년 전 프톨레마이오스가 하던 작업의 연장이었던 셈이다.[19]

5부

고대에서 중세로

Aisthetik

공감으로서 감각
플로티노스

플로티노스[204/5~270]의 사상을 흔히 '신플라톤주의'라 부르나, 그의 사상에는 플라톤은 물론이고, 그가 명시적으로 비판한 아리스토텔레스와 스토아학파에서 유래한 요소도 적지 않게 눈에 띈다. 사실 플로티노스와 플라톤 사이에는 500여년의 시간차이가 존재한다. 이 거대한 간극을 메꾸려면 아무래도 그 500년 동안에 등장한 여러 이론을 두루 참고할 수밖에 없었을 것이다. 결국 그는 플라톤주의의 핵심을 시대에 맞게 재구성하려다가 의도치 않게 고대 형이상학의 여러 전통을 집대성하게 된 셈이다. 고대의 철학적 유산은 이렇게 신플라톤주의의 형태로 중세에 전해진다.

| 일자와 자연의 위계

플로티노스는 원자나 원소의 단순한 배열에서 저절로 통일성이 생긴다고 믿지 않았다. 요소의 배열에서 그 요소들에 없었던 새로운 성질이 나타난다는 '창발'emergence의 개념은 그의 시대에는 낯선 것이었다. 한 사물이 유기적 통일성을 가지려면 그것의 구성요소들이 어떤 상위의 원칙에 따라 조직되어야 한다. 그렇게 조직된 것들은 물론 그보다 더 높은 원칙에 의해 더 고차원의 대상으로 조직될 것이다. 이렇게 계속 올라가다 보면 결국 무한소급에 빠지게 된다. 이를 피하려면 최상위의 존재는 다른 것에 의하지 않고 스스로 통일성을 가져야 한다. 그 최종존재가 바로 '일자'一者, to hen다.

플로티노스는 일자를 일종의 빛으로 표상한다. 세상의 모든 것은 일자에서 유출된 빛으로 이루어진다. 촛불에 가까울수록 밝고 멀어질수록 어두워지듯이 세계의 모든 것은 이 빛의 밝기에 따라 일자→정신→영혼→물질의 순서로 위계를 이룬다. 일자는 플라톤의 이데아처럼 세상에 존재하는 모든 사물에 형상을, 즉 유기적 통일성을 주는 존재다. 일자에 가장 가까운 것은 정신nous이다. 이는 개별 인간의 정신이 아니라 그 너머의 어떤 세계정신을 가리킨다. 이 정신은 세계창조의 원리인 로고스 같은 것으로, 아직 감각세계의 물질과 섞이지 않은 순수한 형상들로 이루어진다.

정신의 아래에는 영혼psyche이 존재한다. 이 역시 개별 인간이나 동물의 영혼이 아니라 그 너머에 존재하는 어떤 세계영혼을 가리킨다. 영혼은 사물을 살아 있게 하는 원리로, 이에 힘입어 자연은 시공 속에 살아 있는 하나의 거대한 생명체가 된다. 영혼의 아래에는 자연physis이 있다. 자연 속의 사물들은 일자에서 유출된 형상과, 그것의 수용체인 물질의 결합으로 이루어진다. 플로티노스가 말하는 '물질'은 플라톤의 '코라'와 아리스토텔레스의 '질료'를 합쳐놓은 것에 가깝다. 물질은 존재의 위계에서 가장 어두운 부분을 차지하나, 그 역시 다른 것들처럼 일자에서 유출된 것으로 상정된다.

일자와 나머지 것들의 관계를 플로티노스는 '임재'와 '분유', 그리고 '유출'의 개념으로 설명한다. 여기서 '임재'와 '분유'는 플라톤에게 물려받은 것이나, '유출'aporrhoia의 개념은 플로티노스 고유의 것이다. 이 개념으로 인해 그의 플라톤주의는 슬며시 아리스토텔레스주의의 색채를 입는다. 가령 아리스토텔레스는 이데아계가 따로 있다고 보지 않았다. 반면 플로티노스는 이데아(일자)의 초월성을 인정한다. 이 점에서 그는 어쩔 수 없이 플라톤주의자다. 하지만 동시에 그는 일자가 현상계로 유출되어 감각대상들 속에 구현된다고 말한다. 이는 명백히 아리스토텔레스적 요소다.

| 편재하는 영혼

영혼은 살아 있는 모든 것의 원천이다. 플로티노스는 하나의 세계영혼이 식물과 동물, 인간에 이르기까지 모든 개별 영혼 속에 동시에 존재한다고 말한다. 이것이 어떻게 가능할까? 그는 이를 원과 중심의 관계로 설명한다. 원의 정의는 '중심에서 동일한 거리에 있는 점들의 집합'이다. 즉 원을 이루는 모든 점들이 하나의 중심을 공유하듯이 세계에 존재하는 모든 생명체가 하나의 영혼을 공유한다는 것이다. 여기서 그의 감각론에 중요한 의미를 갖게 될 결론이 도출된다. 동일한 영혼을 분유하기에 세계의 모든 것은 서로 '공감'sympatheia이 가능하다는 것이다(*Enn.* VI.5.8).[1]

유출의 형이상학의 반대편에는 상승의 실존미학이 있다. 인간의 영혼은 유동적이어서 어떤 선택을 하느냐에 따라 지성적 영혼으로 상승하거나 동물영혼 혹은 식물영혼으로 추락할 수 있다. 현자의 영혼은 예술·사랑·철학을 통해 제 안의 육肉의 요소를 정화하여 순수한 영혼과 정신으로 상승한다(*Enn.* I.3.1-3).* 이 운동의 끝에서 "모든 영혼은 그것이 관조하는 그것(일자)이며, 그것이 된다"(*Enn.* IV.3.8.15-16). 이렇게 일자와 합

---

* 영혼을 정화하는 방식으로 예술·철학과 더불어 사랑을 꼽은 것은 물론 플라톤의 『향연』에 나오는 에로스론(論)의 영향이리라.

일할 때 개인의 영혼은 그 개별성을 벗고 몰아^{ecstasy}의 상태에 빠지는데, 플로티노스는 생전에 종종 이 황홀경을 경험했다고 한다. 그 체험을 그는 이렇게 전한다.

나는 종종 내 몸에서 깨어나 자아로 돌아간다. 이때 나는 다른 사물들의 바깥에, 그리고 나 자신의 안에 존재하게 된다. 이때 얼마나 비범하고 놀라운 아름다움이 보이는가. 이 순간 나는 뭔가 더 큰 것에 속한다고 믿게 된다. 이때 최고 형태의 삶을 깨닫고, 신성한 것과 하나가 되며, 그 안에 나 자신을 세우게 된다. 일단 이 최고의 활동에 도달하면, 나 자신이 그 어떤 다른 영적 실체보다 위에 있다고 느낀다. 하지만 이렇게 신성한 것에 거하다가 다시 직관에서 이성적 사유로 내려오면, 어떻게 내 영혼이 내 몸 안에 있게 됐는지 궁금해진다. 방금 그 비밀을 드러낸 것처럼 영혼은 비록 몸속에 있어도 지고한 존재인데 말이다 (*Enn.* V.8.1.1-11).

사실 이런 관념은 앞선 시대에는 매우 낯선 것이었다. 고대철학에서 '영혼'은 '생명' 혹은 '생기'에 가까운 개념으로, 육체와 불가분의 관계에 있다고 여겨졌기 때문이다. 예를 들어 아리스토텔레스는 영혼과 육체가 형상과 질료의 관계를 맺고 있어 육체가 죽으면 (능동적 이성을 제외한) 영혼의 대부분은 소멸한다고 보았다. 영혼을 원자의 배열로 보았던 에피쿠로스 역시 사후에는 영혼도 다른 원자들처럼 해체된다고 믿었다. 심지어 인간의 영혼을 신적 영혼의 한 부분으로 본 스토아학파마저도 영혼을 일종의 물리적 실체로 여겨 궁극적으로는 사멸하는 것으로 간주했다.

하지만 플로티노스 이후 '영혼'이라는 낱말은 전적으로 '육체의 죽음

후에도 불멸하는 어떤 것'을 의미하게 된다. 이것은 교부철학의 가공을 거치고 교회의 가르침을 통해, 우리에게 익숙한 중세의 신학적 영육이원론body-spirit dualism으로 변모한다. 위의 인용문에서 플로티노스는 상위의 존재인 (세계)영혼이 어떻게 육체에 갇히게 되었는지 궁금해한다. 이렇게 육체가 영혼의 감옥이며 자아가 원래 이곳이 아닌 다른 세상에 속한다는 느낌은 앞 시대에는 없었던 새로운 세계감정이다. 이는 플로티노스만이 아니라 영지주의gnosticism를 비롯한 당시의 여러 사조가 공유하는 감정이기도 했다.[2] 고대는 이렇게 저물어가고 있었다.

| 지각은 능동이다

새로운 '영혼'의 개념은 당연히 감각론에도 변화를 가져올 수밖에 없다. 아리스토텔레스는 대부분의 심리활동이 육체와 연루되어 있다고 보았지만, 플로티노스는 영혼이 신체의 영향을 일절 받지 않는다고 보았다. 또 아리스토텔레스가 영혼 중에서 오직 신체와 분리될 수 있는 능동적 이성만이 불멸한다고 믿었다면, 플로티노스는 그가 일부 영혼에만 허용했던 이 불사의 특권을 아예 영혼 전체로 확장한다. 여기서 '불멸의 영혼'과 '사멸하는 육체' 개념의 대립이 탄생하는데, 이는 중세의 영육이원론을 거쳐 후에 근대철학의 토대를 이루는 심신이원론body-mind dualism으로 이어진다.

플로티노스는 능동적 이성의 특성을 영혼 전체로 확장한다. 하지만 그의 말대로 영혼 전체가 신체의 영향을 받지 않고 능동적 작용을 한다면, 감각이 이루어지는 과정을 설명하기 어렵다. 왜냐하면 영혼의 활동 중 추론이나 기억 등은 신체와 관련이 없다고 할 수 있을지 모르나, 적어도 감각적 지각은 어떤 식으로든 신체의 영향을 받지 않고는 불가능하기 때문이다. 플로티노스는 이 문제를 영향을 받는 것은 오직 감각기관뿐이라고 말함으로써 해결한다. 즉 영향을 받는 것은 신체에 속하는 감관일 뿐, 감각지각 자체는 수동적인 영향받음patheia이 아니라 어디까지나 능동적 활동energeia이라는 것이다.

아리스토텔레스를 따라 플로티노스 역시 감각지각을 '질료 없이 형상을 받아들이는 것'으로 규정한다. 하지만 영혼의 관념 자체가 다르니 이 명제가 갖는 의미도 달라질 수밖에 없다. 앞에서 살펴본 것처럼 아리스토텔레스는 이성을 '능동적 이성'과 '수동적 이성'으로 구별하고, 후자를 감각자료가 새겨지는 빈 서판으로 간주했다. 이성의 일부는 신체에 속해 있어 감관의 직접적인 영향을 받는다는 것이다. 반면 플로티노스는 영혼 전체를 능동적 활동으로 간주하기에, 그의 사유체계에서 신체와 영혼은 아리스토텔레스의 사유체계에서보다 더 뚜렷하게 대립할 수 밖에 없다.

아리스토텔레스는 감각이 감각기관과 감각대상 사이에 존재하는 매체에 의해 이루어진다고 보았다. 즉 대상이 매체를 변화시키면 그 매체가 다시 감관에 영향을 끼침으로써 감각이 이루어진다는 것이다. 심지어 그는 감각이 이루어질 때 감관이 매체의 영향을 받아 대상과 유사한 성격으로 변한다고까지 말했다. 하지만 영혼을 수동적 영향받음이 아니라 능동적 활동으로 규정하는 이상, 플로티노스는 아리스토텔레스의 수동적 감각론을 받아들일 수 없었다. 영육이원론의 입장을 견지하려면 감각대상이나 매체가 주는 물리적 영향의 의미를 최소화해야 하기 때문이다.

| 매체설 비판
플로티노스의 감각론은 『엔네아데스』 제4권의 다섯번째 논문 「영혼에 관련된 난점들(3), 혹은 시각에 관하여」를 중심으로 전개된다. 여기서 그

는 기존의 감각론들을 비판적으로 점검하면서 논의를 시작한다. 가장 먼저 비판의 대상이 되는 것은 매체설, 즉 감각을 공기 혹은 투명한 매체를 통해 순차적으로 영향받는 현상으로 설명하는 이론이다. 플로티노스는 매체설을 부정한다. 하지만 감관과 대상 사이에 무언가가 있다는 사실까지 부정하지는 않는다. 그저 그것이 둘 사이에서 인과적 역할을 한다는 생각을 거부할 뿐이다. '매체'로 번역되는 'metaxy'는 원래 '중간자'라는 뜻이다.

플로티노스는 매체설을 크게 세가지로 반박한다. 첫째, 감각이 공기 등의 매체를 통한 순차적 전달로 일어난다면, 우리는 사실상 대상 자체가 아니라 눈 주위의 공기만을 보게 될 것이다. 떨어져 있는 열원에서 발산된 열을 감지할 때는 이런 현상이 발생하나, 이는 촉각의 설명으로는 적합할지라도 시각의 설명에는 적합하지 않다. 둘째, 이 이론은 우리가 왜 어둠 속에서 빛나는 불빛을 보는지 설명하지 못한다. 가령 밤하늘의 별을 볼 때 중간매체인 공기가 함께 빛나는 것은 아니기 때문이다. 셋째, 시각이 공기에 감각대상의 인상을 찍는 것으로 이루어진다면, 그 큰 대상의 인상이 어떻게 조그만 눈동자 안으로 들어올 수 있겠는가?(*Enn.* IV.5.1-3)

여기서 플로티노스는 누구의 이론을 비판한 것일까? 첫째는 스토아학파의 '순차적 전달' 이론을, 둘째는 아리스토텔레스의 '매체의 변화' 이론을, 그리고 마지막은 데모크리토스의 '에이돌라' 이론을 겨냥한 것으로 보인다. 하지만 이 세가지 비판이 동시에 적용되는 이론의 주인을 찾기란 어렵다. 가령 스토아학파는 큰 대상의 인상이 작은 눈으로 들어오는 이유를 시각원뿔로 설명했기에 세번째 비판을 피해간다. 아리스토텔레스는 매체의 '순차적 전달'이 아니라 '즉각적 변화'를 이야기했기에 첫번째 비판을 빠져나간다. 마지막으로 데모크리토스의 이론은 애당초 첫째와 둘째 비판 어느 쪽에도 해당하지 않는다.

플로티노스가 비판하는 것은 데모크리토스나 아리스토텔레스, 혹은 스토아학파의 이론이 아니라, 다양한 출처의 이론들의 종합 내지 절충으로 이루어진 당대의 감각론으로 보인다. 이욜뷔르 에밀슨에 따르면 플로티노스의 시대에 위의 세 비판에 모두 해당하는 이론은 스트라토와 아리스타르코스의 것이라고 한다.[3] 하지만 세 비판은 논리적으로 서로 독립되어 있으므로, 플로티노스는 이로써 사실상 고대에 제출된 모든 유형의 감각론을 총체적으로 비판했다고 보아야 할 것이다. 결국 영혼론의 급진적 변화가 기존의 감각론을 뒤흔드는 비판을 낳은 셈이다.

| 유출설 비판

매체설 비판에 이어 플로티노스는 외부의 빛이 모종의 역할을 한다는 시각 이론을 비판한다. 여기에서도 그는 비판의 대상을 구체적으로 거명하지 않으나, 그의 표적이 플라톤의 유출설에 뿌리를 둔 이론들이라는 것쯤은 어렵지 않게 짐작할 수 있다. 플라톤에 따르면 시각에는 세가지 빛, 즉 ①눈에서 뻗어나가는 빛 ②빛의 성질을 가진 낮의 물질 ③대상이 발산하는 빛이 필요하다. 즉 시각이란 눈 안의 순수한 불이 밖으로 나가 외부의 빛에 혼을 부여한 후, 그 힘으로 대상이 발산하는 빛을 더듬어 영혼으로 가져오는 현상이라는 것이다. 여기서 플로티노스는 두번째 빛의 역할을 문제 삼는다.

플로티노스는 먼저 '눈에서 유출된 빛이 외부의 빛(낮의 물질)에 혼을 부여한다'는 이론을 검토한다. 이 이론에 따르면 중간의 빛에 혼이 깃들면 그 자체가 일종의 감관으로 변화하여 대상을 어루만지게 된다. 대상은 그저 수동적 역할을 하고, 자기를 더듬는 광선에 저항을 제공할 뿐이다. 그렇다면 시각은 우리에게 대상의 저항에서 비롯된 딱딱함만을 알려줘야 할 것이나, 실제로는 시각을 통해 우리는 색채와 모양 등 다양한 정보를 얻는다. 따라서 대상은 그보다 적극적인 역할을 함에 틀림없다. 나아가 이 이론은 "우리가 밤에 별이나 불을 본다는 사실과(도) 양립하기 어렵다"(*Enn.* IV.5.4).

이어서 플로티노스는 '영혼이 눈 안쪽에 머물며 중간의 빛을 지팡이처럼 사용한다'는 이론을 비판한다. 만약에 시각이 지팡이(빛)를 통한 간접적 지각이라면, 우리는 대상과 간접적으로 접촉하기 이전에 그 대상을 매개체 없이 직접적으로 파악했어야 한다. 그래야 그 기억상과 비교하여 지팡이로 더듬은 대상의 정체를 알 수 있기 때문이다. 하지만 간접적 접촉의 이론은 이 직접적 파악을 논리적으로 배제한다. 따라서 이 이론은 자기모순이다. 마지막으로 플로티노스는 '대상 주위의 빛이 대상의 영향을 받은 후 이를 순차적으로 눈으로 전달한다'는 이론을 검토하나, 이는 앞에서 이미 비판한 바 있다며 별도의 논증은 생략한다.

이 세 이론은 누구의 것일까? 여기서도 그는 이론의 주인을 특정하지 않는다. 첫번째 것이 플로티노스 자신의 이론이라는 해석이 있으나,[4] 플라톤과 달리 플로티노스는 시각광선의 이론을 주장한 적이 없다. 중간의 빛을 촉각신경처럼 감관으로 사용한다고 보는 점에서, 이 이론은 차라리 갈레노스의 견해에 가깝다. 두번째 이론은 지팡이의 비유로 보아 명백히 스토아학파의 것이다. 한편 세번째 이론은 유출설과는 별 관계가 없고, 차라리 아리스토텔레스의 견해에 가깝다. 다만 아리스토텔레스는 매체의 '순차적 전달'이 아니라 '즉각적 변화'를 이야기했다는 차이가 있다.

| 공감으로서 시각

그렇다면 플로티노스 고유의 감각론은 무엇인가? 그가 비판한 내용들의 역逆을 취하면 그가 생각하는 감각론의 윤곽이 그려질 것이다. 첫째, 그것은 감각을 공기나 빛 같은 중간매체에 의존하지 않는 것으로 설명해야 한다. 둘째, 감각을 대상의 이미지가 아니라 대상 자체를 직접 파악하는 것으로 설명해야 한다. 셋째, 감각에서 대상이 하는 역할이 있어야 한다. 마지막으로 그 큰 대상이 조그만 눈으로 들어오는 원리를 설명할 수 있어야 한다. 이 모든 조건을 만족하는 설명으로서 플로티노스는 '공감에 의한 직접적인 대상의 원격지각'을 제시한다(*Enn.* IV.5.5).

'공감'sympatheia은 스토아주의에서 유래한 말로, 원래 한 신체 내의 서로 떨어진 두 부위가 호응하는 현상을 가리켰다. 가령 뇌는 다른 신체부위의 통증을 즉각 인지하고, 장기에 문제가 있으면 다른 신체부위에 증상이 나타난다. 스토아학파는 숨결이 신체부위들을 내적으로 연결하고 있기 때문에 이런 현상이 일어난다고 설명한다. 플로티노스에 따르면 공감은 하나의 유기체 내에서만이 아니라 유기체와 그 바깥의 대상 사이에서도 일어난다. 이를 가능하게 해주는 것은 '영혼의 통일성'이다. 즉 우주 전체가 하나의 영혼世界靈으로 이루어진 유기체이기에 서로 다른 존재들 사이에 공감이 일어날 수 있다는 것이다.

공간적으로 떨어진 두 사물이 서로 공감한다는 말은 우리 귀에 매우 낯설게 들린다. 하지만 고대인들에게 사물들 사이의 조응 혹은 공감은 자연에서 흔히 보는 현상이었다. 가령 달과 조수潮水의 관계를 생각해보라. 게다가 그 시절에는 천상에서 일어난 별들의 변화가 지상의 사건을 일으킨다는 믿음(점성술)이나, 멀리 떨어진 대상에 원격으로 영향을 끼칠 수 있다는 믿음(마술)이 사회의 상식으로 통용되고 있었다.[5] 당대의 사람들처럼 플로티노스 역시 이 오래된 믿음을 아무 비판 없이 그대로 받아들인다. 그의 눈에는 이 모든 것이 공감의 증거로 보였을 것이다(*Enn.* IV.4).

| 공감의 기제

플로티노스가 '공감'을 모티브로 감각론의 윤곽을 그린 이유가 있다. 공기나 광선에 의존하는 매체설이나 유출설과 달리 공감의 모델은 그런 물리적 실체의 개입이 필요 없는 원격지각의 가능성을 제시하기 때문이다. 스토아학파와 달리 플로티노스는 공감이 숨결 같은 물리적 실체에 의존한다고 보지 않았다. 하지만 그의 저술에서 감각지각과 그 공감의 기제에 대한 구체적 설명은 찾아볼 수 없다. 그저 그 공감이 ①영혼의 '통일성'에 기초하여 ②한 유기체 내의 서로 떨어진 부분들 사이에서 ③그것들 간의 '유사성'을 근거로 이루어진다는 추상적인 설명뿐이다(*Enn.* IV.4.32).

여기서 '유사성'은 물리적 유사성이 아니라 구성적 유사성을 가리킨다. 플로티노스는 아리스토텔레스를 따라 감각지각을 '질료 없이 대상의 형상을 받아들이는 것'으로 규정한다. 따라서 공감의 근거도 당연히 질료가 아닌 형상의 유사성이어야 한다. 결국 공감의 토대를 이루는 유사성은 아직 질료와 섞이지 않은 세계정신 속의 순수한 대문자 형상들 Morphe과 감각세계로 흘러들어와 질료 속에 구현된 소문자 형상들morphe 사이의 유사성이라 할 수 있다. 대문자 형상과 소문자 형상은 서로 유사하다. 이 두 형상은 동일한 근원을 가지며, 동일한 실체의 상이한 두 단계 혹은 등급에 불과하기 때문이다.

통일성과 유사성 중에서 상위의 원칙은 통일성이다. 이를 보여주기 위해 플로티노스는 사유실험을 도입한다. 가령 한 우주에 속하는 존재X가 그 우주의 경계선에 서 있고, 인접한 평행우주 속에 존재X와 비슷한 존재Y가 있다고 하자. X는 Y를 볼 수 있을까? 둘 사이에는 유사성이 있으므로 당연히 공감이 일어나야 할 것이다. 하지만 플로티노스는 둘 사이의 공감이 불가능하다고 단언한다. 왜냐하면 X와 Y는 서로 다른 우주, 서로 다른 세계영혼, 즉 서로 다른 통일성에 속하기 때문이다. 서로 다른 영혼에 속하는 두 존재는 애초에 유사성을 가질 수도 없다. 유사성은 통일성에서 나오기 때문이다.

다소 위험하지만 이제 플로티노스가 공백으로 남겨둔 공감의 기제를 추정해보자. 먼저 시각대상이 제 안에 구현된 소문자 형상들을 사방으로 내보낸다. 감관과 대상 사이의 공간은 이 형상들로 가득 찬다. 이들은 눈으로 직접 전송되는데 이때 중간매체는 외려 방해가 된다. 멀리 있는 사물일수록 희미하게 보이는 것이 이를 증명한다. 플로티노스가 매체설을 거부하는 것은 이 때문이다. 소문자 형상들이 눈으로 전송되면 지성으로 상승한 영혼이 즉각 그와 유사한 대문자 형상을 떠올린다. 이때 질료와 섞여 있던 형상은 순수형상으로 걸러지고, 이로써 지각이 완료된다.

| 중간자로서 감관

이것이 플로티노스의 생각이라면, 그의 공감 이론은 결국 '유사가 유사를 지각한다'는 유사론과 '구체에서 추상을 떠올린다'는 플라톤식 상기설의 결합으로 이루어졌다고 할 수도 있다. 하지만 놀랍게도 플라톤주의자인 그의 이론은 사실 플라톤의 감각론과 별로 관계가 없다. 플라톤이 시각을 눈에서 유출된 광선이 대상을 더듬어 파악하는 능동적 과정으로 보았다면, 플로티노스는 그것을 대상의 형상이 눈으로 들어오는 수동적 과정으로 보기 때문이다. 눈으로 들어오는 것이 물리적 실체가 아닌 관념적 형상이라는 점만 빼면, 플로티노스의 이론은 차라리 원자론의 발산설에 가깝다.

'공감'sympatheia이라는 말은 원래 '함께sym+영향받는다patheia'는 뜻이다. 따라서 공감으로서의 감각-지각에도 영향을 받는 수동적 과정이 포함된다. 하지만 영향받음이 곧 지각인 것은 아니다. 플로티노스에 따르면 "감각지각은 영향받음patheia이 아니라, 영향받음과 판단 모두에 관련된 활동energeia이다. 영향받음은 (…) 육체에 속하지만 판단은 영혼에 속한다"(Enn. III.6.1). 즉 영향을 받는 것은 감관일 뿐 지각 자체는 영혼의 능동적 판단이라는 것이다. 여기서 한가지 문제가 발생한다. 감각지각에는 영향받음이 필요하나 영혼은 영향을 받지 않는 존재다. 그런데 어떻게 영혼이 대상을 지각하는 일이 가능한가?

이는 후에 데카르트를 괴롭힐 문제이기도 하다. 신체는 공간을 차지하는 연장실체이고 정신은 공간을 차지하지 않는 사유실체인데, 어떻게 두 실체가 상호작용을 할 수 있는가? 이 난점을 피하기 위해 데카르트는 신체도 정신도 아닌 제3의 기관(송과선)을 상정해야 했다. 플로티노스 역시 문제를 해결하기 위해 '제3의 존재'를 요청한다. "영향을 받는 것은 제3의 것이어야 하며, 이것이 형상을 수용한다. 그것은 공감적이어서 유사성의 영향을 받아야 하며, (외부대상과) 같은 물질로 이루어져야 한다. 그것은 한쪽으로는 영향을 받고, 다른 쪽으로는 인식을 해야 한다."(Enn. IV.4.23)

여기서 플로티노스는 '제3의 것'으로서 감각기관이 수행하는 이중의 역할을 언급한다. 물질로 이루어진 감각기관은 수동적으로 영향을 받으면서, 동시에 능동적으로 인식을 한다. 즉 육체에 속하는 감관은 우리를 감성계physis와 연결하고, 그 감관 속에 깃든 영적인 힘은 우리를 예지계 nous와 연결한다는 것이다. 이렇게 그는 감각-지각을 감성적 영역과 이성적 영역을 매개하는 '비례중앙'으로 상정한다. 하지만 여전히 논리적 난점은 해결되지 않은 채로 남아 있다. 신체부위로서 감각기관과 그 안에 깃든 영혼이 어떻게 서로 관련을 맺을 수 있는지는 아직 설명되지 않았기 때문이다.

사실 플로티노스 이전의 철학자들은 이런 문제로 골머리를 썩일 필요가 없었다. 영혼이 육체와 분리될 수 없다고 믿었기 때문이다. 그들은 영혼이 수동적으로 영향을 받으며 동시에 능동적으로 지각하는 것을 당연하다고 보았기 때문에 수동적 감각sensation과 능동적 지각perception을 서로 대립시키지 않았다. 고대 그리스에서 '아이스테시스'라는 말은 '감각'인 동시에 '지각'을 의미했다. 문제는 플로티노스가 플라톤의 영육이원론을 다시 도입했다는 점이다. 영혼이 육체에서 분리될 수 있고, 육체의 영향을 받지 않는다면, 당연히 둘의 연관을 설명할 때 어려움을 겪을 수밖에 없다.

플로티노스는 지각을 '활동'으로 규정하고, 이를 가리켜 '에네르게이아'energeia라고 부른다. 에네르게이아는 원래 아리스토텔레스의 용어로, '잠재태'dunamis와 짝을 이루는 '현실태'entelecheia를 가리켰다. 청동이라는 잠재태가 장인의 손을 거쳐 동상이라는 현실태가 되듯이, 아리스토텔레스에게서 현실태와 잠재태는 서로 대립되지 않는다. 이 때문에 아리스토텔레스는 지각이 수동적 영향받음이라 하더라도 일단 발동하면 여전히 그것을 '활동'이라 부를 수 있었다. 반면 플로티노스의 '활동'은 수동성의 반대인 능동성을 가리킨다. 능동과 수동은 서로 배척하므로, 활동으로 규정된 지각은 수용paschein이 아니라 작용poiein이어야 한다(*Enn.* II.5).

이처럼 지각을 영혼의 능동적 판단으로 보는 것은 플로티노스만의 생각은 아니다. 일찍이 스토아학파는 감각지각을 '영향→인상→승인'의 세 단계로 설명한 바 있는데, 이 중 '승인'이 플로티노스가 말하는 '판단'에 해당한다.* 이를 플로티노스의 이론과 비교해보면, 플로티노스에게는 세 단계 중 '인상'이 빠져 있음을 알 수 있다. '인상'이란 밀랍봉인처럼 감각대상이 감각기관에 물리적 각인을 남기는 것을 말한다. 하지만 '공감'은 비非물리적 원격전송이기에, 플로티노스에게는 '인상'의 과정이 필요하지 않았던 것이다. '인상'의 누락은 물론 영혼과 육체의 이원론적 분리를 의미한다.

| 빛의 형이상학

다른 철학자들처럼 플로티노스 역시 '시각'을 감각 전체의 범례로 삼는다. 따라서 청각에 대한 간략한 논의를 빼면 다른 감각에 대해 거의 언급하지 않았다. 플로티노스에 의하면 청각은 흔히 생각하듯이 공기매체에 의해 순차적으로 영향받는 현상이 아니다. "공기 자체는 소리의 생성에 본질적이지 않다."(*Enn.* IV.5.5) 진동은 공기로 전달되기 전에 사물 자체에서 생긴다. 따라서 우리는 청각을 통해 공기의 진동이 아니라 사물의 특성 자체를 파악한다. 나아가 소리들 사이의 질적 차이를 진동의 강도라는 양적 차이로 설명할 수는 없다. 청각에 관한 논의를 그는 이렇게 마무리한다.

---

* 아리스토텔레스는 감각지각에서 수동적 이성과 더불어 능동적 이성의 역할을 인정한 바 있다. 스토아학파의 '영향·인상·승인'의 도식도 실은 아리스토텔레스의 감각론을 새로운 맥락 속에서 고쳐쓴 것이라 할 수 있다.

청각에 관한 난점에 대해서는 이 정도로 충분하다. 청각에서 영향받음 역시 한 유기체 내에 존재하는 공감각synaisthêsis의 일종이므로, 여기서 제기되는 문제도 결국 시각의 경우와 비슷하다(*Enn.* IV.5.5).

청각 역시 시각처럼 공감 이론으로 설명할 수 있다는 주장이다. 다른 감각의 경우에도 마찬가지이리라. 언뜻 보기에 플로티노스에 이르러 고대의 감각론은 과거에 비해 외려 퇴행한 것처럼 느껴진다. 가령 공기 없이 소리가 만들어진다는 주장은 얼마나 우스운가? 특히 그가 광학이나 해부학과 같은 앞 시대의 과학적 성과를 버리고 사변철학으로 되돌아간 것, 그것도 '공감'이라는 개념을 끌어들여 비교秘敎의 전통으로 돌아간 것은 어쩌면 감각론의 발전에서 커다란 손실이었는지도 모른다. 하지만 철학적 감각론의 역사에서 플로티노스의 이론이 그저 퇴행은 아니었다.

예를 들어 플로티노스는 고대 감각론의 세가지 대이론을 모두 기각한다. 적어도 그는 눈에서 광선이 뻗어나간다거나(방사설), 순식간에 중간매체를 변질시킨다거나(매체설), 발산된 원자막이 눈으로 들어온다는(발산설) 황당한 주장들과는 거리를 둔다. 어떤 면에서 공감 이론은 현대의 시각론에 매우 근접해 있다. 그의 형이상학에 따르면, 사물의 형상도 결국 일자에서 유출된 빛이다. 따라서 형상이 눈으로 들어온다는 것은 곧 모종의 빛이 눈으로 들어오는 것을 의미한다. 물론 플로티노스의 시각론을 현대의 광학과 동일시할 수는 없다. 일자의 빛은 물리적 광선이 아니라 형이상학적 광선이기 때문이다.

플로티노스의 이론은 중세의 서구와 이슬람 신학에서 빛의 형이상학이 형성될 때 결정적 영향을 끼친다. 시각기관과 시각대상 사이의 공간이 대상에서 발산된 형상들로 가득 차 있다는 플로티노스의 말을 생각해

보라. 그 형상들이 일자에서 유출된 빛이라면, 공간은 결국 빛으로 가득 차 있다는 뜻이다. 실제로 중세인들의 의식 속에서 공간은 물리적 빛 대신에 형이상학적 빛으로 채워지기에 이른다. 중세 세밀화의 배경이 번쩍이는 금으로 밝게 채색되는 것은 이 '빛의 형이상학'과 관련이 있다. 중세 특유의 '빛의 미학'도 결국은 플로티노스에게서 기원한 셈이다.

집중으로서 감각
아우구스티누스

플로티노스는 아우구스티누스[354~430]가 "글자 하나만 바꾸면 그리스도인이 될 수 있었던 사람"이라고 말했다. '일자'를 신으로, 일자·정신·영혼을 성부·성자·성령의 삼위일체로 해석하면, 중세 기독교 신앙의 원형이 얻어지기 때문이리라. 이 과정에서 일어난 가장 중요한 변화는, 영혼의 '상승'이라는 고대의 실존미학이 영혼의 '구원'이라는 중세 신앙으로 변했다는 것이다. 플로티노스는 인간이 자신의 노력으로 신과 하나가 될 수 있다고 믿었다. 반면 아우구스티누스는 그것이 신의 은총을 통해서만 가능하다고 본다. 스스로 신이 되려 했던 인간이 이제 신에게 은총을 간구하는 존재가 된 것이다.

중세 기독교의 초석을 놓은 교부教父들은 헬레니즘 교양을 교육받았고, 동방에서 유래한 새로운 종교의 교리를 세울 때 당연히 이 고전교양을 이론틀로 활용했다. 물론 아우구스티누스 신학의 토대는 당대의 플라톤주의, 즉 신플라톤주의였다. 하지만 아우구스티누스가 플로티노스의 철학을 통째로 신학적 용어로 번역하기만 한 것은 아니다. 그는 신플라톤주의에 아리스토텔레스와 스토아학파에서 유래한 이론들을 결합해 고유의 사유체계로 발전시켰기 때문이다. 심지어 그는 헤로필로스와 에라시스트라토스, 갈레노스로 이어지는 의학적 전통까지 자신의 체계로 받아들였다.

따라서 아우구스티누스와 플로티노스의 감각론이 별로 관계가 없다고 해도 그리 놀랄 일은 아니다. 아우구스티누스는 일단 플로티노스의 공감 이론을 받아들이지 않는다. 그 대신에 플로티노스가 사변적 방법으로 회귀하면서 배제해버린 감각에 대한 생리학적 설명을 다시 부활시킨다. 감각의 기제를 설명하는 모델을 크게 '생리학적' 설명과 '심리학적' 설명으로 나눈다고 할 때, 아우구스티누스는 플로티노스와 달리 감각을 생리학적으로 설명하면서 고대 감각론의 전통을 그대로 이어간다. 다만 지각을 심리학적으로 설명할 때에는 플로티노스의 영향을 비교적 뚜렷이 보여준다.

감각의 생리학

아우구스티누스에 따르면 감각은 감관이 외부의 인상을 수용하여 그 자극을 감각신경을 통해 뇌로 전달함으로써 발생한다. 자극의 전달은 뇌에서 경부와 척수를 거쳐 피부와 감관으로 이어지는 미세한 파이프 모양의 통로들tenues fistulae을 통해 이루어지는바, 이 중 촉각을 담당하는 통로는 여타 감각을 전달하는 신경보다 훨씬 더 미세하다. 감각지각은 이 통로들 속에 흐르는 숨결에 의해 이루어진다. 대뇌에 있는 세개의 뇌실 중 하나가 감각을 담당하는데, 이것이 기억과 운동을 담당하는 다른 두 뇌실 사이에서 그 둘을 연결하는 역할을 담당한다.

관찰에서 비롯된 이러한 유형의 설명은 물론 헤로필로스에서 갈레노스로 이어지는 의학적·생리학 전통에서 유래한다. 반면 영혼이 통로로 숨결을 불어넣어 감관을 발동시킨다는 생각은 갈레노스를 통해 스토아학파에게서 물려받은 형이상학적 요소이리라. 사실 아우구스티누스의 감각론은 여러 면에서 플로티노스보다는 스토아학파의 감각론에 가깝다. 그의 말에 따르면 영혼은 '통로' 속으로 미세한 물질subtilius corpus을 불어넣어 감관의 감지능력을 발동시킨다. 영혼이 움직이게 하는 이 물질은 스토아학파의 숨결처럼 불의 속성을 가지나, 개별 감관 속에서 다양한 형태로 나타날 수 있다고 한다. 『음악론』De Musica의 일부를 보자.

> 그것〔영혼〕은 눈에서는 뭔가 빛나는 것을, 귀에서는 뭔가—아주 맑고 부유하는—공기 같은 것을, 콧구멍에서는 뭔가 어두운 공기 같은 것을, 입에서는 뭔가 축축한 것을, 촉각에서는 뭔가 흙이나 진흙 같은 것을 움직인다(Mus. 6.11).

흥미로운 것은 아우구스티누스가 시각을 설명할 때 플로티노스가 배제해버린 플라톤의 광선 이론을 다시 받아들인다는 점이다. 『삼위일체론』De Trinitate에서 그는 눈에서 뻗어나간 광선이 "눈을 뜨면 이미 도착"할 정도로 대상을 향해 빠르게 날아가는 현상으로 시각을 설명한다(Trin. 9.3). 그러면서 시각광선과 대상의 접촉을 맹인의 지팡이에 비유하는데, 물론 이 이론은 스토아학파에서 유래한다. 스토아학파가 시각광선이 긴장시킨 공기를 대상을 탐지하는 지팡으로 보았다면, 아우구스티누스는 시각광선 자체를 지팡이로 간주한다. 이런 의미에서 스토아학파보다는 아우구스티누스의 시각론이 플라톤 감각론의 원형에 더 가까운 셈이다.

아우구스티누스는 색깔·소리·맛·냄새·감촉처럼 한가지 감각으로만 지각되는 대상과, 사물의 형태처럼 복수의 감각(시각·촉각)으로 동시에 지각되는 대상을 구별했다. 이는 아리스토텔레스의 생각을 물려받은 것이다. 나아가 그는 오감을 시각·청각과 같은 원격지각과 후각·미각·촉각과 같은 접촉지각의 두 부류로 구별한다. 전자는 여러 사람에 의해 동시에 지각되는 반면, 후자는 여러 사람이 동시에 지각할 수가 없다. 다만 후각은 여기에서 중간적이면서 예외적인 위치를 차지한다. 코와 입자의 직접적 접촉을 통해 발생하나, 여러 사람이 동시에 지각하는 일이 가능한 유일한 감각이기 때문이다.

| 지각의 심리학

고대에 '아이스테시스'라는 말은 서로 분화하지 않은 상태의 감각지각을 가리켰다. 하지만 플로티노스 이후 감각지각은 육체가 수동적으로 영향을 받아 이루어지는 감각과 정신의 능동적 활동으로서 지각의 두 측면으로 분화하고, 이 과정에서 감각이 지각에 밀려 주변화하는 경향이 나타난다. 이 경향은 그대로 아우구스티누스에게로 이어진다. 감각을 생리학적으로 설명할 때에는 플로티노스 이전의 고대 의학전통에 의존하지만, 그의 감각론의 핵심인 지각의 심리학에서는 플로티노스에게 물려받은 영육이원론의 영향이 강하게 드러난다.

플라톤의 영육이원론에 따르면, 육체는 영향을 받아도 영혼은 영향을 받지 않는다. 여기서 다시 플로티노스의 말을 인용해 보자. "감각지각은 영향받음이 아니라, 영향받음과 판단 모두에 관련된 활동이다."(*Enn.* III.6.1) 이 짧은 문장에는 크게 세가지 인식이 담겨 있다. 첫째, 감각지각은 육체의 수동적 영향받음이 아니다. 둘째, 육체의 영향받음도 실은 영혼의 능동적 활동으로 인해 가능하다. 그리고 셋째, 감각지각은 '판단'이라는 영혼의 능동적 활동을 포함한다는 것이다. 물론 이는 멀리는 '능동적 이성'이라는 아리스토텔레스의 개념, 가깝게는 '승인'이라는 스토아주의의 개념과 관련이 있다.

플로티노스를 따라 아우구스티누스도 육체의 영향받음이 영혼의 능동적 활동으로 인해 가능하다고 본다. 육체에 속하는 감관에 감지능력을 부여하는 것은 영혼의 숨결이다. 앞서 말했듯이 영혼은 눈에서는 빛 같은 것, 귀에서는 공기 같은 것, 코에서는 증기 같은 것, 입에서는 축축한 것, 피부에서는 흙 같은 것을 움직여 육체에 속한 감각기관을 감지가능한sentient 상태로 만든다. 감각은 감관에 수용된 자극을 별도의 물질에 실어 뇌로 전송하는 현상이 아니다. 아우구스티누스는 『편지들』Epistulae에서 하나의 나뉘지 않는 영혼이 신체의 모든 곳에 고루 깃들어 있어 그 자리에서 바로 자극을 인지한다고 말한다.

확실히 그것〔영혼〕은 보는 데서 지각을 한다. 왜냐하면 보는 것이 곧 지각하는 것이기 때문이다. 그리고 듣는 데서 지각을 한다. 왜냐하면 듣는 것이 곧 지각하는 것이기 때문이다(*Epist.* 137.2.6).

『창세기의 문자적 의미』De Genesi ad Litteram에서 아우구스티누스는 감각적 인상 역시 신체가 영혼에 새긴 자국이 아니라 영혼이 스스로 생산해낸 것이라고 말한다.

어떤 물체를 보고 우리 영혼 안에 그것의 상이 존재하기 시작할 때, 그 상을 영혼에 새기는 것은 신체가 아니다. 놀라울 정도로 빠르게 영혼 안에 그 상을 만들어내는 것은 바로 영혼 자신이다(*Gen. Lit.* 13.16.33).

물론 이 '능동적 감각지각의 이론'은 플로티노스에게서 받아들인 플라톤적 영육이원론의 논리적 귀결이다. 영혼과 육체를 형상과 질료처럼 서로 분리할 수 없었던 아리스토텔레스는 감각적 인상을 수동적 이성이라는 빈 서판에 새겨진 각인으로 간주했다. 반면 아우구스티누스는 영육이원론을 받아들였기에 육체의 영향 아래 영혼을 종속시키는 그 어떤 종류의 감각론도 받아들일 수 없었을 것이다.

| 영혼의 집중

아우구스티누스에게서 감각^{sensus}은 "신체가 겪는 것에 대한 영혼의 자각"이다. 혹은 "영혼이 알아차릴 수밖에 없는 육체의 영향받음"이다. 육체의 영향받음 자체가 영혼의 활동으로 인해 가능한 것이니, 감각이 일어날 때마다 영혼이 그것을 모를 리 없다는 것이다.[6]

> 내가 보기에, 신체에서 감각을 할 때 영혼은 수동적으로 신체의 영향을 받는 게 아니다. 그보다는 영혼이 신체의 영향받음에 주의를 기울인다. 이때 이 활동들〔영혼의 능동적 활동으로 신체가 영향받는 활동들〕은 (…) 영혼이 인지할 수밖에 없다(*Mus.* 6.5.10).

여기에서 주목해야 할 것은 '주의를 기울인다'는 표현이다. '주의'라는 낱말은 어떤 대상을 향한 정신의 '집중'^{intentio}을 가리킨다. 아우구스티누스에 따르면, "신체는 주체에 집중하는 영혼에 의해 비로소 발동된다"(*Mus.* 6.9). 즉 영혼은 집중을 통해 신체에 속하는 감각기관에 감지능력을 부여한다. 이는 영혼의 숨결이 공기를 '긴장'시켜 감지능력을 부여한다는 스토아학파의 이론을 연상시킨다. 다만 스토아학파의 이론에서 영혼이 긴장시키는 대상이 공기와 같은 매체라면, 아우구스티누스의 경우에는 영혼이 집중하는 대상이 매체가 아닌 감관 자체라는 차이가 있다.

나아가 영혼이 공기와 같은 매체를 '긴장'시켜 감관으로 바꾸어놓는 다는 것이 스토아학파의 입장이라면, 아우구스티누스는 영혼이 신체에 '집중'함으로써 그것을 감각의 도구로 바꾸어놓는다고 본다. 감각지각 은 영혼화한 신체, 즉 영혼이 적절히 개조한 신체를 통해 이루어진다는 것이다. 그가 말하는 시각광선은 "정신적 집중의 물리적 대응물"이라 할 수 있다.[7] 아우구스티누스 감각론의 능동적 성격이 잘 드러나는 것은 '집 중'의 개념에서다. 정신의 집중이 너무 강하면 거기에 골몰하느라 다른 자극을 못 느낄 수 있고, 병적으로 강할 경우에는 심지어 환각을 볼 수도 있다고 한다.

이 능동적 지각의 이론은 물론 영육이원론의 논리적 귀결이리라. 영 육이원론에 함축된 육肉에 대한 경멸은 감각에서 신체의 역할을 축소하 는 쪽으로 나아가기 마련이다. 아우구스티누스는 감각지각으로도 지식 을 얻을 수 있음을 인정하나, 그 지식을 신뢰할 만하다고 생각하지는 않 았다. 그가 시각광선의 이론으로 되돌아간 것이 어쩌면 이론적 퇴행으로 보일지도 모르겠다. 하지만 '집중'이라는 표현은 훗날 현상학에서 말하 는 '지향성' 개념의 모체가 된다. 그가 개척한 능동적 지각론의 전통 역 시 오늘날 인지과학에서 새로이 조명을 받고 있다.[8]

| 고백록

신체의 역할을 축소하여 사실상 감각지각을 능동적 지각으로 환원했 지만, 아우구스티누스는 지각이 신체의 영향을 받는 또다른 방식인 감 정을 수반한다는 사실까지 부정하지 않았다. 지각에는 늘 감정이, 특

히 쾌와 불쾌의 감정이 따르기 마련이다. 정신이 진리에 이르려면 신체에서 유래하는 불순한 요소를 씻어내야 하듯이, 영혼 역시 구원을 받으려면 육체와 관련된 쾌·불쾌의 감정을 적절히 정화해야 한다. 『고백록』 *Confessiones* 제10권에서 그는 이 요구에 따라 '오감의 윤리학'을 차례로 전개한다. 이는 아리스토텔레스가 『니코마코스 윤리학』에서 개진한 감각의 테크놀로지의 중세 버전이라 할 수 있다.*

오감의 윤리학은 제10권의 30장부터 34장까지 다섯장에 걸쳐 촉각·미각·후각·청각·시각의 순서로 전개된다. 촉각의 쾌락을 대표하는 것은 당연히 성욕이다. 아우구스티누스는 신 앞에서 평소에는 성욕을 억제할 수 있으나 꿈에서는 종종 억제하지 못한다고 겸허히 고백한 후, 이렇게 기도한다. "오, 주여 내 영혼이 나를 당신께 인도하게 해주시고, 집요한 쾌락에서 영혼을 해방시켜 나 자신에게 반란을 일으키지 못하도록 해주시고, 관능적 이미지로 육신을 오염시키는 저 더러운 타락을 저지르지도, 거기에 동의하지도 않게 해주소서."(*Conf.* X.30)

혀의 쾌락에서는 과식과 과음이 문제가 된다. "저는 술은 마시지 않습니다. 그것은 주님의 은총입니다. 하지만 '과식'은 가끔 나를 엄습합니다. 주님의 은총으로 나에게서 그것이 멀어지게 하소서."(*Conf.* X.31) 한편, 코의 쾌락을 대표하는 것은 향기다. 아우구스티누스는 자신이 향기의 유혹에는 잘 넘어가지 않는다고 자신한다. "그것들[향기]이 없다고 억지로 찾지도 않고, 있다고 해서 거부하지도 않습니다. 저는 향기 없이도 잘 살아갈 수 있습니다." 하지만 행여 교만의 죄에 빠질까봐 곧바로 이 자신감을 겸손으로 뒷받침한다. "어쨌든 제가 보기에는 그럴 뿐, 어쩌면 제가

---

* 이 책의 125~128면을 참조하라.

속고 있는지도 모릅니다."(*Conf.* X.32)

귀의 쾌락에서 그는 성가의 선율을 경계한다. 성가를 들을 때, 가끔 인간이 붙인 선율이 주는 쾌감을 신의 말씀인 가사에서 오는 감동으로 착각하는 경우가 있다는 것이다. 그리하여 "때로는 다윗의 시편에 붙인 즐거운 노래들의 모든 선율을 내 귀와 교회 자체에서 격리해야 한다는 생각까지" 든다며, 그래도 효용 때문에 굳이 선율을 써야 한다면, 알렉산드리아의 주교 아타나시우스[296?~373]의 권고대로 "노래보다는 말하기에 가까울 정도로 단순한 음조"를 사용하는 것이 안전하다고 말한다. 중세 성가의 선율이 낭독에 가까울 정도로 단조로운 것은 이 때문이다(*Conf.* X.33).

눈의 쾌락을 대표하는 것은 "색채의 여왕인 빛"이다. "물리적 빛은 맹목적인 이들을 위해 그 유혹적이고 치명적인 달콤함으로 세상을 다채롭게 물들인다." 하지만 신을 찬미하는 이들은 빛을 찬송할 뿐, 꿈에서도 그것의 감각적 아름다움에 사로잡히지 않는다. "저는 그런 사람이 되기를 원합니다." 진정으로 아름다운 것은 물리적 빛이 아니다. 아우구스티누스에게는 초월적인 빛, 즉 늙어서 눈이 침침해진 이삭과 야곱이 언젠가 영혼의 눈으로 보았다는 바로 그 빛이 진정으로 아름답다. 이것이 바로 중세미술을 특징짓는 빛의 미학이다(*Conf.* X.34).

| 실존미학에서 구원신학으로

이처럼 『고백록』 제10권의 논의는 첫눈에 보아도 『니코마코스 윤리학』의 구성을 닮았다. 하지만 둘 사이에는 몇가지 차이가 있다. 아리스토텔레스가 시각·청각·후각에서는 '방종'이란 있을 수 없다며 절제의 대상을 미각·촉각으로 한정했다면, 플로티노스는 시각·청각·후각에서도 방종이 일어날 수 있다고 보아 그 다섯가지 감각 모두를 절제의 영역에 포함시켰다. 이보다 중요한 것은 둘 사이에 존재하는 본질적 차이다. 아리스토텔레스의 '오감의 윤리학'이 현세의 행복을 위한 실존의 미학이었다면, 아우구스티누스의 그것은 내세의 영생을 위한 구원의 신학이었다.

실존의 미학에서 구원의 신학으로의 이행. 어떤 면에서 이는 퇴행인지도 모른다. 실제로 미셸 푸코[1926~1984]와 같은 이는 중세에서 실종된 고대의 실존미학을 부활시키려 했다. 하지만 고대에서 중세사유로의 이행은 외려 영적 성숙을 의미할 수도 있다. 『고백록』에서 아우구스티누스는 신 앞에 자신의 내면을 솔직하게 드러낸다. 전지한 신은 인간의 내면까지 들여다보기 때문이다. 이 내적 성찰의 사례는 17세기 이후 세속적인 형태로 모습을 바꾸어 근대철학의 출발점이 된다. 합리주의든 경험주의든 근대철학은 의식으로 의식 안을 들여다보는 '반성철학'의 형태를 취한다.

그렇다면 아우구스티누스는 어떻게 반성철학의 계기를 제공했을까. 플라톤은 신성한 정신, 즉 이데아계를 인간의 '바깥'에 놓았다. 플로티노스는 그 신성한 정신을 '내면'으로 옮겨놓았다. 정화를 통해 내면의 신성한 정신으로 돌아갈 때 인간은 신과 합일한다. 아우구스티누스 역시 플로티노스를 따라 내면으로 눈을 돌린다. 하지만 기독교 신앙은 인간의 내면에 신성이 깃들어 있다는 플로티노스의 교설을 인정하지 않는다. 그리하여 아우구스티누스는 플로티노스와 달리 '내면'을 순수 '인간적'인 것으로 설정한다. 구원의 빛을 좇는 자는 내면으로 눈을 돌려야 한다. 그렇게 제 안을 들여다보게 된 인간은 거기서 고백해야 할 죄를 보게 될 것이다.*

---

* "내 속 곧 내 육신에 선한 것이 거하지 아니하는 줄을 아노니." (로마서 7:15)

근대의 반성철학은 아우구스티누스의 이 '내향적 전회'incurvatus in se를 세속화한 것이다. 데카르트는 내향적 전회를 통해 의식 안에서 생득관념들innate ideas을 발견했다. 아우구스티누스의 '고백하는 자아'가 세속화하여 결국 데카르트의 '생각하는 자아', 즉 코기토cogito가 된 셈이다. 데카르트의 코기토는 아직 제 안에 갇혀 있지 않았다. 로크는 그 자아를, 자기 외에는 그 누구도 그 안을 들여다볼 수 없는 사밀私密한 것으로 만든다.(후에 라이프니츠는 그것을 '창문 없는 단자monad'라 부른다.) 이처럼 경험주의에 이르러 근대적 주체는 신체·세계·타인과 유리된 유아론唯我論에 빠진다.9

| 아테네 학당의 폐쇄

아우구스티누스가 보여주듯이 기독교 신학은 신플라톤주의의 영향을 받았지만, 기독교 신앙과 고대 그리스의 이교철학 사이에는 넘어설 수 없는 간극이 존재했다. 콘스탄티누스대제가 313년 기독교를 공인한 이후 로마제국에는 한동안 기독교와 이교가 공존하는 상태가 이어졌다. 하지만 기독교가 국교로 정착하고 교세를 확장하면서 상황은 바뀌기 시작한다. 핍박을 받았던 기독교인들이 거꾸로 이교도들을 핍박하기 시작한 것이다. 이교박해는 테오도시우스 1세347~395의 시대에 본격적으로 시작된다. 황제는 칙령을 내려 이교의 제사와 점술을 사형으로 다스려 금지하고, 이교의 사원을 파괴한다.

테오도시우스 1세 이후로도 여러 황제들이 박해정책을 펼쳤으나 이교는 여전히 로마의 귀족층·원로들·판사들과 그밖의 고위관료들 사이에서 끈질기게 살아남았다. 황제들이 대를 이어 박해했다는 사실은 역설적으로 이교의 집요한 생명력을 증명한다. 우리의 맥락에서는 529년 동로마제국의 황제 유스티니아누스 1세[483~565]가 내린 칙령이 특히 중요하다. 명시적인 표현은 없지만, 이 칙령에는 아테네 학당을 폐쇄하라는 명령이 담겨 있는 것으로 해석된다. 그 내용은 다음과 같다.

우리는 남아있는 모든 이단*에 맞서 싸우기 위해 우리와 우리 선조들이 제정한 법을 확대하여, 이단만이 아니라 사마리아인들(유대인들)과 이교도들에게도 이 법을 적용하려 한다. 그들의 폐해가 너무 크므로, 그들이 영향을 행사하거나 위엄을 누리는 일이 있어서는 안 된다. 또한 그들이 순진한 이들을 오류에 빠뜨리고, 그들보다 더 무지한 이들로 하여금 순수하고 진정한 정통신앙에 등을 돌리게 하도록 방치해서도 안 된다. 그리하여 우리는 오직 정통신앙을 가진 이들만 교단에 서고 공공의 지원을 받는 것을 허락한다.[10]

물론 유스티니아누스 1세가 폐쇄한 아테네 학당은 플라톤이 설립한 그 학교가 아니다. 플라톤의 아카데미는 기원전 86년에 이미 로마인들의 손에 파괴되었기 때문이다. 유스티니아누스 1세가 폐쇄한 학교는 410년경에 설립된 신플라톤주의 아카데미였다. 이 폐쇄조치가 이교철학의 전면적 금지를 의미하는 것은 아니었다. 그의 치세에도 이교의 철학자들이 비교적 왕성하게 활동을 한 것으로 보이기 때문이다. 하지만 이 조치는 아테네 학당이 갖는 상징성 때문인지 로마제국에서 이교철학의 종언을 공식적으로 알리는 사건으로 여겨졌다.[11]

역사가인 아가티아스[532?~580?]에 따르면 학당의 폐쇄로 일자리를 잃

---

* 여기서 이단이란 가톨릭교회와 사도들의 정교회에서 믿는 것과 다른 신앙들을 말한다.

은 일곱 현자*는 학문의 자유를 찾아 페르시아로 향했다고 한다. 하지만 기독교만큼이나 페르시아의 종교에 실망한 일곱 현자들은 페르시아를 떠나기로 한다. 페르시아의 왕은 이들을 만류하다 결국 출국을 허락하며 유스티니아누스 1세와 로마제국 내에서 이들의 학문의 자유를 보장하는 협약을 맺는다. 비슷한 시기에 니시비스 학교의 학자들도 529년 유스티니아누스 1세가 학교를 폐쇄하자 페르시아의 영토로 자리를 옮긴 바 있다. 고전고대의 지식은 이렇게 페르시아의 영향 아래 보존되다가, 643~650년경 페르시아를 정복한 아랍인들에게 전수된다.

---

* 일곱 현자의 이름은 시리아의 다마스키우스, 키레네의 심플리키우스, 프리기아의 에울라미우스, 리디아의 프리스키아노스, 포에니키아의 헤르미아스와 디오게네스, 그리고 가자의 이시도레라고 한다.

6부

중세 아랍의 광학

Aisthetik

광학적 유출설의 부활
알킨디

서구사회가 신학적 사유에 갇혀 있던 중세에 고대 그리스의 전통을 계
승한 것은 일군의 아랍 학자들이었다. 이들은 고대 그리스의 연구를 아
랍어로 번역·편집하고, 이를 수정·발전시켜 다시 서구에 전달해주었다.
'아랍 르네상스'라 불리는 이 새로운 사조의 효시는 알킨디 800?~870? 였다.
그는 철학의 영역에서 고대 그리스인들이 이룩한 것을 "아랍어의 용법,
우리 시대의 관습 및 우리 자신의 능력에 맞게 완성하는 것"을 삶의 목표
로 삼았다.[1] 시각론의 영역에서 그가 접할 수 있었던 고대의 전통은 주로
헬레니즘 시대의 이론, 특히 플로티노스의 형이상학과 프톨레마이오스
의 광학이었다.

┃ 별들의 빛에 관하여

알킨디의 광학 이론은 주로 『광학의 서』De Aspectibus를 중심으로 전개된
다. 이 책은 프톨레마이오스의 광학을 의식하면서 고대의 광학을 새로
수정·보완하여 발전시킨 것으로 훗날 아랍은 물론이고 서구의 광학연구
에도 지속적으로 영향력을 행사했다. 『광학의 서』 이상으로 중요한 저작
은 『성광론星光論』으로, 여기에는 알킨디의 광학의 철학적 토대를 이루는

빛의 형이상학이 담겨 있다. 『색채담지체론^{色彩擔持體}』나 『청천원인론^{靑天原因論}』 등 색채에 관한 저술들도 알킨디의 광학을 이해할 때 빼놓을 수 없다. 그의 광학 이론을 본격적으로 살펴보기 전에 먼저 이 저작들에 대해 간단히 언급하고 넘어가자.

『성광론』은 알킨디의 철학을 이해할 때 마우 중요한 저작이다. 고대의 광학 이론에 중세적 뉘앙스를 입히는 데에 이 책에 개진된 그의 형이상학적 관념이 적잖이 중요한 역할을 하기 때문이다. 알킨디의 독특한 형이상학에 따르면 세상의 모든 것은 하늘의 별처럼 자기 위치에서 360도 방향으로 빛을 발산한다고 한다.

> 이 세계의 모든 것은 그것이 실체이든 사건이든, 마치 별처럼 자기 고유의 방식으로 빛을 생산한다. 원소들의 세계에서 현실적 존재를 가진 모든 것은 모든 방향으로 빛을 발산하며, 그 빛이 온 세계를 가득 채우고 있다.[2]

모든 사물은 모든 방향으로 빛을 발산하며, 그 빛을 통해 자기 밖의 다른 사물들과 영향을 주고받는다. 그 결과 우주는 빛으로 연결된 거대한 네트워크가 된다. 천상의 별들은 지상세계에 영향을 끼친다. 달은 조류의 변화를 일으키고, 자석은 금속을 끌어당기며, 색채와 소리는 주변의 사물과 호응한다. 심지어 알킨디는 우리가 내뱉는 말도 어떤 힘을 발산하여 타인의 정신에 영향을 미친다고 믿었다. 그에게 '광학'은 그저 연구의 한 주제가 아니라 철학적 사유의 가장 본질적인 부분이자 형이상학 그 자체였던 것이다.

이 발상은 플로티노스에게서 유래한 것으로 보인다. 공간이 대상에서 발산된 형상들morphe로 가득하다는 플로티노스의 말을 생각해보라. 그에게 형상이란 일자에서 유출된 빛이므로, 온 세상은 초월적 빛으로 가득차 있다는 이야기가 된다. 여기서 알킨디 형이상학의 신플라톤주의적 성격이 드러난다.[3] 차이가 있다면, 알킨디는 그 빛을 초월적인 것이 아니라 물리적인 것으로 보았다는 것뿐이다. 이 빛의 형이상학은 그리스의 광학에는 없었던 요소로, 13세기에 이를 받아들인 로버트 그로스테스트와 로저 베이컨에 의해 '종의 번식'multiplicatio specierum 이론으로 부활한다.

『색채담지체론』에는 알킨디의 독창적인 색채론이 담겨 있다. 그는 색채의 담지체를 흙이라고 본다. 물·불·공기는 투명해서 색의 담지체가 될 수 없기 때문이다. 불은 그 안에 재가 섞여 있기 때문에 마치 색이 있는 것처럼 보인다. 여기서 당장 한가지 의문이 떠오른다. 그럼 흙이 없는 하늘은 왜 푸른가? 『청천원인론』에서 알킨디는 이 물음에 답한다. 사실 하늘에는 눈에 보이지는 않지만 미세한 먼지처럼 작은 흙의 알갱이들이 퍼져 있는데, 별에서 발산된 빛과 지구에서 반사된 빛이 그것에 비쳐 하늘이 파란색을 띤다는 것이다.[4]

우리 위의 어두운 공기는 지구의 빛과 별들의 빛이 뒤섞여 어둠과 밝음의 중간색이 존재하기 때문에 보이는 것이다. 이 색은 하늘의 색이 아니라 그저 밝음과 어둠이 시야에 들어올 때 우리의 시각에 수반되는 어떤 것에 불과하다.[5]

| 기하학에서 물리학으로

『성광론』이 신플라톤주의 형이상학의 특색을 드러낸다면, 『광학의 서』

는 알킨디가 에우클레이데스에서 프톨레마이오스로 이어지는 광학 이론의 영향 아래 있음을 보여준다.『성광론』이 '빛의 형이상학'으로 인해 중세사유의 색채를 띤다면, 알킨디 시각론의 중심을 이루는『광학의 서』는 고대 그리스의 광학적 전통 위에 서 있다.『광학의 서』에서 눈길을 끄는 것은 에우클레이데스가 공리('요청')로 여겨 증명을 생략한 명제를 입증하는 대목이다. 에우클레이데스는 시각광선의 물리적 실체성에 대해 입장을 명확히 하지 않았는데, 이것이 알킨디에게는 썩 만족스럽지 못했던 모양이다.

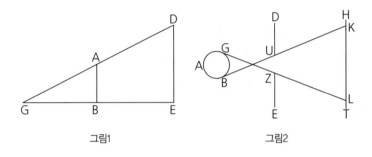

그림1   그림2

에우클레이데스『광학』의 제1공리는 '시각광선은 직진한다'이다. 알킨디는 그림자를 이용해 이 명제를 증명하려 한다. 그림1을 보라. 광원G에서 발산된 빛이 대상AB를 만나 그림자DE가 생길 때, 광원G와 대상의 끝점(A, B), 그림자의 끝점(D, E)은 모두 직선으로 이어진다. 다음으로 그림2를 보자. 발광체A에서 나온 빛이 벌어진 틈을 통해 벽(HT)에 투영될 때에도 발광체의 두 끝(G, B)과 벌어진 틈의 두 끝(U, Z), 그리고 벽에 비친 영상의 두 끝(K, L)이 모두 직선으로 연결된다. 고로 빛은 직진한다는 것이다. 이로써 알킨디는 가설적 시각광선의 물리적 실체성을 입증한다.[6]

제1공리의 증명에 그가 시각광선 대신 '발광체'를 사용한 것은 주목할 만하다. 에우클레이데스의 『광학』은 발광체의 자리에 인간의 눈을 배치하고 거기서 시각광선이 뻗어나간다고 상정한다. 알킨디가 눈 대신에 발광체를 사용한 것은 물론 모든 사물이 빛을 발한다는 형이상학적 입장의 영향일 것이다. 사실 이 관념은 외려 시각의 유입설에 친화적이다. '사물이 발산하는 그 빛들이 눈으로 들어온다'고만 덧붙이면 바로 유입설이 되기 때문이다. 하지만 알킨디는 에우클레이데스『광학』의 바탕을 이루는 유출설을 그대로 견지한다. 그의 말에 따르면,

> 눈이 감각적 대상들을 보는 일은 ①많은 고대인들이 생각했듯이 형상이 눈으로 들어와 거기에 인상을 남기거나, ②눈에서 감각적 대상들을 향해 나아가는 힘이 그것들의 형태를 지각하거나, ③이 두가지가 동시에 일어나거나, 아니면 ④대상들의 형상이 공기에 각인하고 공기가 그 형상을 다시 눈에 각인하면, 빛의 매개라는 조건 아래 눈이 공기가 각인한 것을 지각하는 제 힘에 의거하여 그 형상을 파악하는 식으로만 가능하다.[7]

여기서 ①은 에피쿠로스의 발산설 ②는 에우클레이데스·프톨레마이오스의 유출설 ③은 플라톤이 주장한 절충적 형태의 유출설을 가리키고 ④는 아리스토텔레스의 매체설에 에이돌라 이론을 뒤섞어놓은 것으로 보인다.* 이 중 순수한 형태의 유출설은 ②에우클레이데스·프톨레마

---

* ③에 데모크리토스의 에이돌라 이론도 집어넣을 수 있을 것이다. 그 역시 눈에서 어떤 능동적 힘이 뻗어나가 에이돌라를 동공에 들어갈 크기로 축소시킨다고 말하기 때문이다. 한편 데이비드 린드버그는 ④를 아리스토텔레스의 이론과 동일시하나 아리스토텔레스는 공기를 시각의 매체로 보지 않았다. ④는 아리스토텔레스의 매체설에 데모크리토스의 에이돌라 이론을 슬쩍 섞어놓은 것에 가깝다.

이오스의 것뿐이고, 나머지에는 대상에서 눈으로 무언가가 들어온다는 유입설의 요소가 포함되어 있다. 알킨디는 유입설의 요소를 가진 이론을 모두 배척하고, 순수한 형태의 유출설을 채택한다.*

시각의 유출설을 뒷받침하기 위해 알킨디는 고대의 여러 논거를 동원한다. 그중 하나는 알렉산드리아의 테온[335?~405?]의 것으로, 감각기관의 구조가 이미 감각이 작동하는 방식을 함축하고 있다는 이론이다. 예를 들어 비어 있는 귓속은 소리를 만들어내는 공기를 모으는 데에 적합하다. 반면 인간의 눈은 구형이며 또한 움직일 수 있다. 이런 구조는 들어오는 인상을 모으기보다는 이리저리 옮겨다니며 시각광선을 보낼 대상을 선택하기에 유리하다는 것이다. 여기서 우리는 알킨디가 청각을 수동적인 지각으로 본 반면, 시각은 능동적 지각으로 보았다고 유추할 수 있다.

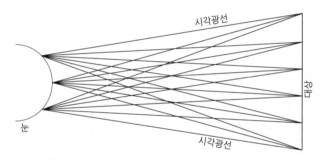

시각에 대한 알킨디의 설명. 알킨디는 안구 표면의 모든 지점으로부터 시각광선이 방출된다고 믿었다.

시각의 능동성을 주장한 스토아학파의 시각론에서 유래한 논증들도 있다. 가령 글을 읽을 때 우리는 글자를 하나씩 차례로 지각하는데, 이는

---

* 결국 고대 감각론의 세가지 대(大)이론, 즉 데모크리토스의 유입설, 플라톤의 유출설, 아리스토텔레스의 매체설을 모두 기각한 셈이다.

우리가 글자 하나를 읽을 때마다 매번 시각광선을 보낸다는 것을 함축한다. 또 대상의 인상이 눈에 유입되는 것이 사실이라면 시야에 들어오는 모든 것이 동시에 똑같이 선명하게 보여야 하나, 그런 일은 일어나지 않는다. 나아가 아득히 먼 곳의 천체까지 보는, 그 좋은 눈으로도 종종 바로 앞의 작은 물건들을 보지 못하는 경우가 생긴다. 알킨디는 이 모두가 시각이 눈의 능동적 작용임을 입증한다고 본다.

그가 시각의 유입설을 배척한 가장 큰 이유는 광학과 유입설이 양립불가능하다고 보았기 때문이다. 발산설(원자론자)이든 매체설(아리스토텔레스)이든 공감설(플로티노스)이든, 유입설에서는 지각의 단위를 '형'form으로 상정한다. 즉 원을 보면 원형이 지각된다는 것이다. 하지만 비스듬히 원을 보면 타원으로 보이는 현상은 아리스토텔레스나 플로티노스의 이론으로는 설명할 수가 없다.* 그것이 타원으로 보이는 이유는 오직 시선이나 광선이 직진한다는 광학 이론을 전제해야만 설명이 가능하다.[8]

| 에우클레이데스 광학론의 수정

유입설을 배격하고 알킨디가 선택한 것은 시각광선의 유출설이었다. 하지만 그는 에우클레이데스의 광학을 받아들이면서도 그것에 중요한 세가지 수정을 가한다.[9] 첫째, 시각광선을 일차원의 선으로 간주한 에우클레이데스와 달리 그는 그것을 삼차원의 부피로 간주한다. 시각광선이 일차원의 선이라고 믿는 관념은 "부조리"하다. "시각인상을 주는 물체들은 삼차원, 즉 길이·넓이·깊이를 갖기 때문이다."[10] 시각광선의 끝은 점이나, 점은 정의상 넓이를 가질 수 없으니 그것으로 물체를 지각하는 것

---

* 시지각의 단위는 형상(morphe), 에이돌라(eidola), 복제(simulacra), 종(species) 등 다양한 이름으로 불렸다.

은 불가능하다. 고로 시각광선은 삼차원의 부피를 가져야 하며, 그러려면 기하학적 추상이 아니라 물리적 실체여야 한다.

둘째, 에우클레이데스는 시각원뿔을 분산적 광선들의 묶음으로 보았다. 그리고 멀리 있는 사물이 흐리게 보이는 것은 그 광선들이 눈에서 멀어질수록 간격이 벌어지기 때문이라고 설명했다. 반면 알킨디는 시각원뿔을 하나의 연속적 발산체로 본다. 시각원뿔이 분산적 광선들의 묶음이라면, 광선들 사이의 간극들로 인해 멀리 있는 사물은 그저 흐리게 보일게 아니라 아예 파편적으로 보여야 한다. 하지만 그런 일은 벌어지지 않는다. 고로 시각원뿔은 하나의 단일한 연속적 발산체로 봐야 한다는 것이 알킨디의 주장이다. 이 논증은 모종의 경로를 통해 프톨레마이오스에게서 물려받은 것으로 보인다.

셋째, 알킨디는 시각광선이 모든 방향과 모든 경로로 직진하며 즉시 확산한다고 본다. 즉 시선이 대상에 도달할 때까지 시간이 걸리는 것cum tempore이 아니라, 거리에 관계없이 직선으로 즉시 대상에 도달한다는 것이다. 이 주장은 시각론의 역사에서 매우 중요하다. 알킨디에 따르면 눈에서 유출되는 광선visual rays과 대상에서 발산되는 광선lumminous ray은 그 본성과 작동방식이 동일하다. 이를 토대로 알킨디가 채택한 유출설을 유입설로 물구나무 세우면, 훗날 근대광학의 원리, 즉 이븐 알하이삼이 도입할 '점형분석點形分析'punctiform analysis의 토대가 얻어지기 때문이다.[11]

이 세가지 수정이 광학현상의 설명을 어떻게 바꾸어놓았는지 살펴보자. 그림3에서 점A를 눈, 선AB, AG, AD를 시각광선, 선BDG를 대상이라 하자. 이때 점B나 점G는 점D보다 덜 선

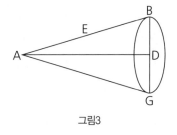

그림3

명할 것이다. 왜 그럴까? 에우클레이데스의 추종자라면 이를 시각광선의 길이로 설명할 것이다. '선AB와 선AG가 선AD보다 길다. 이렇게 대상이 멀리 있고, 그에 도달하는 시각광선이 길수록 시각의 선명함은 떨어진다.' 알킨디는 이를 반박한다. 그런 논리라면 꼭짓점에 가까운 점E가 점D보다 더 선명해야 하나, 실제로는 그렇지 않다. 알킨디에 따르면 시야의 중앙이 선명한 것은 그 부분이 눈으로부터 더 많은 광선을 받기 때문이다.

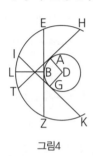

그림4

이를 그는 기하학적으로 증명한다. 그림4에서 중앙의 원은 안구, 바깥의 원호는 시야를 가리킨다. 에우클레이데스·프톨레마이오스와 달리 알킨디는 시각광선이 안구의 중심(점D)이 아니라 표면(점A, 점B, 점G)에서 나온다고 보았다. 안구표면의 모든 지점에서 전방의 모든 방향(180°)으로 무수한 시각광선이 발산된다. 시점A는 원호HT를, 시점B는 원호EZ를, 그리고 시점G는 원호IK를 각각 자기의 시야로 갖는다. 전방의 세점 중에서 점I가 시야K에서 벗어나고, 점T가 시야HT에서 벗어나는 반면, 점L은 세 시야 모두에 포함되어 있다. 그래서 점L, 즉 시야의 중앙이 가장 선명해 보인다는 것이다.

알킨디가 눈에서 물리적 광선이 뻗어나간다는 생각을 글자 그대로 받아들였을 것 같지는 않다. 그렇다고 그가 시각광선을 그저 수학적 가상이나 기하학적 추상으로 여긴 것 같지도 않다. 그가 빛을 이용해 에우클레이데스『광학』의 제1공리를 증명한 것은 그가 시각광선을 모종의 실체로 여겼음을 암시한다. 실제로 그는 시각광선을 '눈에서 나오는 시각적 힘이 주위의 공기를 변형한 것'으로 규정한다. 물론 이는 갈레노스·스토아적 요소로, 프톨레마이오스를 통해서 그에게 전해진 것으로 보인다.[12]

프톨레마이오스가 고대 시각론의 수학적·의학적·철학적 전통을 하나로 종합했던 것을 기억하라.

알킨디는 오랫동안 망각되었던 고대 감각론을 부활시켰다. 그의 이론은 아랍 세계는 물론이고, 훗날 그로스테스트, 베이컨 등 서구의 학자들에게 영향을 끼친다. 그가 후세에 남긴 가장 중요한 업적은 물체가 사방으로 '빛'을 발산한다고 말한 것이다. 사물이 '빛'을 발한다는 생각은 원래 사물이 사방으로 '형'을 발산한다는 신플라톤주의의 관념에서 유래한 것이리라. 여기서 '형'을 '빛'으로 바꿈으로써 알킨디는 자신도 모르는 새에 현대의 광학이론에 접근한 셈이다. 오늘날 우리는 사물이 빛을 사방으로 '발산'한다고 말하는 대신에 '반사'한다고 말한다.

의학적 유출설의 부활
후나인

    알킨디와 나란히 능동적 시각의 이론을 대변한 이는 후나인 이븐 이스하크[809~873]다. 알킨디가 에우클레이데스의 광학 이론을 수정 및 수용했다면, 이 기독교인 의사는 유출설의 또다른 갈래인 갈레노스의 의학적 전통을 계승한다. 중세 서구사회에 갈레노스의 존재가 알려진 것은 그의 충실한 보고와 번역을 통해서였다. 후나인의 시각이론은 주로 『안학십서眼學十書』에 담겨있다. 갈레노스와 달리 이 책에서 그는 시각현상의 광학적·수학적 기술에는 아무 관심도 보이지 않는다.[13] 그것은 책의 성격이 이론서보다는 실용서, 즉 안과학ophthalmology 교과서에 가깝기 때문이리라.

| 안구의 해부학

    『안학십서』는 모두 열편의 논문으로 이루어진다. 책의 앞부분(1편~3편)은 안구의 구조, 뇌의 구조, 시신경과 시각영혼 등 시각에 관여하는 여러 기관과 실제로 시지각이 이루어지는 기제를 설명한다. 이어서 책의 뒷부분(4편~10편)은 건강과 질병, 눈병의 종류, 눈병의 증상, 치유 일반 및 눈병의 치료 등 주로 안과학 임상에 관련된 내용을 담고 있다. 시각현상을

환자를 치료하는 무슬림 외과의사, 1197년.

설명하는 것은 책의 앞부분인 셈인데, 거기에 '시각영혼'과 같은 개념이
사용되는 것만 보아도, 후나인의 시각론이 갈레노스·스토아학파의 전통
위에 서 있다는 것을 금방 알 수가 있다.

시각기관의 설명을 전적으로 갈레노스에게 의존하다보니 그의 책에서
도 갈레노스의 오류가 그대로 반복된다. 갈레노스처럼 그도 수정체를 시
각의 중심기관으로 오인해 안구의 중심에 위치시켰으며, 감광기관인 망
막을 신경의 말단부로 오해했다. 동공은 홍채의 가운데에 난 구멍으로
올바르게 보았으나, 홍채를 모양체ciliary body와 구별하지 않고 포도막uvea
의 일부로 여겼다. 또 안구를 움직이는 여섯개의 근육을 올바로 관찰했
지만, 토끼나 고양이에게 있고 인간에게는 없는 견안근이 실재한다고 잘
못 알고 있었다. 『안학십서』에 수록된 삽화는 눈의 해부학적 구조에 관한

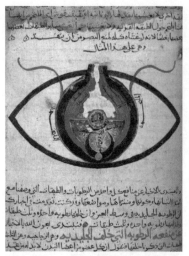

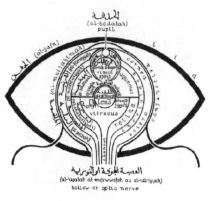

후나인의 『안학십서』에 묘사된 눈의 구조. 어느 복사본 수고(1197)에 수록된 도해.

미국의 뇌 해부학자 스티븐 폴랴크가 왼쪽의 그림을 다시 그리고 각 부위의 명칭을 적어 넣었다. (스티븐 폴랴크, '망막', 1941)

당시의 관념을 보여준다.

갈레노스를 따라 후나인도 "뇌가 모든 감각과 모든 운동의 근원"이라고 본다.[14] 뇌는 전실·중실·후실로 이루어지는데, 이들 뇌실은 영혼숨결 pneuma psychikon로 가득 차 있다. 유기체의 감각과 운동은 모두 뇌가 뿜어내는 이 숨결을 통해 이루어진다. 이 숨결은 심장에서 만들어져 두가닥 동맥을 타고 뇌로 전송된다. 동맥은 뇌를 향해 올라가다 뇌 아래에서 그물망처럼 갈라지는데, 영혼숨결은 이 동맥망에서 정화되어 뇌의 전실로 들어간 후, 거기서 중실과 후실로 흘러간다. 이때 "숨결에 의해 전실에서는 지각과 상상, 중실에서는 반성, 후실에서는 회상이 일어난다".[15]

뇌에서는 모두 일곱쌍의 신경이 뻗어나와 신체의 여러 부위로 연결된다. 눈에 시각을 부여하는 첫째쌍과 안구, 눈꺼풀을 움직이는 둘째쌍은

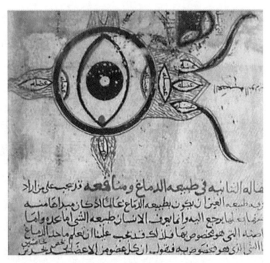

또다른 후나인의 『안학십서』 복사본(12세기경)에 수록된 도해. 안구를 움직이는 근육들의 모습을 보여준다.

모두 눈으로 이어진다. 셋째쌍은 혀로 이어져 거기에 미각을 부여하고, 넷째쌍은 입천장으로 연결되어 거기에 촉감을 준다. 다섯째쌍은 귀로 이어져 청각을 일으키고, 여섯째쌍은 장腸으로 연결되어 거기에 편하거나 더부룩한 느낌을 준다. 마지막으로 일곱째쌍은 혀의 근육을 움직인다. 이 일곱쌍 외에 손·발·가슴을 움직이는 신경들은 척수에서 흘러나오는데, 이는 다시 뇌와 연결되어 있다.

감각에는 모두 다섯종류가 있다. 가장 섬세한 감각은 시각으로, 그 대상은 '불'이다. 불의 성질을 가진 것은 색깔이다. 불에는 화염·홍열·빛의 세종류가 있다. 빛이 불이라는 점이 특이한데, 후나인은 돋보기로 광선을 모으면 불이 나는 것을 보고 이를 알 수 있다고 주장한다. 시각 다음으로 섬세한 감각은 청각이다. 청각대상은 '공기' 혹은 공기 안에서 벌어지는 어떤 것이다. 소리란 결국 압력이나 충격을 받은 공기와 다름없기 때문이다. 후각의 대상은 증기인데, 이는 흙과 물의 중간적 존재다. 미각의 대상은 '물'과 '물에 녹은 것'이다. 그리고 가장 거친 감각인 촉각의 대상은 '흙'이라고 한다.

눈과 뇌의 전실을 연결하는 시신경은 다른 신경에 비해 훨씬 크고, 더 부드럽다. 그 내부는 비어 있어 그리로 엄청난 양의 시각숨결이 흐른다. 다른 감각의 신경들은 영혼숨결의 '힘'만을 감관으로 전하지만 시신경은 물리적 실체인 시각숨결 자체를 눈으로 전달한다. 이 시각숨결은 심장에서 생산된 영혼숨결이 뇌 아래의 동맥망에서 정제 및 제련된 것으로, 뇌실을 채우는 모든 영혼숨결 중에서 가장 순수하다. 그 순수한 숨결 자체를 시신경을 통해 직접 동공과 렌즈로 보내서 이루어지는 감각이 시각인지라, 모든 감각 중에서 시각이야말로 가장 고상하다고 한다.

| 감각의 이론들

눈의 구조를 다룬 첫번째 논문과 뇌의 구조를 다룬 두번째 논문에 이어, 세번째 논문에서는 시각의 기제에 대한 설명이 이루어진다. 본격적인 논의에 들어가기 전에 후나인은 먼저 기존의 시각론들을 점검하기 시작한다. 그에 따르면 이제까지 제시된 여러 이론은 시각현상을 다음 세 가지 방식 중의 하나로 설명해왔다고 한다.

시각대상은 오직 다음 셋 중의 한가지 방식으로만 지각될 수 있다. ①대상 자체가 자기존재를 알리기 위해 우리에게 뭔가를 보내거나 (…) ②대상은 아무것도 보내지 않고 자리에 가만히 있는데, 우리의 지각능력이 그리로 뻗어나가서, 그것이 무엇인지 알게 되거나 ③대상과

우리 사이를 매개하는 무언가가 있어서 그것이 우리에게 대상에 관해 알려준다.[16]

여기서 ①은 데모크리토스·에피쿠로스의 발산설 ②는 플라톤·에우클레이데스의 유출설을 가리킨다. ③은 아리스토텔레스의 매체설을 가리켜야 하나, 정작 후나인은 그로써 스토아학파의 이론을 염두에 두는 듯하다. 후나인에 따르면 ①은 옳지 않다. 산 같은 거대한 대상의 형상이 조그만 동공으로 들어오는 현상을 설명하지 못하기 때문이다. 또 그 산을 수만명이 동시에 볼 경우 산이 그 모든 이에게 자기의 형상을 일일이 보낸다고 가정해야 하는데, 이는 그리 합리적으로 보이지 않는다. ②도 옳지 않다. 시각숨결이 눈과 시각대상 사이의 먼 거리를 날아가 대상과 그 주변을 모두 감싸는 것은 불가능하다는 입장이다.

그렇다면 남은 것은 ③뿐이다. 후나인은 이 이론을 수용해 시각의 기제를 설명한다. 대상을 볼 때 우리 눈은 동공을 통해 시각숨결을 밖으로 내뿜는다. 밖으로 빠져나온 숨결은 곧바로 주변의 공기와 만나, 그것을 즉각 변화시킨다. 시각숨결이 행사하는 그 변형의 힘은 마치 태양이 자신의 힘으로 대기의 높은 층위부터 낮은 층위까지 관통하며 공기를 덥히듯이, 눈과 대상 사이의 공기 전체를 일종의 감각기관으로 바꾸어놓는다. 이는 영혼숨결의 힘이 신체의 여러 부위에 감각능력을 부여하는 이치와 마찬가지다. 후나인은 시각숨결의 감지력을 지팡이에 비유한다.

한 사람이 손에 지팡이를 들고 어둠 속을 걷는다고 하자. 앞으로 내민 지팡이에 무언가가 걸려 더 나아갈 수 없을 때, 즉시 그는 막대기가 앞으로 나아가지 못하게 막는 그 물체가 자기에게 부딪히는 그 어떤 것에도 저항하는 고체임을 유비하여 알게 된다. 그가 이렇게 판단하는 이유는 공기 속에서 움직이거나 걷는 데에는 아무 지장이 없지만, 고체를 거슬러 움직이거나 걷는 것은 불가능하다는 사실을 과거의 경험을 통해 알기 때문이다. 시각도 마찬가지다.[17]

후나인은 이렇게 시각숨결이 눈과 대상 사이의 공기를 감관으로 변형하는 과정은 설명했지만, 그렇게 얻어낸 대상의 정보가 어떻게 뇌로 전달되는지는 구체적으로 밝히지 않았다. 사실 지팡이를 들고 어둠 속을 걷는 사람의 비유나, 위에서 아래까지 차례로 대기를 데우는 태양의 비유는 우리에게 익숙하다. 모두 스토아학파에서 유래한 논증이기 때문이다. 여기에서 그가 채택한 것이 갈레노스·스토아 계열의 숨결 이론임을 알 수 있다. 시각론의 의학적 전통은 이렇게 후나인을 통해 거의 600년의 망각 끝에 먼저 아랍에서, 뒤이어 서구에서 화려하게 부활한다.

18

유출설에서 유입설로
이븐시나

고대의 시각론은 이처럼 광학과 의학의 두 측면에서 아랍 문명에 수용되는데, 두 이론 모두 플라톤에게 이어받은 시선의 유출설을 견지한다는 공통점이 있다. 알킨디와 후나인이 능동적 시각의 이론을 소개한 이후 아랍 문명 내에서 이에 대한 반박이 산발적으로 이어졌다. 예를 들어 알라지[854~925]는 동공의 수축이나 확장은 후나인의 생각과 달리 시각영혼의 압력이 아니라 밖에서 들어오는 빛의 양에 달려 있다고 지적했고, 알파라비[870?~950]는 시각을 실현시켜 주는 것은 눈의 힘이 아니라 태양에서 나오는 빛이라고 주장했다. 이들의 발언은 이미 시각의 유입설을 함축한다.

| 이븐시나의 감각론

하지만 유출설에 대한 반박이 본격적으로 이루어지는 것은 이븐시나와 이븐루시드를 통해서다. 이 위대한 두 지성이 유출설의 대안으로 본 것은 아리스토텔레스의 수동적 지각론이었다. 이븐시나는 매체설의 설파보다는 주로 유출설의 반박에 몰두했지만,[18] 그 논박의 바탕에는 아리스토텔레스의 것과 유사한 유입설이 깔려 있었다. 그의 뒤를 이어 이븐루시드는 본격적으로 아리스토텔레스의 매체설을 주창하기 시작한다. 아리스토텔레스의 거의 모든 저작에 주석을 붙인 이븐루시드는 중세 말 서구의 지성계가 플라톤주의에서 아리스토텔레스주의로 돌아서는 데에 결정적 영향을 끼친다.

서구에서는 '아비센나'라 부르는 이븐시나^{980~1037}는 아랍 역사에서 가장 위대한 자연학자로 꼽힌다. 감각에 대한 그의 논의는 주로『구원의 서』^{Kitab al-Najat} 중 자연학을 다룬 제2권 6부에서 이루어진다.[19] 이븐시나에 따르면 영혼은 식물영혼·동물영혼·지성적 영혼의 세종류로 나뉜다. 식물영혼은 섭생·성장·생식의 능력을 갖는다. 동물영혼은 이에 더해 운동능력과 감각능력을 갖는다. 운동능력은 필요한 것을 끌어오는 욕구능력과 자신에게 해로운 것을 배척하는 분노능력으로 다시 나뉜다. 감각능력 역시 외감^{外感}과 내감^{內感}의 두종류로 나뉜다. 이븐시나에 따르면 외감의 수는 다섯 혹은 여덟이다.*

첫번째 외감은 시각이다. 시각은 오목한 신경^{concave nerve}에 있는 능력으로, 유리체액^{vitreus humor}에 비치는 색깔 있는 대상의 형상을 지각한다. 이 때 형상들은 투명한 매체를 통해 눈으로 전송된다. 청각은 귓구멍 표면에 산포된 신경에 있고, 두 대상의 충돌로 생기는 공기의 진동이 내이^{內耳}의 압축된 공기에 부딪혀 전달되는 것을 지각한다. 후각은 뇌 앞부분의 젖꼭지처럼 생긴 두개의 돌기에 있다. 냄새는 흡입된 공기를 통해 마르거나 혹은 증기에 섞인 채로 지각된다. 미각은 혀 전체에 산포된 신경에 있다. 혀로 대상을 녹여 침과 섞을 때 미각이 발생하는데, 이때 혀 자체에 변화가 생긴다고 한다.

---

* 이는 명백히 아리스토텔레스적이다. 아리스토텔레스에 따르면 감각지각은 감관에 변화를 일으킨다.

마지막은 촉각이다. 피부 전체와 신체의 살에 산포된 신경은 자기와 접촉하는 모든 것을 감지한다. 이때 신경은 자기와 질적으로 다른 특질에 영향을 받고, 그 과정이 완료되면 구성이나 구조의 변화를 경험하게 된다. 이븐시나는 실은 촉각이 서로 다른 네가지 감각의 "유개념"일지도 모른다고 말한다. 냉온冷溫·건습乾濕·경연硬軟·황활荒滑의 감각들이 같은 기관(피부와 살)에 공존하다보니 이것들이 "본질적으로 하나〔의 감각이〕라는 그릇된 인상"을 갖게 됐다는 것이다.[20] 외감이 다섯가지 혹은 여덟가지라고 한 것은 이 때문이다. 이 넷을 서로 별개의 감각으로 규정하면 외감은 모두 여덟개가 된다.

이어서 이븐시나는 감각의 일반이론을 제시한다. "모든 감각대상의 형태들은 감각기관으로 들어와 거기에 자신의 형상을 새기고, 그러면 감각의 능력이 그것을 지각하게 된다."[21] 한마디로 감각은 대상에서 감관으로 들어오는 그 무언가에 의해 일어난다. 특히 "촉각·미각·후각·청각의 경우에는 이것이 거의 자명하다." 하지만 이상하게도 시각에 관해서는 이와 다른 견해가 제시되어왔다. 시각을 "눈에서 흘러나간 무언가가 시각대상을 만나 그 형상을 취하는 것"으로 보는 입장이 계속 이어지는 상황이었다. 이븐시나에게는 이것이 감각의 일반이론의 명백한 위반으로 보였을 것이다.

| 광학적 유출설 비판

이븐시나가 시각연구에 눈을 돌렸을 때 아랍의 지성계를 지배하고 있던 시각론은 알킨디와 후나인이 소개한 고대 유출설의 두가지 버전이었다. 에우클레이데스·프톨레마이오스의 광학적 유출설과 갈레노스·스토아학파의 의학적 유출설이 바로 그것이다. 두 이론 모두 시각을 눈에서

유출되는 광선이나 숨결에 의해 이루어지는 능동적 과정으로 간주한다는 점에서는 매한가지다. 이븐시나의 비판은 이 대표적인 두가지 유출설을 모두 겨냥한다. 그의 비판은 철저하여, 마치 이 영역에서 그의 목표가 유출설의 가능한 모든 버전을 일일이 찾아 반박하는 것처럼 보일 정도다.

먼저 광학적 유출설에 대한 비판을 살펴보자. 이븐시나는 광학적 유출설의 두 유형을 언급한다. 첫번째(①)는 눈에서 유출된 물질이 하나의 균질적이고 연속적인 시각원뿔을 이루어 그것이 더듬은 대상을 지각한다는 이론이다. 두번째(②)는 눈에서 나오는 물질이 서로 분산된 광선들을 이룬다는 이론이다. 여기에는 시각광선이 연속적이라는 수정이론과 시각광선이 분산적이라는 원본이론이 모두 언급되어 있다. 전자가 프톨레마이오스의 광학이라면, 후자는 그것의 원형인 에우클레이데스의 광학을 가리킨다. 앞에서 살펴본 알킨디의 광학적 유출설은 물론 전자에 속한다.

이븐시나는 첫번째 유형을 이렇게 반박한다. 눈처럼 작은 것에서 천구 전체를 덮을 정도로 "거대한 규모의 원뿔체"가 나온다는 가정은 불합리하다. 게다가 이 과정은 눈을 뜨고 감을 때마다 반복되어야 한다. 눈에서 나온 물질이 하늘의 별까지 닿으려면 이를 방해하는 중간의 공기도 없어야 한다.[22] 두번째 유형 역시 이븐시나의 비판을 피하지 못한다. 시각이 분산적 광선들을 통해 일어난다면, 눈은 시각광선이 닿는 곳만 지각하고 닿지 않는 부분은 지각하지 못할 것이다. 이는 우리가 사물의 전체상을 지각한다는 상식에 위배된다.[23]

게다가 유출설은 광학의 토대인 투시도법의 원리마저 무력화한다. 시각대상의 크기가 눈을 꼭짓점으로 하고 대상을 밑변으로 삼는 시각원뿔의 각도를 재는 방식으로 지각되지 않고, 그 시각원뿔의 밑변으로 사물의 크기를 직접 재는 방식으로 지각된다고 설명하기 때문이다. 정말 시각원뿔의 밑변으로 시각대상을 더듬어 그 크기를 지각하는 것이라면, 사물의 크기는 물론이고 그것의 색깔까지도 있는 그대로 지각할 수 있어야 한다.24 시각광선이 현장으로 달려가 그 사물을 직접 어루만지기 때문이다. 하지만 우리는 멀리 있는 대상이 실물보다 작아 보인다는 것을 안다. 시각광선의 유출설을 견지하는 한 이 문제를 해결할 수는 없다.

| 의학적 유출설 비판

유출설의 또다른 유형은 눈에서 유출된 것이 대상에 직접 닿지 않고 중간의 공기를 도구로 활용한다는 이론, 즉 갈레노스·스토아학파의 의학적 유출설이다. 이븐시나는 스토아학파의 감각론을 참고하되, 눈에서 유출되는 것의 성격에 따라 의학적 유출설 역시 두가지 유형으로 나눈다.*
첫번째(③)는 눈에서 유출된 물질이 중간의 공기와 합쳐져 스스로 감지능력을 갖춘 감관으로 변한다는 이론이고, 두번째(④)는 눈에서 뿜어져나오는 어떤 비물질적인 힘이 공기의 성질을 바꾸어놓는다는 이론이다. 이때 성질이 바뀌는 그 공기는 스스로 감지능력을 가진 감관으로 설명되기도 하고, 시각인상을 전달만 하는 매체로 설명되기도 한다.**
먼저 이븐시나는 눈에서 유출된 것이 중간의 공기를 변화시킨다는 이 두 이론의 공통전제를 공격한다. 예컨대 어떤 경우에도 시각숨결은 공기

---

* 스토아학파의 감각론에 대한 견해는 크게 (1)'시각숨결이 눈 밖으로 나가 공기와 합쳐져 감관을 이룬다'는 해석과 (2)'시각숨결이 밖으로 나가지 않은 채 바깥의 공기의 성질을 변화시킨다'는 해석으로 나뉜다.
** 서술의 편의상 여기에서는 유출설을 광학적 유출설(①, ②)과 의학적 유출설(③, ④)로 분류했지만,『구원의 서』에서 이븐시나는 유출설을 눈에서 나가는 것이 물질이라 보는 견해(①, ②, ③)와 눈에서 나가는 것이 비물질이라 보는 견해(④)로 나누어 비판한다.

자체의 성질을 바꿀 수 없다. 공기의 성질이 변화한다면 이것은 모든 관찰자에게 고루 영향을 주는 보편적·객관적 현상일 것이나, 시각은 어디까지나 개인적·주관적 문제이기 때문이다. 만약 시각숨결이 정말로 공기의 상태를 바꾸어놓는다면, "시력이 약한 사람들도 한데 모이면 더 잘 보게 될 것이며 (…) 시력이 약한 사람도 시력이 강한 사람 옆에서는 더 잘 봐야 할 것이다".[25] 하지만 그런 일은 일어나지 않는다. 따라서 이 견해는 틀림없이 오류라는 것이다.

이어서 그는 공기가 감관으로 변한다는 이론을 겨냥한다. 만약 공기 자체에 감지능력이 있다면 바람이 불 때마다 시각이 왜곡될 것이다. 또 공기가 시각의 감관이라면 별을 볼 수 없어야 한다. 별이 있는 곳에는 공기가 없기 때문이다. 나아가 공기가 매체로 기능한다는 견해 역시 불합리하다. 그저 원소에 불과한 공기에 특별한 기운이 있는 것은 아니다. 시각광선은 공기를 덥히는 변화를 일으킬 뿐이고, 이로 인해 시각이 발생한다면, 다른 이유로 공기가 덥혀지거나 식을 때마다 시각에 교란이 일어나야 한다. 그러나 그런 일은 벌어지지 않는다.

이븐시나는 이 모든 비판 끝에 '공기가 실제로 투명하고 색채가 실제로 존재하며, 눈이 건강하다면, 시각이 발생하기 위한 다른 조건은 필요하지 않다'는 결론에 도달한다.[26] 사실 매체인 공기가 이미 눈과 접촉하고 있는데, 굳이 눈에서 시각광선이 나올 필요는 없다. 고로 시각이 이루어지기 위해 눈에서 광선이 나와야 한다는 가설은 불필요하다는 것이다. 이렇게 갈레노스·스토아 버전의 유출설마저 기각한 후 이븐시나가 내놓은 대안은 바로 아리스토텔레스의 이론이었다. 이로써 한때 그리스에서 그랬던 것처럼 아랍 문명에서도 시각의 유출설은 유입설로 대체되기에 이른다.

| 유입설의 부활

유출설에 대한 이븐시나의 비판이 얼마나 철저했던지 그후 아랍 세계에서는 아예 유출설을 입에 담기조차 어려운 분위기가 되었다고 한다. 이븐시나는 광학적 유출설과 의학적 유출설을 모두 기각한 후에 자신이 "올바른 견해"라 부르는 이론을 제시한다. 그 요체를 그는 이렇게 정리한다.

감각대상들이 지각되는 이유가 감관에서 뻗어나간 무언가가 그것들과 조우하거나 그것들과 하나가 되거나 혹은 그것들에 메신저를 보내기 때문이 아닌 것처럼, 시각도 (눈에서) 뻗어나간 광선이 시각대상과 만나기 때문에 발생하지 않고 그 대상의 형태가 어떤 투명한 매체에 실려 눈으로 들어오기 때문에 발생한다.[27]

"투명한 매체"를 언급한다는 점에서 이븐시나가 말하는 "올바른 견해"가 아리스토텔레스의 매체설에 가까움을 알 수 있다. 하지만 그가 아리스토텔레스의 이론을 아무 수정 없이 넘겨받은 것은 아니다. 또한 둘 사이에는 무시할 수 없는 중요한 차이가 존재한다.[28] 예를 들어 이븐시나는 매체를 통한 형상의 전달을 빛의 반사 혹은 거울의 반영에 비유한다.

어떤 투명한 것, 색깔이 없는 것이 눈과 시각대상 사이에 끼어들 때, 빛을 받는 색깔 있는 물체의 외형이 눈의 동공으로 전달되고, 이로써 눈이 그것을 지각하게 된다. 이 전송은 색깔 있는 물체가 반사한 빛이 다른 물체에 그 색을 입힐 때 빛이 전송되는 것과 비슷하다. 물론 이 비유는 완전하지 않다. 왜냐하면 전자는 거울에 이미지가 비치는 현상에

더 가깝기 때문이다.[29]

　여기서 이븐시나는 아리스토텔레스를 넘어서기 시작한다. 그는 이미지의 반영이 "투명한 매체"를 통해 이루어진다고 말한다. 하지만 여기에는 매체의 성질이 변한다는 이야기가 빠져 있다. 아리스토텔레스에 따르면 시각은 대상이 매체의 색을 변화시키고 매체가 다시 눈의 색을 변화시키는 식으로 이루어진다. 하지만 이븐시나는 매체가 매체 자체의 변화 없이 대상의 외형을 곧바로 눈으로 전송한다고 말한다. 시각대상 위로 떨어진 빛이 그 대상의 이미지를 눈에 투사한다는 것이다. 이는 사물이 반사한 빛이 눈에 들어와 시각이 일어난다는 현대의 광학 이론에 가깝다.

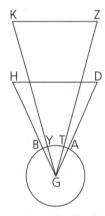

이븐시나의 광학 모형

　같은 맥락에서 거리에 따라 시각대상의 크기가 달라 보이는 원리를 설명하는 대목도 주목할 만하다. 그림을 보라. 같은 크기의 대상(선HD)이라도 눈에서 멀어지면(선KZ), 그것의 반영상이 안구 위에 만들어내는 원호의 길이가 줄어든다(호AB→호TY). 각도를 원호로 대체했을 뿐 기하학적 설명방식은 에우클레이데스와 비슷하다. 여기서 각도가 원호로 바뀐 것은 언뜻 사소해 보이나, 실은 매우 본질적인 변화다. 에우클레이데스의 '각도'는 시각원뿔의 각도이고, 이븐시나의 '원호'는 눈에 투사된 반영상의 길이로, 전자가 유출설을 전제한다면 후자는 유입설을 암시하기 때문이다.[30]

　광학적 모델이 지닌 장점은 명확하다. 위의 실험은 그 장점을 취하기 위해 꼭 유출설을 택할 필요는 없음을 보여준다. 유출설로 설명할 수 있는 광학의 원리는 유입설로도 전부 설명할 수 있기 때문이다. 사실 이븐 시나는 시각광선의 각도로 대상의 크기를 측정한다는 유출설의 가정을 비웃었다. 동공에서 방출된 시각광선이 대상을 어루만져서 시각이 이루어진다면, 대상의 크기는 언제나 같아 보여야 한다는 것이다. 얼마나 떨어져 있든 시각광선이 더듬어야 할 대상 자체의 크기는 변하지 않기 때문이다.[31] 이어서 그는 유출설에 최후의 일격을 가한다.

> 시각광선의 이론을 옹호하는 사람들이 동시에 '각도'에 대해 이야기하는 것은 이상한 일이다.* 각도는 이미지가 눈으로 들어올 때 필요하지, 시각(광선)이 이미지를 향해 나갈 때 필요한 것이 아니기 때문이다.[32]

이 말의 함의는 명확하다. 원래 '각도'라는 말 자체가 실은 시각의 유출설보다는 차라리 유입설에 더 친화적이라는 것이다. 이로써 광학은 유출설에서 떨어져나와 유입설과 결합한다. 나아가 이븐시나는 자신의 시각론이 안구의 해부학적 구조에도 부합한다고 믿었던 모양이다.

> 만약 이 견해가 옳지 않다면, 안구의 그 모든 층위와 체액들, 그리고 그것들 각각의 모양과 구조를 가진 안구는 쓸데없이 창조된 셈일 것이다.[33]

---

* 유출되는 시각광선의 각도를 동공이 조절한다는 프톨레마이오스의 말을 생각해보라.

아리스토텔레스의 부활
이븐루시드

서구에서 흔히 '아베로에스'라 부르는 이븐루시드[1126~1198]는 스페인 코르도바 출신의 아랍 철학자로, 아리스토텔레스의 저작에 붙인 충실한 주석으로 유명하다. 그의 주석서는 곧 라틴어로 번역되어, 중세 말 서구

이븐루시드(아베로에스)와 포르피리오스 사이의 가상의 논쟁 (몬프레도 데 몬테 임페랄리 『약초의 서』, 14세기)

의 지성계에 아리스토텔레스 철학의 부활을 일으킨다. 토마스 아퀴나스가 아리스토텔레스와 이븐루시드를 '철학자'와 '주석자'라는 보통명사로 부른 것만 봐도, 당시 이 두 인물이 누리던 지적 권위를 짐작할 수 있다. 이븐루시드의 감각론은 주로 아리스토텔레스의 『영혼론』과 『감각론』에 붙인 주석들, 그리고 그밖의 여러 저술에서 전개된다.

| 상기설과 원자론 비판

이븐시나가 아랍 사회에 아리스토텔레스 계열의 유입설을 도입했다면, 이븐루시드는 이를 더 발전시켜 아랍 세계를 지배하는 이론으로 끌어올렸다. 사실 이븐루시드는 아리스토텔레스의 충실한 주석자로 머무르려 했기에, 그의 감각론은 이 고대철학자의 이론과 그 주요 특징이 다르지 않다. 차이가 있다면 아리스토텔레스의 이론에 갈레노스·스토아학파의 숨결 이론을 가미하고, 아리스토텔레스와 달리 '공통감'이 가슴이 아니라 망막 뒤

제자와 대화를 하는 아리스토텔레스 (자브릴 이븐 부크티슈 『동물의 서』, 9세기)

에 있다고 설명하는 것뿐이다. 아리스토텔레스의 매체설을 관철하기 위해 이븐루시드는 일단 경쟁이론들을 반박한다.

먼저 비판의 과녁이 된 것은 플라톤 계열의 이론들이다. 이 이론들은

플라톤의 상기설에 따라 이미 우리의 기억 속에 감각대상이 들어 있다고 주장한다. 감각이란 이데아계에서 이미 보았던 것의 기억을 떠올리는 일에 불과하다는 것이다. 이에 이븐루시드는 '그렇다면 대상이 없을 때에도 우리는 그것을 볼 수 있어야 할 것'이라고 꼬집는다. 사실 이 이론은 감각기관이 필요한 이유를 설명하지도 못한다. 이미 머리에 들어있는 것을 무엇하러 다시 감각하는가? 여기서 그가 겨냥한 이론이 무엇인지 정확히 알 수는 없지만, 아마 플로티노스의 이론 혹은 그것의 중세적 변형일 것이다.

이어서 이븐루시드의 비판은 플라톤의 반대편에 서 있는 원자론자들을 향한다. 원자론자들은 대상에서 발산된 원자들이 감각기관으로 들어오는 육체적 현상을 감각이라고 본다. 이에 대해 이븐루시드는 이렇게 논평한다.

감각대상의 형상이 물질적 방식으로 영혼에 각인된다고 보는 견해에 대해 말하자면, 이 견해의 부조리함은 영혼이 대립자들의 형상을 동시에 받아들인다는 사실에서 잘 드러난다. 육체에는 이러한 일이 일어날 수 없다. 이는 영혼만이 아니라 매체에도 적용되는 이야기다. 왜냐하면 단 한자락의 공기만으로 관찰자는 — 희고 검은 두개의 물체를 볼 때처럼 — 두개의 상반된 색깔을 동시에 보는 게 분명하기 때문이다. 나아가 거대한 물체, 심지어 세계의 반구까지 아주 작은 눈의 동공을 통해 지각될 수 있다는 사실은, 색채든, 혹은 그것들로부터 흘러나오는 그 어떤 것이든 시각에 물질적 방식보다는 영적인 방식으로 전달된다는 것을 증명한다.[34]

"대립자들의 형상을 동시에 받아들이는 것"이 물리적으로 불가능하다는 이야기는 우리 귀에 이상하게 들린다. 뒤에서 다시 언급하겠지만, 이는 당시에 대상의 '형상'을 시지각의 단위로 본 것과 관련이 있다.* 물리적으로 불가능한 일이 벌어졌으니, 시각을 영적 현상으로 봐야 한다는 것이다. "물질적이라기보다는 영적인 방식으로 전달"된다는 마지막 문장 속의 표현은 물론 "질료 없이 형상을 지각"한다는 아리스토텔레스의 명제를 고쳐 쓴 것이리라.

| 유출설 비판

이어서 이븐루시드는 비판의 표적을 유출설로 옮긴다. 여기에도 에우클레이데스에서 프톨레마이오스로 이어지는 광학적 유출설과 스토아학파·갈레노스의 의학적 유출설, 두 종류가 있다. 당시 아랍의 문명에서 이 견해를 대표하는 이는 알킨디와 후나인이었다. 고대의 감각론 자체가 이들에 의해 유출설의 형태로 도입되었기에, 이븐시나의 격렬한 비판으로 많이 약화되기는 했지만 아랍의 지성계에서 유출설은 여전히 유력한 이론으로 통하고 있었다. 따라서 이븐루시드에게는 유출설이야말로 아리스토텔레스 이론을 지성계에 관철하기 위해서 반드시 극복해야 할 이론으로 여겨졌을 것이다.

먼저 그는 유출설에 대한 고전적 비판을 반복한다. 즉 유출설이 옳다면 우리는 밤에도 사물을 볼 수 있어야 한다는 것이다. 또한 이븐시나를 따라 눈에서 유출되는 그것을 '물질'로 보느냐, 비물질적 '빛'으로 보느냐에 따라 두 유형으로 유출설을 나눈다. 먼저 눈에서 유출되는 것이 물

---

* 이 낡은 시각모형은 이븐 알하이삼에 의해 점형분석으로 교체된다.

질적 실체라면, 어떻게 그것이 하늘의 별까지 그 먼 길을 순식간에 날아가며, 조그만 눈에서 나온 물질이 어떻게 우주의 반구 전체를 채우는지 설명해야 한다. 게다가 영혼이 실린 물질적 실체라야 고작 열熱뿐인데, 열은 멀리 가지도 못하고 눈에서 나가자마자 식거나 꺼져버릴 것이다.

한편 눈에서 유출되는 그것이 빛과 같은 비물질적 실체라면 거기에는 영혼이 실릴 수 없다. 오직 물질적 실체만이 영혼의 기체가 될 수 있기 때문이다. 이렇게 영혼이 빛에 실려 밖으로 나가는 것이 아니라면, 시각이 이루어지기 위해서는 거꾸로 대상의 인상이 어떤 물질적 매체에 실려 눈으로 들어와야 한다는 결론에 이른다. 이런 논박들에 이어서 이븐루시드는 자신이 생각하는 참된 감각의 이론을 제시한다.

> 공기가 빛을 이용하여 먼저 대상의 형상을 받아들이고 그것을 눈의 외피에 전달하면, 외피는 그것을 나머지 막들로 전송하고, 그 운동이 공통감이 위치한 가장 깊은 막에 이르면, 그것이 대상의 형상을 지각한다.[35]

빛이 존재한다는 조건 하에 시각적 인상이 매체에 실려 눈으로 들어온다고 보는 점에서 이 견해는 명백히 아리스토텔레스적이다. 다만 아리스토텔레스가 그 매체를 어떤 투명한 것diaphanes으로 보았다면, 이븐루시드는 그 투명한 것이 구체적으로 '공기'를 가리킨다고 해석한 듯하다. '공기'를 매체로 본 것은 실은 아리스토텔레스보다는 스토아·갈레노스의 견해에 가깝다. 단, 스토아학파에서 말하는 '공기'는 물리적 원소가 아니라 어떤 영적 매질을 가리킨다는 점을 잊어서는 안 된다.

| 망막이냐 수정체냐

크게는 아리스토텔레스의 틀 안에 머물지만, 그렇다고 이븐루시드의 이론이 아리스토텔레스의 것과 완전히 일치하지는 않는다. 앞에서 언급했듯이 뇌에서 영혼숨결이 나와 눈으로 전달되어 우리가 시각능력을 갖게 된다는 주장이나, 지각을 종합하는 능력인 공통감이 심장이 아니라 망막 뒤에 있다는 주장은 아리스토텔레스에게서는 찾아볼 수 없다. 이는 의학적 광학론의 요소가 분명하다. 어떤 학자들은 이븐루시드가 케플러보다 먼저 망막에 감광능력이 있다는 사실을 발견했다고 주장한다. 실제로 다음 문장처럼 그렇게 읽힐 만한 대목도 있다.

눈의 가장 깊은 곳에 있는 막[망막]은, 체액이 공기로부터 빛을 받아들이는 것처럼, 눈의 체액으로부터 필연적으로 빛을 수용한다.[36]

하지만 이븐루시드는 다른 곳에서 비교적 분명하게 감광능력이 망막이 아닌 "수정체 혹은 빙하액이라 불리는 둥근 체액"에 있다고 말한다. 그에 따르면 수정체액은 거울과 같은 성질을 갖고 있으며, 그 안에 물의 본성과 공기의 본성이 반씩 섞여 있어, 이 이중의 성격에 힘입어 공기에서 취한 형상을 유리체액, 즉 물로 실어 나를 수 있다고 한다. 반면 망막의 역할은 "수정체액의 변화를 감지하고 유리체액에 자양분을 제공"하는 것이라고 잘라 말한다.[37]

"수정체액의 변화를 감지"한다는 표현은 언뜻 듣기에는 마치 망막이 감광능력을 가졌다는 말처럼 들리나, 앞에서 보았듯이 이븐루시드는 비교적 분명하게 감광기능을 수정체의 역할로 돌린다. 감광의 기제를 '거울'에 비유한 것은, 그가 감광의 기제를 광학적 과정으로 이해하고 있음을 의미한다. 따라서 망막이 "수정체액의 변화를 감지"한다는 표현은, 빛을 감지한다기보다는 감지된 빛을 생리학적으로 변환한다는 뜻에 가깝다. 결국 이븐루시드에게 시지각이란 '공기에 실려들어온 빛이 수정체액 위에 만들어낸 반영상을 망막 뒤의 공통감이 지각'하는 현상이다.

| 정신성과 지향성

마침내 이븐루시드에 의해 아랍에서도 유입설이 기존의 유출설을 제치고 지배적인 감각의 이론으로 등극한다. 앞에서 살펴보았듯이 그는 큰 틀에서 아리스토텔레스의 이론에 충실한 한편, 의학적 광학론의 영향을 수용하여 자신의 감각론에 아리스토텔레스에게서는 찾아볼 수 없는 요소를 가미하기도 했다. 지각의 '생리학'physiology에서만 그랬던 것이 아니다. 그는 지각의 '심리학'psychology에서도 필요에 따라서는 대스승의 이론을 수정하기도 했다. 특히 '감각내용'에 관한 관념에서 두 철학자는 비교적 뚜렷한 차이를 보여준다.

아리스토텔레스에 따르면 지성의 대상은 보편자인 반면 감각의 대상은 개별자들이다. 예를 들어 우리는 개별적인 '개'들을 볼 수 있을 뿐, '개'의 개념은 볼 수 없다. 이 때문에 아리스토텔레스는 지성의 대상인 보편자는 영혼 안에 있으나, 감각의 대상인 개별자는 영혼 밖에 있다고 믿었다. 다시 말해 보편자로서의 개념은 영혼 안의 현상, 이른바 정신의 '지향적'intentional 대상인 반면, 개별자로서의 감각대상은 그렇지 않다는 것이다. 반면 이븐루시드는 개념의 인식과 감각 모두 의식 안의 현상이라 본다. 즉 지성적 인식이나 감각지각의 내용이나 모두 지향적 대상이라는 것이다.[38]

여기서 '물질적으로가 아니라 영적으로 전달된다'는 이븐루시드의 말

라파엘로 산치오, 「아테네 학당」(세부), 1509~1511. 좌에서 우로 에피쿠로스, 엠페도클레스로 추정되는 인물, 피타고라스, 히파티아, 파르메니데스. 이들 틈으로 터번을 쓴 이븐루시드의 모습이 보인다.

이 '질료 없이 형상을 지각'한다는 아리스토텔레스의 명제를 그저 고쳐 쓴 것에 불과한 게 아니라는 점이 드러난다. 원래 '지향성'intentio이라는 말은 아우구스티누스의 용어로, 정신의 '집중'을 가리키는 개념이었다. 이븐루시드에게 감각은 그저 수동적 과정이 아니다. 그것은 정신의 집중을 요하는 일이며, 따라서 감각의 내용도 영적·정신적 본성을 갖는다. 이제 '지향성' 개념은 근대철학에서와 유사한 의미를 갖게 된다. 근대철학에서도 감각질qualia은 의식 내적 현상, 이른바 '관념'으로 다루어진다.

근대광학의 아버지
알하이삼

'알하젠'이라 불리는 이븐 알하이삼^{965?~1040?}은 아랍의 수학자·과학자·철학자·천문학자로, 이라크의 바스라에서 태어나 카이로에서 활동했다고 알려져 있다. 중세 유럽에서 그는 '제2의 프톨레마이오스' 혹은 '자연학자'라는 보통명사로 불렸는데, 이는 그가 누구도 넘볼 수 없는 수준으로 자연을 탐구했기 때문이리라. 실제로 그는 서구인들보다 200년 앞서 자연을 탐구하는 과학적 방법을 수립했다. 광학의 영역에서도 그는 유출설과 유입설의 해묵은 논쟁을 유입설의 승리로 끝내고, 과학적 실험과 관찰에 근거해 시각의 이론을 현대적인 형태로 발전시켰다.

| 유출설 비판

알하이삼의 시각이론을 담은 『광학의 서』^{De Aspectibus*}는 모두 일곱권으로 이루어진다. 1권은 빛과 색채, 2권은 시각, 3권은 착시, 4권과 5권은 반사에 관한 실험들, 6권은 반사로 인한 착시, 7권은 빛의 굴절을 다룬다. 결국 시각일반(1권~2권), 반사광학(3권~6권), 굴절광학(7권)의 3부로 이루

---

* 알킨디의 『광학의 서』^{De Aspectibus}와 동명의 책이다.

어진 셈인데, 이 7권 3부의 편제는 프톨레마이오스가 쓴『광학』의 구성과 정확히 일치한다. 전범이 되어준 프톨레마이오스의『광학』은 1권이 소실되었는데, 이는 알하이삼에게 광학의 철학적 토대가 사라진 것을 의미했다. 이 공백을 메우는 과정에서 그는 프톨레마이오스에 이어 또 한번 시각이론의 위대한 종합을 이룬다.[39]

물론 알하이삼의 종합은 프톨레마이오스의 것과는 성격이 다르다. 유출설에 기초한 프톨레마이오스와 달리 그는 시각의 유입설을 기반으로 시각이론의 종합을 시도했기 때문이다. 당연히 알하이삼의 광학은 유출설 비판에서 출발한다. 다만 그는 유출설의 가능한 모든 버전을 일일이 비판했던 이븐시나와 달리 주로 유출설의 거시적 프레임을 무너뜨리는 데에 집중한다. 이 비판의 요지는 시각광선의 유출이라는 가정이 '잉여적'이라는 것이다.

> 빛과 색채의 형상은 눈이 있든 없든 언제나 공기와 투명한 것들 속에서 생성되어 늘 다양한 방향으로 확장된다. 그러므로 [시각]광선의 유출은 잉여적이며 불필요하다(*Asp.* I.6.54).[40]

유출설을 따르더라도, 시지각은 시각광선이 대상을 만나는 지점이 아니라 관찰자의 눈과 정신에서 일어난다. 게다가 빛과 색채는 시각광선이 없어도 스스로 확장되어 눈으로 들어오는 성질이 있다. 그러므로 굳이 시각광선의 유출을 가정해야 할 이유가 없다는 것이다. 이렇게 알하이삼은 스토아학파·갈레노스의 의학적 광학이론을 '잉여성'을 근거로 기각한다. 그의 논증을 좀더 자세히 들여다보자.

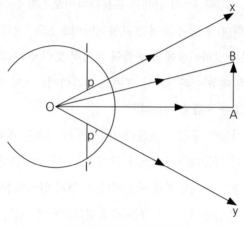

프톨레마이오스의 시각 모형

O   시각원뿔의 꼭지점

ll′   홍채

pp′   동공

xOy   시각원뿔

AB   시각대상

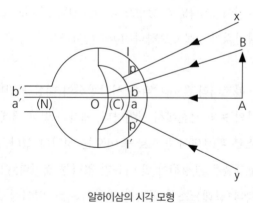

알하이삼의 시각 모형

(N)   시신경   pp′   동공

O   눈의 중심   ll′   홍채

(C)   수정채   AB   시각대상

눈에서 나와 시각대상을 향하는 무언가에 의해서만 시각이 발생한다면, 그 무언가란 물질적이거나 비非물질적인 것이다. 그것이 물질적이라면, 우리가 눈을 들어 하늘의 별을 볼 때, 물질적 실체가 눈에서 나와 하늘과 땅 사이의 공간 전체를 채우되 눈은 축소되어서는 안되는데, 이는 비논리적이다. 고로 시각은 어떤 물리적 실체가 눈에서 유출되어 [시각대상을 향하는] 식으로 이루어질 리 없다. 한편 눈에서 유출되는 그것이 비물질적이라면 아예 대상을 지각하지 못할 것이다. 물리적 사물의 밖에서 지각이란 있을 수 없기 때문이다. 따라서 아무것도 시각을 위해 눈에서 대상으로 나가지 않는다(*Asp.* I.6.56).[41]

눈에서 유출되는 광선이 '물질적'이라면, 우리가 하늘을 볼 때 그 물질이 하늘과 땅 사이의 공간 전체를 채워야 한다. 하지만 그렇게 많은 물질을 방출하고도 눈이 성할 수는 없다. 한편 시각광선이 '비물질적'이라면 아예 물질적 대상과 접촉할 수도, 따라서 그것의 형태를 눈으로 되가져올 수도 없을 것이다. 더군다나 공기와 그밖의 투명한 것은 스스로 눈에 형상을 전달하는 성질이 있다. 그러므로 시각광선이 존재한다는 주장은 쓸데없다는 것이다.

그렇다면 남은 것은 유입설뿐이다. "눈으로 가시적 대상을 볼 때, 그 대상표면의 각 지점에 존재하는 빛과 색채의 형태가 눈의 표면으로 들어온다."(*Asp.* I.6.12)[42] 알하이삼은 유입설을 두가지 근거로 뒷받침한다. 첫째, 밝은 빛을 바라볼 때 눈은 고통을 느낀다. 둘째, 밝은 것을 보다가 어두운 곳을 보면 잔상이 생기는데, 이는 "눈에 작용하는 것이 빛의 속성이며 빛의 영향을 받는 것이 눈의 속성"이라는 것을 보여준다는 것이다 (*Asp.* I.6.66). 하지만 유입설에도 난점은 있었다. 바로 이 난점을 처리함으로써 알하이삼은 현대의 시각론에 가까이 접근한다.

| 유입설의 난점

유입설에는 크게 원자론자들의 발산설과 아리스토텔레스의 매체설, 두 종류가 있다. 원자론의 난점은 거대한 대상의 이미지가 어떻게 조그만 동공으로 들어오는지를 해명하는 것이었다. 눈과 시각대상 사이의 거리가 멀어질수록 대상이 축소되어 보이는 원리를 설명하는 것도 어려운 문제였다. 광학이 그 관계를 설명할 것이나, 에우클레이데스나 프톨레마이오스의 광학은 모두 시각광선의 유출설 위에 서 있었다. 게다가 원자론은 또다른 이론적 난점에 노출되어 있었다. 오늘날 우리의 시각으로는 왜 난점인지 이해하기 어려우나, 이븐루시드는 그 '난점'을 이렇게 기술한다.

이 견해[원자론적 발산설]의 부조리함은 영혼이 대립자들의 형상을 동시에 받아들인다는 점에서 잘 드러난다. (…) 이는 영혼만이 아니라 매체에도 적용된다. 왜냐하면 단 한 자락의 공기만으로 관찰자는, 희고 검은 두개의 물체를 볼 때처럼, 분명히 두개의 상반된 색깔을 동시에 보기 때문이다.[43]

오늘날 우리가 이 논증을 이해하기 어려운 까닭은, 고대의 유입설이 단일한 형상form을 지각의 단위로 상정했기 때문이다. 사실 알킨디는 광학의 전통에 따라 시각을 시각'광선'의 유출로 설명했지만, 이븐시나가 아리스토텔레스의 매체설을 도입하면서 이것은 다시 '형상'의 지각으로 시각을 설명하는 이론으로 바뀌었다.[44] 따라서 이븐루시드가 보기에, 만약 대상으로부터 영혼이 영향받는 과정이 지각이고, 그 대상이 단일형상으로 영혼에 전달된다면, 흑백으로 이루어진 대상을 동시에 수용할 경우 영혼 역시 동시에 상반된 속성을 띠어야 하므로 이는 논리적 모순이라는 것이다.

"이는 영혼만이 아니라 매체에도 적용된다"라는 문장이 암시하듯이 이븐루시드는 원자론만이 아니라 자기가 주창하는 아리스토텔레스의 매체설 역시 이 비판에서 자유롭지 못하다는 것을 알고 있었다. 대상의 형상이 "단 한자락의 공기"에 통째로 실려 오고, 그 형상이 흑백의 두 색깔로 이루어져 있다면, 그것을 실어나르는 '공기' 역시 동시에 흑백의 상반된 성격을 띠어야 하는바, 이는 논리적으로 모순이기 때문이다. 이븐루시드는 감각의 내용을 물리적 실체가 아닌 심리적 실체로, 즉 의식 안의 '지향적' 대상으로 간주하는 방식으로 이 모순을 피해간다.

| 형상에서 점으로

알하이삼은 유입설의 모순을 해결하는 새로운 방식을 제시한다. 그 요체는 시각대상이 '단일형상'이라는 유입설의 전제 자체를 거부하는 것이다. 그 대신에 알하이삼은 데이비드 린드버그가 '점형분석'이라 부르는 방식을 제시한다.[45] 즉 시각대상이 단일형상으로 한꺼번에 눈에 들어오지 않고, 점으로 분해된 형태로 눈에 들어온다는 것이다(*Asp.* I.6.17-6.32). 이 설명에 따르면 시각이란 대상이 발산한 빛과 색채가 무수한 점의 형태로 눈의 감광부위 표면의 점들과 일대일대응을 이루는 현상이다. 이로써 흑백의 대립물이 동시에 지각되는 이유가 설명된다.

점과 점의 일대일대응이라는 관념은 디지털 이미징을 연상시킬 정도로 현대적이나,[46] 이 설명에도 아직 해결해야 할 문제가 있었다. 빛과 색채는 (스스로 빛을 내는) 발광체든 (다른 빛을 받아 반사하는) 시각대상이든, 표면의 모든 점에서 모든 방향으로 발산된다. 이 경우 빛과 색채가 안구의 표면에서 뒤섞여 총체적 혼란이 일어날 수밖에 없다. 그런데 이를 명료하게 지각하는 일이 어떻게 가능한가? 이 난제를 알하이삼은 '굴절'refraction의 법칙으로 해결한다. 일찍이 프톨레마이오스가 발견한 굴절현상은 이븐 살940~1000을 통해 당시 아랍에도 널리 알려져 있었다.

시야의 가시적 대상의 표면에 있는 모든 지점들의 형상이 안구표면의 각 지점으로 들어온다. 하지만 오직 한 점의 형상만이 눈의 투명한 막들을 일직선으로 통과한다. 그것은 대상표면의 점에서 나와 안구표면의 지점으로 이끌리는 그 수직광선의 맨 끝점이다. 나머지 점들의 형상들은 모두 안구표면의 지점에서 굴절되어 투명한 막들을 사선으로 통과한다(*Asp.* 1.6.20).[47]

물의 표면을 수직으로 통과하는 빛은 굴절되지 않듯이 눈의 표면과 직각을 이루는 광선들만 감광기관에 맺히고, 그 나머지는 굴절되어 감광기관을 사선으로 비껴간다. 굴절된 광선들의 힘이 약해지면 더 강력한 중앙광선이 그것들을 가려 지각되지 않는다는 것이다. 이로써 대상이 빛과색채를 사방으로 발산하지만 감광기관의 표면에 명료한 상이 맺히는 원리가 밝혀진 셈이다. 다음 그림은 사선으로 들어오는 광선들이 굴절되어옆으로 비껴가는 것을 보여준다.

이제 남은 과제는 거대한 대상의 형상이 어떻게 조그만 눈으로 들어오는지를 해명하는 것뿐이다. 답은 광학에 있다. 이미 이븐시나는 "각도는 이미지가 눈으로 들어올 때 필요하지, 시각광선이 이미지를 향해 나아갈

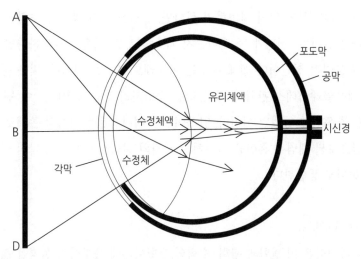

알하이삼에 따르면 우리의 눈은 안구표면과 직각을 이루는 광선들만 지각한다. 비스듬한 각을 이루며 들어오는 광선들은 굴절되어 시야 밖으로 벗어난다고 한다.

때 필요한 것이 아니"라며, 광학이 유출설보다 유입설에 친화적이라 지적한 바 있다.* 알하이삼으로서도 시각광선의 이론을 거부할 이유가 없었다. 그저 그 광선을 '물리적' 존재가 아니라 '가상적' 존재로, 즉 기하학적 구성물로 간주하면 그만이다.

> 방사형 선들이 가상적이라 생각하는 이들의 믿음은 옳고, 눈에서 정말 무언가가 나온다고 가정하는 이들의 믿음은 틀리다(*Asp.* I.6.59).[48]

린드버그에 따르면 유출설과 유입설의 차이란 실은 이론들이 가진 '의도'의 차이에 불과하다.[49] 즉 유출설을 비롯한 철학적 이론들이 사물(가령

---

* 이 책의 251면을 참고하라.

시각광선)이 '무엇'인지 설명하려 한다면, 유입설 등의 광학적·수학적 이론들은 그것이 '어떻게' 움직이는지 기술하고, 그 기술만 정확하다면 사물의 물리적 성질이나 실재 여부는 아무래도 좋다는 것이다. 빛을 동원해 에우클레이데스 광학의 제1공리를 증명하려 했던 알킨디는 이 두 차원을 혼동하고 있었던 셈이다. 알하이삼은 시각광선을 가상적 존재로 규정함으로써 개념적 혼란을 극복하고 시각의 철학적 이론과 수학적 이론을 하나로 통합한다.

| 눈의 해부학

알하이삼은 이 철학과 광학·수학의 통합이론에 해부학적 설명을 결합한다. 시각모형이 유출설에서 유입설로 바뀌면서 물음은 "광선이 어느 기관에서 방사되는가?"에서 "광선이 어느 기관으로 수용되는가?"로 변한다. 첫번째 물음의 답은 뻔하다. 시각광선은 안구의 중심, 즉 수정체에서 나온다는 것이다. 반면 두번째 물음에는 다양한 대답이 가능하다. 하지만 이 물음에 알하이삼은 새로운 대답을 내놓지 못한다. 이슬람 신학이 인체해부를 금지했기 때문이다. 결국 그 역시 눈의 감광능력은 안구 중심의 수정체에 있다는 전통적 견해를 반복하는 데 그친다.[50]

눈의 구조에 대한 그의 설명은 사실 갈레노스 등 고대해부학의 기술과 거의 일치한다. 그에 따르면 두뇌의 전실에서 한쌍의 시신경이 뻗어나와 하나로 합쳐졌다가 다시 갈라져 각각 두 눈으로 이어진다. 각 눈은 네개의 막과 세종류의 체액으로 이루어진다. 먼저 하얀 지방으로 된 외막이 있고, 그 안쪽으로 포도처럼 생긴 또 하나의 막uvea이 있는데, 이 막의 앞부분은 뚫려 있어 거기에 동공이 위치한다. 눈의 앞쪽은 각막cornea이라는 이름의 투명한 막으로 덮여 있다. 마지막은 거미줄 모양의 지주막aranea으

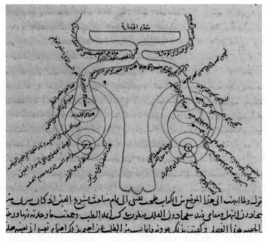

알하이삼에 따른 눈의 도해. 카말 알딘 알파리시(1267~1319?)의
『광학연구』에 수록된 삽화. 1309년.

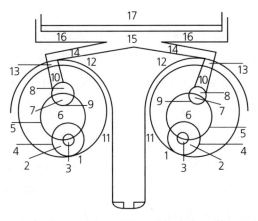

1. 아랫 눈꺼풀 2. 망막 3. 동공 4. 윗 눈꺼풀 5. 안구 6. 난
백액 7. 수정체액 8. 유리체액 9. 수정체액을 둘러싼 지주막
10. 원추신경 11. 안구를 둘러싼 연접구(球) 12. 눈확 13. 안구
와 눈확 사이의 공간 14. 시신경들 15. 시신경의 교차 16. 뇌
에서 나오는 시신경 17. 뇌의 앞부분

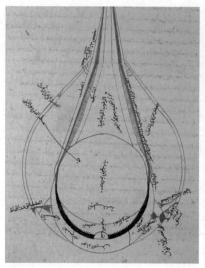

알하이삼에 따른 또다른 눈의 도해.
카말 알딘 알파라시의 『광학연구』에 수록된 삽화

왼쪽 그림의 라틴어 번역

로, 그 안의 앞쪽에는 수정체액이, 뒤쪽에는 유리체액이 담겨 있다.

뇌의 전실에서 흘러나온 시각영혼이 두개의 신경을 통해 두 눈에 시각
능력을 부여한다고 보는 등 눈의 해부학에 관한 알하이삼의 견해는 대체
로 갈레노스의 전통 안에 머문다. 차이가 있다면, 눈 속의 모든 구조들이
구형이며, 이 구형들의 중심이 모두 동공에서 시신경으로 이어지는 직선
위에 위치한다고 본 것뿐이다. 그는 모든 구조가 동심원처럼 중심을 공
유하기에, 안구가 어떻게 움직여도 중심의 위치는 변하지 않는다고 믿었
다. 물론 해부학적으로 올바르지 않은 생각인데, 이 오류는 광학적 유입
설을 갈레노스의 해부학적 설명과 다소 무리하게 통합하려다 빚어진 것
으로 보인다.

앞서 말했듯이 알하이삼은 전통적 견해를 따라 수정체를 감광의 기관

으로 보았다. 흥미로운 것은 감광의 기제를 설명할 때 아리스토텔레스의 견해를 차용하여 눈 자체가 시각대상의 특질에 동화된다고 주장한다는 점이다. 비록 수정체액은 투명하나 어느 정도 밀도가 있어서 빛을 통해 들어온 형상이 자유롭게 통과하지 못한 채 그 표면에 형상을 고정하고, 이로써 수정체액이 대상의 빛, 색깔과 같은 속성을 갖는다는 것이다. 다만 아리스토텔레스와 달리 그는 이 과정을 질적 변화라기보다는 시각대상의 각 부분이 수정체의 표면에서 똑같은 배열을 이루는 양적 변화로 보았다.

알하이삼이 이렇게 망막이 아니라 수정체를 감광기관으로 본 데에는 부족한 해부학 지식 외에 또다른 이유가 있었을 것이다. 카메라 옵스쿠라의 영상이 스크린에 역상逆像으로 맺힌다는 사실이 그로 하여금 망막을 감광기관으로 특정하지 못하게 한 것이다. 즉 영상이 역상이 아니라 원상대로 보이려면 반전이 시작되는 꼭짓점을 지나기 이전에 안구의 어떤 지점에서 영상을 고정해야 하는바, 그 지점이 그에게는 수정체일 수밖에 없었던 것이다. 빛을 감지하는 부위가 망막이며 수정체는 그저 렌즈의 역할만 한다는 사실은 500년 후에야 알하이삼의 열렬한 독자였던 요하네스 케플러1571~1630에 의해 비로소 밝혀진다.

| 알하이삼과 그 이후

광학에서 알하이삼의 공헌은 세가지로 요약된다. 첫째, '점형분석'의 개념으로 고대의 유입설에 따르는 문제를 해결하고 유입설을 광학과 결합했다. 둘째, 서로 통약불가능해 보이던 철학적·수학적·해부학적 담론을 '하나'의 이론으로 종합하여 현대이론에 가장 근접한 광학의 모델을 제시했다. 셋째, 시각연구에 다양한 과학적 도구를 활용한 실험방법을 도입했다(『광학의 서』 4권, 5권). 그가 사용한 것은 '광선추적'ray tracing이라는 방법으로, 평면과 곡면거울, 그리고 카메라 옵스쿠라를 동원했다.[51] 그가 '근대광학의 아버지'라 불리는 것은 그 때문이다.

알하이삼에 이르러 유입설은 유출설을 제치고 중세의 대이론으로 확고히 자리 잡는다. 하지만 유입설을 채택했다고 그가 지각을 수동적 과정으로만 본 것은 아니다. 수정체에 영상이 맺히는 것은 그저 첫걸음일 뿐, 이 단계가 지나면 주의·비교·기억과 같은 일련의 능동적 과정이 개입된다.[52] 이로써 수동적 감각은 비로소 능동적 지각으로 변환되는데, 알하이삼에 따르면 이 지각의 논리적인 추론과정은 너무나 빠른 속도로 진행되어 우리에게 의식조차 되지 않는다. 이는 19세기에 등장하여 오늘날까지도 그 영향력을 발휘하고 있는, 헤르만 폰 헬름홀츠[1821~1894]의 '무의식적 추론' 이론을 선취한 것이다.[53]

여기서 아랍 광학의 역사를 되돌아보자. 이른바 '아랍의 황금기'에 알킨디는 고대의 광학적 전통을, 후나인은 고대의 의학적 전통을 부활시켰다. 이븐시나는 이 두 모델이 공유하는 유출설을 반박했고, 이븐루시드는 그 대안으로 아리스토텔레스의 매체설을 제시했다. 이로써 고대 시각론의 철학적 전통이 부활한다. 알하이삼은 이 이질적인 담론들을 '하나'의 이론으로 통합했고, 이 종합이론을 경험적이고 실험적인 방법으로 뒷받침하려 했다. 이 시기의 아랍 학자들은 대체로 고대를 답습하는 수준에 그쳤으나, 알하이삼은 유일하게도 고대인들의 성취를 뛰어넘는 업적을 남겼다.

7부

근대 광학의 역사

Aisthetik

중세 유럽의 광학
그로스테스트에서 베이컨까지

아우구스티누스 이후 서구에서 감각론 연구는 거의 사라지고, 고대의 전통은 세네카나 플리니우스 등 몇몇 저명한 저자들의 책을 통해 파편적으로 이어질 뿐이었다. 여기에 돌파구가 되어준 것은 칼시디우스의 『티마이오스』 번역이다. 칼시디우스는 번역에 그치지 않고, 주석을 통해 플라톤의 해석에 갈레노스의 이론을 가미했다. 덕분에 13세기 유럽에서 고대의 감각론이 갈레노스의 색체를 띤 플라톤주의의 형태로 부활한다. 그즈음 아랍 학자들의 저서가 라틴어로 번역된 것 또한 중세후기의 서구에서 고대에 대한 관심과 자연에 대한 연구가 되살아나는 데에 중요한 역할을 했다.

| 그로스테스트와 광학의 부활

13세기에 들어와 유럽에서도 광학이 부활한다. 그 흐름의 첫 주자는 링컨의 주교 로버트 그로스테스트[1175~1253]였다. 그는 종종 "중세 옥스퍼드의 과학적 사유전통의 진정한 창시자"라 불리곤 한다.[1] 자연연구에 실험적 방법과 수학적 방법을 도입했기 때문이다. 그럼에도 불구하고 그의 생각은 본질적 측면에서는 여전히 중세에 머물러 있었다. 가령 그의 저서 『빛에 관하여』^{De Luce}는 이런 문장으로 시작된다. "내가 보기에 사람들이 실체성이라 부르는 최초의 실체적 형상은 빛이다."[2] 굳이 말할 것도 없이 이 생각의 근원은 천지창조와 함께 빛의 존재를 선포하는 창세기의 문장, '빛이 있으라'로 거슬러올라간다.

근대적인 것은 이 신학적 사건을 기술하는 방식이다. 그로스테스트에 의하면 우주는 태초의 빛과 원原물질의 결합으로 탄생한다. 원물질은 영차원의 점으로 존재하다가 사방으로 확산되는 성질이 있는 빛과 결합하여 삼차원이 된다. 이 빛^{lux}이 한 점에서 모든 방향으로 동일하게 확산되면서 구형의 세계^{mundus}가 만들어진다. '빅뱅'을 연상시키는 이 우주의 스펙터클로 인해 대지를 둘러싼 열세개의 천구天球가 만들어진다. 이는 아리스토텔레스의 『천상론』^{De Caelo}을 참조한 것이나, 근원적 빛의 확산으로 우주가 만들어진다는 생각은 아우구스티누스가 전파한 신플라톤주의 관념이다.

태양의 빛이 끝없이 뻗어나가면서 반사되고 굴절되며 세상을 밝히거나 덥히듯이, 자연의 대상들도 어떤 능동적인 힘^{virtus}이 있어, 그 힘으로 자신의 분신^{similitudo}을 다른 생물이나 무생물로 끝없이 확산하려 한다. 그 힘, 혹은 그 분신을 '종'種이라 부른다. 모든 사물은 마치 빛처럼 사방으로 무한증식하며 자신의 종을 발산하는데, 그것이 생물의 눈으로 들어오면 시각이 발생하고, 무생물을 만나면 반영·반사·굴절이 일어난다. 빛은 우주의 모든 사물의 근원이자, 우주의 모든 사건의 원인이다. 고로 자연을 연구하는 것은 곧 빛의 운동을 연구하는 것이며, 제1철학은 광학일 수밖에 없다.[3]

자연현상의 원인은 모두 선·각도·도형으로 표현되어야 한다. 그러

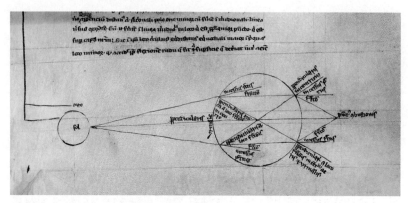

태양광선들이 구형의 렌즈를 통과하면 굴절되어 한 점에 모인다는 그로스테스트의 이론을 보여주는 다이어그램 (로저 베이컨, 「대작(大作) 혹은 종(種)의 번식에 관하여」, 1267년경)

지 않고서는 그것을 설명하는 것이 불가능하기 때문이다.[4]

강렬한 형이상학적 색채에도 불구하고 여기에는 초보적이나마 자연을 수학적으로 기술하는 것이 가능하다는 근대적 인식이 깃들어 있다. 플로티노스는 사물이 사방으로 자신의 '형상'을 발산한다고 말했다. 그로스테스트는 이를 '종'이라는 말로 바꾸어놓은 셈이다. 그의 관념에 직접적인 영감을 준 사람은 아마 알킨디였을 것이다. 이 아랍 학자의 말을 기억해보자.

이 세계의 모든 것은, 그것이 실체이든 사건이든, 마치 별처럼 자기 고유의 방식으로 빛을 생산한다. 원소들의 세계에서 현실적 존재를 가진 모든 것은 모든 방향으로 빛을 발산하며, 그 빛이 온 세계를 가득 채우고 있다.[5]

"온 세계를 가득 채우고 있다"는 물리적 빛도 원래는 초월적 빛에서 나왔다. 그로스테스트 역시 물질과 섞인 물리적 빛lumen과 물질이 섞이지 않은 영적 빛lux을 구별한다.* 이 중 영적 빛은 지성적인 종을, 물리적 빛은 감각적인 종을 만들어낸다. 전자는 이성으로 인식되고, 후자는 감각으로 지각된다. 빛은 세계를 존재하게 할 뿐 아니라 인식을 가능하게 한다.[6] "아우구스티누스의 말대로 그 어떤 진리도 최고진리의 빛 없이는 인식될 수 없다."[7] 플로티노스의 소문자 형상morphe이 대문자 형상Morphe 덕에 인식되듯이, 우리가 '종'을 알아보는 것은 우리 내면에 깃든 근원적 빛 덕분이다.

그로스테스트도 아우구스티누스처럼 올바른 시각론은 유출된 광선과 관계가 있다고 믿었다. 그는 시각이 이루어질 때 눈에서 정말로 광선이 나간다고 보았다. 시각광선이 상상적이라는 견해는 "전체를 못 보고 부분만 보는 이들"의 생각이라는 것이다. 사실 그로스테스트의 시각론은 절충적이다. 눈이 대상의 형상을 수용한다는 자연학자들의 견해도 옳고, 눈에서 시각광선이 나온다는 기하학자들의 가정도 옳다며 수용한다.[8] 사실 이 절충은 플라톤의 설명과 어느 정도 부합한다. 플라톤은 눈에서 나오는 빛과 대상에서 나오는 빛의 협력synaugie으로 시각을 설명했기 때문이다.

빛은 실체다. 세계의 모든 존재는 빛으로 빚어지고, 우주의 모든 사건은 빛의 운동에서 비롯된다. 고로 자연의 모든 현상은 빛의 직진·반사·굴절·분산으로 설명되고, 이것들은 다시 선·각도·도형으로 표현된다. 빛을 실체로 보면 결국 모든 자연현상을 수학적으로 기술할 수 있다는 뜻이

---

* 이 구분은 신플라톤주의에서 유래했다. 플로티노스는 광원으로서 일자의 빛을 '룩스'(lux), 거기서 흘러나온 유출물로서 빛을 '루멘'(lumen)이라 불렀다.

다. 이 수학적 기술을 그로스테스트는 렌즈와 거울을 이용한 관찰과 실험으로 뒷받침하려 했다. 그를 '과학적 사유의 창시자'라 부르는 것은 이 때문이다. 물론 그의 광학은 여전히 중세의 '빛의 형이상학'에 머물러 있었다. 따라서 그는 신학적 사유에서 과학적 사유로 이행하는 과도기의 인물이다.

알베르투스와 유입설의 승리

그로스테스트가 플라톤을 계승했다면, 중세의 서구에 아리스토텔레스의 유입설을 도입한 이는 아퀴나스의 스승 알베르투스 마그누스 1200?~1280?였다. 일부의 아랍 문헌만을 접할 수 있었던 그로스테스트와 달리, 알베르투스는 이븐시나와 이븐루시드의 저작을 읽었고, 부분적이나마 알하이삼의 이론까지 알았다고 한다. 그는 주로 이븐시나와 이븐루시드의 논증에 의거하여 시각광선의 유출설을 비판했고 아리스토텔레스를 따라 감각이 매체의 변형에 의해 이루어진다고 주장했다.[9] 그의 이론은 아리스토텔레스의 『영혼론』에 갈레노스의 생리학을 결합한 것에 가까웠다.

알베르투스는 에우클레이데스에서 알킨디로 이어지는 시각의 유출설을 비판한다. 몇몇 동물의 눈 속에서 불과 같은 것을 볼 수 있지만, 그것은 안구표면에 있는 불의 입자들일 뿐, 실제로 안구의 중심에 불이 있어 거기에서 나오는 빛으로 보는 것은 아니라는 주장이다. 나아가 그는 시각이 밖에서 안으로 들어오는 빛과 안에서 밖으로 나가는 빛의 결합으로 이루어진다고 말하는 "몇몇 현대인들"을 언급하며, 그들의 주장을 경멸하듯이 기각했다.[10] 그가 받아들인 이론은 역시 아리스토텔레스의 것이다. 그는 오감 외에 다른 감각은 없다며 이렇게 말한다.

시각·청각·미각·촉각·후각의 다섯 감각 외에 또다른 본래적 감각은 없다고 봐도 될 것이다. 우리는 이 다섯 감각으로 우리와 결합된 매체〔신체〕로 지각되는 것과 우리와 떨어져 있는 매체〔투명한 것〕로 지각되는 것을 지각하기 때문이다.[11]

여기에 나타난 견해는 명백히 아리스토텔레스의 매체설이다. 하지만 알베르투스가 이 고대철학자를 그저 답습한 것은 아니다. 여기에 그는 에우클레이데스의 광학을 결합한다. "모든 시각 행위는 피라미드 형태 속에서 이루어지는바, 그것의 밑변은 시각대상이고, 꼭짓점은 눈의 수정체."[12] 이는 그가 알하이삼의 이론을 알고 있었을 가능성을 보여준다. 알베르투스를 통해 서구에서는 최초로 "자연과학적 고찰, 기독교-신학적 사변, 고대철학 및 아랍의 철학적·의학적 전통 사이의 최초의 위대한 종합"이 시도된다.[13] 이 시도는 로저 베이컨에 이르러 결실을 맺게 된다.

당대의 여러 학자들과 마찬가지로 알베르투스 역시 강한 신학적 신비주의에 물들어 있었다. 예를 들어 그는 이븐시나가 말한 '내감'internal sense과 별도로 '영적 감각'spiritual sense에 대해 말한다.[14] 알베르투스에 따르면 신은 크게 선善과 진眞의 두 속성을 가지고 있는데, 선으로서 신은 영적 미각과 영적 촉각으로 체험되고, 진으로서의 신은 영적 후각과 영적 청각, 그리고 영적 시각으로 인식된다는 것이다. 이때 영적 후각은 신의 참됨을 기화氣化한 상태로 파악하고, 영적 청각은 그것을 기호화記號化한 형태로 파악하며, 영적 시각은 그것을 있는 그대로 파악한다고 한다.[15]

| 베이컨의 종합

그로스테스트에서 시작된 중세의 광학은 로저 베이컨[1214?~1292?]에 이르러 마침내 정점에 도달한다. 베이컨 역시 그로스테스트처럼 인간의 모든 지식을 광학 아래 통합하려 했다. 이 종합을 위해 그는 그리스와 이슬람의 광학을 두루 섭렵했고, 특히 알하이삼의 이론에 깊이 공감했다. 실제로 그는 자신의 광학을 펼치며 중요한 대목에서 이 아랍 학자의 이론을 그대로 반복한다. '대상에서 사방으로 형상이나 종種이 발산되는바, 그것들이 혼란에 빠지지 않고 우리 눈에 선명히 보이는 까닭은 빛의 굴절로 인해 형상의 각 지점이 눈 위의 지점과 일대일대응을 이루기 때문'이라는 것이다.

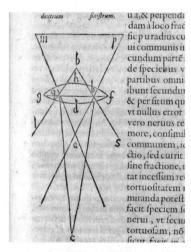

첫번째 삽화. 점q의 반대편에 있는 점b로 보이는 것이 실은 점v다. (『광학』, 1614)

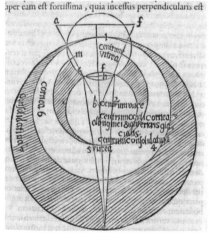

두번째 삽화 (『광학』, 1614)

그의 저술인 『광학』Perspectiva에 수록된 두장의 삽화도 그가 알하이삼의 이론에 충실했음을 보여준다. 점선m, p로 표시된 대상의 '형상' 혹은 '종'이 발산되어 수정체 후막q, v에 걸려 지각되고, 거기서 다시 굴절되어 시신경이 위치한 안구 끝의 지점c로 모인다. 점m, p에서 시작된 광선들이 눈의 중앙인 꼭지점a에서 모이지 않게 묘사된 것은, 그 지점을 통과하면 카메라 옵스쿠라의 원리에 따라 형상이 뒤집히는 것을 알았기 때문이다. 두번째 삽화는 눈을 이루는 구형의 막들의 중심이 한 직선 위에 일렬로 배치된 모습을 보여준다. 해부학적으로 오류가 있는 이 관찰 역시 알하이삼의 기술과 일치한다.

물론 그가 알하이삼의 이론을 답습하기만 한 것은 아니다. 아리스토텔레스주의를 수용하더라도, 중세의 학자들은 결코 기독교 신학의 토대를 이루는 신플라톤주의의 사유틀을 벗어날 수 없었기 때문이다. 베이컨 역시 그로스테스트처럼 여전히 '빛의 형이상학'을 굳게 믿었다.

모든 동작인動作因은 자신의 힘을 통해 동작을 일으키는바, 마치 태양광선lux이 자신의 힘을 공기에 행사하듯이 동작인은 그 힘을 인접한 물질에 행사한다."〔태양광선으로부터 나와 세상의 모든 것 속에 산포된 그 힘이 바로 빛lumen이다.〕 이 힘은 '유사', '이미지', '종'이라 불리고, 그밖의 여러 이름으로 불리기도 한다.[16]

여기서 베이컨은 그로스테스트의 시각종visual species 이론을 그대로 반복하고 있다.* 하지만 '종'의 이론이 전제하는 신플라톤주의와 알하이삼의 아리스토텔레스주의 사이에는 분명히 괴리가 존재한다. 이 괴리를 해결

---

* 종의 증식(multiplicatio specierum)에 대한 베이컨의 설명은 현대광학에 비유하자면 입자설보다는 파동설에 가깝다.

하는 베이컨의 방법은 매우 독특하다. 그는 그로스테스트가 말하는 '종' 이 알하이삼이 말하는 '형상'이며, 그 두 사람이 실은 같은 이야기를 하고 있다고 선언한다. 학설들 사이의 불일치를 확실히 '해결'하기보다 적당히 '봉합'한 것이다. 이 절충주의 경향은 베이컨만이 아니라 대부분의 중세학자들이 공유하는 특성이었다.

베이컨의 말대로 세상의 모든 것이 사방으로 '종'을 발산한다면, 눈도 예외는 아닐 것이다. 따라서 '종'의 이론은 필연적으로 시각광선의 유출설을 함축한다. 유출설에서는 눈을 수동적 수용체^{recipient}가 아니라 능동적 동작주^{agent}로 상정한다. 반면 아리스토텔레스나 알하이삼에 따르면 시각은 수용적 과정이기에 눈이 능동적인 역할을 할 여지가 없다. 베이컨은 이 이질적인 두 이론의 차이를 매우 독특한 방식으로 봉합한다.

세상에 있는 사물의 종들은 직접적이고 온전하게 시각에 작용하기에 부적합한데, 이는 눈의 고귀함 때문이다. 따라서 대상의 종들은 눈의 종의 도움을 받아서 발동되어야 하는데, 이는 시각 피라미드의 장^{場}을 따라 진행하면서 매체를 고상하게 변경시켜 시각에 적합한 것으로 만들어준다.[17]

한마디로 눈은 너무 고귀하기에 대상의 종들이 감히 들어갈 수가 없다. 따라서 눈에서 뻗어나간 종들이 눈에 들어올 수 있을 만큼 대상의 종들을 고상하게 만들어주어야 하는바, 시각의 과정에서 눈이 발휘하는 능동적 역할이 바로 이것이라는 설명이다.*

---

* 이는 데모크리토스 이론의 변형으로 보인다. 데모크리토스는 눈의 능동적 작용이 에이돌라를 동공에 들어올 만한 크기로 축소해준다고 말했다. 베이컨의 눈은 종(에이돌라)의 크기가 아니

이로써 플라톤·에우클레이데스·스토아학파에서 아우구스티누스와 알킨디로 이어지는 유출설과 아리스토텔레스에서 이븐시나·이븐루시드·알하이삼으로 이어지는 유입설의 종합이 이루어진다. 서로 대립되는 두 학설을 봉합하기 위해 베이컨은 유입설을 주장하는 그 누구도 시각의 능동성을 명시적으로 부정하지 않았다고 강변한다. 심지어 아리스토텔레스마저도 『동물론』*De Animalibus*에서 "시각은 시각대상으로 나가는 시각적 힘"이라고 말했다는 것이다. 물론 이 말이 유출설에 대한 지지를 의미하는 것은 아니다. 하지만 베이컨은 이런 단편적 문장들을 편의적으로 해석해 제 주장의 근거로 활용하곤 했다.

베이컨에 이르러 마침내 그리스·이슬람·기독교의 전통이 하나로 종합된다. 사실 베이컨의 이론은 알하이삼의 아리스토텔레스주의와 플라톤주의나 신플라톤주의에서 유래한 여러 요소를 짜깁기한 것에 가까웠다. 하지만 그는 자신의 절충적 이론이 알하이삼과 아리스토텔레스가 진정으로 말하려 했던 것이라 굳게 믿었다. 이처럼 알하이삼의 이론은 베이컨에 의해 신플라톤주의적 색채가 덧칠된 형태로 중세후기의 지배적 이론이 되고, 이후 비텔로[1230?~1280?]와 존 페캄[1230?~1292]에 의해 확산되면서 17세기에 케플러가 등장할 때까지 유럽 광학의 절대적 권위로 군림하게 된다.

라 성질을 바꾸어주는 셈이다.

영적 변화로서 감각
아퀴나스

중세후기 서구에서는 아리스토텔레스주의가 사유의 지배적 패러다임으로 떠오른다. 여기에는 아랍 학자들의 번역과 저술이 결정적 역할을 했다. 감각론 역시 이 변화의 흐름에서 자유롭지 못하여, 이 시기에 서구 광학의 지배적 이론 역시 유출설에서 유입설로 교체된다. 중세후기에 일어난 '아리스토텔레스 르네상스'를 대표하는 인물은 물론 토마스 아퀴나스[1225?~1274]다. 아리스토텔레스를 그냥 '철학자'라 부른 데서 알 수 있듯이 이 도미니쿠스 승단의 수도사에게 이 고대 철학자의 영향은 결정적이었다. 이를 증명하듯이 아퀴나스의 감각론에는 이 '고대철학자'의 이론이 거의 그대로 다시 나타난다.

| 빛의 형이상학

물론 중세후기 아리스토텔레스주의의 의미를 과장해서는 안 된다. 이 시기의 철학자들은 동시에 신학자로서 기독교 신앙의 틀 안에서 사유했고, 그러는 한 아우구스티누스가 기독교 신학으로 각색한 신플라톤주의의 영향에서 완전히 자유로울 수는 없었기 때문이다. 아퀴나스의 감각론에도 중세 특유의 '빛의 형이상학'은 여전히 남아서 전체 사유의 토대로 기능하고 있었다. 당대의 다른 신학자들처럼 아퀴나스 역시 세상의 모든 것을 근원적 빛의 산물로 보았고, 그 빛의 강도에 따라 가장 완전한 천체부터 달 아래에 있는 지상의 사물에 이르기까지 모든 것이 위계질서를 이룬다고 믿었다.

아퀴나스는 이븐시나를 따라 빛을 룩스lux·루멘lumen·라디우스radius·스플렌도르splendor의 네가지로 구분한다. 아우구스티누스가 빛을 열가지로 나눈 것에 비하면 간소해진 셈인데, 이는 중세후기에 이르러 빛의 신학이 점점 약화되었음을 의미한다. 룩스는 태양광, 루멘은 밝은 공간을 채우는 빛, 라디우스는 광원에서 나오는 직사광선, 스플렌도르는 금이나 보석의 광채를 가리킨다. 플라톤이 이데아를 '형'으로 표상했다면, 플로티노스는 그것을 '빛'으로 표상했다. 그리하여 중세신학에서 '빛'은 만물의 형성원리로서 '형상'을 의미했고, 아퀴나스는 이것을 다른 학자들처럼 '종'이라 불렀다.

빛의 형이상학은 자연스레 빛의 인식론으로 이어진다. 빛으로서 형상(종)은 원래 대상이 아니라 태양에 속한다. 여러 감각 중에서도 시각은 그 빛을 파악하는 유일한 감각이자, 그 인식적 탁월함에 의거해 영혼 안의 열등한 것을 넘어 우월한 것에 연결되는 감각이기도 하다. 이렇게 시각을 중심으로 감각의 위계질서를 세우고, 시각의 기제를 다른 모든 감각을 설명하는 기준으로 삼은 것은 중세 감각론의 일반적인 경향이다. 그러면서도 그는 촉각을 모든 감각의 발생론적 토대로 간주했는데, 이는 아리스토텔레스의 감각론에서만 발견되는 특징이다.

대립되는 이론들을 절충하려는 중세학자들의 경향은 아퀴나스에게도 그대로 나타난다. 『신학대전』Summa Theologica에서 그는 육체적 감각에 순수한 진리를 기대해서는 안 된다는 아우구스티누스의 말을 인용한 후, 곧

바로 아리스토텔레스의 대립적인 견해를 제시한다.

> 그에 반해 철학자〔아리스토텔레스〕는 『형이상학』의 첫장과 『분석
> 론 후서』의 마지막장에서 우리 인식의 근원이 감각지각에 있음을 증명
> 한다.[18]

이는 사실상 아우구스티누스 이론의 폐기를 의미하는 것 같지만, 아퀴
나스는 아리스토텔레스의 "증명"이 아우구스티누스의 견해와 모순된다
고 보지 않는다. 그에 의하면, 아리스토텔레스가 옳다고 해서 "감각에서
진리를 기대할 수 없다"는 교부敎父의 언급은 감각이 진리의 근원이 될
수 없다는 뜻이 아니다. 오히려 그는 이 말을 진리가 전적으로 감각에서
나오지는 않는다는 뜻으로 해석한다. 여기서 중세 아리스토텔레스주의
의 의의가 드러난다. 감각지각이 다시 진리의 원천으로 여겨지기 시작한
것이다.

아퀴나스 역시 아리스토텔레스처럼 영혼을 식물영혼·동물영혼·지성
적 영혼으로 구분한다. 여기서 감각은 식물영혼과 동물영혼을 구별하
는 기준이 된다. 이 구별은 결정적이다. 동물은 최소한 촉각을 갖고 있
어 능동적으로 대상을 지향하기 때문이다. 즉 동물영혼은 식물영혼과
달리 '지향성'을 갖는다. 한편 지성적 영혼은 육체성·물질성의 제약에
서 벗어나 가장 멀리까지 뻗어나간다. 감각적 영혼과 달리 '질료 없이
종'species sine materia을 지각하기 때문이다. 이는 '질료 없이 형상'forma sine
materia을 지각한다는 아리스토텔레스 이론을 그로스테스트의 용어로 고
쳐쓴 것이다.

| 시각의 유출설 비판

아퀴나스에 따르면 오감에는 공통의 근원이 있고 이것이 각각의 감관에서 감각력^{vis sentiendi}을 발동한다. 이는 스토아·갈레노스학파가 주장하는 숨결 이론의 흔적이다. 스토아학파는 헤게모니콘이라는 공통의 근원에서 흘러나오는 감각숨결, 즉 시각숨결·청각숨결·후각숨결 등이 각각의 감관에 감지능력을 부여한다고 보았다. 한편 오감이 공통의 근원을 갖는다는 아퀴나스의 주장은 아리스토텔레스가 말한 '공통감'의 이론과도 관련이 있어 보인다. 이 스토아·갈레노스 버전의 아리스토텔레스주의는 그가 '주석자'라 불렀던 이븐루시드에게 물려받은 것으로 보인다.

이 절충 속에는 어떤 긴장감이 존재한다. 스토아·갈레노스의 학설은 유출설을 전제하는 반면, 아리스토텔레스의 학설은 유입설을 함축하기 때문이다. 하지만 유출설의 요소를 일부 받아들였다고 하더라도 감각에 대한 아퀴나스의 견해는 여전히 전체적으로 아리스토텔레스의 이론 위에 서 있었다. 그리하여 아퀴나스는 그가 '철학자'나 '주석자'라고 불렀던 이들처럼 감각이란, 외부에서 들어온 자극을 수용하는 수동적 과정이라 믿었다. 이 믿음을 뒷받침하기 위해 그는 경쟁이론인 플라톤의 시각 광선 이론부터 반박하는데, 그 논거의 상당부분을 이들 '철학자'와 '주석자'에게서 취한다.

아퀴나스의 논박은 이렇게 전개된다. 물질적 대상에서 흘러나오는 것은 그 자체가 물질적이어야 한다. 따라서 눈에서 정말로 무언가가 흘러나온다면, 그 역시 물질적인 것일 수밖에 없다. 그것이 물질적 존재라면 공간 속에서 뻗어나가는 와중에 역시 물질적 존재인 공기와 충돌을 일으킨다. 공기의 저항으로 인해 눈에서 흘러나온 그 물질적 존재는 갈수록 강도가 약해지고, 어느 지점에서는 마침내 힘이 떨어져 더 뻗어나갈 수 없어야 한다. 하지만 우리는 아득한 하늘의 별까지도 본다. 따라서 눈에서 흘러나오는 것은 물질적인 것이 아니라는 결론에 도달한다.

하지만 이로써 아퀴나스가 반박한 것은 시각광선이 스토아학파의 '숨결'처럼 물질적 존재라는 견해일 뿐, 아직 시각광선 자체가 존재하지 않는다는 사실을 입증한 것은 아니다. 이어서 그는 '시각이 이루어지려면 눈 속의 빛과 눈 밖의 빛이 투명한 매체 안에서 서로 합쳐져야 한다'는 플라톤의 주장을 반박한다. 빛이 물리적 속성을 띠지 않는다면, 내면의 빛과 바깥의 빛이 서로 합쳐진다고 말하는 것은 의미가 없다. 섞임은 물질들 사이에서만 가능하기 때문이다. 나아가 내면의 빛과 외면의 빛은 서로 합쳐질 수 없다. 왜냐하면 둘 사이에는 각막이 가로놓여 있기 때문이다.[19]

이처럼 아퀴나스는 성직자로서 여전히 플라톤주의 신학의 사유틀 안에서 사유했지만, 적어도 감각론의 영역에서는 플라톤을 거부하고 거의 전적으로 아리스토텔레스를 수용했다. 서구 감각론의 역사에서 아퀴나스는 아랍에서 이븐루시드가 했던 것과 비슷한 역할을 했다. 그리하여 그로스테스트가 창시해 알베르투스와 아퀴나스로 이어지는 서구광학의 역사는 알킨디부터 이븐시나, 이븐루시드로 이어지는 아랍 광학의 역사와 묘한 평행을 이룬다. 이 여정의 끝에서 시각의 유출설은 아랍과 서구에서 모두 그 생명력을 다하고 유입설에 자리를 내준다.

| 천체와 원소들

아퀴나스는 완전한 형상적 잠재성을 갖춘 천체들이 달 아래 지상의 사물들 사이에서 일어나는 생성·변화·소멸의 원인이 된다고 믿었다. 천상의 운동과 지상의 운동 사이에 수직적 인과관계가 있어, 지상의 존재들이 움직이고, 영향을 주고받고, 심지어 서로 닮는 것까지도 천체의 운동이 없이는 불가능하다고 본 것이다. 하지만 지상의 존재들이 오로지 천체의 영향만을 받는 것은 아니다. 천상의 별들이 질료와 섞이지 않은 순수한 형상이라면, 지상의 존재들은 천체로부터 받은 형상과 지상의 원소들, 즉 물질적 질료들의 혼합이기 때문이다.

천체가 지닌 순수한 형상적 잠재성은 지상의 존재들 사이에서 상이한 정도로 현실화되고, 지상의 존재들은 그 현실화된 정도에 따라 존재의 위계를 이룬다. 이는 아우구스티누스가 신학에 도입한 신플라톤주의의 흔적이다. 한편 식물영혼·동물영혼·지성적 영혼으로 이어지는 존재의 위계가 있다는 생각은 아리스토텔레스의 『영혼론』과 비슷하다. 차이가 있다면, 아리스토텔레스와 달리 아퀴나스는 지성적 영혼의 소유자로 '인간'뿐만 아니라 질료와 섞이지 않은 순수한 지성적 영혼을 가진 '천사'의 존재를 상정한다는 점이다.

아퀴나스에 따르면 인간의 불완전한 지성은 천사의 완전한 지성에서 나온다. 하지만 육체가 없는 천사와 달리 인간은 육체를 갖고 있기에, 인간의 지성은 순수한 천사의 영혼을 모범으로 삼았더라도 저급한 육체 속에 들어오는 순간 혼탁해질 수밖에 없다. 아퀴나스가 시각에 부여하는 우월한 지위는 이와 관련이 있다. 시각이란 천체, 특히 최고원인인 태양에서 오는 빛을 지각하는 감각이기 때문이다. 시각은 '질료 없이 종'을 지각하므로 감관에 육체적인 변화를 일으키지 않는다. 따라서 시각이야말로 천체의 형상이 영적으로 지상에 전달되는 우주적 과정에 가장 가깝다고 보는 것이다.

| 시각과 영적 변화

아리스토텔레스처럼 아퀴나스도 감각의 과정이 끝나면 감각하는 것과 감각되는 것이 서로 유사해진다고 본다. 여기에서도 다시 한번 시각의 우월성이 드러난다. 아퀴나스에 따르면 영향 주는 것^{agens}이 영향 받는 것^{patiens}과 만나 감각^{passio}을 일으킬 때, 영향을 끼치는 대상과 영향을 받는 감관은 그 과정의 끝에서 결국 형상적 혹은 질료적 속성을 서로 공유한다. 이렇게 대상의 영향으로 감관의 형상적·질료적 성격이 변하는 현상을 아퀴나스는 '변화'^{immutatio}라 부른다. 그에 따르면 이 '변화'의 양상은 감각마다 달라서 형상과 질료를 두 극단으로 하는 스펙트럼을 이룬다고 한다.

이 스펙트럼에서 시각은 형상적 극단을 대표한다. 시각의 과정에서는 오직 영적 변화$^{immutatio\ spiritualis}$만 일어난다는 것이다. 시각이란 천체에서 유래하는 빛, 즉 질료 없는 순수형상을 받아들이는 감각이기 때문이다. 한편 청각과 후각, 미각은 영적 변화와 자연적 변화$^{immutatio\ naturalis}$가 뒤섞인 상태로 일어난다. 물론 청각에서 후각, 미각으로 내려갈수록 자연적 변화는 강해지고, 그에 비례하여 영적 변화는 약해진다. 그러다가 촉각에서는 오로지 감각기관의 자연적 변화만 일어난다. 이러한 의미에서 촉각은 스펙트럼 속에서 질료적 극단을 대표한다. 시각의 대척점에 서 있는 셈이다.

오감 중에서 촉각은 가장 흙에 가까운^{terrestrissimo}것이고, 시각은 가장 빛에 가깝다^{clarissimum}. 다시 한번 여기서도 일자의 빛이 스며든 정도에 따라 존재의 위계를 세우는 신플라톤주의의 영향을 볼 수 있다. 아퀴나스는 시각의 절대적 우위를 주장하기 위해 색다른 논거를 제시한다. 눈은 감각기관 중에서 가장 높은 곳에 위치한다는 것이다. 공교롭게도 인간의 얼굴에서 감관의 위치는 감각의 위계와 일치한다. 아퀴나스는 여기서 해부학적 우연 이상의 의미를 찾는다. 동물의 눈이 먹이를 찾기 위해 땅을 향하는 반면, 인간은 직립하여 그 눈으로 별을 바라보며 예지계의 진리를 받아들인다는 것이다.

아퀴나스에 따르면 시각은 가장 정신적인 감각이어서 다른 감각들보다 더 많은 것을 분별한다. 눈으로 보는 것은 귀로 듣거나 코로 냄새를 맡는 것보다 대상에 대해 더 많은 정보를 준다. 게다가 다른 감각들은 거리에 따라 제한이 있지만, 눈은 그런 제한이 없어 하늘의 천체까지도 본다. 이렇게 "우월한 능력일수록 더 많은 대상을 향해 나아간다". 나아가 "우월한 능력일수록 기관이 대상에 의한 변형을 덜 겪는다".[20] 눈이 그렇다. 시각의 과정에서는 전적으로 영적인 변화만 일어나고, 이는 곧 인간의 영혼이 눈에 들어오는 빛의 원천인 천체의 형상적 완전성을 닮아감을 의미한다.

| 청각과 영적 변화

청각은 시각 못지않게 영적으로 중요하다. 감각의 위계에서 청각은 시각 다음의 자리를 차지한다. 우리가 얻는 세상에 대한 지식의 원천이 되기 때문이다. 우리가 지식을 가르치거나 배울 수 있는 것은 귀로 들어오는 음성 속에서 의미를 읽어내는 덕이다. 이렇게 청각으로 전달되는 소리 속에서 기호를 읽어내는 일은 그 자체가 이미 고도의 영적 활동이다. 다만, 이것이 시각보다 열등한 것으로 여겨지는 이유는, 시각과 달리 청각에는 아퀴나스와 같은 중세의 신학자들에게 각별한 의미를 갖는 '빛'의 은유를 적용하기가 어렵기 때문이다.

청각의 기능은 이렇게 인간이 자연적이고 관습적인 기호를 '의미 있는 것'으로 파악하는 데에 있다. 이 지향성^{intentio}, 즉 뭔가 다른 것을 가리키는 기호의 성격은 인간의 음성에만 함축되어 있는 것이 아니다. 아퀴나스에 따르면 모든 고등동물이 내는 소리에 제한적이나마 지향성이 들어 있다. 우리가 개 짖는 소리를 듣고 개의 감정과 욕구를 읽어낼 수 있는 것은 바로 이 때문이다. 물론 동물들은 크거나 작은, 혹은 높거나 낮은 소리를 낼 뿐 음성을 섬세히 분절하지는 못한다. 이런 자연적 기호의 수준을 넘어 본격적으로 관습과 규약에 기초한 기호활동을 하는 능력은 오직 인간에게만 있다.

청각이 시각보다 열등하게 여겨지는 또다른 이유는 시각과 달리 영적 변화 외에 물리적 변화가 수반된다는 것이다. 아퀴나스는 빛을 물리적 실체가 아니라 영적·정신적·형이상학적 실체로 간주했다. 이 때문에 빛을 지각하는 것 자체를 영적 변화로 보았던 것이다. 이와 달리 청각은 대상에 가해진 충격이 주위의 공기를 진동시키고, 그 진동이 음파를 이루어 귀에 물리적 변화를 일으킴으로써 발생한다. 하지만 귀에 가해진 물리적 충격만으로 '듣기'가 일어나는 것은 아니다. 진정한 의미의 '듣기'는 내면의 영적 변화를 통해 귀가 인식기능을 획득할 때에 일어난다.

| 후각·미각·촉각

아퀴나스는 후각과 미각을 거의 같은 종류의 감각으로 분류했다. 다만 미각이 삶, 즉 생존을 위해 존재한다면 후각은 '좋은 삶'을 위해 존재한다고 보았다. 후각이 없는 동물이 있다는 사실은 후각이 생명유지보다는 삶의 쾌적함에 관련된 감각임을 보여준다. 고대의 자연철학자들처럼 아퀴나스 역시 대상이 증기 속에 포함된 미세한 입자를 발산하고, 이로 인해 후각이 발생한다고 보았다. 다만 독수리가 수킬로미터 떨어진 곳에

있는 사체의 냄새를 맡는 것으로 보아, 그 입자들이 미치는 거리를 넘어서면 매체가 점차 영적으로 변하기 시작한다고 믿었다. 이 점에서 후각은 시각·청각과 비슷하다.

한편 미각은 동물로 하여금 몸에 좋은 것과 나쁜 것을 분별하게 해준다. 미각기관인 혀는 후각기관인 코와 달리 대상과의 직접접촉을 요한다. 이 점에서 미각은 촉각에 가장 가깝다. 물론 미각도 간혹 대상과 관계 없이 자발적으로 감각을 일으키기도 한다. 예를 들어 몸이 아플 때에는 입에 들어오는 모든 것이 쓰다. 하지만 이것은 그저 주관적 착각일 뿐, 그렇다고 해서 대상에 대한 객관적 인식으로 이어지지는 않는다. 정상적인 경우 미각의 과정에서는 거의 전적으로 자연적 변화만 일어난다. 이 때문에 감각의 위계에서 미각은 촉각의 바로 윗자리를 차지한다.

아퀴나스는 감각의 위계에서 촉각을 가장 아래에 놓았다. 촉각에서는 전적으로 자연적 변화만 일어나기 때문이다. 하지만 중세의 다른 학자들과 달리 그는 촉각을 맨 위에 올려놓는 또다른 위계를 제시한다.

촉각은 다른 모든 감각들의 토대다. 촉각기관이 신체 전체에 퍼져 있고, 모든 다른 감각들이 동시에 촉각이며, 촉각이 어떤 것을 감성적으로 만들어준다는 사실은 분명하다.[21]

이렇게 촉각이 다른 모든 감각의 원천이 되는 뿌리radix fontalis이고, 이를 통해 식물영혼과 감지능력을 가진 동물영혼이 구별된다고 보는 입장은 물론 아리스토텔레스의 『영혼론』에서 유래한다. 아퀴나스에게 촉각은 존재론적으로는 가장 열등하나 발생론적으로는 가장 우선적인 감각이다.

"먼저 감각에 있지 않은 것은 지성에도 없다."(Nihil est in intellectu quod non sit prius in sensu.)[22]

아리스토텔레스주의가 도입되면서 중세후기의 신학자들은 감각을 배척하는 입장에서 벗어나 그것을 외려 인식으로 들어가는 문으로 여기기 시작한다. 하지만 진정한 인식은 외감만으로 이루어지지 않는다. 인식에 이르는 노정에서 외감은 거쳐야 할 첫번째 관문일 뿐이다. 아퀴나스 역시 당시의 다른 학자들처럼 외감에 관한 논의를 내감에 대한 논의로 확장한다. 하지만 그가 감각을 환영하기만 했던 것은 아니다. 아우구스티누스처럼 그도 오감을 통해 사악한 유혹이 작용할 수 있다고 믿었다. 그 유혹은 물론 신의 은총을 통해서만 극복할 수 있다.

르네상스의 시각론
오컴에서 플라터까지

베이컨의 종합 이후 15세기까지 서구의 광학연구는 이렇다 할 진전을 보여주지 못했다. 이 광학의 부진은 아리스토텔레스주의가 지적 활동의 패러다임으로 등극한 것과 관련이 있다. 아리스토텔레스주의의 유입설이 승리하면서 시각의 유출설을 전제하는 광학연구의 전통을 압도해버린 것이다. 하지만 더 큰 이유는 이 시기에 서구 지성계의 관심이 변화한 데에 있으리라. 당대의 스콜라철학자들은 감각의 기제보다는 인지의 기제를 설명하는 데에 관심을 기울였다. 이미 근대철학을 특징짓는 인식론적 전회가 시작된 것이다.

| 오컴의 면도날

이 맥락에서 가장 먼저 주목해야 할 인물은 '오컴'으로 널리 알려진 오컴의 윌리엄[1287?~1347]이다. 오컴 역시 당시의 다른 신학자들처럼 아리스토텔레스주의를 수용했지만, 몇몇 측면에서 이 철학자의 이론에 본질적인 수정을 가한다. 그는 아리스토텔레스를 따라 감각을 인식의 출발점으로 보면서도 당대의 정설이었던 종 이론만은 거부한다. '질료 없이 종'을 지각한다는 이론은 '질료 없이 형상'을 지각한다는 이론의 중세 버전이고, 그 바탕에는 대상이 사방으로 형상을 발산한다는 플로티노스의 이론이 깔려 있다. 따라서 종 이론의 기각은 곧 중세 감각론의 전면적인 해체나 다름없다.

오컴이 종 이론을 기각한 까닭은 '종'이 일종의 보편자를 의미하기 때문이다. 형상이란 (대상에서 발산되는 플로티노스의 형상이든, 매체 속에 각인된다는 아리스토텔레스의 형상이든) 하나의 사물이 바로 그 사물일 수 있도록 하는 보편적 속성을 가리킨다. 하지만 널리 알려진 것처럼 오컴은 실재하는 것은 개별자이며 보편자는 이름에 불과하다고 보았다. 이를 유명론唯名論, nominalism이라고 한다. 유명론에 따르면 '종' 역시 실재가 아니라 허구로, 개별자들 사이의 유사성에 붙인 관습적 이름에 불과한 것이다.

> 종을 통해 보존될 수 있는 모든 것은 관습habitus을 통해서도 유지될 수 있다. 따라서 관습이 요구되고, 종은 불필요하다.[23]

굳이 '종'이라는 실체를 상정하지 않아도 '관습'이라는 용어만으로 특정한 사물을 그 사물'로서'as 인지하는 기제를 얼마든지 설명할 수 있다는 것이다. 오컴에 따르면 우리는 '직관'과 '추상'의 두 방식으로 외부세계를 인지한다. '감각'으로 사물의 존재와 속성을 직관하고, '이성'으로 사물들의 유사성을 추출해 거기에 관습적 이름(개념)을 붙인다는 것이다. 이 두 과정의 어디에도 '종'은 필요하지 않다. 직관에는 매체가 필요없고, 추상은 오직 관습의 문제이기 때문이다.

실제로 내성reflex으로 인지과정을 들여다보아도 그 안에 '종'이라는 것은 존재하지 않는다. 게다가 '오컴의 면도날'이라는 불리는 그의 유명한 원칙에 따르면 이론을 구축할 때 "불필요하게 많은 것을 상정해서는 안 된다".[24] '종'이라는 말로 설명되는 모든 것을 '관습'이라는 말로 다 설명해낼 수 있다면, 굳이 '종'이라는 실체를 따로 상정할 필요가 없다는 것이다. 결국 오컴은 자신의 면도날로 중세 감각론의 핵심개념을 도려낸 셈이다.

| 광학과 원근법

이렇게 교회의 신학자들이 중세에서 근대로의 이행을 준비하는 시기에, 세속에서는 '르네상스'라는 이름의 새로운 지적 운동이 일어나고 있었다. 이 시기에 고대광학의 전통은 세속에서 투시도법의 연구로 계승된다. 원근법에 따른 최초의 묘사는 건축가 필리포 브루넬레스키[1377~1446]가 1425년에 그린 두장의 그림으로 알려져 있다. 그가 어떤 계기로 원근법의 발상에 도달했으며, 그 두 그림을 어떤 방식으로 제작했는지는 아직도 논란의 대상이다.[25] 또 그가 원근법의 '기술'뿐만 아니라 그 '이론'까지 습득했는지도 분명하지 않다. 확실한 것은 그것을 '이론화'한 사람이 따로 있었다는 사실이다.

최초로 원근법을 이론화한 이는 화가 레온 바티스타 알베르티[1404~1472]였다. 그는 1435년에 출간한 『회화론』*Della Pittura*에서 선線 원근법의 원리를 소개하며, 그것을 '올바른 구축'costruzione legittima이라 불렀다. 이 책의 본문에는 브루넬레스키의 이름이 언급되지 않는다. 하지만 알베르티는 브루넬레스키에게 책을 헌정함으로써 그의 선구적 역할을 인정했다. 『회화론』의 또다른 의의는 시각 피라미드 이론으로 시각적 재현의 원리를 과학적으로 규명했다는 데에 있다. 이 이론에 입각하여 알베르티는 회화를 "시각 피라미드의 횡단면으로 구성된 평면 위에 선과 색을 사용하여

이루어진 예술적 재현"으로 정의한다.[26]

"시선은 공기라든지 얇고 투명한 물체쯤은 그대로 관통해서 달려가다가 어떤 두껍고 불투명한 물체에 부딪히면 (시선 가닥의 끝머리로) 점을 찍고, 찍어둔 표시에 가서 달라붙습니다."[27] 즉 사물을 볼 때 우리 눈에서는 수많은 광선이 그 대상을 향해 뻗어나가는데, 가장 외곽의 광선들은 대상의 윤곽을 구성하고, 그 안쪽의 광선들은 대상의 색채를 구성한다는 것이다. 시각 피라미드에 대한 알베르티의 설명은 명백히 시각광선의 유출설 위에 서 있다. 하지만 알베르티는 이것이 그저 설명을 위한 가설적 입장일 뿐이라며, 유출설과 유입설 중 어느 것이 옳은지에 대해서는 정작 판단을 유보한다.

레오나르도 다빈치[1452~1519]는 이 문제에 대해 입장을 갖고 있었다. 그는 1480년대까지 시각의 유출설을 받아들였으나, 1492년 이후에는 명확히 유입설로 돌아선 것으로 보인다. 다빈치에 따르면 모든 대상은 자신의 종, 사본, 형상, 혹은 에이돌라를 주위의 투명한 매체에 실어 사방으로 발산한다.[28] 이는 그가 여전히 중세후기 아리스토텔레스주의에서 자유롭지 못함을 보여준다. 이렇게 유입설과 결합할 때 시각 피라미드는 눈이 아니라 대상에서 모든 방향으로 발산되는 것으로 상정된다. 한편 다빈치는 눈이 카메라 옵스쿠라의 구조를 가졌다는 사실을 알고 있었다.

빛을 받은 대상의 이미지를 작고 둥근 구멍을 통해 암실로 들이는 실험으로 대상들이 어떻게 자신의 영상 혹은 그림을 눈 속에서 교차시켜 수정체로 전송하는지 보여줄 수 있다. 암실 속에서 구멍 바로 가까이에 백지를 대고 그 이미지들을 받아보라. 그러면 크기만 작을 뿐 대상들의 형태와 색깔을 똑바로 보게 될 것이다. 하지만 그것들은 곧 교

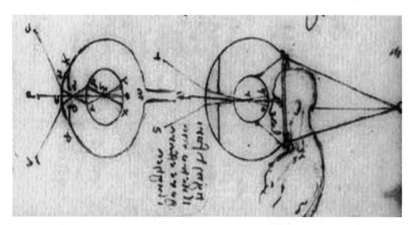

다빈치가 수고에 남긴 그림. 거대한 안구 모양의 카메라 옵스쿠라 안을 들여다보는 사내를 그렸다.

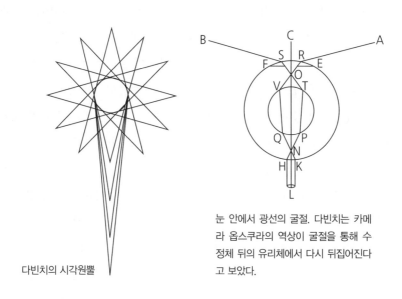

다빈치의 시각원뿔

눈 안에서 광선의 굴절. 다빈치는 카메라 옵스쿠라의 역상이 굴절을 통해 수정체 뒤의 유리체에서 다시 뒤집어진다고 보았다.

차에 의해 역상으로 뒤집어질 것이다. (…) 똑같은 일이 동공 안에서도 일어난다.[29]

다빈치가 남긴 수고手稿 중의 하나에는 안구의 뒷면에 얼굴을 대고 이 광경을 관찰하는 사내의 모습이 그려져 있다. 하지만 그는 카메라 옵스쿠라의 역상이 왜 우리 눈에는 똑바로 보이는지 이해할 수가 없었다. 이를 설명하기 위해 그는 동공으로 들어온 광선이 수정체 앞에서 한번, 수정체 뒤의 유리체에서 다시 한번 교차한다고 추정했다.

| 해부학의 부활

감각론의 또다른 흐름인 의학적·해부학적 전통은 중세 내내 망각되었다가 13세기에 이르러 비로소 아랍 학자들의 도움으로 부활한다. 그 효시는 '해부학의 복원자'라 불리는 몬디노 데루치[1270?~1326]가 1316년에 출간한 『해부학』Anathomia이었다. 이 책의 내용은 대부분 히포크라테스와 갈레노스 등 고대의 의사들과 중세 아랍 학자들의 문헌에서 끌어온 것으로 보인다. 여기서 그는 안구가 일곱개의 막과 세종류의 체액으로 이루어졌으며, 그중에서 감광기관은 수정체라는 전통적 견해를 반복한다. 몬디노에게 새로운 점이 있다면, 해부학 연구에 다소 근원이 다른 시각 피라미드의 이론을 도입했다는 것이다.

가브리엘레 체르비[1445~1505]는 몬디노의 논의를 반복하면서, 수정체가 구형이 아니라 다소 납작한 렌즈 모양이라고 지적했다. 하지만 그 역시 수정체를 여전히 안구의 중심에 위치시켰다. 또 그는 시신경과 맞닿은 지주막이 시력을 갖고 있을지 모른다고 추측했지만, 갈레노스의 전통을 따라 그래도 시각기관은 수정체에 있다고 믿었다. 물론 그가 망막을 감

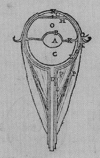

눈의 구조 (안드레아스 베살리우스 『인체구조론』)

광기관으로 보지 않은 데에는 이유가 있었다. "비록 시신경에서 자라나
와서 시각영혼을 갖고 있긴 하지만, 망막은 투명함에서 수정체를 따라갈
수가 없다"는 것이다.[30]

최초로 망막을 시각기관으로 본 이는 알레산드로 아킬리니[1463~1512]였
다. "감각의 도구들은 모두 막 속에 들어 있다. 시각은 눈에 있고, 눈의 막
들은 투명한 체액으로 채워져 있다. 이 막들의 근원은 뇌막에 있다. 시각
은 아리스토텔레스가 생각하듯이 수정체에서 발생하는 것이 아니라, 안
구의 막에서, 말하자면 뇌에서 뻗어나온 두개의 막과 시신경에서 뻗어나
온 제3의 막에서 이루어진다."[31] 아킬리니는 이 견해의 근거로 갈레노스
의 저작을 인용하나, 실은 그것은 갈레노스가 썼다고 잘못 알려진 다른
저자의 저작이었다. 당시에 이 견해는 이렇게 출처가 불분명한 채로 널

리 퍼져나갔다.

르네상스 해부학의 정점은 역시 안드레아스 베살리우스[1514~1564]의 『인체구조론』*De Humani Corporis Fabrica*이리라. 여기에 포함된 눈의 해부는 이전의 그 어떤 설명보다도 정교하다. 하지만 그 역시 몬디노의 견해를 반복하여 여전히 수정체가 눈의 중심에 있으며, 평평한 형태의 모양체가 안구를 앞뒤로 양분하고 있다고 보았다. 베살리우스는 많은 이들이 망막을 시각의 주요기관으로 본다며 당시의 정설에 반대되는 견해를 소개하기도 하고, 또 빛을 굴절시킨다는 이유로 수정체를 거울[speculum]에 비유하기도 했다. 하지만 그마저도 수정체가 감광기관이라는 갈레노스의 믿음을 끝까지 버리지 않았다.

| 수정체에서 망막으로

중세를 거쳐 르네상스시대에도 여전히 감광기관은 수정체이며, 망막은 시각영혼(혹은 숨결)을 수정체로 보내 그것이 감지한 영상을 다시 시신경을 지나 뇌로 보내는 역할을 한다고 여겨졌다. 이 시기의 학자들이 간혹 망막의 감각능력을 언급한다하더라도, 그것은 망막이 시각영혼(혹은 숨결)을 가졌다는 뜻에 가깝지, 망막 자체를 고유의 시각기관으로 본 것은 아니었다. 이는 이 시기의 해부학이 (아킬리니와 그가 인용한 위[僞]갈레노스를 제외하고) 대체로 갈레노스의 전통적 이론에 머물러 있었음을 의미한다. 여기에 돌파구를 마련한 이가 바로 스위스의 의사 펠릭스 플라터[1536~1614]다.

플라터의 눈 해부도를 베살리우스의 것과 비교하면, 수정체의 위치에 약간의 변화가 생긴 것을 볼 수 있는데, 이는 레알도 콜롬보[1515?~1559]의 영향으로 보인다. 콜롬보는 오랫동안 해부학자들이 오류를 범했다며 수

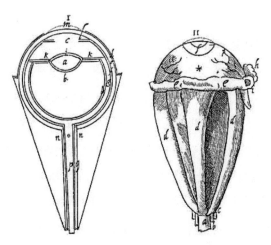

눈의 구조 (펠릭스 플라터 『인체의 구조와 용도』)

정체는 중앙보다 조금 앞쪽에 있다고 지적한 바 있다. 수정체의 위치를
새롭게 인식하면서 플라터는 감각기관이 수정체가 아니라 망막이라고
주장했고, 이는 그의 가장 큰 업적이 된다.

일차적 시각기관인 시신경은 눈으로 들어와 텅 빈 반구 위에서 그
물 모양으로 확산된다. 그것이 그 밝음과 함께 동공을 지나 눈으로 들
어와 거울에 현시되는 외부대상의 종과 색채를 수용하고 판단한다.[32]

한마디로 진정한 시각기관은 '시신경이 확산된 것'이며, 수정체는 그
확산된 시신경 앞에 놓인 '거울', 다시 말해 시신경의 지각을 도와주는 광
학렌즈에 불과하다는 주장이다. 여기서 플라터는 명시적으로 '망막'을
언급하고 있지 않다. 하지만 그가 "시신경이 (…) 텅 빈 반구 위에서 그
물 모양으로 확산"되었다고 말한 그것은 망막을 가리킨다고 보아야 할

것이다.

 하지만 수정체를 렌즈로 보았다고 해서 그것이 초점 맞추는 역할을 한다는 사실까지 알았던 것은 아니다. 플라터에게 수정체는 여전히 외부대상의 상을 비추는 거울일 뿐이었다. 그는 그 거울에 비친 영상을 망막이 감지함으로써 시각이 발생한다고 믿었다. 외부대상의 상이 투사되는 스크린을 망막이 아니라 여전히 수정체로 보았던 것이다. 직각이 아닌 각도로 비스듬히 들어오는 잔여광선의 문제나 카메라 옵스쿠라 효과에 따른 상의 '역전현상'과 같은 문제도 아직 플라터에게는 낯설었다. 한마디로 그의 해부학은 아직 광학과 결합하지 못한 채로 남아 있었던 것이다.

 흔히 플라터를 '근대광학의 효시'라 부르나, 그의 이론이 정말로 근대광학에 이르려면 아직 세가지 조건을 더 만족시켜야 했다. 첫째, 시각현상을 오직 물리적 광선만으로 설명해야 한다. 플라터는 여전히 '종'과 같은 형이상학적 실체를 상정했다. 둘째, 빛의 굴절이나 암실효과와 같은 광학원리를 이해해야 한다. 플라터의 이론에는 이 부분이 통째로 빠져 있다. 셋째, 눈의 해부학적 구조에 대한 인식 역시 더 정확하고 정교해져야 한다. 물론 과거보다는 나아졌지만 그의 해부학에는 여전히 오류가 존재한다. 해부학의 사소한 오류가 광학에서는 엄청난 오차를 낳기 마련이다.

근대광학의 탄생
케플러

    최초로 망막을 시각기관으로 지목했지만 플라터의 이론은 '근대광학'이라 부르기에는 아직 여러 면에서 부족했다. 해부학에 기초한 그의 이론은 아직 광학과 결합하지 않은 채로 남아 있었고, 그 해부학마저 여러 오류에서 자유롭지 못했기 때문이다. '근대적' 시각론이 탄생하려면 따로 발전해온 이 두 전통을 성공적으로 종합해야 한다. 그러려면 먼저 눈의 구조와 관련된 해부학적 오류를 수정해야 하고, 광학적 투시이론이 미처 해명하지 못한 난제들도 해결해야 한다. 해부학과 광학, 어느 한쪽에라도 문제가 있으면 두 이론을 하나로 종합할 때 중대한 장애가 생기기 때문이다.

| 비텔로에 붙이는 보론

    이 과제를 해결한 것이 바로 요하네스 케플러[1571~1630]다. 케플러는 생전에 광학에 관한 두권의 책을 썼다. 전기의 『비텔로 보론』*Ad Vitellionem paralipomena*과 후기의 『굴절학』*Dioptrice*이 그것이다. 모두 다섯개의 장으로 이루어진 『비텔로 보론』은 말이 '보론'이지 실은 비텔로를 비롯한 학자들의 선행연구를 전면적으로 뒤엎는 내용이다. 이 책은 빛과 색채의 본성, 모난 구멍을 통해 들어온 빛이 둥근 형상을 만드는 현상, 이미지의 위치, 굴절도의 측정, 눈의 구성과 기능 등 다양한 문제를 다룬다. 그중에서 우리의 관심을 끄는 것은 물론 눈의 구성을 다룬 제5장일 것이다. 여기에서 우리는 이런 구절을 본다.

> 대상의 모든 지점에서 나와 동공으로 들어오는 시각원뿔은 수정체에서 굴절되어 그뒤에서 또다른 원뿔을 이루는데, 그 꼭짓점은 망막에 있다. 대상에서 출발한 원뿔의 축들이 굴절의 법칙에 따라 수정체의 중간에서 교차하기 때문에, 영상은 역전된다. (…) 경험이 가르쳐주는 바에 따르면 대상 위의 색점과 그에 해당하는 그림 속의 지점은 같은 색깔을 갖는다.[33]

이 문장들은 결국 ①수정체는 빛을 굴절시키는 렌즈이고 ②눈의 감광기관은 망막에 있으며 ③눈은 카메라 옵스쿠라와 동일한 구조를 갖고 있음을 의미한다. 이는 오늘날 우리가 아는 눈의 구조 및 기능에 대한 설명과 완벽히 일치한다. 심지어 케플러는 (한때 다빈치가 상상한 것처럼) 안구에서 다른 조직들을 걷어내고 그 안을 들여다보면 아주 작으나 선명한 영상이 망막에 역상으로 맺힌 것을 볼 수 있다고 믿었다. 이 가상의 영상을 케플러는 '그림'pictura이라 불렀다. 내가 아는 한 이것이 인류의 역사에서 최초로 등장한 '망막영상'의 관념이다.

물론 플라터는 케플러보다 먼저 망막이 감광능력을 가졌다고 말한바 있다. 하지만 그는 망막이 수정체에 맺힌 영상을 감지한다고 생각했지, 영상이 망막에 맺힌다고 보지는 않았다. 시각의 기제를 렌즈 이미징 lenticular imaging으로 설명하는 것이 당시의 정설이었다. 하지만 케플러는 이 오랜 속설을 깨고 마침내 그것을 망막 이미징^{retinal imaging}으로 설명했다.[34] 물론 케플러가 이런 생각에 도달하기까지 수많은 선행연구가 있었다. 그 연구들의 도움을 받는 동시에 거기에 내재한 문제를 해결하면서 케플러는 현대의 시각 이론에 가장 가까이 다가갈 수 있었다.

| 케플러의 전사(前史)

케플러 광학의 전사로 먼저 프란체스코 마우롤리코^{1537?~1602}의 연구를 들 수 있다. 마우롤리코는 서구 최초로 카메라 옵스쿠라의 기하학적 이론을 세운 인물로 알려져 있다. 그는 볼록렌즈가 광선을 모으는 반면 오목렌즈는 광선을 분산시킨다는 사실과, 눈의 수정체가 볼록렌즈처럼 빛을 굴절시켜 전달한다는 사실을 발견했다. 이 발견 덕에 그는 이전의 투시 이론가들처럼 수정체 위에 수직으로 떨어지는 광선에서만 시각이 발생한다고 가정할 필요가 없었다. 렌즈 효과가 사선으로 떨어지는 광선들을 하나의 지점으로 모아주기 때문이다. 마우롤리코는 시각의 고유기관이 수정체라 믿었다.

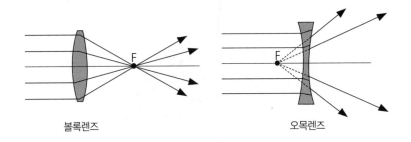

볼록렌즈   오목렌즈

자코모 델라 포르타^{1535~1615} 역시 빼놓을 수 없다. 포르타는 전통적인 관념과 달리 수정체가 눈의 중앙이 아니라 전방에 있음을 알았다. 하지

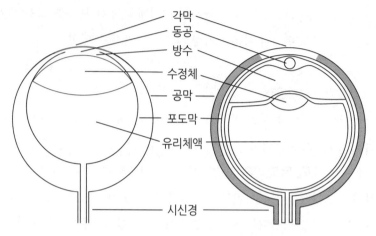

각막
동공
방수
수정체
공막
포도막
유리체액
시신경

포르타의 안구 모형(왼쪽)과 플라터의 안구 모형(오른쪽)의 비교

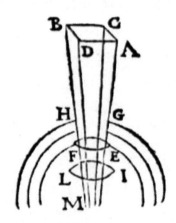

포르타의 시각론을 표현한 그림. 포르타는 눈을 작은 카메라 옵스쿠라
로 간주하는 한편 여전히 수정체를 렌즈가 아닌 감광기관으로 여겼다.

만 여전히 시각이 수직으로 들어오는 광선에 의해서만 일어난다는 전통적인 관념을 고수했다. 시각 이론에서 포르타의 가장 큰 업적은 눈을 '작은 카메라 옵스쿠라'로 간주했다는 데에 있다. 그는 카메라 옵스쿠라의 구멍에 렌즈를 달면 성능이 획기적으로 향상된다는 것도 알았다. 다만 눈에서 그 렌즈의 역할을 하는 것이 수정체라는 데까지 생각이 미치지는 못했다. 그는 여전히 수정체를 감광기관으로 여겼다.[35]

광학에서 출발한 케플러에게 해부학은 낯선 영역이었다. 이때 그의 안내자가 되어준 이들이 플라터와 친구 요하네스 예센[1566~1621]이었다. 『비텔로 보론』 제5장에 등장하는 안구의 해부학은 거의 이 둘의 설명에 따른다. 하지만 둘 사이에는 한가지 차이가 존재했다. 예센이 망막과 수정체의 연결을 주장했다면, 플라터는 그 둘이 분리되어 있다고 보았다. 수정체를 시각기관으로 본 예센은 당연히 둘이 연결되어 있다고 믿었다. 반면 플라터는 망막 자체를 시각기관으로 보았기에 둘이 연결됐다고 굳이 가정할 필요가 없었다. 케플러 자신은 "플라터에게 더 동의"한다고 말했다.[36]

| 오류의 수정과 난제의 해결

렌즈로서 수정체, 렌즈를 통한 빛의 굴절, 감광기관으로서 망막, 그리고 카메라 옵스쿠라로서 안구. 이로써 새로운 이론의 구성을 위한 모든 전제가 마련된 셈이다. 올바른 시각 이론의 구성은 안구의 해부학적 구조에 대한 정확한 인식과, 빛의 굴절 등 광학현상에 대한 정교한 인식의 결합을 전제한다. 어느 하나에서 오류가 생기면 둘을 종합할 때 치명적인 난점이 발생한다. 이 때문에 시각 이론을 구성할 때 케플러는 두가지 과제를 동시에 해결해야 했다. 전통적 해부학의 부정확한 관찰들을 수정하면서, 전통적 광학의 이론적 난제들도 해결해야 했던 것이다.

먼저 해부학을 어떻게 수정했는지 살펴보자. 전통적 해부학에서는 수정체가 망막에 연결되어 있다고 보았다. 하지만 케플러는 플라터를 따라 수정체가 망막이 아니라 포도막에 연결되어 있다고 주장한다. 수정체가 아니라 망막이 시각의 고유기관이라 믿었기 때문이다. 또 전통적 해부학에서는 수정체의 후면을 평면으로 설명해왔다. 수정체를 볼록렌즈로 볼 경우 빛의 굴절에 의해 이미지가 뒤집히는 곤란한 현상이 나타나기 때문이다. 하지만 케플러는 수정체의 후면이 평면이 아니라 곡면이라고 지적한다. 이는 그가 안구를 일종의 카메라 옵스쿠라로 보았다는 것을 암시한다.

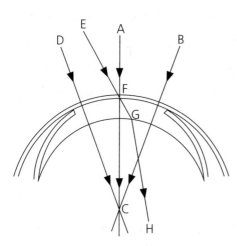

알하이삼은 비스듬한 각도로 들어오는 주변광선(EH)은 두번의 굴절(FG와 GH)을 통해 시야 밖으로 사라진다고 보았다.

이를 종합해보면, 케플러에게 안구는 수정체를 렌즈로 가진 구형의 카메라 옵스쿠라다. 이로써 안구의 해부학적 구조가 해명되었다. 남은 과제는 전통적 광학이 남긴 난제를 해결하는 것이다. 그 난제란 '대상의 한 지점에서 발산된 무수히 많은 광선들이 혼란을 일으키지 않고 우리 눈에 명료하게 지각되는 이유'를 설명하는 것이다. 알하이삼과 같은 투시 이론가들은 '수많은 광선들 중 눈은 오직 수정체에 직각으로 떨어지는 중앙광선만을 지각한다'는 식으로 문제를 해결하려 했다. 하지만 케플러는 중앙광선과 주변광선들 사이에는 질적 차이가 아니라 양적 차이만 존재한다고 생각했다.

사실 직각으로 떨어지는 광선은 보면서 89도로 비스듬히 떨어지는 광선은 못 본다는 가정은 매우 불합리해 보인다. 이 때문에 케플러는 중앙광선만이 아니라 모든 광선이 시각에 참여한다고 생각했다. 문제는 '대상의 한 점에서 사방으로 발산되는 무수한 광선들이 어떻게 망막의 한 점에 다시 모이느냐'는 것이었다. 케플러는 이 문제를 빛의 굴절로 설명한다. 그는 물을 채운 투명한 구를 이용해 다양한 굴절실험을 하곤 했다. 실험에 구를 사용한 것은 빛의 굴절이 수정체만이 아니라 체액으로 채워진 안구 전체를 통해 일어난다고 믿었기 때문이다. 실험에 근거하여 그는 이렇게 단언했다.

한 지점에서 나오는 모든 광선은 결국 또 하나의 지점으로 합류한다.[37]

| 역상문제의 해결

이로써 시각의 기제가 온전히 해명되었다. 아울러 시각론의 두 전통, 즉 해부학적 노선과 광학적-기하학적 노선이 하나의 이론으로 깔끔하게 통합됐다. 아쉽게도 케플러는 시각 이론의 도해를 남기지 않았다. 따라서 그가 자신의 이론을 구체적으로 어떻게 표상했는지는 알 길이 없다. 다만 케플러의 이론을 수용한 데카르트의 도해가 남아 있어, 간접적으로나마 그 면모를 추정할 뿐이다. 데카르트의 그림은 대상의 한 지점에서 발산된 여러가닥의 빛들이 각막과 수정체에서 두번 굴절되어 망막의 한 점으로 모이는 원리를 보여준다. 이제 딱 한가지 문제만 남았다.

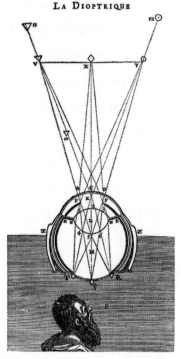

시각은 가시적 대상의 이미지가 망막의 하얗고 오목한 면에 맺혀 발생한다. 이때 밖에서 오른쪽에 있는 것은 망막의 왼쪽에, 왼쪽에 있는 것은 〔망막의〕 오른쪽에 전사傳寫되며, 위에 있는 것은 〔망막의〕 아래쪽에, 아래에 있는 것은 〔망막의〕 위쪽에 전사된다.[38]

망막에 거꾸로 맺힌 영상을 우리는 어떻게 바로잡힌 영상으로 지각하는가? 이 문제를 풀기 위해 케플러는 고심을 거듭했다. 그도 다빈치처럼 시각원뿔이 수정체를 통과한 후 유리체에서 또 다시 뒤집어진다

케플러의 시각 모형 (데카르트 『굴절광학』)

고 주장하며 이를 증명하려 했지만 결국 실패하고 만다. 망막에 맺힌 역상을 다시 정상으로 뒤집을 방법이 없었던 것이다. "기하학적으로 다른 선택의 여지는 없다." 비록 역상을 뒤집는 데에는 실패했지만, 적어도 케플러는 문제해결의 방향은 올바로 제시했다. "이 모든 것을 나는 물리학자들의 논쟁거리로 남겨둔다. 광학자들의 무기로는 눈에서 봉착한 첫번째 불투명한 벽〔망막〕을 넘어설 수 없기 때문이다."[39]

케플러는 역상을 뒤집어 정상으로 지각하는 현상을 '보기'의 과정이 아니라 '해석'의 과정이라 생각한 것으로 보인다. 그는 망막에 맺힌 영상이 시신경을 통해 뇌에 전달되는 과정을 결코 광학적 전송이라 생각할 수 없었다. 왜냐하면 시신경은 속이 비어 있지도 않고, 뇌와 직선으로 연결되어 있지도 않기 때문이다. 이는 현대의 인식과도 일치한다. 망막의 영상을 뇌에 전송하는 게 광학적 과정이 아니라면, 당연히 신경생리학적 과정일 수밖에 없다. 실제로 케플러가 '물리학'이라 부른 학문을 오늘날에는 '뇌과학'이라 부른다. 이렇게 그는 투시 이론가들을 괴롭혔던 마지막 문제마저 깔끔히 해결한다.

이밖에도 케플러는 근시와 원시의 원인을 규명했고, 양안시각이 원근을 지각할 때 사용된다는 사실도 알아냈다. 두 눈과 시각대상을 연결하는 삼각형의 내각을 통해 사물의 거리를 지각할 수 있다는 것이다. 그의 또다른 저서인 『굴절학』은 오늘날 전통이론의 보완을 넘어 아예 근대 굴절학을 창시한 문서로 평가받고 있다. 케플러에 이르러 마침내 고대와 중세의 학자들이 온갖 이론을 동원해 설명하려 했던 문제가 최종적·궁극적으로 해결됐다. 이로써 시각론의 광학적 노선과 해부학적 노선은 목표를 달성했다. 이제 남은 것은 감각론의 또다른 전통을 이루는 철학적 노선뿐이다.

룩스든 루멘이든 중세에 빛의 본성은 신학적으로 설명되곤 했다. 빛은 신적 근원을 갖는다는 생각이다. 이 관념은 멀리 플로티노스의 형이상학으로 거슬러올라간다. 케플러 역시 이 스콜라철학의 영향에서 완전히 자유롭지는 못했다. "시각은 영혼 속에서, 그리고 이들 종種들이 영혼에 새기는 인상을 통해 일어난다. 하지만 이 인상은 광학적인 것이 아니라 물리적이고 신비스러운 것이다."[40] 하지만 근대의 '빛'은 더이상 신학적·형이상학적 광선이 아니다. 가령 네덜란드의 크리스티안 하위헌스[1629~1695]가 빛을 '파장'으로 규정하고, 데카르트가 그것을 '직선'

이라 규정했을 때, 그들은 빛을 철저히 물리적 현상으로 보았다. 물리현상을 규명하는 과제는 철학이 아니라 과학의 소관으로 돌아간다. 이로써 철학적 감각론의 오랜 전통은 서서히 막을 내리기 시작한다.

8부

외감에서 내감으로

Aisthetik

멋진 신세계
데카르트

케플러는 해부학과 기하학을 하나의 이론으로 통합하여 시각원리의 규명에 결정적으로 기여했다. 하지만 케플러의 광학은 몇가지 측면에서 아직 과거의 한계에 갇혀 있었다. 먼저 그는 빛이 비실체적인 것the incorporeal이라 생각했다. 투시 이론의 측면에서 시각의 문제에 접근하다보니 시각원뿔의 광선들을 여전히 기하학적 구성물로 다루었던 것이다. 또 시각이미지를 여전히 '종'이나 '형상'이라 부른 것도 그가 아직 스콜라철학의 영향에서 완전히 자유롭지 못함을 보여준다. 나아가 그는 시각대상의 영상이 망막에서 뇌로 전송되는 과정을 설명하지 못하고 그것을 물리학의 과제로 떠넘겼다.

| 멋진 신세계

케플러가 떠넘긴 과제는 르네 데카르트[1596~1650]가 이어받는다. 데카르트는 대상의 영상이 망막에서 뇌로 전송되는 과정을 포함하여 시각의 전 과정을 물리학적으로 설명한다. 그의 시각이론은 『굴절광학』 _La Dioptrique_ 을 중심으로 전개되나, 먼저 『빛에 관한 논문』 _Traité du Monde et de la Lumière_ 부터 살펴보자.[1] 데카르트 시각 이론의 토대를 이루는 원리가 여기에 기술되어 있기 때문이다. 이 논문에서 그는 신세계를 상상한다. 이 세계는 모든 사물이 완성을 향해 나아가는 아리스토텔레스의 목적론적 세계가 아니라, 아무 목적이 없는 미립자들의 움직임이 속도와 방향의 벡터로 나타나는 역학적·기계론적 세계다.

데카르트의 신세계는 불·공기·흙의 3원소로 이루어진다. 언뜻 보면 고전적 4원소설의 변형으로 보인다. 하지만 아리스토텔레스와 달리 데카르트는 '차갑다/뜨겁다' '습하다/건조하다'와 같은 질적 특성qualia이 원소의 본질이라고 보지 않는다. 3원소의 차이는 질적 속성이 아니라 "운동·크기·모양·부분들의 배열"의 차이에서 비롯된다(5장). 원소들은 "동일한 물질"로 이루어지는바, 그 물질의 본질은 '연장'extension에 있다 (6장). '연장'은 측정가능한 양量이자 공간을 차지하는 부피이다. 이렇게 자연의 수학화를 통해 탄생한 근대의 과학적 세계상. 이것이 데카르트의 신세계다.

불규칙한 흙의 입자들 사이의 틈은 그보다 작은 공기의 입자로, 이 둥근 공기입자들 사이의 틈은 정해진 모양이 없는 불의 입자로 채워져 있다. 이렇듯 언뜻 보기엔 텅 빈 공간도 실은 감각에 지각되지 않는 물질로 채워져 있다. 그러므로 자연에는 결코 빈틈이 없다(4장). 데카르트는 그 빈틈없는 물질 자체를 자연으로 규정한다.*

나는 '자연'이라는 말로 어떤 신성神性이나 다른 종류의 상상적인 힘을 의미하지 않는다. 차라리 그 말을 나는 물질 그 자체를 가리키는 데에 사용하련다.(7장)

---

* 이 점에서 그의 이론은 입자들 사이에 공간의 존재를 상정하는 원자론과는 차이가 난다.

이로써 자연은 신성을 잃는다. 신성을 잃은 자연은 세가지 법칙에 따라 무심하게 운동할 뿐이다. 첫째, 물체는 다른 것과 충돌하지 않는 한 항상 동일한 상태를 유지한다. 둘째, 물체는 다른 물체를 밀칠 때 운동을 잃어버리고 다른 물체에 밀쳐지면 운동을 얻는다. 셋째, 단순한 위치 변화인 운동motion과 의지와 목적을 갖는 운동인 작용action은 달라 회전이나 곡선운동을 하는 물체도 (원심력으로 인해) 직선운동을 하려 한다. 자연에 이 세 법칙을 부과할 뿐 "신은 기적을 일으키지 않는다".(7장) 따라서 신이 수와 무게와 크기의 형태로 자연에 기입해놓은 진리는 이성으로 남김없이 파악할 수 있다. 이것이 데카르트가 열어놓은 신세계다.

| 빛의 본성

제1법칙에 따르면 물체는 다른 물체에 의해 움직여지지 않는 한 스스로 움직일 수 없다. 하지만 천체는 회전하고, 대기는 요동하며, 대지의 사물들은 운동한다. 이는 원동자原動子인 신이 태초에 그에 필요한 운동량을 입력했기 때문이다. 자연은 결국 태초에 신이 감아놓은 태엽의 힘으로 돌아가는, 매우 거대하고 복잡한 영구기관인 셈이다. 그 운동의 결과 가장 가벼운 불의 입자들이 모여서 해·달·별과 같은 천체가 되고, 가장 무거운 흙의 입자들이 모여서 지구와 그 위의 모든 사물들을 이루며, 중간 무게의 공기는 천체와 지구 사이의 공간을 채우는 대기가 된다.

빛의 본성에 관한 데카르트의 설명은 특히 주목을 요한다. 데카르트는 빛의 원천으로 하늘의 천체와 지상의 불, 두가지를 든다. 이 중에서 본질적인 것은 물론 태양이다. 태양 표면의 불火입자들은 원심력에 따라 밖으로 직선운동을 하려 한다(제2법칙). 이 경향으로 인해 태양입자들은 자신

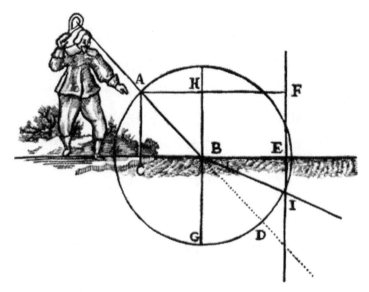

빛의 굴절과 테니스공의 비유 (데카르트 『굴절광학』)

을 둘러싼 대기입자들을 밀쳐내고, 그 운동이 연쇄적으로 지상의 사물에 까지 전달된다. 태양입자, 즉 불의 산물인 빛은 공기와 같은 투명한 매질에 실려 전달되고, 흙으로 이루어진 물체를 만나면 반사되거나 굴절되어 우리의 눈으로 들어오게 된다. 『굴절광학』에서 데카르트는 빛을 이 "운동 혹은 작용"으로 규정한다.[2]

> 빛은 (…) 공기나 그밖의 투명한 매체를 통해 눈으로 들어오는 매우 빠르고 생생한 운동 혹은 작용이다(제1담론).

이 역학적·기계론적 세계관에 따라 데카르트는 빛의 반사와 굴절을 테니스공의 운동과 유비하여 설명한다. 공이 단단한 것에 부딪히면 튕겨

나오고 부드러운 천에 부딪히면 멈추고 물을 만나면 굴절되듯이 빛도 똑같은 역학적 원리로 움직인다는 것이다(제2담론). 물론 이는 적절한 비유가 아니다. 물속에서 빛과 테니스공은 전혀 다르게 움직이기 때문이다. 하지만 데카르트는 이 부적절한 유비로부터 정확한 '굴절의 법칙'을 도출해낸다. 이상한 일이 아닐 수 없다. 이 변괴는 그가 다른 학자가 이미 발견한 법칙(스넬의 법칙)을 이 실험의 결과로 위장하여 마치 자신의 발견인 양 제시한 데서 비롯된 것으로 보인다.[3]

| 인간의 시각

운동 혹은 작용으로서 빛은 감각적 질qualia로서 빛과 다르다. 『빛에 관한 논문』에서 데카르트는 처음부터 사물 자체의 객관적 속성으로서 빛과 주관적 감각으로서 빛을 구별한다. "우리가 빛에 대해 갖는 감각, 즉 우리가 눈을 매개로 상상하며 형성한 관념과 우리에게 감각을 일으키는 그것, 즉 불이나 태양 속에 있고 우리가 빛이라 부르는 것 사이에는 차이가 있을 수 있다."(1장) 데카르트는 우리가 '색깔'로 지각하는 것도 결국 눈으로 전달된 역학적 '운동'에 불과하다고 한다. 『굴절광학』의 서두에서 그가 시각을 맹인의 지팡이에 비유하는 것은 그 때문이다.

시지각과 맹인의 비유 (데카르트 『굴절광학』)

데카르트가 시각의 비유로 지팡이를 선택한 이유는 한쪽 끝에서 벌어지는 일이 '즉각적으로' 다른 쪽 끝으로 전달되기 때문이다. 그에 따르면 빛의 전달도 이렇게 즉각적이다. 차이가 있다면 태양과 눈의 거리가 더 멀다는 것뿐이다. 또 맹인들은 지팡이 끝으로 더듬어 수많은 사물을 분간해낸다. 데카르트에게 색채는 그저 "물체들이 빛을 반사시켜 눈에 충돌시키는 다양한 방식"일 뿐이기에, "저 비유 속의 지팡이는 색깔까지도 분별할 수 있다". 이렇게 시각을 공기에 실려 전달된 '운동'이 시신경을 건드리는 촉각적 과정으로 보는 관점은 유입설의 새로운 유형이라 할 수 있다.

색채와 빛을 보기 위해 대상과 우리의 눈 사이에 뭔가 물질적인 것이 통과한다거나, 이들 대상 속에 우리가 그것들에 대해 가지는 관념이나 감각과 유사한 어떤 것이 들어 있다고 가정할 필요는 없다(제1담론).

여기서 "뭔가 물질적인 것이 통과"한다는 가정은 원자론자들의 '발산설'을 가리키고, 대상들 속에 "관념이나 감각과 유사한 어떤 것"이 들어 있다는 가정은 신플라톤주의 철학의 스콜라적 변형을 가리킨다. 데카르트는 대상에서 발산되는 원자막을 따로 상정할 필요가 없었다. 그는 물질이 아니라 운동이 눈으로 들어온다고 보았기 때문이다. 형상이나 종을 가정할 필요도 없었다. 공기는 형상이 아니라 운동을 전달하기 때문이다. 고로 시각에 "공기를 통해 날아오는 이 모든 이미지들, 즉 철학자들의 상상을 사로잡아왔던 지향적 종[형상]과 같은 것은 없어도 된다"(제1담론).

| 반영론의 붕괴

이어지는 담론들은 빛이 동공으로 들어온 이후의 과정을 다룬다. 이 설명의 전제로 데카르트는 먼저 눈의 해부학적 구조를 규명한다(제3담론). 이어서 그는 동공으로 들어온 빛이 수정체액 등 안구 속의 여러 체액

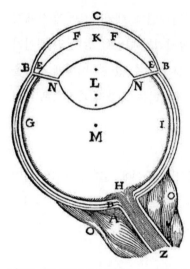

안구와 섬유 조직으로 이루어진 시신경 (데카르트 『굴절광학』)

에 의해 굴절되어 망막에 대상의 역상을 만들어내는 과정을 설명한다(제5담론). 망막에 비친 이 시각대상의 인상은 물론 시신경을 통해 뇌로 전달된다(제4담론). 여기까지는 케플러를 통해 이미 알려진 내용과 겹친다. 차이가 있다면, 케플러가 광학적·기하학적 과정으로 설명한 내용을 철저히 역학적·물리학적 과정으로 바꾸어 설명했다는 것이다.

데카르트는 망막 영상이 신경을 통해 뇌로 전달되는 과정을 설명했다는 점에서 케플러보다 앞섰다. 그의 설명에 따르면 크기·모양·색깔·배열·움직임 등 망막에 비친 대상의 속성들은 시신경을 거쳐 뇌로 전달된다. 그 속성들을 모아서 하나의 상으로 종합하는 기관, 즉 공통감은 바로 이 뇌 속에 있다(제4담론). 이는 다른 학자들도 이미 이야기한 바 있다. 중요한 사실은, 데카르트가 이 전송의 과정을 그들과 전혀 다르게 설명한다는 점이다. 이전 시대의 철학자들은 망막의 영상이 시신경 속에서도 그 모습을 그대로 보존한 채 뇌로 옮겨진다고 보았다. 데카르트는 이런 생각을 이렇게 비판한다.

그들은 정신이 지각대상을 인지하려면 우리 머릿속에 형성되는 작은 영상의 자극을 받아야 한다고 본 모양이다. 하지만 우리의 정신은 영상이 아닌 많은 것들, 예를 들어 지시대상을 전혀 닮지 않은 기호나

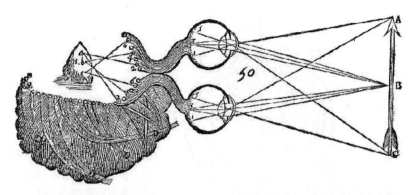

안구에서 시신경을 거쳐 뇌의 송과선으로 시각정보가 전달되는 과정의 도해. 여기서 카메라 옵스쿠라의 역상을 바로잡는 과정은 광학이 아니라 생리학으로 설명된다. 화살 A-B-C가 망막에는 5-3-1의 역상으로 맺힌다. 이것이 시신경을 거쳐 6-4-2의 신호로 변환된 후 송과선에서 최종적으로 a-b-c의 영상으로 표상된다. (데카르트 『인간론』)

단말들의 자극을 받을 수 있음을 기억해야 한다. 따라서 되도록 널리 수용된 견해에 따라 지각대상이 정말로 우리 뇌 안으로 자신들의 영상을 보낸다고 주장하더라도, 최소한 그 영상이 모든 면에서 재현대상을 닮을 필요는 없다는 것을 알아야 한다. 그러지 않으면 대상과 그 영상 사이의 차이가 사라지기 때문이다. 영상이 그저 몇가지 면을 닮는 것만으로도 충분하다(제8담론).

과거의 학자들은 시각의 전과정(시각대상의 형태→공기 속의 종이나 형상→망막에 맺힌 영상→시신경 속의 영상→뇌 속의 영상)에서 대상과의 유사성이 유지된다고 믿었다. 그래서 수정체와 시신경, 뇌가 일직선을 이룬다는 해부학적 억지에 그토록 집착했던 것이다. 반면 데카르트에게 대상과 종 혹은 형상 사이의 유사성은 시각의 필수조건이 아니다. 시각을 위해서는 대상과 자극들 사이에 패턴의 유사성만 있으면 된다. 자극의 패턴은 구

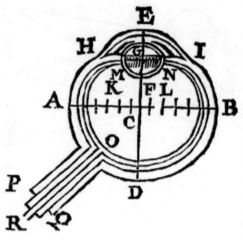

역사상 최초로 시신경을 시축에서 벗어난 모습으로 묘사한 인물은 독일의 수학자 크리스토프 샤이너였다. 그는 실험을 통해 케플러의 망막영상의 올바름을 입증하기도 했다. (크리스토프 샤이너 『이것이 과학의 기초다』)

부러진 시신경을 통해서도 얼마든지 뇌로 전송될 수 있다(제5담론). 이로써 알크마이온의 시대 이후로 수천년 동안 유지되어온 시각의 반영이론이 무너진다.

▎신경 교란으로서 감각

시각의 반영론을 무너뜨린 이상, 시각은 신경에 가해지는 물리적 자극으로 설명할 수밖에 없다. 그리하여 데카르트는 빛의 지각이 자극의 '강도'에 의해, 그리고 색채의 지각이 자극의 '종류'에 의해 일어난다고 상정한다.

시각대상에서 우리가 지각하는 특질은 모두 여섯 항목 아래 집어넣을 수 있다. 빛·색채·위치·거리·크기·모양이 그것이다. 먼저 빛과 색깔(고유하게 시각에만 속하는 유일한 특질들)에 대해 말하자면 (…)

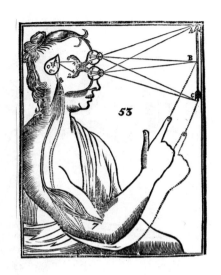

모든 감각정보는 뇌의 송과선으로 전송된다.
(데카르트 『인간론』)

빛의 감각은 뇌의 시신경섬유가 시작되는 지점에서 발생하는 교란의 강도에 의해, 그리고 색채의 감각은 그 교란의 종류에 의해 일어난다. 마찬가지로 귀에 있는 신경의 교란은 소리의 지각을, 혀에 있는 신경의 교란은 맛의 지각을, 그리고 일반적으로 몸 전체에 퍼져있는 신경의 적당한 교란은 쾌감을, 너무 격렬한 교란은 고통을 일으킨다. 하지만 영혼이 파악한 관념들과 이를 야기한 교란들 사이에 유사성이 있을 필요는 없다(제6담론).

마지막 문장은 물론 '유사가 유사를 지각한다.'는 고전적 명제를 겨냥한 것이리라. 아리스토텔레스는 감각과정의 끝에서 감각대상과 감각기관이 서로 유사해진다고 생각했다. 그 둘 사이의 유사관계가 성립해야 지각 자체가 이루어진다고 이해했기 때문이다. 하지만 데카르트에 따르면 대상과 닮은 것이 감관을 통해 그대로 영혼에 옮겨지지는 않는다.

데카르트에게 색·소리·냄새·맛·감촉 등 감각질은 대상의 속성이 아니라, 신경의 신호를 토대로 만들어낸 주관의 표상일 뿐이다. (데카르트 『인간론』)

색깔·소리·냄새·맛·감촉 등의 현상적인 감각질들은 대상을 닮은 어떤 것이 우리 영혼에 전사傳寫된 결과물이 아니라, 대상과 전혀 다른 신경의 자극을 토대로 우리의 영혼이 구성해낸 것이다. 『철학의 원리』*Principia Philosophiae*에서 그는 이렇게 말한다.

> 외부의 대상들 중 우리가 빛·색채·냄새·맛·소리·열기·냉기와 그밖의 촉각적 특질(⋯)이라 부르는 것에 관해 말하자면, 우리가 지각하는 것은 그저 그 대상들의 크기·형태·운동의 다양한 배열뿐이라고 결론지어야 한다. 그 배열이 신경을 여러 방식으로 자극하여 우리 영혼 안에 다양한 느낌을 만들어내는 것이다(*PP* IV.19).[4]

한마디로 우리는 대상들의 형태·크기·운동 만을 감각으로 지각한다는 것이다. 이러한 주장은 예전에는 없었던 새로운 인식론적 문제를 낳는다. 우리 영혼이 신경의 자극을 토대로 구성한 '주관적' 표상들이 곧 대상 자체의 '객관적' 속성이라고 믿을 근거가 없다는 문제다. 마침내 향후 수백년간 철학자들이 머리를 썩일 근대철학의 근본문제가 제기된 것이다. 훗날 철학자 존 로크는 연장·운동·수·형태 등을 대상의 객관적 속성(제1성질)으로, 색채·소리·냄새·맛 등은 내면의 주관적 현상(제2성질)으로 분류하여 좀더 명확하게 이 문제를 정식화한다.

| 밀랍의 논증

하지만 더 중요한 사실은 데카르트가 지각의 동작주^{agent}를 감각에서 이성으로 바꾸어 놓았다는 점이리라. 이는 그가 감각을 불신했기 때문이다. 젓가락을 물속에 넣으면 휘어져 보인다거나, 먼 거리에서는 각진 건물도 둥글게 보인다거나 하는 체험은 누구나 해보았을 것이다. '성찰'로 널리 알려진 『제1철학에 관한 성찰』*Meditationes de Prima Philosophia*에서 그는 이런 경험에 기초하여 말한다.

확실히 내가 이제까지 매우 참되다고 인정해온 모든 것은 감각으로부터, 혹은 감각을 통해 받아들였다. 하지만 나는 감각들이 때로 기만한다는 사실을 알았다. 우리를 한번 속인 적이 있는 사람들을 완전히 믿지 않는 것이 신중함의 표식이다(제1성찰).[5]

이는 "감각은 언제나 참이나 상상은 대부분 거짓"(*DA* III,3)이라는 아리스토텔레스의 말과 묘한 대비를 이룬다. 여기서 데카르트의 철학이 세속화한 플라톤주의에 가까움을 알 수 있다. 데카르트는 고대의 철학자가 언제나 참이라고 했던 감각이 때로는 거짓말을 한다면서 그것을 이성과 대립시킨다. 감각이 아니라 이성을 신뢰해야 한다는 것을 보여주기 위해 그는 그 유명한 '밀랍의 논증'을 제시한다.

한조각의 밀랍을 예로 들어보자. 방금 벌집에서 채취한 것이라 아직 꿀맛이 채 사라지지 않았다. 그것을 만들어낸 꽃들의 향기도 좀 남아 있다. 그것의 색채·형태·크기는 분명하다. 그것은 딱딱하고 차가워, 만지기도 쉽다. 그것을 손가락 관절로 가볍게 쥐면 소리도 날 것이다. 한마디로 그 안에는 한 물체를 되도록 분명히 식별하기 위해 필요한 모든 것이 다 들어 있다. 하지만 불 근처로 밀랍을 가져가보라. 남아 있던 꿀맛의 자취는 없어지고, 향기도 사라져버릴 것이다. 색깔은 변하고, 원래의 형태도 사라질 것이다. 뜨거워져 부피는 불어나고 액체처럼 변해 만질 수도 없을 것이다. 설사 감아쥔들 소리가 나지도 않을 것이다. (…) 내가 감각이라는 수단으로 도달했던 그 어떤 측면도 밀랍에 남아 있지 않을 것이다. 미각·후각·시각·촉각 혹은 청각으로 파악했던 모든 것이 변했다. 하지만 밀랍은 남아 있다(제2성찰).[6]

밀랍은 꿀의 달콤함도, 꽃의 향기도, 하얀 색깔도, 모양도, 소리도 아니다. 밀랍에 본질적으로 속하지 않는 속성들을 모두 제거하면, 그것이 무언가 연장된 것이라는 사실만 남는다. 이렇게 밀랍을 밀랍으로 지각한다는 것은 "보는 것도 만지는 것도 상상하는 것도 아니다". 그것은 오로지 정신의 일이며, 이 정신의 검사가 얼마나 명석하고 판명 clair et distinct 한지는 얼마나 면밀히 '주의'를 기울이냐에 달려 있다. 그는 밀랍의 논증을 다른 모든 사물에도 적용한다. 우리는 그것들을 "보거나 만짐으로써 지각하는 게 아니라 이해함으로써 지각하는 것이다"(제2성찰).

데카르트는 사물에서 감각적 특질을 벗겨내고 그것을 연장으로 환원하여 스콜라철학의 '질적' 자연의 관념을 '양적' 자연의 관념으로 바꾸어놓았다. 자연은 이제 그 크기와 운동을 수학적으로 표시할 수 있는 연장이 된다. 근대적 의미의 '자연'이 탄생한 것이다. 연장으로서 자연은 '보거나 만짐으로써'가 아니라 '이해함으로써' 지각된다. 여기서 감각은 고유의 인식기능을 박탈당하고 만다. 자연을 파악하는 것은 감각이 아니라 '사유'의 일이며, 그 이해의 명석·판명함은 수동적 감각이 아니라 능동적 주의, 즉 정신의 집중에 달려 있다는 것이다.*

밀랍 논증의 핵심은 '연장'과 '사유'라는 두 낱말로 요약된다. 사물의 본질은 그것이 공간을 차지한다는 점이고 이러한 사물의 본질을 정신이 파악한다는 것이다. 결국 데카르트는 세계가 성격이 전혀 다른 두개의 실체, 즉 연장실체 res extensa 와 사유실체 res cogitans 로 이루어져 있다는 결론에 도달한다. 이 두 실체는 인간 안에서 교차하고 중첩된다. 인간의 신체는 연장이요, 인간의 정신은 사유이기 때문이다. 문제는, 아예 접점이 없을 정도로 다른 성질을 가진 두 실체가 명백히 서로 영향을 주고받는 듯하다는 점이다. 심신이원론의 이 문제를 어떻게 설명할 것인가?

데카르트는 그것을 뇌 속의 송과선松果線, conarion 의 기능으로 돌렸다. 이 솔방울 모양의 샘線을 통해 신체와 정신이 서로 영향을 주고받는다는 것이다. 데카르트는 송과선을 "마음의 주요한 거처이며, 우리의 모든 생각이 형성되는 장소"로 보았다.[7] 심신이원론에 따르는 문제를 해결하기 위

---

* 이는 중세의 신학을 통해 전해진 아우구스티누스의 영향이리라. 아우구스티누스에 따르면 영혼은 주의, 즉 정신의 집중을 통해 신체에 속하는 감관에 감지능력을 부여한다.

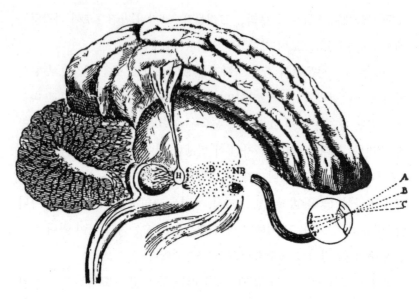

데카르트는 인간의 영혼이 뇌실 한가운데에 있는 송과선에 있다고 보았다. (데카르트 『인간론』)

해 플라톤의 '코라'처럼 제3의 매개항을 도입한 셈이다. 하지만 이로써 문제가 해결되지는 않았다. 피에르 가상디[1592~1655]의 지적대로, 정신은 사유실체로서 원래 공간을 점유할 수 없기에 마음에 "거처"가 있다거나 생각에 "장소"가 있다는 말은 어딘지 이상하게 들리기 때문이다.[8]

| 명상에서 성찰로

데카르트의 철학은 아리스토텔레스주의를 토대로 한 스콜라철학에 대한 반발이었다. 물론 새로운 사상이라고 하여 진공에서 발생할 수는 없기에, 그에게도 여전히 신학의 잔재는 남아 있다.[9] 가령 그는 여전히 존재의 원동자이자 진리의 보증자로서 신의 존재를 요청한다. 또한 모든 것을 부정하는 그의 '방법적 회의'는 일종의 세속적 피정이라고 할 수 있

다. 이성을 위해 감각을 불신하고, 감정을 억제하며, 상상력을 배제하는 것도 중세 수도승들의 금욕주의를 닮았다. 데카르트 주요 저작의 제목이자, 우리가 '성찰'이라 번역하는 단어(meditation)도 원래는 중세의 수도승들이 하던 '명상'을 뜻하던 말이다.

명상적 글쓰기에는 크게 두 유형이 있다고 한다. 하나는 성 이그나티오스[1491~1556]의 방법이다. 그는 아리스토텔레스주의자답게 감각적 자연 속에 신이 존재한다는 증거가 들어 있다고 믿고, 감각으로 받아들인 자료들을 가지고 귀납적으로 신의 존재를 증명하려 했다. 아퀴나스는 이 유형에 속한다. 또다른 유형은 아우구스티누스의 것이다. 신플라톤주의자로서 그는 감각적 자연 속에서는 신의 존재증거를 찾을 수 없으며, 따라서 자유로운 이성으로 그 증거를 찾아야 한다고 믿었다.[10] 데카르트는 후자를 택했다. 그는 신의 존재를 신의 '개념'에서 연역적으로 도출해낸다.

이는 결국 아리스토텔레스주의와 플라톤주의의 차이다. 아리스토텔레스는 형상이 감각적 자연 속에 들어 있다고 믿은 반면, 플라톤은 형상의 세계가 감각적 현실과 떨어져 있다고 믿었다. 여기서 '형상'을 '신'으로 바꾸어놓으면 성 이그나티오스(혹은 아퀴나스)와 데카르트가 감각에 대해 왜 서로 상반된 태도를 취했는지 이해할 수 있다. 『성찰』이 아우구스티누스의 유형이라고 해서 데카르트가 플라톤주의 신학으로 돌아간 것은 아니다. 감각을 절제하는 엄격한 금욕을 통해 그가 도달하려 한 목표는 반석 같은 신앙의 토대가 아니라 의심할 수 없는 과학의 토대였기 때문이다.

| 이성이라는 빛

데카르트 이후 감각의 기제를 규명하는 과제는 철학에서 떨어져나와 과학의 영역으로 넘어간다. 케플러가 시각의 기제를 밝혔지만 청각·후각·미각·촉각의 기제는 여전히 과학적 해명을 기다리고 있었다. 철학은 이 과제를 과학에 넘겨준 채 '지각'의 측면에서 감각에 접근하게 된다. 물론 '이성'이라는 더 우월한 기관이 존재하는 한 인식에서 감각의 지위는 그리 높이 평가될 수 없었다. 근대철학, 특히 합리주의 철학에서 감각은 이성을 위해 배제되거나, 이성에 의해 불신되거나, 이성 아래 포섭되어야 할 것으로 여겨진다. 이로써 철학적 감각론의 오랜 전통은 사실상 막을 내린다.

데카르트의 신세계에서 빛은 순수 역학적 현상일 뿐이다. 룩스든 루멘이든, 그동안 세상을 채우고 있던 질적 속성의 빛은 사라지고 만다. 이제 빛은 오로지 양적으로, 즉 속도와 방향의 벡터로 설명해야 할 순수 물리적 현상이 된다. 그가 이 물리적 현상의 본성을 무엇으로 생각했는지는 확실하지 않다. 그의 뒤를 이어 아이작 뉴턴은 빛을 입자로 규정했고, 크리스티안 하위헌스는 그것을 파동으로 규정했다. 빛의 반사와 굴절을 테니스공으로 설명한 것으로 보아, 데카르트의 견해는 입자설에 가까워 보인다. 오늘날 양자역학에서는 빛이 입자와 파동의 성격을 모두 갖고 있다고 본다.

데카르트는 자신의 신세계에서 오랫동안 세상을 밝혔던 신의 빛을 추방해버렸다. 그렇다고 빛의 상징주의가 완전히 사라진 것은 아니다. 데카르트가 감각을 완전히 배제한 것도 아니다. 감각 역시 신이 인간에게 주신 기관이다. 물론 감각은 종종 우리를 오류에 빠뜨리나, 신은 우리에게 따로 이성을 부여해 그것으로 오류를 교정하고 진리로 나아갈 수 있게 해주었다. 신이 한때 세상에 깔아두었던 빛을 거두면서 어두워진 세상 속에 유일하게 남겨둔 한줄기 빛. 그것이 바로 우리의 이성이며, 또한 우리 안의 신성이다. '이성=빛'이라는 계몽의 수사학은 여기서 유래한 것이다.

빈 서판
로크·버클리·흄

존 로크[1632~1704]는 버클리, 흄으로 이어지는 영국 경험주의 철학의 첫 주자다. 데카르트를 비롯한 대륙의 합리주의 철학자들은 인간이 가지고 태어난다는 생득관념에서 수학이나 기하학처럼 확실하고 명증한 지식의 체계를 연역하려 했다. 반면 로크는 생득관념의 존재를 부정하고, 인간의 의식을 빈 서판에 비유했다. 의식이 애초에 아무것도 적히지 않은 백지라면 당연히 세계를 인식하는 유일한 길은 감각적 체험을 통하는 것뿐이리라. 『인간오성론』*An Essay Concerning Human Understanding* 제2권의 서두에서 그는 이렇게 말한다.

정신 안에 아무 관념도 없어서 백지 같다고 가정하자. 그럼 어떻게 거기에 뭔가 기입되는 일이 이루어지는가? 인간의 부지런한 무제한적 상상력이 그 위에 그린 그 방대한 것들, 즉 그 모든 이성과 지식의 재료들을 정신은 어디에서 얻는가? 이 물음에 나는 한마디로 '경험으로부터'라 대답한다(*E* II.1.2).

바로 이 점에서 경험주의는 감각을 불신했던 합리주의 철학과 극명한 대조를 이룬다. 생득관념에서 연역적으로 추론하는 데카르트가 플라톤주의적이라면, 로크의 경험주의는 "감각에 먼저 있지 않고 정신에 있을 수는 없다"는 유명한 격언에 뿌리를 두고 있다.[11] 물론 이 말에는 감각적 현실 자체에 이미 형상이 구현되어 있다고 본 아리스토텔레스의 인식이 반영되어 있다.

단순관념과 복합관념

로크에 따르면 존재하는 것은 '세계'와 그것에 대한 '관념'으로 나뉜다. 이는 연장실체와 사유실체라는 데카르트의 구분과 비슷하다. 로크가 말하는 '관념'이란 감각·기억·개념 등 일체의 심리현상을 가리키는바, 이는 외부에서 온 충격impact의 결과로 의식 안에 생긴다. 이 과정의 설명 역시 데카르트의 논의와 유사하다. "대상에서 감관으로 들어오는 어떤 운동이 신경 혹은 동물정기에 실려 뇌로 전달"됨으로써 의식 안에 관념이 일어난다는 것이다(E II.8.12). 로크는 이렇게 우리 의식 안에서 발생하는 관념을 단순관념simple ideas과 복합관념complex ideas, 두 부류로 나눈다.

단순관념은 더 이상 나눌 수 없는 경험의 최소단위로, 오감을 통해 들어온 감각자료들이 여기에 속한다. 복합관념은 이 단순관념들의 조합으로 이루어진다. 예를 들어 '사과'의 관념은 붉은색, 둥근 모양, 향긋한 냄새, 달콤한 맛 등 단순관념들의 조합을 통해 만들어진다. 로크는 개·고양이·말과 같은 개념들(실체)만이 아니라, 삼각형·감사·살인과 같은 추상적 개념들(양상), 여러 사물의 비교에서 얻어지는 여러 개념들(관계) 역시 모두 복합관념으로 분류한다(E II.12). 결국 지각이란 감관으로 들어온 단순관념을 조합해 다양한 복합관념을 만들어내는 과정이라 할 수 있다.

관념의 생성은 인상이 감관에 새겨지는 수동적 과정에 불과한 게 아니다. 로크는 지각에서 '반성'reflection의 역할을 강조한다. "신체에 어떤 변경이 일어나더라도 (…) 외적 부분에 그 어떤 인상이 새겨지더라도, 안에서 이를 (반성적으로) 주목하지 않으면 지각은 일어나지 않는다."(*E* II.9.3) 감각에는 우리도 모르는 사이에 판단이 개입되곤 한다. 이 대목에서 그는 그 유명한 '몰리뉴의 문제'를 인용한다. '맹인으로 태어나 평생 촉각으로 구와 육면체를 구별해온 사람이 시력을 갖게 되었을 때, 오직 시각만으로 그 둘을 구별할 수 있을까?' 몰리뉴를 따라 로크도 이 물음에 단호히 '아니'라고 대답한다(*E* II.9.8).

| 제1성질과 제2성질

단순관념과 복합관념의 구분보다 중요한 것은 아마도 제1성질primary quality과 제2성질secondary quality의 구분이리라. 제1성질은 우리가 지각하든 말든 대상이 독립적으로 지닌 객관적 성질이다. "견고함·연장·모양·운동이나 정지·수" 등이 여기에 속한다. 반면 제2성질은 사물 자체가 아니라 지각에 속하는 성질, 즉 우리가 지각하기 때문에 존재하는 주관적 속성이다. 로크는 색채·소리·냄새·맛과 같은 성질을 거기에 집어넣는다(*E* II.8). 결국 의식 바깥에 있는 것은 색채도 소리도 냄새도 맛도 없다는 뜻이다.

그것들에 대한 감각을 제거하라. 눈으로 하여금 빛이나 색깔을 못 보게 하고, 귀로 하여금 소리를 못 듣게 하고, 혀로 하여금 맛을 못 보게 하고, 코로 하여금 냄새를 못 맡게 하라. 그러면 모든 색채·맛·냄새·소리는 사라져 존재하기를 그치고, 그것들의 원인, 즉 부분들의 크기·모양·운동으로 환원될 것이다(*E* II.8.17).

사실 제1, 2성질의 구분은 데모크리토스의 감각론까지 거슬러올라간다. 이 고대의 철학자는 원자의 배열만 존재할 뿐 감각대상은 '습속' 혹은 관습에 의해 그렇게 보이는 것뿐이라 믿었다. 하지만 더 직접적으로는 데카르트와 관련이 있을 것이다. 데카르트는 "우리가 빛에 대해 갖는 감각과 (…) 우리에게 감각을 일으키는 그것 (…) 사이에는 차이가 있을 수 있다"고 말한 바 있다.

제1, 2성질을 구별하는 두가지 기준이 있다. 첫째, 제1성질을 바꾸려면 대상 자체를 조작해야 하나, 제2성질은 지각의 조건만 바꾸면 된다. 가령 사과의 모양을 바꾸려면 사과를 잘라야 하나, 사과의 색을 바꾸려면 조명이나 배경만 바꾸면 된다. 둘째, 제1성질은 둘 이상의 감각으로 지각되나, 제2성질들은 오직 하나의 감각으로만 지각된다. 예를 들어 사과의 모양은 시각과 촉각 두개의 감각으로 지각되므로 제1성질이나, 사과의 색채와 냄새, 맛은 각각 시각, 후각, 미각으로만 지각되므로 제2성질이다. 아리스토텔레스식으로 말하면 제1성질은 공통대상, 제2성질은 고유대상에 해당한다.

| 사물 자체

제1성질이 세계 자체가 지닌 객관적 속성인 반면, 제2성질은 의식에 나타난 주관적 속성으로, 만약 인간이 지금과 다른 감각기관을 가졌다면 달리 지각되거나 아예 존재하지 않을 수도 있는 것들이다.* 나아가 제2성질은 그때그때의 상황이나 관찰자의 상태에 따라 달라지는 불안정성

---

* 로크는 6감, 7감, 8감이 존재할 가능성에 대해 이야기한다.

을 갖는다. 이처럼 제2성질은 주관적 현상에 불과하고, 세계는 오직 제1성질만을 갖기에, 제2성질에 속하는 것들은 세계에 대한 학적 연구의 대상이 될 수 없다. 이러한 이유로 오감의 현상학적 질質은 철학과 과학의 관심 밖으로 멀어진다.

결국 학적 연구의 대상은 오직 제1성질, 즉 대상의 객관적 속성뿐이다. 이렇게 연구대상을 제1성질로 국한하여 탐구한다 하더라도, 한가지 어려운 물음이 제기된다. 우리는 때로 일련의 단순관념들이 늘 함께 움직이는 것을 본다. 그래서 우리의 정신은 그것들이 하나의 사물에 속한다고 느끼고, 하나의 이름으로 부른다. 하지만 이 단순관념들이 스스로 존재한다고 상상할 수는 없기에, 우리는 그 관념들이 '실체'substance라 부르는 어떤 '기체'基體, substratum에 존재한다고 가정하게 된다. 문제는, 그 기체 자체가 우리에게 지각되지 않는다는 데에 있다(E II.23.1).

일련의 단순관념을 하나로 묶어 떠받쳐주는 그 기체가 무엇인지 우리로서는 알 길이 없다. 지각가능한 것은 속성들뿐, 그것을 떠받치는 기체가 아니기 때문이다. 따라서 지각된 관념들의 바탕에 있으리라 "가정되나 알려지지 않은 그 토대"는 우리로서는 알 수 없는 '사물 자체'thing itself로 남는다. 이로써 로크는 제 사유의 토대를 스스로 무너뜨릴 위험에 처하게 된다. 왜냐하면 감관으로 지각되지 않는 것의 존재를 요청하는 일은 "감각에 먼저 있지 않고 정신에 있을 수 없다"는 경험주의의 원칙을 정면으로 거스르기 때문이다. 감각에 기대지 않으면서, 감각에 지각되지 않는 것이 존재한다는 사실을 어떻게 알 수 있단 말인가?

│ 존재하는 것은 지각된 것

이는 곧바로 조지 버클리1685~1753의 비판을 받는다. 『하일라스와 필로누스의 대화』*Three Dialogues between Hylas and Philonous*에서 버클리는 먼저 제1성질과 제2성질의 구분을 무너뜨린다.¹² 연장·모양·운동·견고성(제1성질)도 색채·소리·냄새·맛(제2성질)과 똑같이 대상의 속성이 아니라 우리의 정신 속의 주관적 현상이라는 것이다(*DHP* I.180-192). 나아가 그는 로크가 말하는 추상적 일반관념의 존재도 부정한다. 개라는 동물종에 속하는 개체들의 구체적 속성들을 모두 제거한 '개 일반', 혹은 그 속성들을 모두 가진 '개 일반'의 관념을 머리에 떠올릴 수는 없기 때문이다. 이는 물론 로크가 속성들의 기체로 상정한 실체의 존재를 부정하기 위한 준비작업이다.

이어서 버클리는 실체의 관념은 정의상 감각을 통해 얻을 수 없다고 지적한다. 그렇다고 이성을 통해서 그 존재에 도달할 수도 없다. 우리는 그것의 모습을 떠올릴 수도, 기술할 수도 없기 때문이다. 고작 "성질들을 떠받치는 무언가"로 규정할 수 있을 뿐이다. 하지만 떠받친다는 것은 어떤 것의 밑에 '깔려 있다'는 것을 뜻하고, 이는 다시 실체가 '연장되어 있다'는 것을 뜻한다. 하지만 '연장'은 어디까지나 감각적 성질이며, 지각될 수 없는 실체에 속하지 않는다. 그러므로 버클리는 지각되지 않는 기체로서 실체의 존재를 상정할 하등의 이유가 없다고 말한다(*DHP* I.192-199).

이처럼 버클리는 두 성질 모두 의식-의존적이며, 성질들을 떠받치는 실체는 존재하지 않는다고 본다. 결국 세계는 의식 안의 관념들로만 이루어진 셈이다. 따라서 "존재하는 것은 곧 지각하는 것이다"*esse est percipi*. 이 유명한 명제는 우리가 지각하지 않는 동안에는 사물이 사라진다는 반갑지 않은 사실을 함축한다. 이 문제를 해결하기 위해 버클리는 두개의 상이한 해결책을 내놓는다. '어차피 우리가 볼 때마다 그 사물들이 다시 나타날 테니 아무 상관이 없다'는 답변과(*PHK* 45-46),[13] '우리가 안 보는 동안에는 신이 보고 계시기에 사물들이 존속한다'는 답변이다(*DHP* I.212, 214-5).

| 흄의 회의

버클리의 신은 우리가 볼 때마다 사물이 동일하게 다시 나타나게 해주었지만, 신을 믿지 않는 데이비드 흄[1711~1776]에게는 아까 본 사물과 지금 보는 사물의 동일성을 보장할 길이 없었다. 두 사물 사이에는 그저 유사성만이 있을 뿐이다(*THN* I.4.2.36).[14] 또 로크는 개인의 정체성을 "의식의 동일성"에서 찾았지만(*E* II.27.19), 흄은 어제의 의식과 오늘의 의식 사이에 동일성을 보장해주는 것은 없다고 생각했다. 둘 사이에는 그저 유사성이 있을 뿐이나, 그것을 우리가 동일성으로 착각할 뿐이라는 입장이다(*THN* I.4.6.3-6). 그리하여 '실체'와 '자아' 모두 마치 헤라클레이토스의 강물 같이 끊임없이 변화하는 관념들의 흐름으로 해체된다.

흄은 사건들 사이의 인과관계마저 부정한다. 흔히 사건A와 사건B가 서로 인과관계를 맺고 있다고 할 때, 우리는 그 둘 사이에 어떤 필연적 연관을 가정한다. 하지만 그 두 사건도 우리에게는 어차피 관념으로 주어지고, 아무리 머릿속을 들여다보아도 A의 관념과 B의 관념 사이에 필연적 연관은 존재하지 않는다. A라는 사건에 이어 늘 사건B가 일어났다는 사실만이 확실하다. 따라서 지금까지는 사건A의 뒤에 항상 사건B가 일어났다 하더라도, 앞으로도 그러리라는 보장은 없다. 여기에서 흄은 인식의 확실성에 대한 완전한 회의주의에 도달한다(*THN* III.1-3).

데카르트가 의심할 여지없이 확실한 지식을 얻기 위해 감각을 믿지 않았다면, 흄은 감각의 확실성을 믿었기에 명증한 인식이 존재할 가능성을 회의했다. 이렇게 정반대의 결론에 도달했지만, 두 사람 모두 감각을 지각과 동일시하고 그것을 관념으로, 다시 말하면 의식 '안'의 심리적 현상으로 환원했다는 공통점이 있다. 이렇게 감각과 세계를 이어주는 끈이 끊어질 때 '주체와 객체'의 대립이라는 근대철학 특유의 문제가 발생한다. 그후로 이어지는 철학의 흐름은 이 분열을 극복하고 다시 '주객동일성'에 도달하려는 시도였다고 해도 과언이 아니다.

내감의 작은 역사
아우구스티누스와 그의 계승자들

17세기 이후 감각에 관한 연구는 철학에서 과학의 영역으로 넘어간다. 가장 중요한 시각의 기제가 과학적으로 규명된 이상 철학이 해명해야 할 문제가 남아 있지 않았기 때문이다. 고대에서 르네상스에 이르기까지 감각에 대한 연구는 주로 '영혼론' 안에서 이루어졌는데, 오늘날에는 그것을 심리학 혹은 인지과학cognitive science이라 부른다. 고대와 중세의 영혼론은 감각만이 아니라 감각이후post-sensory의 인지과정 일체를 다루었다. 감각 이후의 인지과정에 관여하는 기관을 중세에는 '내감'이라 불렀는데, 중세와 르네상스의 철학은 외감에 대한 논의에 이어 이 내감의 이론을 전개하곤 했다.

| 내감 이론의 단초

'내감'이라는 표현을 처음 사용한 이는 아우구스티누스이지만(*Conf.* I.18), 그 개념의 기원은 멀리 아리스토텔레스로 거슬러올라간다. 이 고대철학자는 개별 감관으로 들어온 상이한 감각자료를 통합하는 능력으로서 '공통감'을 언급했다. 공통감은 오감으로 들어온 상이한 인상을 구별하고 종합하여 내면에 표상하는 능력이자, 감각을 할 때 무언가 감각하고 있다는 사실 자체를 의식하게 해주는 능력이기도 하다. 아리스토텔레스는 공통감이 심장 근처에 있다고 보았다. 하지만 공통감 자체는 오감의 협력활동으로 보아 이를 별도의 감각으로 분류하지는 않았다.[15]

아리스토텔레스는 감각 이후의 활동으로 공통감 외에 상상력·판단력·기억력을 든다. 이 중 상상력phantastikón은 대상의 이미지를 표상하는 능력으로, 감관에 있고 또한 감각을 닮았다. 상상력은 특히 시각에 의존한다.* 하지만 상상력은 감각과는 명확히 구별된다. 왜냐하면 우리는 가끔 눈이 감긴 상태에서도 어떤 영상을 보기 때문이다. 특히 꿈은 상상력이 감각과는 별개의 능력임을 보여주는 증거다. 이성이 없는 동물은 상상력의 지도를 받아 생명활동을 한다. 인간도 가끔 감정이나 질병, 혹은 수면으로 인해 이성이 잠식되어 상상력에 지배당하는 경우가 있다(DA 427a18-429a9).

감각 위에 상상력이 있다면 그 위에는 판단력이 있다. 판단력dianoetikón은 감각의 측면에서 대상이 기쁨을 주는지 고통을 주는지 파악하여, 행동의 측면에서 그것을 회피할지 추구할지 말해주는 능력이다. 고등동물은 대개 생존을 위해 이러한 판단의 능력을 갖추고 있다. 아리스토텔레스에 따르면 판단력은 일체로서 영육靈肉에 속한다. 추론의 능력으로서 판단력은 이성에 의존하나, 기억과 표상을 통한 추론이기에 동시에 상상력에도 의존한다. 사유에는 이미지가 필요하지만 사유 자체가 이미지는 아니어서, 사유는 영원한 반면 이미지에 의존하는 판단력은 사멸한다(DA 434a23-435a10).

마지막은 기억력mnemonikón이다. 아리스토텔레스는 기억과 회상을 구

* '상상력'(phantastikon)이라는 말은 빛을 의미하는 '파오스'(phaos)에서 나왔다고 한다. 이는 상상력의 시각의존성을 잘 보여준다(DA 429a1-5).

별한다. 기억이 어떤 것을 지각한 후에도 그 지각을 계속 보유하는 능력이라면, 회상은 상실하거나 접근이 끊긴 기억을 복구해내는 능력을 가리킨다. 아리스토텔레스는 기억력 역시 감각에 속하나 지성에도 발을 걸친 능력으로 보았다. "기억은 일시적으로 지성의 능력에 속하나, 직접적·본질적으로는 감각지각의 기본능력이다."(*Mem.* 1)[16] 공통감이든 상상력·판단력·기억력이든 모두 감각 너머 이성 아래에 있는 기능이다. 하지만 아리스토텔레스는 이들을 한데 묶지도 않았고, '내감'이라 부르지도 않았다.

| 내감 이론의 탄생

서양철학사에서 '내감'이라는 표현을 처음 사용한 이는 아우렐리우스 아우구스티누스였다. 대화편 『자유로운 선택에 관하여』*De Libero Arbitrio*에서 그는 대화상대의 입을 빌려 이렇게 말한다.

> **에보디우스:** 우리 내면에 일종의 감각이 있어, 잘 알려진 오감이 모든 것을 그리로 실어 나른다는 것을 이성으로 알 수 있지요. 확실히 동물의 보는 능력과, 그렇게 본 것을 좇거나 피하게 해주는 능력은 별개입니다. 앞의 감각은 눈에 있고, 뒤의 감각은 영혼 자체에 있거든요. 동물들은 그것[내면의 감각]이 있어 보고 듣거나 혹은 신체의 다른 감각으로 감지한 것을 쾌적하게 여겨 추구하거나 취하기도 하고, 해롭게 여겨 피하거나 거부하기도 하죠. 그것을 시각·청각·후각 혹은 촉각이라 부를 수는 없겠죠. 그 정체가 무엇이든 오감 모두를 공통으로 관장하는 어떤 것이니까요. 앞서 말했듯이 우리는 그것[내면의 감각]을 이성으로 파악하나, 그 자체를 이성이라 부를 수는 없습니다. 그것은 확실

히 동물에게도 있으니까요.

아우구스티누스: 그런 게 있다는 것을 인정합니다. 그것을 주저 없이 내감sensus interior이라고 부르겠습니다(*Lib. Arb.* 2.3.8.27-28).[17]

"오감 모두를 공통으로 관장하는 어떤 것"이라는 표현으로 알 수 있듯이 아우구스티누스가 말하는 '내감'은 대체로 아리스토텔레스의 공통감에 해당한다.[18] 이처럼 '내감'이라는 표현을 처음 사용한 이는 아우구스티누스이지만, 그 이전에도 사실상 내감의 이론을 전개한 이들이 있었다.

대표적인 인물은 갈레노스다. 비록 '공통감'이라는 말은 쓰지 않았지만 그는 우리 안에 그에 해당하는 '영혼의 능력'이 있다고 인정했다. 그밖에도 감각 이후의 정보처리에 관여하는 여러 능력들의 존재를 상정했다. 그는 이들 능력을 뇌에 위치시켰는데, 이는 매우 중요한 의미를 갖는다. 영혼의 능력들이 존재하는 물리적 장소를 지정한다는 것은 곧 그것들을 다섯개의 외감처럼 해부학적 실재를 갖는 별도의 감관으로 간주하는 것이나 다름없기 때문이다. 다만 그는 각 능력이 구체적으로 뇌의 어느 부위에 귀속되는지 특정하지는 않았다.

네메시우스[4세기경 활동]는 감각 이후의 정보처리 능력으로 상상력·사고력·기억력을 들며, 갈레노스를 따라 이것들을 뇌에 위치시켰다. 하지만 갈레노스와 달리 그는 그 능력들이 존재하는 뇌의 부위들을 특정한다. 그에 따르면 상상력은 뇌의 전실에 있고, 사고력은 중실에 있으며, 기억력은 뇌의 후실에 있다. 플로티노스 역시 영혼의 '지각적 부분'과 '표상적 부분'을 나누어 언급한다. 특히 그는 감각과 지성을 연결하는 고리로서 상상력의 역할에 주목했는데, 상상력이 감각으로 보지 못한 이미지도

De anima

내감들은 저 3개의 뇌실 안에 배치된다. 중세 후기에 이르면 벌써 저 3개의 뇌실 안에 할당되는 심의능력의 수가 10종을 넘어서게 된다. 저자마다 다소 차이는 있으나, 대체로 전실에는 '지각'에 관련된 능력들, 중실은 '사유'에 관련된 능력들, 후실은 '기억'에 관련된 능력들이 속하는 것으로 여겨졌다. (알베르투스 마그누스 『자연철학』)

생산해낼 수 있다고 보았기 때문이다.[19] 이는 훗날 등장할 '생산적 상상력'의 개념을 선취한 것이다.

아우구스티누스 이후 서구에서 고대의 내감 이론은 대체로 자취를 감추어버린다. 이를 되살린 것은 알킨디를 비롯한 중세 아랍의 학자들이었다. 중세 아랍의 문헌 속에서 내감에 속하는 능력의 종류는 세가지부터 일곱가지까지 다양하게 나타나는데, 아리스토텔레스가 거론한 세 능력, 즉 상상력·판단력·기억력은 대체로 어느 목록에나 속했다. 아랍 학자들은 네메시우스를 따라 이들 세 기관이 각각 뇌의 전실·중실·후실에 있다고 믿었다. 스토아학파를 추종하던 이콴 알사파Ikhwan al-safa 그룹은 여기에 후두부의 언어력과 손가락의 생산력을 더해 내감과 외감의 수를 5 대 5로 맞추기도 했다.

| 내감 이론의 아버지

중세를 대표하는 내감의 목록은 "아리스토텔레스 이후의 가장 위대한 철학자"라 불렸던 이븐시나의 것이다. 그는 내감의 목록에 처음으로 공통감을 추가했다. 내감에 관한 중세와 르네상스의 모든 논의는 사실상 그에게서 시작된다고 해도 과언이 아니다. 이븐시나에 따르면 "내적 지각능력 중에는 감각된 대상의 형상을 지각하는 것과 그것의 의도를 지각하는 것이 있다".[20] 즉, 내감은 사물의 형상이나 의도를 파악하는 기관이라는 것이다. 두 내감의 차이를 그는 이렇게 설명한다.

형상은 내감과 외감 모두로 지각된다. 그것은 먼저 외감으로 지각되어 영혼으로 전송된다. 양이 늑대의 형상, 즉 그것의 윤곽·형태·색채를 지각하는 경우처럼 말이다. 형상은 확실히 양의 내적 영혼에 지각되나, 그러려면 먼저 양의 외감으로 지각되어야 한다. 의도란 영혼이 미리 외감으로 감각대상을 지각하지 않고도 지각하는 것이다. 예를 들어 양은 자신에게 해를 가하는 늑대를 본 적이 없어도 그것을 무서워하고 그로부터 도망치려 한다. 한마디로 먼저 감각에 지각된 후 내감에 지각되는 것은 형상이고, 반면 외감 없이 오직 내감으로만 지각되는 것은 의도다.[21]

이어서 이븐시나는 동물영혼을 이루는 다양한 종류의 내감을 소개한다. 그것들의 기능을 살펴보면 모두 사물의 형상이나 의도를 파악하거나 저장하는 일에 관계되어 있음을 알 수 있다.

동물의 내적 지각능력 중의 하나는 ①표상력fantasia, 즉 공통감sensus

communis이다. 이는 뇌의 전실 앞부분에 있으며, 오감에 새겨져 전달되는 모든 형상을 수용한다. 다음은 ②보유적 상상력imaginatio이다. 이는 뇌 전실의 뒷부분에 있으며, 다섯개의 개별 감각으로부터 공통감이 수용한 것을 지각된 대상이 사라진 후까지 보존한다. 수용과 보존은 서로 다른 능력의 기능이라는 점을 기억해야 한다. 예를 들어 물은 반영을 수용할 수는 있지만, 그것을 보존하지는 못한다. 다음은 〔생산적 상상력으로〕③동물영혼일 경우 감성적 상상력imaginativa, 인간영혼일 경우 지성적 상상력cogitativa이라 불리는 능력이다. 이 능력은 뇌의 중실, 벌레 모양의 부위 근처에 있으며, 보유적 상상력에 있는 것〔표상〕들을 임의로 다른 것들과 결합 혹은 분리하는 기능을 갖는다. 이어서 뇌의 중실 끝부분에는 ④판단력aestemativa이 있다. 이는 개별 감각대상들 속에 존재하는 비감각적 의도를 지각한다. 가령 양이 늑대는 피해야 할 존재이고, 새끼는 사랑스러운 존재라고 판단하는 능력 같은 것이다. 다음은 ⑤기억력memorialis과 회상력reminiscibilis으로, 이는 뇌의 후실에 위치하며 개별 감각대상에서 지각한 비감각적 의도들을 판단력으로 보존한다. 기억력과 판단력의 관계는 보유적 상상력과 공통감의 관계와 같다. 그리고 판단력과 의도의 관계는 보유적 상상력과 감각된 형상의 관계와 같다.[22]

여기에는 모두 일곱가지 능력이 언급되어 있다. ①공통감, 혹은 표상력 ②보유적 상상력 ③동물의 감성적 상상력 ④인간의 지성적 상상력 ⑤판단력 ⑥기억력 ⑦회상력이 그것이다. 이븐시나는 이 일곱가지가 모두 독립적 능력은 아니어서, 몇몇은 서로 합칠 수 있다고 보았다. 예를 들어 ③과 ④는 동물과 인간의 구별 없이 '생산적 상상력'이라 부를

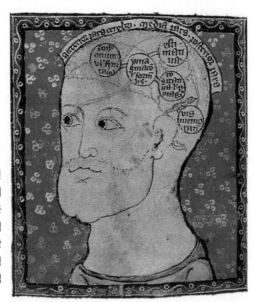

케임브리지 대학에 소장된 1310년 수고본. 내감의 체계가 이븐시나의 목록에 가깝게 묘사되어 있다. ① 공통감(sensus communis) ②보유적 상상력(ymaginatio) ③감상적 상상력(imaginativa/cogitativa) ④판단력(cogitativa/aestimativa)(위) ⑤기억력(memorativa)

수 있고, ⑥과 ⑦은 기억과 회상의 구별 없이 기억력으로 한데 묶을 수 있다.* 이처럼 능력을 어떻게 묶느냐에 따라 내감의 개수는 달라질 수 있다.[23]

　이븐시나 자신은 내감의 수를 특정하지 않았으나, 방금 이야기한 통합과 축약을 거쳐 그 개수를 다섯가지로 한정한 것으로 보인다. 다섯 내감의 목록은 저서마다 다르게 제시되지만, 그 기제가 작동하는 방식은 대체로 다음과 같이 묘사된다. ①공통감 또는 표상력이 오감으로 들어온 상이한 감각인상을 구별·종합하여 내면에 대상의 상을 떠올리면** ②보

---

* 기억력이 정보를 장기적으로 저장하는 능력이라면, 회상력은 그렇게 저장된 정보를 불러내는 능력이다. 기억력이 좋은 사람이라도 회상력은 다소 떨어질 수 있다. 물론 그 역도 성립한다.
** 중세의 학자들은 '공통감'에 자의식, 즉 지각하는 자아를 지각하는 것을 포함했으나, 이븐시나는 이를 배제한다.

유적 상상력은 그렇게 떠올린 표상을 대상이 사라진 후까지 보존한다. ③생산적 생산력은 보유적 상상력 속에 보존된 인상들을 결합하거나 분리하여 존재하지 않는 것의 상을 구성하고, ④판단력은 대상에서 호의나 적의 등 보이지 않는 의도를 판단하며, ⑤기억력은 그 판단을 저장한다.

위의 인용문에서 보듯이 이븐시나는 내감 이론을 고대의 뇌실 이론과 연결한다. 그의 설명에 따르면 공통감 혹은 표상력은 두뇌 전실의 전방에 있다.[24] 같은 전실의 후방에는 보유적 상상력이 있다. 이어서 벌레 모양의 부위가 있는 중실에는 생산적 상상력이 있다. 우리가 아직 존재하지 않는 상황을 상상하는 것은 그 덕분이다. 중실의 상단에는 판단력이 있다. 그 덕에 양이 늑대는 피하고 새끼에게는 다가간다. 한편 두뇌 후실에는 기억력이 있다. 보유적 상상력이 전실에 지각의 결과를 저장하듯이 기억력은 후실에 판단의 결과를 저장한다.[25]

여기서 이븐시나는 감각지각을 전실→중실→후실로 이어지는 순차적 정보처리 과정으로 보고 있다. 판단력을 중실의 상단에 배치한 이유는 아마도 그것이 이성과 가장 가깝다고 봤기 때문일 것이다. 이븐시나가 쓴 단어로, 판단력을 의미하는 라틴어 '아에스테마티바'aestemativa는 역시 판단력을 뜻하는 고대 그리스어인 '디아노에티콘'dianoetikón의 역어이다. 앞서 살펴보았듯이 아리스토텔레스는 기억과 표상을 이용한 추론의 능력, 즉 디아노에티콘이 이성과 상상력 모두에 의존한다고 보았다. 한편 이븐시나에게 판단력은 감각에서 이성으로 상승하는 사슬(오감→공통감→보유적 상상력→생산적 상상력→판단력→이성적 사유)의 마지막 단계로, 여러 내감 중에서 이성적 사유와 직접 접촉하는 유일한 기관이기도 하다.

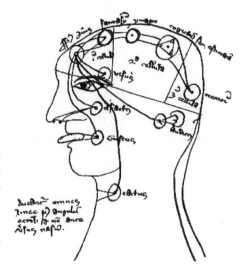

이븐시나 『태아 형성론』의 라틴어 번역 (1347)에 붙인 삽화. ①공통감(sensus communis) ②표상력(fantasia) ③생산적 상상력(ymaginativa) ④지성적 상상력/판단력(cogitativa/estimativa) ⑤기억력(memorativa)의 다섯가지 내감이 표시되어 있다. 내감의 목록은 저서마다 다르게 제시된다.

┃이븐루시드의 수정

중세를 대표하는 또 하나의 목록이 있다. 바로 이븐루시드의 것이다. 이븐루시드는 이븐시나의 내감 이론이 고대인들의 이론과 일치하지 않는다고 지적한다. 그는 이븐시나의 목록에서 판단력을 문제삼는다. 대상의 비가시적 '의도'를 파악하는 것은 동물의 감성적 상상력으로 충분하지, 판단력이라는 또다른 능력이 필요하지는 않다는 주장이다.

고대인들의 학설을 보면 분명히 알 수 있듯이 동물의 (감성적) 상상력imaginativa이야말로 양이 늑대는 적으로, 새끼양은 친구로 인지하게 해주는 능력이다. 왜냐하면 상상력은 지각력이라서 필연적으로 판단을 함축하기 때문이다. 여기에 또다른 능력을 끌어들일 필요는 없다. 이븐시나가 말하는 것(판단력)은 상상력이 지각적이지 않을 때에만

가능할 것이다. 따라서 동물의 〔감성적〕 상상력에 또 하나의 능력을 더하는 것은 아무 의미도 없다.[26]

이런 논리에 따라 이븐루시드는 내감의 목록에서 판단력을 제거한다. 판단력이 목록에서 빠지면, 나머지 능력들의 기능이나 위상에도 다소 변화가 생긴다. 이븐루시드가 제시하는 내감의 새로운 목록은 ① 공통감 sensus communis ② 상상력 imaginans ③ 인지력 cogitativa 이나 분별력 distinctiva ④ 기억력 memorans 의 네가지 능력으로 이루어진다.

이븐시나의 목록과 달리 이븐루시드는 보유적 상상력과 감성적 상상력(동물의 생산적 상상력)을 하나의 상상력으로 합쳤다. 이 과정에서 뇌의 중실에 있던 감성적 상상력은 보유적 상상력과 합쳐지기 위해 뇌의 전실로 옮겨진다. 뇌의 중실에는 판단력도 있었지만 이븐루시드는 판단력의 존재를 부정하므로, 감성적 상상력을 떠나보낸 중실에는 이제 이성적 상상력(인간의 생산적 상상력)만이 남게 된다. 이를 그는 '인지력', '분별력'이라 부른다. 인간과 동물이 공유하는 판단력과 달리 이 능력은 오직 인간에게만 있다. 결국 중실은 인간에게 고유한 심의능력의 거소居所인 셈이다.

이븐루시드는 종종 내감의 목록에서 공통감마저 빼곤 한다.* 이는 그가 추종하던 아리스토텔레스가 상상력·판단력·기억력을 공통감과 한데 묶어 언급하지 않았기 때문이리라. 공통감을 빼면 ① 상상력 imaginativa ② 인지력 cogitativa ③ 기억력 memorativa 으로 이루어진 새로운 목록이 만들어진다. 이 목록에 따르면 뇌의 전실에는 상상력, 중실에는 인지력, 후실에

---

* 공통감을 진정한 의미의 내감으로 보기 어렵다는 지적은 이전부터 꾸준히 제기되어 왔다. 공통감은 반드시 대상이 현존하는 상태에서 언제나 외감과 더불어 작동하기 때문이다. 이는 내감보다는 외감의 속성에 가깝다.

는 기억력이 남는다. 이븐루시드는 사실상 상상력·사고력·기억력을 각각 뇌의 전실·중실·후실에 배치한 4세기의 학설, 즉 네메시우스의 내감이론으로 돌아간 것이다.

| 서구중세와 르네상스의 내감

내감에 관한 두 아랍인의 논의는 12~13세기에 라틴어로 번역되어 서구에 전해진다. 알베르투스 마그누스는 이븐시나의 목록을 넘겨받았다. 알베르투스의 문헌에서 우리는 크게 네종류의 목록을 발견한다. 다음의 목록이 대표적이다. ①표상력phantasia으로서 공통감sensus communis ②보유적 상상력imaginatio ③동물의 생산적 상상력imaginativa과 인간의 생산적 상상력cogitativa ④판단력aestimativa ⑤기억력memorativa, memoralis과 회상력reminiscentia. 이는 이븐시나의 목록과 완벽히 일치한다. 나머지 세가지 목록도 명칭만 다소 다를 뿐, 이 목록과 크게 다르지 않다.

반면 그의 제자인 아퀴나스는 '주석자' 이븐루시드의 4분법을 채택했다. 그의 목록은 ①공통감sensus communis ②보유적 상상력phantasia과 생산적 상상력imaginatio ③동물의 판단력aestimativa과 인간의 인지력cogitativa ④기억력memorativa으로 이루어진다. 아퀴나스는 이븐루시드가 보유적 상상력과 생산적 상상력을 하나로 묶은 것은 제대로 알고 있었지만, 그가 판단력을 상상력의 하위능력으로 보았다는 사실은 몰랐던 듯하다.* 아퀴나스는 판단력을 인간의 인지력에 조응하는 동물의 능력으로 규정한다. 한편 그는 '내감'이라는 말을 아우구스티누스처럼 네가지 능력의 유類개념이 아

---

* 당시에는 아직 이븐루시드의 저서 『비정합성의 비정합성』(*Tahafut al-Tahafut*)의 라틴어 번역이 존재하지 않았다고 한다. Harry Austryn Wolfson, "The Internal Senses in Latin, Arabic and Hebrew Philosophic Texts," *The Havard Theological Review*, 28(2), 1935, 122면 참조.

이븐루시드(혹은 아퀴나스)의 4분 목록에 가까운 묘사. ①공통감(sensus communis) ②생산적 상상력(imaginativa) ③판단력(aesmativa rationis) ④기억력(memorativa) (요한 폰 케탐 『의학논문집』)

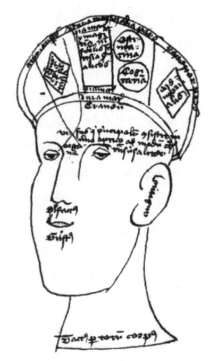

15세기에 작성된 케임브리지의 한 수고본은 로저 베이컨의 목록에 근접한 묘사를 보여준다. ①공통감(sensus communis) ②보유적 상상력(ymaginativa) ③판단력(estimativa) ④생산적 상상력(cogitativa) ⑤기억력(memoralis).

니라 공통감의 다른 이름으로 사용했다.

로저 베이컨은 다시 내감의 수를 다섯개로 한정한 이븐시나의 목록을 수용한다. ①공통감sensus communis과 표상력phantasia ②보유적 상상력imaginatio ③판단력aestimativa ④기억력memorativa ⑤동물과 인간의 생산적 상상력cogitativa. 이븐시나의 원본에서는 세번째 능력인 '동물과 인간의 생산적 상상력'이 다섯번째 능력이 되고, 동물과 인간의 경우를 구별해 부르던 생산적 상상력의 명칭이 'cogitativa'로 통일됐다. 기억력의 명칭도 'memoralis'에서 'memorativa'로 살짝 달라졌다.[27] 이 목록을 베이컨은 이븐시나에게서 취했다고 말하나, 사실 능력들의 배열은 알베르투스의 『동물론』De Animalibus을 참조한 것으로 보인다.*

16세기 어느 저자의 삽화는 내감에 대한 르네상스 시대의 관념을 잘 보여준다. 여기서 저자는 세개의 뇌실에 여섯개의 내감을 할당한다. 전실의 앞부분에는 오감을 통합하는 공통감이 위치하고, 뒷부분에는 상상의 능력, 즉 보유적 상상력ymaginativa과 생산적 상상력fantasia이 자리 한다. 전실은 벌레 모양의 기관vermis를 통해 이어지는 중실로 이어지고, 거기에는 인지적·개념적 기능을 가진 판단력estimativa과 인지력cogitativa이 자리한다. 이 인지력은 전실에서 넘어온 지각적 표상에서 개념적 표상을 추상한다. 그리고 후실에는 장기기억으로서 기억력memorativa이 자리한다.[28]

제시하는 내감의 종류나 성격은 학자마다 달라도, 내감의 기제는 대체로 오감의 종합→이미지의 표상→이미지의 보유→이미지에 대한 판단

---

* 알베르투스 마그누스의 『동물론』에 등장하는 목록은 다음과 같다. 공통감(sensus communis)·보유적 상상력(imaginatio)·판단력(aestimatio)·기억력(memoria)·동물의 생산적 상상력(phantasia)과 인간의 생산적 상상력(cogitativa). 앞서 언급했듯이, 알베르투스는 이 목록 외에 세개의 내감목록을 더 체출했다. Albertus Magnus, De Animalibus, ed., H. Stadler, Aschendorff 1916, Lib.Ⅱ, Tract.Ⅳ, Cap.Ⅶ 참조.

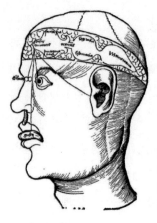

르네상스 시대의 내감. ①공통감(sensus communis) ②생산적 상상력(fantasia) ③보유적 상상력(ymaginativa) ④인지력(cogitativa) ⑤판단력(estimativa) ⑥기억력(memorativa) (그레고르 라이쉬 『철학의 진주』)

→판단에서 개념의 추상→개념적 인식의 저장으로 이어지는 순차적 정보처리의 과정으로 설명된다. 하지만 시간이 흐를수록 여러 사람의 목록이 어지럽게 뒤섞이면서 중세후기에 이르면 '내감'으로 언급되는 능력들이 열종류를 넘어선다. 더 혼란스러운 사실은 동일한 이름 혹은 비슷한 이름의 능력이라도 저자마다 할당하는 기능이 다소간 달랐다는 점이다. 이 혼란에서 헤어나려면 내감의 목록을 다시 정비할 수밖에 없었다.

| 근대서구의 내감

그리하여 16세기 이후에 학자들은 내감의 종류를 ①공통감sensus communis ②상상력imaginatio/phantasia ③기억력memoria의 세가지로 줄이기 시작한다. 이븐시나의 목록에서 판단력과 생산적 상상력이 빠진 셈인데, 이 두 능력은 상상력의 하위기능으로 포섭된다. 성 에우스타키우스[1573~1640]는 아퀴나스의 4항 목록에서 출발해 내감의 수를 점차 줄여나갔다. 먼저 판단력-인지력을 상상력과 합쳐 내감의 수를 셋으로 줄이고, 이어 기억력을 상상력으로 환원하여 그 수를 둘로 줄이더니, 마지막으로 공통감마저 상상력에 포함시켜버렸다. 그 결과 목록에는 단 하나, 상상력만 남게 된다.

이렇게 내감의 수를 하나로 줄이려는 노력은 사실 아랍에서 먼저 일어났다. 그것이 서구에서 뒤늦게 반복된 것뿐이다. 데카르트는 내감의 목록에 상상력과 기억력만 포함시켰다. 라이프니츠는 상상력만을 내감으로 인정하며, 그것을 "상이한 외감의 지각들이 하나로 합쳐지는 장소"라 불렀다. 상상력을 공통감과 동일시한 셈이다. 라이프니츠는 여전히 내감을 오감을 종합하는 능력으로 여겼다. 이는 중세 내감 이론의 자취다. 그 이후의 철학자들은 중세 내감 이론의 희미한 흔적마저 지운다. 이 사라짐의 과정은 그동안 주목받지 못했던 공통감의 또다른 기능과 관련이 있다.

밖에서 감각인상이 들어오면 우리는 먼저 그것이 시각·청각·미각·후각·촉각 중 어디에 속하는지 구별한다. 이를 위해서는 이들 개별 감각을 위에서 내려다보는 또다른 감각이 있어야 한다. 그 또다른 감각이 바로 공통감이다. 결국 공통감은 '지각하는 나를 지각하는' 메타지각으로, 이로 인해 우리는 비로소 자신이 개별 감각의 행동주라는 '의식'을 갖게 된다. 이렇게 의식을 가지고 의식 안을 들여다보는 공통감의 구조는 근대 철학에서 말하는 '반성'reflection의 구조와 유사하다. 실제로 17세기 이후 내감은 표상기능과 메타지각을 넘어서 아예 반성적 사유로 그 의미가 바뀌어 간다.

실제로 로크는 내감을 의식 안을 들여다보는 '반성'으로 정의한다. 칸트 역시 내감을 "자아와 내면의 상태에 대한 지각"으로 규정한다. 이제 내감은 중세의 학자들이 제시했던 그 풍부한 함의를 잃어버리고 완전히 '자의식'과 동의어가 된다. 사실 근대철학 특유의 심신이원론 안에는 내감이론이 자리할 여지가 거의 없다. 내감은 온전히 육체에 속하지도, 온전히 정신에 속하지도 않기 때문이다. 한편 근대의 해부학도 내감 이론의 몰락에 중요한 기여를 했다. 특히 베살리우스는 시신경이 뇌실로 연결되지 않는다는 사실을 해부로 증명하여 중세 내감 이론의 의학적 토대를 무너뜨려버렸다.[29]

| 의식으로서 내감

로크와 칸트가 내감을 의식과 동일시한 것은 결국 아우구스티누스 전통으로의 회귀라고 평가한 이도 있다. 하지만 아리스토텔레스의 공통감이나 아우구스티누스의 내감이 근대철학에서 말하는 '의식'과 일치하는 것은 아니다. 물론 아우구스티누스는 공통감에 의식의 기능을 부여했다. 하지만 그가 공통감에 부여한 의식awareness은 버크나 칸트 등의 근대철학자들이 말하는, 인간 고유의 이성과 정신으로서 의식consciousness이 아니다.[30] 왜냐하면 아우구스티누스는 동물에게도 의식이 있다고 설명하기 때문이다.

내감은 신체의 오감으로 받아들인 대상들을 지각할 뿐 아니라, 오감이 그것[내감]에 감지된다는 사실까지 지각합니다. 동물들이 뭔가를 좇거나 피하려고 몸을 움직일 수 있는 까닭은 자기가 감각한다는 사실을 감지하기 때문이죠. (…) 하지만 그것을 육체의 오감으로 지각하지는 않습니다. (…) 눈이 감겨서 혹은 시선의 방향이 달라서 안 보인다는 사실을 자각해야 눈을 뜨거나 보고 싶은 쪽으로 시선을 돌릴 수 있겠죠. 이렇게 동물이 안 보일 때 보지 못함을 자각한다면 [동물을] 볼때에 봄 또한 자각하는 것이 분명합니다. (…) 이는 동물이 자신의 감

각을 감각한다는 것을 보여주죠.[31]

아우구스티누스에 따르면 "판단하는 것은 늘 판단되는 것보다 우월하다"(*Lib. Arb.* 2.6.12). 물리적 대상은 외감이 판단하고, 외감은 내감이 판단하고, 내감은 이성이 판단한다. 고로 아우구스티누스에게 가장 우월한 것은 이성이다. 근대철학의 '의식'은 이 판단의 최고심급으로서 이성에 가깝기에, 이를 내감과 동일시할 수는 없다. 한가지 주의할 점은, 아우구스티누스가 '내감'이란 용어를 공통감을 가리키기 위해서만 쓰지는 않았다는 점이다. 그는 인간에게 고유한 이성적 분별력을 가끔 "영혼의 감각"sensus animae이라 불렀는데, 이런 종류의 내감은 근대철학에서 말하는 '의식'에 가깝다고 할 수 있다.[32]

사실 '공통감'은 모호한 개념이다. 신체를 감각의 행동주로 생각하는 관점은 고대의 전통이다. 아리스토텔레스 역시 상상력은 감관에 있고, 판단력은 일체一體로서 영육에 속한다고 말한다. 그는 공통감 또한 감관들의 연합기능으로 본다. 오감의 연합으로서 공통감의 행동주는 신체다. 동시에 공통감은 오감의 인상을 구별하고 분류하는 메타감각이기도 하다. 이 메타감각의 행동주는 영혼일 수밖에 없다. 그렇다면 공통감의 행동주는 무엇인가? 영혼인가, 신체인가? 아리스토텔레스에게는 적어도 이 양자택일의 상황은 벌어지지 않는다. 영육을 불가분의 일체로 보기 때문이다.

헬레니즘 시대에 이르면 상황이 달라진다. 영육이원론이 뚜렷해지면서 양자택일을 피할 수 없게 된 것이다. 플로티노스는 벌써 감각지각을 신체의 수동성pathos이 아니라 영혼의 능동성energeia으로 규정한다. 아우구스티누스 역시 스토아학파의 영향을 받아 영혼이 '집중'할 때 신체는 비로소 감지력을 갖는다고 말한다. 이렇게 신체의 수동성에 영혼의 능동성을 대립시키는 데에는 '수동적 육체에 새겨지는 악의 영향을 능동적 영혼이 정화해야 한다'는 윤리적 함의가 깔려 있다. 영혼은 정화를 하기 위해 눈을 안으로 돌려 늘 자신의 내면을 살펴야 한다는 것이다.

아우구스티누스는 이 내면으로의 전회를 수행한 최초의 중세인이었다. 이 전회는 그의 글에서 '내적 인간', '내적 자아', '내적 시각' 등 다양한 은유로 표현된다.[33] 그가 공통감을 '내감'이라 부른 것도 이 내향적 전회와 관련이 있으리라. 아우구스티누스는 인간의 내향적 의식을 둘로 구분한다. 가령 동물이 감각을 할 때 감각한다는 사실까지 의식하듯이 인간도 생각이나 행동을 할 때 그것을 한다는 의식을 갖는다. 이를 '자기의식'se nosse이라 한다. 그런가하면 인간은 자기 자신을 알기 위해 내적 반성을 할 수도 있다. 이는 '자기인식'se cogitare이라 부른다.

| 내감의 부활

원래 영혼의 구원을 위한 훈련이었던 '자기인식'은 점차 세속화하여 17세기에 이르러서는 근대철학의 패러다임으로 굳어진다. 대륙의 합리주의든, 영국의 경험주의든, 근대의 철학은 자기인식을 위해 자기내면을 들여다보는 '반성철학'의 형태로 전개된다. 의식으로 자기내면을 들여다볼 때, 거기서 우리는 모종의 공간을 보게 된다. 누구도 엿볼 수 없는 그 사밀한 공간을 사람들은 '나만의 방'에 비유하곤 했다.[34] 데카르트는 자신의 방에서 타고난 이성의 단편들을 발견한다. 반면 로크는 자신의 불 꺼진 방이 텅 비어 있음을 알게 된다.

이처럼 17세기 이후 내감이 반성적 사유와 동일시되면서 공통감·상상력·판단력·기억력 등 원래 '내감'이라 불리던 능력들에 관한 논의는 자취를 감추어버린다. '내감'이라는 명칭만 남았을 뿐 사실상 내감 이론 자체가 사라진 셈이다. 심신이원론, 혹은 영육이원론의 경향이 강해지면서 온전히 신체에 속하지도, 온전히 사유에 속하지도 않는 이들 능력은 철학에서 아예 설 자리를 잃어버린다. 하지만 그렇다고 해서 '감각 너머 사유 아래'의 중간지대에 이들 능력이 도사리고 있다는 사실이 사라지지는 않는다. 과도한 이성주의에 대한 반발로 18세기에는 내감 이론이 새로운 형태로 부활하기도 한다.

'감각 너머 사유 아래'의 영역을 구제하려는 시도는 대륙과 영국에서 각각 다른 방식으로 이루어졌다. 독일에서는 여전히 강력한 합리주의의 영향 아래 그 영역을 '유사이성'으로 간주하여 구제하려 했다. 반면 영국에서는 경험주의 특유의 감각주의sensationism로 인해 그것을 '유사감각'으로 간주하여 구제하려 했다. 이러한 시도들은 온전히 이성도 아니고 온전히 감각도 아닌 내감의 어중간한 위치를 잘 보여준다. 유사이성으로 규정되든 유사감각으로 규정되든, 18세기 이후 내감은 오직 미적 현상으로 이해됨으로써 하나의 영역으로 구제된다. 이렇게 내감이 미감으로 변모하는 과정에서 탄생한 학문이 바로 '미학'이다.

9부

감성의 미학적 구원

Aisthetik

감성론으로서 미학
바움가르텐

데카르트가 이성과 감각을 대립시킨 이유는, 주관적인 감각의 영향에서 자유로운 이성을 통해서만 진리를 획득할 수 있다고 믿었기 때문이다. 데카르트는 자연을 수학화·합리화하면서 최대한 감각적 증거를 배제하려 했다. 이렇게 주관적이라는 이유로 감각을 배척하는 경향은 데카르트만의 문제가 아니었다. 경험주의자인 로크도 제1성질만을 학적 연구의 대상으로 간주했듯이, 이는 당대의 일반적 분위기였던 것으로 보인다. 하지만 추상抽象은 늘 사상捨象을 동반하기 마련이라, 감각을 배척한 이 급진적 합리주의는 현실인식의 빈곤을 초래할 수밖에 없었다.

| 명석·혼연한 관념

그리하여 17세기 말에는 합리주의자들 스스로 이에 반발하기 시작한다. 가령 고트프리트 빌헬름 라이프니츠1646~1716는 이성과 감각을 대립시키는 대신에 '명석하지 않은' 인식에서 '명석하나 혼연한' 인식을 거쳐 '명석하고 판명한' 인식으로 이어지는 새로운 인식의 모델을 제시한다. '명석하지 않은' 인식이란, 바다에서 개개의 물결이 부서지는 소리처럼 우리에게 의식조차 되지 않는 작은 지각들petites perceptions을 가리킨다.

라이프니츠는 이 명석하지 못한 지각들을 인식에서 배제하지 않는다. 이 작은 지각들이 모여 결국 다른 사물과 구별되는 '파도'라는 명석한 관념의 재료가 된다고 보기 때문이다.

『지식과 진리와 관념에 관한 성찰』*Meditationes de Cognitione, Veritate et Ideis*에서 라이프니츠는 데카르트의 이상인 명석·판명한clair et distinct 인식과는 별도로 명석하나 혼연한clair et confus 인식이 있다고 말한다. 표상된 사물이 다른 사물과 뚜렷이 구별될 때 그 인식은 명석하다. 하지만 그 사물을 다른 사물과 구별해주는 표식들을 명시하기 어려울 때 인식은 혼연하다. 가령 화가들은 작품이 잘됐는지 안 됐는지 정확히 판단한다. 하지만 정작 그렇게 판단하는 근거가 무엇인지 물으면 '알 수 없는 무엇'je ne sais quoi 때문이라고 말할 뿐이다. 라이프니츠는 오감을 통한 지각을 이렇게 명석하나 혼연한 인식으로 분류한다.

> 우리는 색깔, 냄새, 맛 등의 개별적 감각대상을 충분히 명석하게 인지하는바, 목록화할 수 있는 표식이 아니라 단순한 감각의 증거들로서 그것들을 식별한다. 그리하여 우리는 눈먼 사람에게 붉음이 뭔지 설명할 수 없다. 누군가에게 '붉음'과 같은, 사물의 생생한 관념을 전달하려면, 그를 그 사물이 있는 곳으로 데려가 직접 보고 냄새 맡고 맛보게 하는 수밖에 없다.[1]

또한 라이프니츠는 데카르트를 비롯한 이전의 합리주의자들과는 달리 인식에서 '감정'의 역할을 적극적으로 강조했다. 라이프니츠에 따르면 대상 속에서 어떤 완전함 혹은 탁월함을 지각할 때 우리는 '쾌'의 감정을 느낀다. 합리주의자들에 따르면 이 세계는 신이 존재 가능한 모든 세계

중에 최선의 세계를 선택한 결과이다. 하지만 그 속의 사물들은 세계가 최대의 완전성을 이루는 데에 각각 상이한 정도로 기여하는바, 라이프니츠는 그 상이함이 우리에게는 '쾌'나 '불쾌'의 감정을 통해 알려진다고 설명한다.

| 다양성의 통일

크리스티안 볼프[1679~1754]는 감각이 명석·혼연한 표상이라는 라이프니츠의 생각을 받아들이되, 한걸음 더 나아가 '완전성'의 명확한 정의를 제시한다. "완전성은 다양성 속의 통일이다."Perfectio est consensus in varietate. 이처럼 그는 '완전성'을 다양한 대상 혹은 한 대상의 다양한 부분 사이의 조화나 통일로 규정한다. 이를 설명하기 위해 그는 시계를 예로 든다. 시계는 서로 정교하게 맞물려 돌아가는 다양한 부품의 통일로 이루어져 있다. 시계는 이를 통해 정확히 시간을 알려주는데, 바로 이런 것이 '다양성의 통일'로서 완전성이라는 것이다(DM §152).[2]

볼프는 다양성의 통일로서 이 완전성의 지각을 흥미롭게도 '미美'와 동일시한다. 그에게 미란 쾌의 감정을 통해 지각되는 한에서 대상의 완전성을 가리킨다. "미의 본질은 우리 안에 쾌를 불러일으키기에 적합한 한에서 대상의 완전성에 있다."(PE §544)[3] 다양성의 통일이라는 완전성은 물론 사물의 객관적 속성이다. 하지만 이 완전성은 오직 우리의 감각을 통해 쾌의 감정을 동반한 채로 지각될 때에만 '미'가 된다. 따라서 볼프는 관찰자로서 인간이 없는 세계에는 완전성은 존재할지라도 '미'는 존재하지 않는다고 본다. 이는 '미'에 대한 관계주의적 정의라 할 수 있다.

물론 볼프도 완전성에 대한 감각적 지각을 개념적 인식에 비해 열등하다고 본다. 합리주의의 사유틀 안에 머무는 한, 이는 피할 수 없는 일이다. 하지만 그가 감각지각을 '미'와 연결시키고 있다는 점을 눈여겨보아야 한다. 여기에 합리주의 철학이 감각에 부과한 한계를 극복하게 해줄 어떤 전환의 가능성이 함축되어 있기 때문이다. 그 전환이란, 감각적 지각이 '진眞'의 차원에서는 개념적 사유에 뒤지더라도 '미'의 차원에서 그 자체로 고유한 가치를 갖는다고 설명하는 것이다. 이 전환의 과정에서 탄생한 것이 새로운 분과학문으로서 감성론(미학)이다.

| 감성적 인식의 완전성

알렉산더 고틀리프 바움가르텐¹⁷¹⁴~¹⁷⁶²의 '아에스테티카'aesthetica는 그 어원이 함축하듯이 원래 예술이나 취미의 이론을 넘어 감각지각에 관한 학學, 즉 '감성적 인식 일반의 학'으로 구상된 것이었다. 유감스럽게도 그는 그 구상을 제시만 했을 뿐 끝내 완성하지는 못했다. 바움가르텐 역시 라이프니츠와 볼프를 따라 명석·판명한 인식과 명석·혼연한 인식을 구분한다. 명석·판명한 인식의 기관은 이성ratio이고, 명석·혼연한 인식의 기관은 감성sentio이다. 여기서 바움가르텐이 말하는 '감성'을 감각과 혼동하면 안 된다. 그것은 감각이후에 개입하는 인지능력들, 즉 과거에 내감이라 불렀던 능력들을 가리킨다.

바움가르텐 역시 합리주의자답게 감성을 '하위 인식능력', '저급한 인식능력'으로 본다. 하지만 감성을 '유사이성'analogon rationis으로 규정한다고 해서 감성적 인식을 그저 논리적 인식의 '결성태缺性態'로만 본 것은 아니다. 외려 그는 감성적 인식이 논리적·개념적 인식에 따르는 문제를 보완해준다고 믿었다. 추상에는 사상이 따르기 마련이다. 『미학』 Aesthetica에서 그는 이렇게 반문한다. "추상이 무엇이겠는가, 사상이 아니라면?"(Aes. §560) 논리적·개념적 인식은 추상의 과정에서 현실의 구체성을 제거하는바, 감성적 인식이 개입하여 추상이 초래한 현실의 빈곤을 풍부하고 선명한 감각적 이미지들로 보상해준다는 것이다.

따라서 바움가르텐은 라이프니츠·볼프와 달리 '명석'과 '혼연'을 서로 대립시키지 않는다. '혼연'한 표상이 외려 '명석'함을 더해준다고 보기 때문이다. 그는 표상의 명석함을 높이는 두가지 방식을 제시한다. 가령 '개'가 무엇인지 설명해야 할 때, 우리는 ①다른 동물과 구별되는 개만의 표징들을 목록으로 만들어 제시할 수 있다. 이를 '내포적 명석함'claritas intensiva이라 부른다. 하지만 ②같은 목적을 위해 다양한 종에 속하는 개별적 개들의 사진을 내놓을 수도 있다. 이때 제시하는 이미지가 많을수록 '개'가 무엇인지 더 뚜렷이 전달할 수 있다. 이를 '외연적 명석함'claritas extensiva이라 부른다.

바움가르텐은 외연적 명석함을 '회화적 명석함' '생생함'vividitas이라 부르기도 한다. 과학이 내포적 명석함을 지향한다면, 시는 외연적 명석함을 지향한다. 과학이 명석함에 도달하려고 추상적 보편으로서 '개념'을 분석한다면, 시는 구체적 상황 속에서 개별자들을 생생히 묘사한다. 그는 『시에 대한 성찰』Meditationes Philosophicae de Nonnullis ad Poema Pertinentibus에서 개별자의 표상은 "외연적으로 명석할수록" "더 시적"(Med. §26)이라 말하며, 여기에 "정서를 불러일으키는 것은 시적"(Med. §25)이라고 덧붙인다.[4] 이처럼 인식 외에 다른 목적, 즉 정서를 환기하는 기능을 예술에 부여하는 점도 라이프니츠·볼프에게는 없는 새로운 점이다. 하지만 바움가르텐의 논의가 진정으로 새로운 이유는 따로 있다.

감성론(미학)의 목적은 감성적 인식 그 자체의 완전성, 즉 미美이며, 이때 불완전성 그 자체, 즉 추는 회피해야 한다(Aes. §14).[5]

언뜻 보기에는 볼프와 같은 얘기를 하는 듯하다. 하지만 자세히 보면 그사이에 미의 규정이 '완전성의 감성적 인식'(볼프)에서 슬쩍 '감성적 인식의 완전성'(바움가르텐)으로 바뀐 것을 볼 수 있다.[6] 완전성으로서 미가 더이상 '대상'의 객관적 특성이 아니라 어느새 '인식'의 특성으로 규정된 것이다. 다시 말해 대상의 완전성을 인식하는 데에서 감성적 인식은 논리적 인식에 비해 열등한 수단일지 모르나, 미美로서 "그 자체의 완전성"을 추구할 만한 가치를 지닌다는 것이다.

| 바움가르텐의 감성론

앞의 장章에서 보았듯이 17세기에 이르러 내감은 과거의 그 풍부한 함의를 모두 잃은 채 반성적 사유의 동의어로 전락한다. 바움가르텐 역시 내감을 반성적 의식으로 규정하는 듯하다. "감각은 내 영혼의 상태를 보여주거나 내 신체의 상태를 보여주는데, 전자일 경우에는 내감sensus internus, 후자일 경우에는 외감sensus externus이라 한다."(*Met.* §541) 하지만 그는 내감을 반성적 사유와 동일시한 당시의 철학자들과 달리 '감성'이라는 이름 아래 과거에 내감에 속했던 기능들을 다시 불러들인다. 『형이상학』*Metaphysica*에서 그는 '감성'에 속하는 능력의 리스트를 제시한다.

①사물들 사이의 일치를 통찰하는 감성적 능력, 감성적 기지 ②사물들 사이의 차이를 식별하는 감성적 능력, 감성적 예리함Scharfsinnigkeit ③감성적 기억력 ④작시능력 ⑤감성적 판단력, 그리고 취미와 감각들의 판단 ⑥유사한 경우들의 예측 ⑦감각적 표기능력(*Met.* §.468).[7]

목록의 다섯번째 항목인 감성적 판단력이 눈에 들어온다. 바움가르텐은 판단력을 사물의 완전성을 알아보는 능력으로 규정한다. 사물의 완전성은 이성적으로 지각될 수도, 감성적으로 지각될 수도 있는데, 후자일 경우에 그 판단력을 가리켜 '취미'趣味, Geschmack라고 부른다. "감성적 판단력은 넓은 의미에서 취미다."(*Met.* §607)[8] 그곳에서 쾌·불쾌의 감정과 더불어 미적판단이 일어난다. 18세기에는 내감이 결국 취미로 환원되지만, 이처럼 바움가르텐의 취미는 아직 내감을 이루는 여러 능력 중의 하나일 뿐이었다. 취미를 포함한 이들 능력을 '유사이성'으로 만들어 복권하는 것이 바로 그의 기획이었다.

이들 감성능력의 활동도 일종의 '인식'이다. 감성적 인식은 논리적 인식보다는 열등하나 또한 그것의 한계를 보완한다. 바움가르텐에 따르면 미는 이 '감성적 인식의 완전성'이다. 아름다워지려면 이들 감성능력 역시 온전히 갖추어야 한다. 그러다보면 '인식'의 범위가 넓어질 수밖에 없다. 바움가르텐은 『철학백과사전의 스케치』*Sciagraphia Encyclopaedia Philosophicae*에서 미래의 미학, 즉 감성론의 윤곽을 제시한다.[9] 그 안에는 집중술·분별술·감각술·상상술·창안술·판단술·기억술·예언술·작시술을 비롯하여 상징술과 기호술까지 포함되어 있다.* 마지막 두가지는 오늘날의 기호학과 상징이론, 정신분석의 꿈의 해석에 해당한다.

바움가르텐이 제시한 기예의 목록에서 중세와 르네상스 내감 이론의 흔적을 발견할 수가 있다. 먼저 집중술은 내감 이론의 선구자인 아우구스티누스의 '집중' 개념을 연상시킨다. 이어서 상상술·판단술·기억술은

---

* 각 기술의 라틴어 명칭은 다음과 같다. 집중술(ars attendi), 변별술(ars abstrahendi), 감각술(ars sentiendi), 상상술(ars imaginandi) 발명술(ars inveniendi), 기억술(ars menmonica), 작시술(ars fingendi), 판단술(ars diiudicandi), 예측술(mantica). Alexander Baumgarten, *Sciagraphia Enzyclopaedia Philosophicae*, C.H.Hemmerde, 1769.

글자 그대로 상상력·판단력·기억력과 관련이 있고, 창안술과 작시술은 생산적 상상력이 다소 변형된 형태로 나타난 것으로 보인다. 한편 근대 미학에서 말하는 '취미'는 중세의 내감목록에 들어있던 '판단력'의 특수한 형태로 볼 수 있다. 아리스토텔레스에 따르면 판단력은 쾌·고통(불쾌)의 감정에 따라 어떤 것을 추구할지 혹은 회피할지 판정하는 능력이다. 미적판단, 즉 취미판단이 하는 일도 그와 비슷하다.

┃ 감성론에서 미학으로

아무리 감성이 가진 고유의 인식적 가치(외연적 명석함)를 인정하고, 심지어 감성 자체의 완전성(미)의 가치를 승인한다 할지라도, 감성을 '유사이성'으로 규정하는 한, 감성은 여전히 이성의 하위에 있는 저급한 능력일 뿐이다. 따라서 이스라엘 백성을 이집트에서 해방시킨 모세가 자신이 약속한 땅에 들어가지 못했듯이, 미학(감성론)을 창시한 바움가르텐 역시 정작 자신이 약속한 그 땅에는 들어갈 수가 없었던 것이다.[10] 미학에서 모세 대신 약속한 땅에 들어간 지도자, 여호수아의 역할을 한 인물은 칸트였다. 칸트야말로 '감성론'이 아니라 오늘날과 같은 의미에서 '미학'의 창시자라 할 수 있다.

합리주의자들은 미를 일종의 개념으로, 즉 명석하나 판명하지는 못한 관념으로 규정했다. 하지만 칸트에 따르면 미는 개념이 아니기에, 명석하거나 판명한 인식과는 아무 관계도 없다. 미적판단은 오성Verstand과 상상력Einbildungskraft이 인식의 의무에서 벗어나 자유로이 유희할 때에만 가능하다. 그러므로 미적판단은 사물에 대한 객관적 인식을 제공하지 못한다. 하지만 미를 굳이 진이나 선에 종속시킬 필요는 없다. 굳이 진리나 도덕을 말하지 않아도 미는 그 자체로 가치가 있기 때문이다. 이것이 이른바 '미적 자율성'Ästhetische Autonomie의 이념이다.[11] 칸트 이후에 감각문화는 뚜렷이 독립적인 가치를 갖는 '미학적' 성격을 띠게 된다.

원래 '아이스테시스'는 신체와 정신이 미분화한 상태의 감각지각을 의미했다. 하지만 근대철학은 거기서 신체적 측면을 지워버리고 그것을 지각과 동일시했다. 하지만 '유사이성'으로서 지각의 인식적 기능은 제한적일 수밖에 없다. 관찰과 실험을 하는 데에 지각의 섬세함이 필요한 것은 아니기 때문이다. 이런 상황에서 지각을 구하기 위해서는 결국 칸트처럼 그것을 유미화하는 방법밖에 없다. 그리하여 감각지각은 '미적' 성격을 띠는 한에서 구제된다. 이 '미학적' 문화 속에서 그것은 오직 '취미'로서, 즉 자연과 예술의 미를 분별하는 능력으로서만 그 가치를 인정받는다.

칸트는 미학의 범위를 취미로 한정했지만, 바움가르텐의 '감성적 인식'은 그보다 범위가 넓어 감각과 이성의 사이에 있는 일체의 능력들을 가리켰다. 그의 '감성론'은 취미능력 외에도 『철학백과사전의 스케치』에서 열거한 다양한 기예들을 포괄했다. 하지만 감성론이 오늘날의 미학으로 변모하는 과정에서 그 모든 기예에 관한 논의는 사라져버린다.[12] 그의 제자들은 그 넓은 감성론의 영역을 취미와 시작詩作의 능력으로 축소했다. 미가 진과 선으로부터 자립하고, 미학이 인식론에서 독립하여 자율성을 얻은 것은 역사적 발전일지 모른다. 하지만 그 발전에는 커다란 상실이 뒤따랐다.

취미의 세기
영국의 취미론

　근대미학의 중심에는 '취미'의 개념이 있었다. 특히 18세기는 "취미의 세기"라 불릴 만큼 대부분 이 취미 개념을 중심으로 미학적 논의가 이루어졌다.[13] 흥미로운 사실은 미를 식별하는 능력에 하필 '맛味'의 은유가 사용됐다는 점이다. 그 이유는 정확히 알 수 없지만, 사회학자 노르베르트 엘리아스[1897~1990]가 언급한 근대의 궁정문화, 특히 그 섬세하고 세련된 식음문화가 배경이 되었을지도 모른다. 르네상스 이후 중세의 호전적 전사들이 궁정문화의 세례를 받으면서 섬세한 감각과 세련된 취향을 가진 근대인으로 변신한다. 엘리아스에 따르면 근대의 미적 문화는 바로 이 '문명화 과정'에서 탄생했다고 한다.

　　여러 색깔과 뉘앙스에 대해 점점 증대되는 감수성을 가지고, 즉 '고상한' 감각을 가지고 말해지거나 쓰인 낱말들의 리듬, 소리, 의미를 주의 깊게 듣는 사람들은 고귀한 궁정사회의 작은 집단에 속하며, 또 이 감수성 및 '좋은 취향'bon goût이 그 집단에게는 위신의 가치였다.[14]

| 가죽끈에 달린 열쇠

적어도 17세기경에는 이 미적 문화가 이미 궁정의 벽을 넘어 민간에까지 널리 확산된 듯하다. 이를 보여주는 증거가 있다. 데이비드 흄1711~1776은 『취미기준론』Of the Standard of Taste에서 미겔 데 세르반테스의 『돈키호테』Don Quixote에 등장하는 한 장면을 인용한다. 산초 판사가 자신의 감식력을 집안의 내력이라고 자랑하는 대목이다.15

내가 와인에 대해 아는 척하는 데에는 그럴 만한 이유가 있어요. 우리 가문의 내력이거든요. 한번은 사람들이 내 친척 두분을 불러 통 속의 와인을 평가해달라고 했습니다. 날씨가 좋은 해에 수확한 포도로 오래 담갔으니 훌륭한 와인이었을 겁니다. 친척 중의 한분은 맛을 보고 오래 생각한 끝에 안에서 나는 가죽맛만 빼면 훌륭한 와인일 거라고 말했습니다. 다른 한분도 조심스레 맛을 본 후에 쇠맛이 나서 그렇지 훌륭한 와인이라는 판정을 내렸습니다. 그러니 두분이 얼마나 비웃음을 당하셨겠습니까. 하지만 마지막에 웃은 사람은 누구였을까요? 통을 비우자 바닥에서 가죽끈에 달린 열쇠가 나왔거든요.16

섬세한 입맛을 가리키던 이 '취미'가 17세기 중반 이후 선악이나 미추를 식별하는 능력의 은유로 사용되기 시작한다. 이 어법의 확산에 결정적 역할을 한 이는 흔히 스페인의 작가 발타사르 그라시안1601~1658이었다. 『세속적 지식의 기술』El Arte de la Prudencia에서 그는 이렇게 말한다. "한 인간이 얼마나 능력이 있는지는 취미의 고상함을 보면 알 수 있다."17 17세기 중반 이 '취미'라는 용어는 그라시안의 책이 번역되면서 유럽의 거의 모든 나라로 전파된다. 하지만 그라시안이 '취미'라는 단어를 문학

예술에 한정해 사용한 것은 아니었다. 그에게 취미란 세상 모든 것에서 섬세함과 세련됨을 알아보는 능력이었다.

이 개념을 문학과 예술의 비평적 용어로 다듬은 것은 프랑스인들이었다. 작가이자 비평가였던 샤를 드 생테브레몽은 세련된 것에서 즐거움을 느끼는 성향으로서 '취미'의 개념을 사용했다. 물론 그라시안의 영향이리라. 17세기 후반 프랑스에서 '취미'는 새로이 '느낌', 즉 프랑스인들이 '상티망'sentiment이라 부르는 어떤 막연한 느낌과 연결되기 시작한다. 먼저 슈발리에 드 메레는 작품의 섬세함과 우아함을 지각하는 비합리적 감각을 '알 수 없는 무엇'je ne sais quoi이라 불렀다. 도미니크 부우르는 '알 수 없는 무엇'을 단순히 비평용어로 사용하지 않고 그라시안이 말한 '취미'의 다른 말로 여겼다.[18]

이 미각의 은유는 프랑스에서 유럽의 모든 나라로 확산된다. 영국의 철학자들은 문학비평에 사용되던 이 은유를 하나의 미학적 개념으로 발전시켰다. 18세기의 영국 미학은 '취미비판'의 형태로 전개되는데, 이 시기에 취미는 서서히 시각·청각·후각·미각·촉각과 나란히 존재하는 또다른 감각기관으로 진화하기 시작한다. 영국의 철학자들은 취미를 외감에 속하는 오감과 구별하여 따로 내감이라 불렀다. 앞에서 살펴보았듯이 사실 내감의 개념은 원래 중세에 유행하던 관념이다. 근대에 들어와 사라졌던 취미의 개념이 새로운 필요에 의해 철학의 무대로 다시 소환된 것이다.

영국 미학이 취미를 중심으로 전개되는 데에 결정적 계기를 마련한 이는 조셉 애디슨1672~1719이었다. 취미에 관한 최초의 글에서 그는 그라시안을 언급한다. "그라시안은 매우 자주 훌륭한 인간의 궁극적인 완성으로서 섬세한 취미를 권한다." 애디슨은 그라시안이 말한 '섬세한 취미'^{fine taste}를 "글쓰기에서 가장 은밀한 결점과 가장 완전한 장점을 식별해내는 정신의 능력"으로 규정하며 이를 차[※]맛을 감별하는 능력에 비유한다.[19]

내가 아는 어떤 이는 완벽한 취미를 갖고 있어 서로 다른 열종류의 차를 맛본 후 색깔도 보지 않고 자기에게 제공된 차의 종류를 구별하곤 했다. 이뿐만이 아니다. 그중 아무거나 두종류를 골라 같은 비율로 섞어놓아도 마찬가지였다. 심지어 상이한 세종류를 섞은 후 각각의 차가 어느 봉투에서 나왔는지 알아맞히는 실험까지 했다. 글쓰기에서 섬세한 취미를 가진 사람이라면, 이와 똑같은 방식으로, 한 작가의 일반적 아름다움과 불완전함을 분별할 뿐 아니라 다른 모든 작가들과 구별되는 그만의 사고 및 표현 방식, 거기에 스며든 타인의^{foriegn} 사상과 언어, 그리고 그에게 자취를 남긴 그 작가들을 찾아낼 것이다.[20]

비록 애디슨은 '취미'라는 표현의 사용을 글쓰기에 한정했지만, 이 개념이 일단 문학의 영역에 입성하자 빠른 속도로 예술의 모든 장르로 확산되기 시작한다. 애디슨이 도입한 '취미'의 개념은 그후 영국 미학에서 세 가지 상이한 유형의 이론으로 나뉘어 전개된다. ①내감의 이론 ②상상력의 이론 ③연상의 이론이 그것이다.[21] 애디슨 자신은 취미를 상상력과 연관시켰다. 그는 취미를 별도의 감각으로 간주하지 않았다. 그에게 '취미'란 그저 섬세한 문학적 감성을 가리키는 '은유'일 뿐이었다.

| 미감과 도덕감
취미를 '감각'이라 부른 최초의 인물은 '새프츠베리 백작'이라 불리는 앤서니 쿠퍼[1671~1713]였다. 사실 '내적 감각'은 중세 말에 유행하다가 근대에 사라진 관념이다. 섀프츠베리가 이 중세의 개념을 부활시킨 것은 그가 케임브리지의 플라톤주의자들에게 받은 영향 때문이리라. 그들의 신학적 경향은 섀프츠베리의 철학에 그대로 반영된다. 한편 이와 정반대편에 서 있는 경향도 내감의 귀환에 또다른 계기가 되었을 것이다. 즉 영국에서 미를 판별하는 능력이 (유사)이성이 아니라 (유사)감각으로 불린 것은 경험론 특유의 감각주의적[sensualist] 경향과도 무관하지 않다.

섀프츠베리는 인간에게 "사물 속에서 숭고와 미를 보는 공통적이며 자연적인 감각"이 있다고 본다.[22] 하지만 인간은 그 공통의 자연적 감각으로 미(와 숭고)만을 감지하지는 않는다. 자연에 미[beauty]가 있다면 인간에게는 덕[virtue]이 있다. 이 둘은 모두 신적 조화에서 나오므로, 미와 선은 사실 "하나의 동일한 것"이다. 흔히 선악을 판단하는 기관을 도덕감[moral sense], 미추를 판단하는 기관을 미감[aesthetic sense]이라고 부른다. 하지만 현명한 신이 똑같은 일을 하는 기관을 굳이 두개나 만들었을 리는 없다. 따라서 섀프츠베리는 조화를 식별하는 미감이 동시에 도덕감일 수밖에 없다는 것이다.*

선악이나 미추의 판단력을 제6감으로 본 것은 오감처럼 논리적 추론 없이 즉각적·직접적으로 내려지는 판단이기 때문이리라. 하지만 내감으

---

* 미와 선을 보는 별도의 감각이 있다는 이야기는 우리에게는 이상하게 들린다. 이는 케임브리지 플라톤주의자들을 통해 전해진 중세신학의 흔적일 것이다. 예를 들어 선(善)으로서의 신이 영적 미각과 촉각으로 체험되고, 진(眞)으로서의 신이 영적 후각·청각·시각으로 인식된다는 알베르투스의 말을 생각해 보라. 이런 분위기에서라면 미를 위한 별도의 감각을 상정하는 것이 당연할 것이다. '영적 감각'의 관념은 원래 오리게네스로 거슬러올라가는 것으로, '내적 감각'과는 그 기원이 전혀 다르다. 하지만 이븐루시드처럼 중세의 몇몇 저자들은 내감을 영적 감각이라 부르곤 했다. Karl Rahner, "Le début d'une doctrine des cinq sens spirituels chez Origène," Revue d'Ascétique et de Mystique, 13, 1932, 113~145면.

로서 미감은 오감과는 성격이 다르다. 대상이 외감으로 지각된다면, 그것의 미는 내감으로 판정된다. 취미판단은 외감으로 들어온 감각인상을 조화에 대한 선험적 관념과 비교하여 그 일치 여부를 판정하는 활동이다. 물론 그 판정은 감각처럼 즉각적으로 내려지나, 판정의 준거로 미의 이데아, 즉 조화의 선험적 관념이 개입된다는 점에서 감각과는 구별된다. 이러한 의미에서 취미판단은 감각적^{sensuous}이라기보다는 직관적^{intuitive}이다.

미의 판단은 외감이 아니라 내감으로 하며, 내감으로 지각한 미는 소리·색채·질감 같은 감각적 특질이 아니라 무언가 초월적인 것이다. 섀프츠베리는 이 초월적인 미에서 오는 쾌는 사적 이해관계에서 자유롭다고 말한다. 이는 미가 일체의 관심에서 자유롭다는 칸트의 무관심성^{無關心性, Interesselosigkeit} 개념을 선취한 것이다. 하지만 섀프츠베리가 칸트처럼 미가 모든 관심과 무관하다고 주장했을 것 같지는 않다.[23] 미와 선을 "하나의 동일한 것"으로 여겼던 그에게 도덕적 관심이 결여된 미란 상상할 수 없는 것이기 때문이다. 이 도덕주의자에게 취미의 세련화는 곧 도덕감의 함양을 의미했다.

| 제7의 감각

취미를 '감각'이라 불렀지만 섀프츠베리는 그것을 이성에서 독립한 기관으로 상정하지 않았다. '감각'은 그저 유비일 뿐, 그는 미감이든 도덕감이든 내감을 이성의 발밑에 놓았다. 미의 지각은 '이성'의 통제 아래 내감에 의해 이루어진다는 것이다. '미가 선'이라는 생각은 고대의 '선미'^{善美, kalokagathia} 개념으로 거슬러올라간다. 플라톤에게 선과 미는 그저 진리의 다른 얼굴일 뿐이었다. '가치의 융즉'이라는 고대사유의 흔적이 플라톤주의를 통해 섀프츠베리에게까지 전해진 셈이다. 미감을 도덕감과 구별되는 별도의 감각(제7감)으로 상정한 이는 프랜시스 허치슨1694~1746 이었다.24

섀프츠베리가 내감의 종류로 미감과 도덕감을 들었다면, 허치슨은 내 감의 종류를 넷으로 늘린다. 도덕감moral sense · 미감aesthetic sense · 공공감public sense · 명예감sense of honor이 그것이다.25 이 네가지를 그는 글자 그대로 별도 의 감각으로 분류했다. 그 이유는 이 내감들이 실제로 여러 측면에서 감 각과 비슷하기 때문이다. 허치슨은 취미, 즉 미감에 대해 이렇게 이야기 한다.

> 지각의 이 우월한 권능은 마땅히 '감각'이라 불릴 만하다. 한가지 측 면에서 다른 감각들과 유사하기 때문이다. 즉 그 쾌감이 대상의 원리· 비례·원인 혹은 유용성에 관한 그 어떤 지식에서 일어나는 것이 아니 라, 처음부터 (즉각적으로) 미의 이념으로 우리를 때리기 때문이다.26

이는 막연하게나마 섀프츠베리도 이미 지적한 것이다. 하지만 허치슨 은 취미의 감각적 특성을 한층 더 명확히 규정한다. "미와 조화의 관념은 (…) 우리에게 즉각적인 동시에 필연적으로 쾌를 주며, 우리의 그 어떤 결단도, 이익이나 불이익에 대한 예상도 대상의 미추를 바꾸어놓을 수는 없다."27 바로 이 즉각성immediacy · 필연성necessity · 무의지성unvoluntariness 때문 에 미적 지각을 일종의 '감각'으로 봐야 한다는 것이다.

그렇다고 허치슨이 취미를 다른 감각과 무차별적으로 동일시한 것은 아니다. 둘 사이에는 또한 무시할 수 없는 차이가 있기 때문이다. 허치슨 은 취미를 시각이나 청각과 같은 '외감'과 구별하여 따로 '내감'이라 부른다. 미감은 시각이나 청각과 다르다. 가령 완벽한 조건의 시각과 청각을 갖추고도 "음악, 회화, 건축, 자연풍경에서 아무 쾌도 느끼지 못하는" 이들이 있다. 이 경우 그들에게는 다른 능력이 결여되어 있다고 봐야 한다. 그 '다른' 능력이 바로 취미다. "그 즐거운 관념을 수용하는 위대한 능력을 흔히 아름다운 재능 혹은 취미라 부른다."[28]

허치슨은 로크를 따라 미를 '제2성질'로 본다. 즉, 미는 사물 자체의 객관적 속성이 아니라 사물과 주관 사이의 관계적 속성이다. "우리에게 미와 조화를 보는 감각이 없다면, 집, 정원, 옷, 장비는 편리하고 풍요롭고 따뜻하고 용이할지는 몰라도 결코 아름다워 보일 수는 없었을 것이다."[29] 이어서 그는 다시 로크를 따라 미를 '복합관념'으로 분류한다. 외적 감각으로는 빨강·파랑·노랑 등 '단순관념'만 지각할 수 있다. 하지만 미는 이 단순관념들의 관계로 이루어진 복합관념이기에, 단순관념들에 대한 메타지각을 통해서만 지각된다. 따라서 미감은 내감, 즉 내성reflex일 수밖에 없다는 것이다.

복합관념으로서 '미'의 특성을 허치슨은 '다양성의 통일'로 규정한다. "우리에게 미의 관념을 불러일으키는 형상은 다양성 속의 통일을 가진 그런 것들로 보인다."[30] 그리하여 "우리가 아름답다고 부르는 자연의 모든 부분에는 거의 무한한 다양성 속의 놀라운 통일성이 있다."[31] 우리가 다양성 속에서 통일성을 발견하고 쾌감을 느끼는 이유는 우리의 마음 자체가 거기서 오는 쾌의 수용에 적합하게 생겼기 때문이다. 그렇다면 우리의 마음은 왜 이렇게 생긴 것일까? 이 물음에 허치슨은 다분히 목적론적인 설명을 제시한다.

자연의 저자가 (⋯) 우리로 하여금 통일적인 대상들로부터 미와 조화의 쾌감을 수용하도록 만든 까닭은, 우리로 하여금 지식의 추구를 재촉하고 그에 대한 보상을 주기 위해서다.[32]

이 모티브는 후에 칸트에게서 그대로 반복된다.

| 취미와 느낌

허치슨 이후에는 취미를 별도의 감관으로 부르는 어법이 사라지기 시작한다. 흄만 해도 내적 감각에 대해서는 거의 언급하지 않는다. 그 대신에 '내적인 느낌과 감정'을 말할 뿐이다. 물론 그도 더러 '내감'이라는 말을 사용하기는 하나, 그것을 외감과 구별되는 별도의 기관으로 상정하지는 않는다. 그는 내감과 외감의 관계를 동전의 앞뒷면처럼 동일한 과정의 상이한 두 국면으로 설명한다. 즉 감각지각에서 오감을 통해 대상의 인상을 수용하는 국면이 '외감'이라면, 내성을 통해 그 인상이 내면에 환기하는 감정·감흥 등을 느끼는 국면이 '내감'이라는 것이다.

흄에 따르면 미는 사물의 객관적 속성determination이 아니라 주관적 느낌sentiment이다. 그 느낌은 기껏해야 "대상과 정신의 기관 혹은 능력 사이의 일치"를 가리킬 뿐이다. 물론 그렇다고 해서 미를 느낄 때 대상의 역할이 전적으로 부정되지는 않는다. 그는 "단맛과 쓴맛처럼 미와 추가 대상 자체의 성질이 아님은 확실하지만, 그 본성상 특정 느낌들의 생산에 적합한 특정 성질이 대상들 속에 있음을 인정해야 한다"고 말한다. 다만 '다양성의 통일'을 말하는 허치슨과 달리 흄은 미적 쾌를 일으킨다는 그 "특정 성질"을 굳이 규정하려 하지도 않고, 또 규정할 수 있다고 믿지도 않는다.[33]

미의 개념이 주관화되면서 한가지 문제가 발생한다. 사실 취미는 그 어원(입맛)만큼이나 다양하다. 만약 같은 대상을 놓고 사람들 사이에 판단이 어긋난다면, 그중 옳은 취미는 어느 것일까? 섀프츠베리와 허치슨도 사람들 사이에 때로 취미판단이 어긋난다는 사실을 알았다. 그들은 이 문제를 부분적 일탈이나 일시적 교란 등의 예외적 경우로 치부했다. 하지만 흄은 처음부터 취미판단의 상대성을 명확히 의식했다. 그의 눈에는 취미판단의 일치보다 불일치가 오히려 당연한 상황으로 보였다.

세상에 매우 다양한 취미가 만연한다는 사실은 너무나 명확해 모든 이의 눈에 띌 수밖에 없다. 집을 멀리 떠나본 적이 없는 이도 몇 안 되는 자신의 지인들 사이에조차 취미에 차이가 있음을 알아챈다. 그 사람들이 같은 정부 아래 교육받아 같은 편견을 공유하더라도 말이다. 시야를 먼 나라나 먼 시대로 넓히면 사람들의 취미가 더 큰 불일치와 대립성을 보인다는 사실에 한층 더 놀라게 된다. 우리는 우리의 취미와 이해에서 현저히 벗어난 것이라면 무엇이든 야만이라 부르곤 하나, 곧 그 비난의 욕설이 우리 자신을 향할 수 있음을 깨닫는다.[34]

취미의 상대주의는 필연적으로 회의주의로 흐르기 마련이다. 하지만 놀랍게도 흄은 우리의 기대와는 정반대의 방향으로 나아간다. 그는 이 모든 현실적 불일치에도 불구하고 취미에는 어떤 기준이, 즉 "그것에 의해 사람들의 다양한 감정들을 화해시키고, 최소한 어떤 감정은 확증하고 다른 감정은 탄핵하는 결정을 내릴 수 있는 규칙"이 있다고 말한다.[35] 철저한 회의주의자가 하필 취미판단에 객관적 기준이 있다고 주장한다는 사실이 다소 이상할 수도 있다. 하지만 당시 영국사회는 17세기 신고전주의의 여파로 아직 미의 보편성과 취미의 객관성에 대한 믿음을 벗어버

리지 못한 상태였다.[36]

취미에 객관성이 있다면 판단이 일치해야 하나, 현실에서 미적판단은 서로 어긋나는 경우가 많다. 왜 그럴까? 흄에 의하면 그것은 "완벽한 내적 감각"을 갖춘 이가 현실적으로 매우 드물기 때문이라고 한다. "비록 취미의 원리가 보편적이라 하더라도 (…) 예술작품에 대한 판단을 내리고, 자신의 감정을 미의 기준으로 수립할 자격을 갖춘 이는 거의 없다."[37] 게다가 자격을 갖춘 타고난 비평가가 있다 하더라도, 그의 판단은 종종 그가 자라난 시대와 사회의 편견에 오염되기 십상이고, 때로는 작가나 작품에 걸린 사적인 이해관계로 인해 판단이 왜곡되기 일쑤다.

따라서 비평가는 "마음을 편견이 없는 상태로 유지해야 하고, 감식 중인 대상 외에 다른 어떤 것도 고려해서는 안 된다".[38] 편견은 판단을 그르치기 때문이다. 사심私心도 판단을 왜곡할 수 있다. 따라서 비평가는 되도록 사적 관심에서 벗어나 자신을 취미의 '보편적' 주체로 세워야 한다. "나 자신을 인간 일반으로 간주하면서 가능한 한 나의 개인적 존재와 특수한 상황을 잊어야 한다."[39] 이뿐만이 아니다. 원래 취미라 불리는 느낌은 타고나는 것으로 충분하지 않다. 그것이 제 기능을 하려면 수많은 비교와 연습을 통해 계발되어야 한다.

〔그렇게〕 섬세한 감정과 결합되고, 연습에 의해 향상되고, 비교에 의해 완성되고, 일체의 편견이 제거된 강력한 감각만이 비평가에게 이 귀중한 성격을 부여해줄 수 있다. 그리고 그 감각과 더불어 내리는 평결만이 (…) 취미와 미의 참된 기준이다.[40]

비록 소수지만 흄은 그런 이상적 조건을 갖춘 비평가들이 실재하며, 판단이 엇갈릴 때에는 이들의 판정을 기준으로 삼아야 한다고 보았다. 취미를 타고난 이 소수는 "그 오성의 건전함과 능력의 우월함으로 인해 사회에서 나머지 인간들과 쉽게 구별된다".[41] 흄이 인용한 산초 판사의 두 친척은 이런 미적 엘리트의 상징이리라. 사실 세르반테스의 원문에는 그들이 이웃의 비웃음을 받았다는 이야기가 없다. 이는 흄이 지어낸 모티브로, 우월한 소수와 평범한 다수의 취미를 선명히 대립시키는 극적 장치라 할 수 있다.*

| 상상력과 연상으로서 취미

한편 애디슨은 취미를 상상력과 연관시킨다. 그는 취미의 쾌가 별도의 감각(내감)이 아니라 상상력에서 나온다고 본다. 상상력이 밖에서 들어온 인상들을 모아 상을 떠올리면, 취미는 그렇게 떠오른 상의 완전성을 판정한다. 이때 쾌가 발생한다. 애디슨은 쾌를 두가지로, 즉 눈앞에 있는 대상의 이미지에서 오는 1차적 쾌와 눈앞에 없어도 마음에 환기되는 이미지에서 오는 2차적 쾌로 분류한다.[42] 특히 그는 후자에 주목하는데, 문학적·예술적 재현의 쾌가 바로 거기에 속하기 때문이다. 취미의 대상으로 그는 위대함great, 진기함uncommon, 아름다움beautiful을 들었다.

애디슨의 문제는 미가 상상력으로 표상된다고 할 때, 문학이나 음악에는 정작 이미지라 할 만한 것이 없다는 점이었다. 이 때문에 에드먼드 버크1729~1797는 '상상력'의 외연을 오감 전체로 확장한다. 시각이미지 외에 상상력을 표상한 청각·후각·미각·촉각의 이미지도 존재한다. 또한 미적

---

* 참고로 '취미'의 개념은 18세기 프랑스에서 세련된 소수를 위한 미적 엘리트주의와 다수대중을 위한 일반교양의 이념이 충돌하는 과정에서 형성되었다. 이에 대해서는 다음을 참고하라. Michael Moriarty, *Taste and Ideology in Seventeenth-Century France*, Cambridge University Press 1988.

쾌를 애디슨과 달리 정의하여 "감각의 1차적 쾌"와 "상상력의 2차적 쾌"를 언급한다. 즉 1차적 쾌는 감각에서 나오고, 2차적 쾌는 상상력에서 나온다는 것이다. 아울러 그는 취미의 대상이 미^{beauty}와 숭고^{sublime}이며, 또한 그 두가지일 수밖에 없다고 말한다.[43] 이후 미와 숭고는 미학에서 취미판단의 표준대상으로 자리 잡는다.

알렉산더 제라드[1728~1795]는 영국 미학의 이 두 노선, 즉 내감 이론과 상상력의 이론을 하나로 종합하려 한다. 허치슨처럼 그도 판단의 직접성·필연성을 들어 취미를 감각, 그것도 내감으로 간주한다. 하지만 다른 감각과 달리 취미의 바탕에는 상상력이 깔려 있다고 본다. 이 점에서 그는 애디슨·버크와 궤를 같이 한다. 하지만 상상력을 기억에 대립시킨다는 점에서는 그들과 다르다. '감각과 기억'이 현실과 연결된 관념을 제공한다면, 상상력은 현실과 무관한 연상을 제시한다는 것이다. 그에게 상상력은 머릿속의 표상들을 유사·대조·인접·인과의 원리에 따라 자유로이 결합하는 연상^{association}의 능력을 가리킨다.[44]

아치볼드 앨리슨[1757~1839] 역시 취미의 쾌는 자연적 쾌와는 근원이 다르다고 믿는다. 이 근원을 그는 제라드를 따라 연상으로 규정한다. 하지만 앨리슨의 연상은 제라드의 논의와는 달리 감정으로 충전되어 있다. 미적 쾌는 매우 복잡한 과정을 거쳐 얻어진다. 먼저 대상이 명랑·우울·공포·장엄·고양·섬세·우아 등의 단순감정들을 촉발하고, 이것들은 다시 유사한 다른 관념들을 환기하는데, 여기에도 역시 다양한 감정들이 실린다. 취미의 쾌는 이렇게 이어지는 복잡한 연상의 연쇄를 통해 얻어진다고 설명한다. 또한 그는 제라드와 달리 취미를 위해 별도의 내감이 있을 필요는 없다고 보았다.[45]

| 유사감각으로서 취미

18세기에 미의 정의는 이처럼 ①내감으로 '지각'되는 것에서 ②상상력으로 '표상'되는 것을 거쳐 ③그 표상들의 연쇄로 인해 '연상'되는 것으로 바뀌어왔다. 이 과정에서 초기의 내감 이론은 점차 상상력의 이론으로 변모해갔다. 어느 유형의 이론에서든 '취미'의 개념이 중심역할을 했다. 이 시기의 미학이 '취미론'이라 불리는 것도 그 때문이다. 사실 '취미'의 개념에는 중세와 르네상스에 유행했던 내감 이론의 자취가 남아 있다. '취미'는 곧 미적 판단력을 가리키고, 이는 다시 중세 내감목록에 들어있던 일반적 '판단력'의 특수한 형태로 볼 수 있기 때문이다.

'취미'의 기원은 멀리 아리스토텔레스의 '판단력'으로 거슬러올라간다. 판단력은 "감각의 측면에서는 대상이 즐거운지 고통스러운지, 행동의 측면에서는 그것을 회피할지 추구할지 알려준다"(*DA* 431a10-15). 즉 판단력은 늘 우호적이지만은 않은 환경 속에서 즉각적인 상황판단으로 동물의 생존을 돕는다. 취미의 기제도 이와 비슷하다. 취미판단 역시 쾌·불쾌의 감정을 수반하며 욕구와 거절의 행동으로 귀결되기 때문이다. 한편 판단력은 환경에서 무엇을 섭취하고 무엇을 피해야 할지도 알려준다. 미적판단의 이름에 '맛'의 은유를 사용하는 것도 이와 무관하지 않을 것이다.

섀프츠베리와 허치슨이 취미를 일종의 '감각'으로 간주한다면, 애디슨과 버크는 취미를 '상상력'의 기능으로 돌린다. 앞에서 우리는 시간이 흐를수록 내감의 수가 점점 줄어 결국 17세기 이후에는 상상력 하나로 환원되는 과정을 살펴보았다. 애디슨은 미적 쾌를 현존하는 대상의 이미지에서 오는 1차적 쾌와 부재하는 대상의 이미지에서 오는 2차적 쾌로 분류한다. 그는 이 두가지 모두 상상력에서 나온다고 설명한다. 하지만 이를 중세 내감 이론의 어휘로 번역하면, 전자는 현존하는 대상을 표상하는 '공통감'에서, 후자는 대상의 표상을 그것이 사라진 후에도 유지하는 '보유적 상상력'에서 나온다고 할 수 있다.

제라드 역시 상상력을 취미의 근원으로 상정하나 그것을 애디슨·버크와는 다르게 정의한다. 현실과 연결된 관념을 제공하는 '감각'이나 '기억'과 달리 '상상력'은 오직 현실과의 연결이 끊긴 연상들만을 제시한다는 것이다. 여기서 그가 말하는 '연상'은 보유적 상상력과는 관계가 없다. 보유적 상상력은 실제로 지각됐던 것의 기억으로서 여전히 현실과 연결되어 있기 때문이다. 따라서 현실과의 연관이 끊긴 연상으로서 제라드의 상상력은 그와는 다른 종류의 상상력, 즉 '생산적 상상력'일 수밖에 없다. 앨리슨도 제라드를 따른다. 다만 제라드와 달리 상상력을 내감으로 인정하지 않았다.

중세와 르네상스의 내감 이론은 근대에 이르러 서서히 자취를 감춘다. 하지만 그렇다고 해서 내감 이론이 완전히 사라진 것은 아니었다. 17세기 철학의 과도한 이성주의에 대한 반발로 18세기에 감성의 영역에 대한 관심이 부활하기 때문이다. 이 과정에서 과거의 내감 이론이 독일 합리주의에서는 '감성론'Ästhetik, 영국 경험주의에서는 '취미론'theory of taste 의 형태로 다시 나타난다. 이 두 유형의 이론에서 우리는 중세 내감 이론이 남긴 흔적과 자취를 뚜렷이 볼 수가 있었다. 어떤 의미에서는 근대미학 자체가 내감 이론을 시대에 맞추어 고쳐쓰는 과정에서 형성됐다고 할수도 있다.

18세기에 감성의 영역을 구제하는 일은 감각의 유미화aestheticization를 통해서 이루어졌다. 오감이든 내감이든 감성은 오직 미감, 즉 취미인 한에서만 구제를 받는 셈이다. 내감 이론의 풍부함을 고스란히 갖고 있던 바움가르텐의 '감성론'도 벌써 제자들의 손에 취미와 시작의 이론으로 축소된다. 영국의 경험주의는 애초부터 취미의 이론, 즉 여러 내감 중 '판단력'의 특수한 예인 취미판단의 이론으로 전개되었다. 그나마 흄 이후에는 취미를 '내감'이라 부르는 어법마저 사라져버린다. 이렇게 내감의 풍부함이 취미 하나로 축소되는 과정은 근대의 미적 문화가 형성되는 과정이기도 했다.

상상력의 시대
칸트

합리주의자들이 감성을 '유사이성'으로 간주했다면 경험주의자들은 그것을 '유사감각'으로 규정했다. 여기서 이성과 감각의 사이에 끼인 감성의 애매한 위치를 확인할 수 있다. 18세기에 '감성'이라 불린 영역은 대체로 과거에 '내감'이라 불리던 영역과 일치한다. 이렇게 내감의 영역이 '감성'이라 불린 까닭은 그사이에 '내감'의 의미가 달라졌기 때문이다. 로크와 바움가르텐에게 '내감'은 이미 자의식, 즉 자신의 내적 상태에 대한 의식을 가리켰다. 물론 영국에서는 취미론과 더불어 중세의 내감 이론이 잠시 부활하나, 흄 이후 취미를 별도의 감각기관으로 부르는 어법은 그곳에서도 사라진다.

| 생산적 상상력

이마누엘 칸트[1724~1804] 역시 '내감'을 내적 상태의 의식이라는 의미로 사용한다. 널리 알려져 있듯이 그는 합리주의와 경험주의를 종합하기 위해 이른바 '코페르니쿠스적 전회'를 수행했다. 이 '전회'의 요체는 세계 자체를 인간 의식의 구성물로 바라본다는 점이었다. 칸트는 『순수이성비판』*Kritik der reinen Vernunft*에서 '시간'과 '공간'은 존재의 형식이 아니라 의식의 형식이라고 말한다. 사물 자체$^{Ding\,an\,sich}$가 어떤 모습인지 우리로서는 알 수 없지만, 그것이 우리 의식 안에 들어올 때는 반드시 시간적·공간적 질서 속에서 표상된다는 것이다. 이로써 '내감'과 '외감'이라는 표현은 칸트에게 이르러 전에 없던 새로운 의미를 얻는다.

외감을 통해 우리는 외부의 대상들을, 그것도 공간 속에서 표상한다. 그 공간 안에서 대상들의 형태·크기·상호관계 등이 규정되거나 규정 가능해진다. 내감을 통해 마음은 자신 혹은 자신의 내적 상태를 들여다본다. 내감이 하나의 객체로서 영혼 자체를 보여주지는 않는다. 하지만 오직 내감만이 내적 상태를 직관하는 형식이 되어, 내면에 속한 모든 것들이 시간의 관계 속에서 표상되게 해준다. 시간을 외적으로 직관할 수 없듯이 공간을 우리 내면에 있는 어떤 것으로 직관할 수는 없다.[46]

한마디로 외감은 밖으로 '공간'을 지각하고, 내감은 안으로 '시간'을 지각한다는 뜻이다. 칸트에게 시간·공간은 직관의 형식이고, 감각은 그 직관의 질료다. 이 질료들을 시공의 형식으로 종합하여 이미지로 표상하는 능력이 바로 '생산적 상상력'$^{produktive\,Einbildungskraft}$이다. 이렇게 표상된 이미지들은 곧이어 오성의 개념들 아래 포섭되고, 이때 인식이 발생한다. 예를 들어 '검다' '쓰다' '향기롭다'와 연관된 감각자료가 생산적 상상력에 의해 하나로 종합되고, 이것이 다시 오성에 속한 개념과 범주 아래 포섭될 때, 비로소 '여기에 커피가 있다'는 판단이 내려진다는 것이다. 이 과정을 칸트는 이렇게 요약한다.

모든 경험의 가능성을 포괄하는 (…) 세개의 근원(영혼의 기능 혹은 능력)이 있다. 감각, 상상력, 통각이 그것이다. 이것들에 근거하여 ①감각을 통한 다양성의 선험적 총괄 ②상상력을 통한 이 다양성의 종합, 마지막으로 ③근원적 통각을 통한 이 종합의 통일이 이루어진다.[47]

주의해야 할 점은 칸트의 '생산적 상상력'이 과거 내감 이론에서보다 그 함의가 훨씬 넓다는 사실이다. 그에게 이 말은 크게 상상력의 세가지 기능을 가리킨다. 첫째, 모든 경험에 앞서 세계를 시간과 공간의 형식으로 구성하는 기능. 둘째, 신체의 여러 부위(감관)에 흩어진 인상들을 하나로 종합하는 기능. 이는 과거에 '공통감'이 담당했던 기능과 일치한다.* 셋째, 그 종합적 표상을 오성의 개념들과 통일시키는 기능. 이는 자발성을 띤다는 점에서 수동적 연상 작용에 불과한 '재생적 상상력'reproduktive Einbildungskraft 상상력과 구별된다.** 생산적 상상력은 결국 ①, ②, ③단계, 즉 인식의 전과정에 관여하는 셈이다.

이처럼 생산적 상상력은 초월적 기능(①)과 경험적 기능(②, ③)을 모두 갖고 있다.*** 이 중 초월적 기능은 그의 코페르니쿠스적 전회와 관련이 있기에 인식의 천동설을 믿었던 중세의 내감목록에는 그 대응물이 존재하지 않는다. 반면 경험적 기능은 과거의 생산적 상상력에 공통감을 더한

* 칸트에 따르면 지각에도 상상력이 필요하다. "감각은 우리에게 인상들만을 전달할 뿐 아니라, 그것들을 결합하여 그 대상의 상을 종합하여 산출하기까지 하는데, 그러려면 인상의 수용성 외에 뭔가가 더, 즉 그 인상들의 종합의 기능이 요구된다."(*KrV*, A120 Anm.) 이 종합을 수행할 때 상상력은 "생산적"으로 된다.(*KrV*, A123) 과거에 이 기능은 상상력이 아닌 감각 자체, 즉 '공통감'에 있다고 여겨졌다.(*KrV*, AA IV)
** 칸트에 따르면 재생적 상상력은 표상들을 연상의 법칙에 따라 연결하고, 생산적 상상력은 범주에 맞추어 오성의 법칙에 따라 결합한다.
*** 칸트에 따르면 생산적 생력의 초월적 능력은 의식 안에서 세계가 표상되기 위한 선험적 조건이고, 의식 안에 떠오르는 구체적인 이미지는 "생산적 상상력의 경험적 능력의 산물"이다.

것에 해당한다. 한편 생산적 상상력과 짝을 이루는 재생적 상상력은 과거의 보유적 상상력에 기억력을 합친 능력에 가깝다.* 하지만 생산적 상상력과 재생적 생산력은 결국 같은 능력(상상력)의 두 기능에 불과하니, 결국 중세 내감목록에서 판단력을 뺀 나머지 네가지가 칸트의 논의에서 '상상력' 하나로 통합된 셈이다.⁴⁸

| 상상력과 판단력

앞의 장에서는 18세기 영국에서 미의 관념이 내감으로 '지각'되는 것에서 상상력으로 '표상'되는 것으로 변모하는 과정을 보았다. 칸트에게도 미는 감각의 대상이 아니라 상상력의 소산이다.⁴⁹ 즉, 아름다운 것은 대상 자체가 아니라 감각과 오성의 사이에서 상상력이 생산해내는 그 표상이다. 다시 말해 미는 '질료'로서 감각이 아니라 그 질료가 시공 안에서 취하는 '형식'에 있다. 이 형식은 미술에서라면 형과 색의 공간적 배열, 음악에서라면 음향의 시간적 조직일 것이다. 상상력이 감각의 종합을 통해 대상의 이미지를 표상한다면, 판단력은 쾌·불쾌의 감정에 따라 그 표상의 아름다움을 판정한다.

미적 지각에 필요한 '상상력'과 '판단력'이 따로 있는 것은 아니다. 미적 지각에 사용되는 능력들은 일상적 지각에 사용되는 능력들과 다르지 않다. 가령 눈앞에 한송이의 꽃이 있다 하자. 시각을 통해 우리는 꽃의 암술·수술·꽃잎·가지·잎사귀 등을 본다. 이 부분적 인상들이 상상력에 의해 하나의 전체상으로 종합되면, 이제 통각統覺, Apperzeption이 판단력을 발

---

* 엄밀히 말하면 칸트는 상상력 자체에 과거의 '보유적 상상력'의 기능을 부여한다. "상상력은 대상을 그것의 현존 없이 직관 속에 표상하는 능력이다."(*KrV*, B151) 고로 재생적 상상력을 곧바로 보유적 상상력과 동일시할 수는 없다. 부재하는 대상의 표상을 유지하는 능력은 상상력 일반의 기능으로, 재생적 생산력만이 아니라 생산적 상상력도 갖고 있기 때문이다.

동시켜 이 개별표상이 속할 보편개념을 탐색하기 시작한다. 마침내 그 표상을 포섭할 오성의 개념이 발견되면 판단이 내려진다. '이것은 튤립이다.' 우리의 세계인식은 이처럼 상상력과 오성의 협력으로 이루어진다.

하지만 때로는 상상력과 오성이 일을 하지 않고 놀 수도 있다. 예를 들어 상상력이 생산한 표상을 '튤립'이라는 개념의 서랍에 집어넣는 대신에, 조화, 비례, 균형, 황금비 등의 측면에서 그것을 바라볼 수가 있다. 이 경우 그것이 튤립이라는 인식은 발생하지 않는다. 인식의 기관이 일은 안 하고 노는 셈이다. 특정한 대상, 예를 들어 그 형태가 허치슨이 말한 '다양성의 통일'을 보여주는 대상은 인식기관의 이 자유로운 유희를 촉발하는 데에 특히 적합하다. 상상력과 오성의 놀이에는 어떤 쾌가 따르는데, 쾌와 더불어 지각되는 형태를 우리는 '아름답다'고 말한다.

| 취미판단의 네가지 특성

판단력은 크게 규정적bestimmende 판단력과 반성적reflektierende 판단력으로 나뉜다. "보편자(규칙·원칙·법칙)가 주어져 있을 때 특수자를 그 아래 포섭하는 판단력은 규정적이다. 하지만 특수자만 주어져 있어 그것을 위해 보편자를 발견해야 할 때, 그때의 판단력은 반성적이다."[50] 미적 판단력으로서 취미는 이 중 반성적 판단력에 속한다. 예를 들어 '이것은 삼각형'이라는 판단은 규정적이다. 삼각형의 정의가 미리 주어져 있기 때문이다. 반면 '이것은 아름답다'라는 판단은 반성적이다. 그 정의가 사전에 주어져 있지 않아, 판단의 근거를 사후적으로 구성해야 하기 때문이다.*

칸트는 취미판단의 구조를 성질·분량·관계·양상의 네 범주에 따라

---

* 바움가르텐의 용어를 빌리면 규정적 판단력은 명석·판명한 관념, 반성적 판단력은 명석·혼연한 관념에 관계한다고 할 수 있다.

설명한다. 먼저 '성질'의 관점에서 취미판단은 논리적이지 않고 미감적 ᵃˢᵗʰᵉᵗⁱˢᶜʰ이다. 취미는 "한 대상의 표상을 일체의 관심 없이 쾌·불쾌의 감정에 따라 판단하는 능력"이다(*KdU* §5). 미적 쾌ᴸᵘˢᵗ는 감각에서 오는 '쾌적'ᵈᵃˢ ᴬⁿᵍᵉⁿᵉʰᵐᵉ과는 구별된다. 전자는 '표상'만으로 생기는 무관심적 쾌인 반면, 후자는 식욕이나 성욕처럼 '대상'에 대한 관심에 매여있기 때문이다. 또한 미적 쾌는 '선'ᵈᵃˢ ᴳᵘᵗᵉ이 주는 만족감과도 구별된다. 그것이 '유용성'이든 '도덕성'이든, 모든 좋음善은 대상에 대한 관심을 전제하기 때문이다.*

'분량'의 측면에서 취미판단은 '주관적 보편성'을 갖는다. 칸트에게 "아름다움은 개념 없이 보편적으로 마음에 드는 것이다"(*KdU* §9). 사실 취미판단은 그 근거가 주관적이다. 어떤 것을 삼각형으로 판단할 때에는 객관적 근거가 있다. 삼각형의 '개념'이 그것이다. 이와 달리 어떤 것이 아름답다고 말할 때 우리가 내놓을 수 있는 근거는 그저 주관적 감정 (쾌·불쾌)뿐이다. 그런데도 우리는 그 판단에 보편성을 요구하여 '이것은 *내게* 아름답다'고 말하는 대신 그냥 '이것은 아름답다'고 말한다. 주관적 근거밖에 없는 취미판단이 이렇게 보편성을 띠는 이유는 물론 그 판단의 무관심성 덕분이다.

한편 '관계'의 측면에서 미는 '목적 없는 합목적성의 한갓된 형식'이다. 세상의 모든 사물은 자연물이든 인공물이든 목적에 맞는 형태를 갖고 있다. 칸트에 따르면 미란 "한 대상에서 목적의 표상 없이 지각되는 그 대상의 합목적성"이다(*KdU* §17). 그리하여 어떤 사물은 목적에 부합하는 형태를 갖추었어도 추하게 느껴지는 반면, 어떤 사물은 아무 쓸모

---

* 섀프츠베리는 미와 도덕성을 동일시했고, 흄은 미를 유용성으로 설명했다.

도 없는 형태를 갖고 있어도 아름다울 수 있다. 그 대표적인 예가 예술이다. 모든 '형태'에는 목적이 있으나, 작품의 형태에는 이렇다 할 실용적 목적이 없다. 굳이 말해야 한다면, 그것의 형태는 오직 '우리의 마음에 들기 위해' 존재한다.

마지막으로 '양상'의 측면에서 취미판단은 주관적 필연성을 갖는다. 즉 '어떤 것이 아름답다'라고 말하는 이는 다른 이들도 반드시 같은 판단을 내려야 한다고 말하는 셈이다. 칸트에 따르면 "아름다움은 개념 없이 필연적으로 마음에 드는 것이다"(*KdU* §22). 주관적 감정에 따른 판단이 개념 없이도 필연성을 띠는 이유는, 그것이 공통감Gemeinsinn이라는 모두가 공유하는 어떤 원리를 따르기 때문이다. 칸트의 공통감은 과거에 '공통감'이라 불리던 것과는 완전히 다르다. 이것은 외감이든 혹은 내감이든 별개의 감각이 아니라 "인식능력들 사이의 자유로운 유희"를 가리킨다.

| 칸트의 종합

칸트에게서 대륙의 합리주의와 영국의 경험주의는 종합에 도달한다. 합리주의자들은 미를 사물의 객관적 속성으로 보고, 그것의 판정에는 객관적 기준이 있다고 믿었다. 하지만 그 기준을 그들 자신이 정한다는 점에서 합리주의자들의 미학은 독단적이었다. 반면, 버크와 같은 경험주의자들은 미를 일종의 '감정'으로 보았다. 그들의 말처럼 미의 근거가 그저 주관적 감정뿐이라면, 애초에 취미의 객관적·보편적 기준을 기대할 수 없다. 경험주의의 미학은 이처럼 미적 회의주의로 흐르는 경향이 있다. 칸트의 종합은 초월론의 관점에서 합리주의와 경험주의, 두 입장의 한계를 넘어서려는 시도라고 할 수 있다.

물론 흄은 경험주의자이면서도 취미의 기준이 있다고 믿었다. 하지만 그는 취미의 보편성과 필연성을 확보하는 이론적 과제를 현실에서 기준의 역할을 할 소수의 미적 엘리트를 찾아내는 경험적 문제로 치환했다. 칸트는 그와 달리 취미판단에 보편성·필연성을 부여하는 선험적·경험적 조건을 제시한다. 즉 모든 인간은 동일한 인식기관(공통감)을 갖고 있기에, 대상의 존재에 대한 관심을 버리고 사심 없이 판단한다면(무관심성), 비록 쾌·불쾌의 주관적 감정이 근거일지라도 모든 이의 판단이 서로 일치할 것이며(주관적 보편성), 또한 일치할 수밖에 없다는 것이다(주관적 필연성).

취미판단의 보편성·필연성을 위한 '경험적' 조건으로서 무관심성의 개념은 흄이 선취한 바 있다. 하지만 그는 칸트처럼 판단의 보편성·필연성을 위한 '선험적' 조건(공통감)을 제시하지는 못했다. 물론 흄이 제시한 무관심성의 의미는 칸트의 그것과는 다소 차이가 난다. 흄은 미의 조건으로서 '유용성'을 배제하지 않는다. 올바른 판단을 위해 버려야 할 것은 오직 '사적' 관심일 뿐, 그 유용성이 '나'만을 위하지 않고 '모두'를 위한다면, 그것은 오히려 미의 필수적 조건이 된다는 것이다. 반면 칸트는 흄과 달리 미적 합목적성과 실용적 합목적성을 명확히 구별하고, 무관심성을 논의할 때 유용성마저 배제한다.

미는 '목적 없는 합목적성의 형식'이다. 미에는 실용적 목적이 없다. 미의 목적이 있다면 단 하나, '우리 마음에 드는 것'뿐이다.* 볼프와 허치슨은 '다양성의 통일'을 아름다운 대상의 특성으로 꼽았다. 공교롭게도 이는 우리 인식능력의 구조를 닮았다. 우리의 인식은 상상력을 통해 감

---

* 칸트에 앞서 흄도 "모든 예술작품에는 그것을 위해 계산된 어떤 목적 혹은 의도가 있다."고 말한 바 있다. 그 목적 혹은 의도는 '우리의 마음에 드는 것'이다.

각의 '다양성'을 순수오성의 도식Schemata 아래 '통일'시키는 구조로 이루어지기 때문이다. 이때 주관의 파악에 적합한 형태는 쾌를 주는데, 그렇게 쾌를 주는 형태를 우리는 아름답다고 말한다. 미는 이렇게 주관과 객관의 '관계' 속에서 양자의 동형성을 토대로 발생한다. 허치슨의 말을 다시 들어보자.

자연의 저자가 (…) 우리로 하여금 통일적인 대상들로부터 미와 조화의 쾌감을 수용하도록 만드신 것은, 우리로 하여금 지식의 추구를 재촉하시고 그에 대한 보상을 주기 위해서다.[51]

이처럼 "취미는 주관성의 형식과 객관성의 요구가 단절 없이 이어지도록 보장해준다". 다시 말해 "아름다운 대상들을 통해 우리는 인간이 이 세계에 잘 들어맞는다는 사실을 알게 되는 것이다".[52] 여기서 우리는 '유사에 의한 유사의 인식'이라는 고대 감각론의 희미한 자취를 볼 수 있다.

감성론에서 취미론으로

독일인들은 다른 나라 사람들이 취미비판이라 부르는 것을 감성론Ästhetik이라 부르는 유일한 민족이다. 그 바탕에는 미에 대한 비판적 판정을 이성의 원리 아래로 가져가 그 판정의 규칙을 과학으로 끌어올린다는, 탁월한 분석가 바움가르텐이 품었던 헛된 희망이 깔려 있다. 하지만 그 시도는 쓸모없는 것이다. 왜냐하면 그런 규칙이나 기준들은 우리의 취미판단을 지도해줄 선험적 규칙으로 사용될 수 없기 때문이다.[53]

바움가르텐의 기획을 실패한 철학("헛된 희망")으로 여기는 데서 알 수 있듯이, 『순수이성비판』을 쓰던 시절만 해도 칸트는 취미에 관한 학이란 존재할 수 없다고 확신하고 있었다. 취미판단은 주관적 감정에 기초한 것이라 객관성이 없다고 보았기 때문이다. 물론 흄과 같은 이는 취미의 객관적 기준을 마련하는 시도를 하기도 했다. 하지만 흄의 기준은 경험적·확률적 공통성에 불과할 뿐, 취미판단의 보편성·필연성을 보장하는 선험적 근거가 될 만한 것은 아니었다. 취미에 관한 경험주의의 이론을 칸트는 '실패한 철학'이 아니라 아예 '철학'이 아닌 것으로 여겼다.[54]

당시 독일에서는 취미 이론을 이미 '미학'^{Ästhetik}이라 부르고 있었으나, 칸트는 그것을 미학이라 부르기를 거부한다. 주관적 취미에 관한 '학學'은 존재할 수 없다고 보았기 때문이다. 그는 'Ästhetik'이라는 말을 이성에 대비되는 감각지각의 이론, 즉 '감성론'이라는 의미로 사용했는데, 이는 오늘날의 미학과는 거의 관계없는 것이다. 얼마 후 칸트는 취미의 이론이 가능하다는 쪽으로 생각을 바꾼다. 미적판단도 공통감의 전제 하에서는 보편성·필연성을 띨 수 있다고 생각한 것이다. 하지만 그때조차도 칸트는 그 이론을 '미학'이 아니라 '취미비판'(판단력비판)이라 불렀다.

중세의 내감 이론은 오래 전에 사라졌지만 칸트는 여전히 '상상력' '판단력' '공통감' 등 과거 내감들의 명칭을 사용한다. 이들 능력은 별도의 '감각'이라는 지위는 잃었지만, 다소 변형된 형태로 칸트의 철학 속에서 그 기능과 위상이 재정위^{再定位}된다. 칸트는 '취미'를 별도의 감각으로 보지 않았다. 미의 지각은 별도의 기관이 아니라 일상적 판단력을 통해 이루어진다고 보았기 때문이다. 그는 판단력을 목적론적 판단력과 미적판단력으로 구별한다. 전자는 객관적 합목적성, 후자는 주관적 합목적성

(목적 없는 합목적성)을 판정하는데, 취미는 후자를 가리킨다.

취미는 판단력의 한 '모드'에 불과하다. 판단력의 목적론적 모드를 미적 모드로 바꾸어 주는 열쇠는 무관심성이다. 섀프츠베리·허치슨·흄에서 유래하는 무관심성의 개념은 칸트에게 전해진 후 다시 쇼펜하우어를 거쳐 19세기 말에 '미적태도'aesthetic attitude의 이론으로 발전하게 된다. 그 대표적인 예가 에드워드 벌로1880~1934의 '심적 거리'psychic distance의 이론이다.[55] 취미론이 미가 주관과 객관의 관계에서 성립한다는 관계주의적 입장을 아직 견지한다면, 미적태도론은 주관이 취하는 특정한 모드(태도)에 의해 어떤 것이라도 미적대상이 될 수 있다고 보는 완전한 주관주의 이론에 가깝다.

원래 아이스테시스는 신체와 정신의 미분화 상태에서 행해지는 감각 지각을 의미했다. 근대철학은 신체적 측면을 지운 아이스테시스를 지각과 동일시했다. 데카르트는 지각과 이성을 적대적으로 대립시켰다. 바움가르텐은 지각을 경멸하는 과도한 이성주의에 반발하여 지각을 감성적 인식으로 만들어 구제하려 했다. 그의 감성론(미학)은 원래 중세 내감 이론 전체를 포괄할 정도로 외연이 넓었지만, 칸트는 감성론의 이 모든 풍부함을 한갓 취미의 이론으로 환원했다. 아이스테시스의 학學인 'aesthetica'가 오늘날 '미학美學'이라 불리는 까닭은 바로 이 때문이다.

18세기의 미적 문화 속에서 감성은 취미, 즉 자연과 예술의 미를 분별하는 능력으로서만 그 존재를 인정받는다. 그래도 칸트는 아직 예술이 자연을 모방해야 한다고 주장했다. 거꾸로 헤겔은 예술이 자연을 수정해야 한다고 주장한다. 자연미에는 결함이 있기에 예술이 존재한다는 것이다. 이는 미학의 범위가 사실상 '예술철학'으로 좁아짐을 의미한다. 헤겔에 따르면 미는 "이념의 감각적 현현"이다. 그에게 미가 지닌 감각적 속성은 이념을 위해 궁극적으로 '지양'^{aufheben}되어야 할 어떤 것이었다. 그의 유명한 '예술종언론'은 철학에서 감성적인 것의 완전한 소멸을 의미한다.

10 부

감각의 부활

Aisthetik

살아 있는 조각상
콩디야크

근대의 감각론에는 주류에서 벗어난 이질적 흐름도 존재했다. 그 대표적인 예는 '살아 있는 조각상'이라는 사유실험으로 독특한 이론을 제시한 에티엔 콩디야크$^{1714~1780}$다. 그의 이론은 그동안 거의 주목을 받지 못했는데, 그것은 허구^{fiction}를 동원한 독특한 논증과 급진적인 결론이 주류철학에는 너무 이질적으로 보였기 때문이리라. 하지만 주류에서 벗어나 있다는 사실은 동시에 그것의 개념적 한계에서 자유롭다는 뜻이기도 하다. 여기에 그를 불러낸 것은 바로 이 때문이다. 실제로 그의 사유실험은 주류철학의 시각중심주의를 전복할 급진적 사유의 단초를 내포한다.

| 몰리뉴의 물음

콩디야크의 실험은 아일랜드의 저술가인 윌리엄 몰리뉴$^{1656~1698}$의 유명한 물음과 관련이 있다. 몰리뉴는 존 로크의 『인간오성론』을 읽다가 이 물음과 맞닥뜨렸다고 한다. 로크에 따르면 제1성질은 대상의 크기나 형태와 같은 객관적 속성, 제2성질은 색채·소리·냄새·맛과 같은 주관적 속성이다. 전자가 둘 이상의 감각으로 지각되는 공통대상들이라면, 후자는 하나의 감각으로만 지각되는 고유대상이다. 몰리뉴의 물음은 '둘 이상의 감각으로 지각되는 공통대상을 오직 시각만으로 지각할 수 있는가?' 하는 것이었다. 로크는 1694년에 출간한 『인간오성론』의 개정판에 이 물음을 그대로 수록했다.

한 사람이 시력을 잃은 채 태어나 이제 어른이 됐다고 하자. 그는 똑같은 금속으로 이루어진 거의 같은 크기의 입방체와 구를 촉각으로 구별하는 법을 배우면서 자라나, 이제 그것들을 손으로 만져보고 어느 것이 입방체이고 어느 것이 구인지 말할 수 있게 되었다. 이어서 그 입방체와 구를 탁자 위에 올려놓자. 그리고 그 눈먼 이가 치료를 받아 눈을 뜨게 되었다고 하자. 이 경우 그 사내는 그것들을 만지지 않고 오직 보는 것만으로 그것이 구인지, 입방체인지 구별하여 말할 수 있을까?(E II.4.8)

이 물음에 몰리뉴는 '아니'라고 대답했고, 로크 역시 이 물음에 부정적으로 대답한다. 그로부터 30여년 후 이들의 사유실험은 현실이 된다. 1728년 영국의 의사 윌리엄 체슬든이 백내장 제거 수술로 태어날 때부터 보지 못했던 14살 소년의 눈을 띄우는 데에 성공한 것이다. 몰리뉴와 로크의 추측대로 소년은 처음에는 대상의 형태나 정체를 식별할 때 곤란을 겪었고, 눈으로 식별이 가능해질 때까지는 어느 정도 훈련이 필요했다고 한다.

하지만 두 사람과 달리 콩디야크는 시각만으로도 대상의 형태나 정체를 알아볼 수 있다고 믿었다. 문제는 체슬든의 보고가 콩디야크의 믿음을 강력히 반박한다는 점이었다. 체슬든의 사례를 그는 이렇게 설명했다. 마치 수많은 형상으로 가득 찬 히에로니무스 보스[1450?~1516]의 그림을 볼 때처럼, 처음에는 시야 전체에 거대한 혼란상이 나타나겠지만, 약간의 시간이 지나면 대상들이 속속 하나씩 식별되기 시작한다는 것이다. 다시 말해 소년에게는 눈이 장면에 익숙해질 때까지 약간의 시간이 필요했을 뿐, 개별 대상을 식별하기까지 굳이 촉각적 접촉이 필요하지는 않았다는 이야기다.[1]

하지만 콩디야크도 얼마 후 시각은 촉각이 있어야 제 기능을 한다는 사실을 인정하게 된다. 이를 보여주기 위해 그는 『감각론』*Traité des Sensations*에서 한가지 사유실험을 제안한다. 여기에 살아 있는 조각상이 있다고 상상해보자.* 이 조각상은 오감이 막혀 있어 아직 세상을 경험하지 못한 상태이다. 실험은 이 조각상의 막힌 오감을 하나씩 차례로 개통할 때 내면에서 벌어지는 일을 추정하는 것으로 이루어진다. 이에 따라 그는 가장 원시적 감각인 후각에서 출발하여 청각·미각·시각의 순서로 조각상의 감각을 하나씩 개통해나가기 시작한다. 실험은 촉각의 개방으로 마무리된다.

물론 이런 종류의 실험은 그가 처음 도입한 것이 아니다. 존 로크는 『인간오성론』에서 시각부터 하나씩 오감을 제거해나가는 사유실험을 제시한 바 있다.[2] 드니 디드로[1713~1784] 역시 『맹인에 관한 편지』*Lettre sur les Aveugles*에서 촉각으로 시각을 대신해 온 사내의 예를,[3] 그리고 『농아에 관한 편지』*Lettre sur les Sourds et Muets*에서는 한 사람을 각각 하나의 감각만 가진 다섯명의 개인으로 나누는 사유실험을 제시한 바 있다.[4] 이 때문에 콩디야크는 '표절'이라는 비난을 받기도 했지만,[5] 모티브를 차용했다고 실험

---

* 신체를 조각상에 비유하는 발상은 데카르트에게서 유래한 것으로 보인다. "나는 신체가 흙으로 만들어진 조각 혹은 기계라고 가정한다." René Descartes, "Treatise on Man" in *The Philosophical Writings of Descartes*, Cambridge University Press 1984, 99면.

의 독창성이 사라지는 것은 아니다. 그의 실험은 로크나 디드로의 것과는 명확히 다른 용도를 갖는다. 그 실험의 목적은,

우리의 인식과 우리의 모든 능력들이 어떻게 감각에서, 아니 더 정확히 말하면 감각들에서 비롯되는지 보여주는 것이다. (⋯) 영혼이 자신의 인식과 자신의 모든 능력을 얻는 것도 감각들로부터다.[6]

콩디야크에 따르면 판단·반성·욕망·정념 등 우리 마음의 모든 기능은 감각 자체가 상이하게 변형된 것에 불과하다. 이는 역사상 가장 철저한 형태의 감각주의라 할 수 있다. 모든 지식은 경험에서 나온다고 주장했던 로크마저도 내감이 외감에 의해 '촉발'된다고 했을 뿐, 내감이 외감에 의해 '생산'된다고 주장하지는 않았기 때문이다. 로크는 데카르트 심신이원론의 영향 아래 판단·반성·욕망·정념 등을 여전히 순수한 의식의 산물로 보았다. 콩디야크는 로크식^式 경험주의의 불철저함을 비판하며 마음의 모든 능력을 외감으로 환원한다.

| 살아 있는 조각상

감각에서 그 모든 정신의 능력들이 만들어지는 일이 어떻게 가능한가? 콩디야크는 그것을 쾌감과 고통의 이진법으로 설명한다. 불쾌한 것은 피하고 쾌적한 것을 좇는 생물의 본능에 따라 조각상도 자신의 주의^{attention}를 불쾌한 감각에서 쾌적한 감각으로 옮기려 한다는 것이다. 이제 조각상의 후각을 열어 그가 여러 냄새를 맡게 해주자. 지금 풍기는 냄새가 향기롭다면 조각상은 그 상태가 지속되기를 바랄 것이고, 지금 악취가 난다면 거기서 주의를 돌려 과거에 맡았던 향기를 떠올릴 것이다. 이렇게

후각 하나만으로도 벌써 조각상은 주의·기억·판단·욕망·상상의 능력을 획득한다.

이어서 청각을 개통하면 조각상은 세계에 대해 더 많은 관념을 갖게 된다. 소리에는 음향과 소음이 있다. 조각상은 시끄러운 소음을 피하고, 조화로운 음향에 오래 머무르려 할 것이다. 그 결과 조각상은 멜로디나 하모니에 대한 감각을 갖는다. 소리는 냄새보다 더 정서적이어서 조각상에 "일절 후천적 관념에 의존하지 않고 오직 우리 신체에서 일어나는 변화에서만 나오는 그런 기쁨과 슬픔을 부여한다." 콩디야크는 여기서 감정을 "신체에서 일어나는 변화"로 설명한다.[7] 한마디로 기쁨과 슬픔의 감정도 결국 감각에서 나온다는 이야기다. 이에 그는 스스로 놀라움을 드러낸다.

이 물건(조각상)은 새로운 것이다. 자연의 창조주가 사용한 방식들의 놀라운 단순함을 보여주기 때문이다. 인간에게 모든 종류의 관념·욕망·습관·재능이 발생하도록 할 때에는 그로 하여금 쾌감과 고통을 느끼게 하는 것만이 필요하다. 그러니 어찌 감탄하지 않을 수 있겠는가.[8]

이어서 시각이 개통된다. 콩디야크는 시각을 타블로에 비유한다. 시각을 얻은 조각상은 세계를 2차원의 평면에 색채가 연장된 것으로 체험한다. 깊이를 모르는 조각상에게는 아직 공간의 관념이 없다. 낯선 그림을 볼 때처럼 조각상도 처음에는 세계를 색의 얼룩으로 볼 것이다. 하지만 그림에 익숙해지면 디테일이 눈에 들어오듯이 시간이 지나면 조각상도 시야 속에서 색을 구별하게 된다. 물론 색을 구별한다고 해서 곧 형을 구별하는 것은 아니다. 형을 구별하려면 색과 색 사이의 경계에 주목해야 하나, 조각상에게는 그래야 할 이유가 딱히 없기 때문이다.

이렇게 조각상이 감각을 하나씩 얻어 인지활동의 주체로 성장하는 과정은, 오늘날 인공지능^AI 기계가 스스로 딥러닝을 통해 하나의 유사인격으로 진화해가는 과정을 연상시킨다. 그 자체로는 간단하기 짝이 없는 원리에 따라 인공지능이 스스로 진화하듯이, 우리의 조각상도 쾌감과 고통이라는 간단한 이진법 원리에 따라 다양한 정신능력을 갖춘 존재로 진화해간다. 주목해야 할 사실은, 조각상에 이런 능력을 부여하기 위해 그가 '생득관념', 혹은 구조화하는 '정신'의 능력 따위를 소환하지 않았다는 점이다. 판단·기억·상상·감정 등 우리 마음의 모든 능력을 콩디야크는 오직 감각만 가지고 설명해낸다.

| 관념론적 무능과 촉각

다시 조각상으로 돌아가보자. 감각은 혼란스럽다. 후각이 처음 개통되었을 때 조각상은 아마 냄새와 자신을 구별하지 못했을 것이다. 청각이 처음 개통되었을 때에는 냄새와 소리를 서로 구별되지 않는 한 덩어리로 지각했을 것이다. 여기에 미각과 시각이 더해지면 혼란은 극에 달한다. 이 혼란한 감각들로부터 저절로 세계에 대한 질서정연한 인식이 나올 것 같지는 않다. 철학자들이 '생득관념', 혹은 내감으로서 '공통감'과 같은 것을 소환한 까닭은 아마 이 때문이리라. 하지만 감각주의를 천명한 이상 콩디야크는 오직 감각들만으로 세계를 질서정연하게 파악할 수 있음을 보여주어야 한다.

콩디야크는 해결의 열쇠가 촉각에 있다고 보았다. 그는 후각·청각·미각·시각을 "그 자체로서는 외부 대상들을 판단할 수 없는 감각들"이라 부른다. 이들 감각만으로는 조각상이 자아와 세계를 구별할 수 없기 때문이다. 조각상은 자신이 감지한 색깔·소리·맛·냄새 등이 외부에서 왔다고 생각하지 못하고, 이것들을 자아에 속한 것으로, 즉 자기의식 '안'의 현상으로 체험할 뿐이다. 여기서 조각상은 그 감각질들이 자기 안에 있는 것인지 혹은 밖에 있는 것인지 구별하지 못하는 관념론적 무능의 상태에 빠진다. 버클리와 흄의 유아론적 주체는 바로 이 상태에 빠져 있는 셈이다.

조각상을 이 자폐의 상태에서 벗어나게 해주는 감각이 바로 촉각이다. 콩디야크에 따르면 촉각은 "그 자체만으로 외부 대상들을 판단할 수 있는 유일한 감각"이다. 촉각을 통해 비로소 조각상은 자신을 세계와 구별되는 존재로 체험한다. 예를 들어 손으로 자신을 만질 때 조각상은 '만지는 느낌'과 '만져지는 느낌'을 동시에 갖는다. 이 이중의 촉감을 통해 오직 '만지는 느낌'만 있는 다른 사물로부터 자기의 신체를 구별해낼 수 있게 된다. 마치 조각가가 돌에 윤곽을 부여하듯이 조각상은 촉각을 통해 세계와 구별되는 자신의 윤곽을 조각하는 셈이다.

이어서 조각상은 손을 내밀어 자기 밖의 대상들을 만지기 시작한다. 이 촉각을 통해서 시각은 형태를 구별하게 된다. 손의 만짐을 통해 조각상은 비로소 색과 색 사이의 경계에 주목하게 되고, 이때 시야를 채우고 있던 모호한 색면色面들이 눈앞에 명확한 형태로 나타나는 것이다. 시각만이 아니라 다른 감각들도 제 기능을 발휘하려면 촉각의 지원을 받아야 한다. 촉각을 통해 다른 감각들도 특정한 소리나 냄새, 맛이 각각 어느 대상에 속하는지 분명히 알게 된다. 나아가 특정한 소리와 냄새, 맛이 하나의 동일한 대상에 속한다는 사실을 알려주는 것도 촉각이다.

| 의미

황당해 보이는 이 사유실험으로, 사실 콩디야크는 근대 형이상학의 과도한 이성주의에 급진적인 이의를 제기하고 있다. 데카르트의 유명한 말을 생각해보라. '나는 생각한다. 고로 존재한다.' 이 문장에 따르면 존재하는 것은 바로 생각이다. 데카르트의 주체는 신체가 아니라 정신, 즉 그의 표현을 빌리면 연장실체가 아니라 사유실체다. 반면 콩디야크의 주체는 연장실체, 즉 만지거나 만져지는 신체다. 그의 조각상은 자신의 윤곽을 더듬고 만짐으로써 비로소 자신이 세계와 구별되는 존재라는 자의식에 도달한다. 이 새로운 주체의 격률은 이것이다. '나는 만진다. 고로 존재한다.'

데카르트는 이성과 감각을 서로 대립시키는 가운데 이성을 위해 감각을 불신하라고 가르쳤다. 감각이 배제되면서 아이스테시스는 사실상 지각과 동일시되기에 이른다. 근대철학에서 지각에 관한 논의는 공통감·판단력·상상력 등 감각 이후의 기능들, 이른바 내감을 중심으로 이루어진다. 이때 지각은 신체의 활동인 감각과 달리 철저히 의식 '안'의 활동으로 간주된다. 반면 콩디야크는 이성을 포함한 정신의 모든 능력을 감각으로 환원하고, 이를 다시 가장 신체적인 감각인 촉각의 지도에 맡긴다. 이로써 그는 근대의 이성중심주의에 근본적인 의문을 제기한다.

어떤 의미에서 이는 고대로의 회귀일지도 모른다. 아리스토텔레스는 촉각을 모든 감각의 토대이자 근원으로 여겼다. 콩디야크 역시 촉각이 모든 감각을 이끈다고 생각한다. 아리스토텔레스는 오감을 통합하는 기능을 공통감에 맡겼다. 그는 이 공통감을 일종의 외감으로, 더 정확히 말하면 '외감들' 사이의 협력으로 이해했다. 그것을 '내감'으로, 말하자면 의식 안의 현상으로 바꾸어 놓은 것은 이븐시나였다. 반면 콩디야크는 공통감은 물론이고 상상력·판단력·기억력 등 '내감'이라 불리는 일체의 능력을 다시 감각으로, 그것도 촉각으로 되돌려놓는다.

데카르트는 '나'를 사유와 동일시한다. 이로써 '나'의 신체성은 사라진다. 신체의 사라짐은 곧 가장 신체적인 감각의 사라짐을 의미한다. 촉각을 잃은 '나'는 세계의 존재를 확신하지 못한다. 실제로 데카르트의 주체는 스스로의 힘으로 세계로 나아가지 못한다. 그가 세계의 존재를 확신하기 위해서는 신의 선의라는 보증이 필요했다. 버클리 역시 신의 눈을 통해 외부세계의 존재를 보증한다는 주장을 펼친다. 신의 도움을 마다할 경우 '나'는 유아론에 빠져 의식 안에 갇혀버리고 만다. 흄이 바로 그 길을 걸었다. 하지만 콩디야크는 촉각을 복권함으로써 합리주의의 독단론과 경험주의의 회의론 모두에서 벗어난다.

콩디야크는 자신의 조각상을 훈련시키는 데에 그림과 음악을 동원한다. "음악을 이용한 청각자료의 입력, 그림을 통한 시각자료의 입력은 세계의 합리적 질서가 감각의 본성에 부합한다는 관념을 뒷받침해준다."[9] 칸트의 경우 쾌·불쾌의 감정에 따라 세계의 질서를 지각하는 것은 내감, 즉 상상력과 판단력이었다. 반면 콩디야크의 조각상은 외감들 자체로 그것을 판정한다. 칸트는 지각이 주는 정신적 쾌와 감각이 주는 육체적 쾌를 구별한다. 미적 쾌는 당연히 전자에 속한다. 반면 콩디야크는 그림과 음악의 쾌를 감각에서 오는 육체적 쾌로 간주한다.

콩디야크의 조각상은 한마디로 '신체의 코기토'다. 그것은 데카르트적 주체, 즉 정신의 코기토의 대척점에 서 있다. 메를로퐁티와 들뢰즈로 이어지는 프랑스 감각주의의 전통은 이 조각상에서 시작되었을지도 모른다. 오감이 개통되지 않은 조각상을 생각해보라. 이 조각상은 고통과 쾌감만 느끼는 막연한 덩어리로서 촉각이 열리기 전까지는 미분화한 감각들의 어지러운 범벅으로 존재한다. 아직 기관으로 분화하지 않은 이 조각상이 바로 슈미츠가 말하는 '육체'Leib, 메를로퐁티가 말하는 '살'chair, 들뢰즈가 말하는 '기관 없는 신체'Corps sans Organ의 원형이리라.

사태 자체로
후설·하이데거·메를로퐁티

고대 그리스에서 '아이스테시스'라는 말은 원래 미분화 상태의 '감각-지각'을 가리켰다. 신체가 영향을 받는 수동적 '감각'과 정신의 능동적 작용으로서 '지각'을 구분하는 경향 또한 그 시절에 시작되나, 그 둘을 불가분의 관계로 보는 것이 고대철학의 대체적 분위기였다. 하지만 근대에 들어오면서 상황이 달라진다. 신체와 정신이 분리되면서 아이스테시스는 신체에 속하는 감각이 아니라 정신에 속하는 지각과 동일시되고, 주관과 객관이 분리되면서 '관념', 즉 의식 '안'의 순수한 심리적 현상으로 간주되기에 이른다. 이로써 의식과 세계가 서로 분리된다.

이것이 근대철학의 아포리아aporia다. 데카르트는 결코 외부세계의 존재를 의심하지 않았다. 로크 역시 어떤 '물질적 기체'가 존재해 모든 감각적 속성의 아래에서 그것들을 떠받쳐준다고 보았다. 하지만 이 경우 '감각으로 파악할 수 없는 그 물질적 기체가 존재한다는 사실을 어떻게 아느냐'라는 물음이 제기된다. 버클리는 이 물음을 해결하기 위해 아예 그 기체의 존재를 부정했다. '존재하는 것은 지각되는 것이다.' 이렇게 버클리가 객관적 세계를 지각된 관념들로 환원해버리자, 이어서 흄은 그 세계의 맞은편에 서 있는 인간의 주관적 의식마저 관념들의 다발로 해체해버렸다.

칸트는 합리주의와 경험주의의 종합을 시도했다. 칸트에 따르면, 시간과 공간은 존재의 형식이 아니라 직관의 형식에 불과하다. 즉 애초에 의식이 세계 자체를 구성한 것이다. 물론 의식이 구성한 세계 밖에는 시·공이라는 주관의 형식에 아무런 구애를 받지 않는 '사물 자체'가 존재할 것이나, 우리로서는 그것을 인식할 수가 없다. 한마디로 우리의 이성에는 한계가 있다는 것이다. 칸트 이후 피히테·셸링을 거쳐 헤겔로 이어지는 독일 관념론의 흐름은 결국 이 주관과 객관의 간극을 극복하여 이른바 '주객동일성'에 도달하려는 열망의 이론적 표현이었다고 할 수 있다.

| 판단중지

에드문트 후설[1859~1938]의 '현상학'은 이 아포리아에서 탄생했다. 물음에 해답이 없는 이유는 애초에 물음 자체가 잘못 제기됐기 때문이다. 근대철학의 아포리아는 정신과 신체, 주관과 객관을 분리한 근본오류에서 비롯됐는지도 모른다. 그렇다면 이 아포리아를 극복하기 위해서는 주객의 분리가 일어나지 않은 최초의 상태로 돌아가 그때 의식에 나타나는 현상 자체를 있는 그대로 기술해야 할 것이다. 이 요청을 후설은 '사태 자체로'[zur Sache selbst]라는 구호로 정식화했다. 사태 자체로 돌아가기 위해, 후설은 이 최초의 나타남(현상)이 의식 '안'의 사건인지 혹은 '밖'의 사건인지에 대해 일단 판단을 중지[epoché]하라고 권한다.

이 사유의 전회에서 결정적 역할을 한 것이 프란츠 브렌타노[1838~1917]의 '지향성'[intentionalität] 개념이다. 브렌타노는 물리적 대상과 달리 심리적 현상은 스콜라철학자들이 말한 지향성을 갖는다며, 이를 "내용에 관계함" "대상을 향함" "내재적 대상성"으로 규정했다.[10] 즉 심리적 현상은 항상 '무언가에 관한' 현상이라는 뜻이다. 하지만 용龍의 표상이 용의 실재를 의미하지 않듯이 그 '무언가'가 꼭 실재하지는 않는다. 이 때문에 브렌타노는 지향성을 의식내재적 현상으로 간주했다. 반면 이 개념을 넘겨받은 후설은 그 안에 대상의 실재성이 함축되어 있을 가능성을 배제하지 않는다. 그저 대상에 대한 판단을 중지할 뿐이다.

후설 자신은 여전히 근대 형이상학에서 자유롭지 못했지만, 지향성의 개념을 도입함으로써 고대적 의미의 아이스테시스를 부활시킬 이론적 단초를 마련해주었다. 그의 영향으로 현대철학에서는 '사태 자체로' 돌아가 감각을 부활시키려는 시도가 등장하는데, 이는 대략 두가지 방향으로 이루어졌다. 하나는 하이데거의 현존재現存在, Dasein의 해석학이고, 다른 하나는 메를로퐁티의 신체현상학이다.[11] 하이데거가 '주체와 객체의 분리' 이전의 아이스테시스를 명제진리보다 더 근원적 진리로 간주했다면, 메를로퐁티는 '신체와 정신의 분리' 이전에 아이스테시스가 갖고 있던 육체적 성격에 주목했다.

| 근원적 진리로서 감각

데카르트에 따르면 감각은 오류의 원천이다. 예를 들어 물속에 잠긴 막대기는 휘어져 보인다. 감각은 이렇게 거짓말을 하나, 이성은 그 막대기가 실은 휘어지지 않았다고 말해준다. 따라서 감각이 아니라 이성을 신뢰해야 한다. 이는 물론 명백한 오류논증이다. 그 막대기가 휘어지지 않았다는 사실 또한 우리에게는 감각을 통해 알려질 수밖에 없기 때문이다. 그것이 '사태진리'다. 막대기가 휘어졌는지 여부를 따지는 명제놀이는 아이스테시스가 열어주는 이 근원적 진리의 토대 위에서만 가능한 것이다. 『존재와 시간』Sein und Zeit에서 하이데거는 근대철학의 감각론이 그리

스의 진리개념에 대한 오해에서 비롯되었다고 지적한다.

오늘날 널리 퍼진 견해처럼 진리가 '원래' 판단에 귀속된다고 규정하면서, 나아가 이 명제를 아리스토텔레스의 것으로 돌린다면, 이는 근거가 없는 것이자 동시에 그리스의 진리개념을 오해한 것이다. 아이스테시스, 즉 무언가를 곧바로 감각적으로 지각하는 것이야말로 그리스적 의미에서 '참'이며, 이는 이른바 로고스보다 더 근원적인 것이다 (§7).[12]

감각이 모든 지식의 근원이라는 것은 아리스토텔레스를 비롯한 수많은 그리스철학자들이 공유하는 견해였다. 루크레티우스는 "참에 대한 지식은 감각에서 나오며 감각은 반박될 수 없다."고 말한 바 있다. 에피쿠로스의 말대로 "감각을 배격한다면 그것이 오류라고 주장할 근거마저 사라지고 말 것"이기 때문이다.[13] 아리스토텔레스 역시 『영혼론』에서 오류는 상상력에서 나오며 감각은 언제나 참이라고 말했다. 하이데거는 아이스테시스를 명제진리의 토대가 되는 근원적 진리, 즉 그위에서 명제의 진위를 따지는 놀이가 펼쳐지는 장이 열리는 사태로 본다.

하나의 아이스테시스가 자신의 이디아[idia], 즉 오직 자신을 통해서만, 자신에 대해서만 접근할 수 있는 존재자를 겨냥하는 한, 예를 들어 시각이 색깔을 겨냥하는 한, 그 지각은 언제나 참이다. 이것은 시각은 언제나 색채를, 청각은 언제나 소리를 발견〔탈은폐〕[entdecken]한다는 것을 말해준다. 순수한 노에인[noein], 즉 존재자 자체의 가장 단순한 존재규정을 그냥 보아서 지각하는 것이야말로 가장 순수하고 근원적인 의미에서 '참'이다. 즉 그저 발견적[탈은폐적]일 뿐 결코 은폐할 수 없는 것이다. 이 노에인은 은폐할 수가 없기에 결코 거짓일 수 없으며, 기껏해야 비非지각, 즉 아그노에인agnoein으로 머물 뿐이다(§7).[14]

감각은 탈은폐적이다. 그것은 감추어져 있던 존재자의 참모습을 우리에게 알려준다. 눈으로 소리를 듣거나 귀로 색깔을 보는 경우가 아니라면, 시각에 나타나는 색깔, 청각에 나타나는 소리는 근원적으로 참이다. 색깔이 진정으로 무엇인지는 시각을 통해 알려지고, 소리가 진정으로 무엇인지는 청각을 통해 알려지기 때문이다. 이에 비하면 과학은 차라리 은폐적이다. 예를 들어 '럭스'lx라는 표현은 빛 자체를, '헤르츠'Hz라는 표현은 소리 자체를, '킬로그램'kg이라는 표현은 사물의 무게 자체를 감추어버리기 때문이다. 따라서 하이데거는 과학보다는 예술이 더 근원적인 참이라고 설명한다.[15]

| 신체의 도식

마르틴 하이데거1889~1976는 인간을 '주체'subject가 아니라 '현존재'Dasein라 부른다. 여기서 근대의 형이상학에 대한 그의 불신을 볼 수 있다. 데카르트의 '주체'가 정신으로서 세계와 이론적 관계를 맺는 존재라면, 하이데거의 '현존재'는 신체와 정신을 모두 갖춘 채 세계와 실천적 관계를 맺는 존재다. 이는 하이데거가 생각하는 인간(현존재)에 신체성이 포함된다는 것을 의미한다. 하지만 『존재와 시간』에서 그는 현존재의 신체성Leiblichkeit은 "그 자체의 문제를 갖고 있으나 여기서는 다루지 않기로 한다"며, 문제를 그냥 넘겨버린다(§23).[16] 이렇게 하이데거가 넘겨버린 과제는 현상학에 맡겨진다.

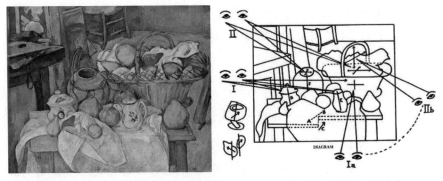

(왼쪽) 폴 세잔 「부엌의 테이블」 (오른쪽) 세잔은 화면에 신체의 움직임에 따라 달라지는 여러개의 시점을 도입한다. 시각의 진정한 주체는 정신이 아니라 신체다. (얼 로란 「세잔의 구성」)

브렌타노와 후설에게 '지향성'은 어디까지나 의식이나 정신의 특성이었다. 하지만 이와는 다른 성격의 '지향성'도 존재한다. 아리스토텔레스는 『영혼론』에서 모든 동물은 식물과 달리 감각능력을 갖고 있으며, 감각을 하는 한 외부의 것을 욕망하거나 상상한다고 지적한 바 있다. 여기서 지향성은 섭생능력·감각능력·운동능력을 가진 신체의 특성으로 설명된다. 사실 의식이나 정신의 지향성은 신체에 속한 이 근원적 지향성의 파생물에 불과할지도 모른다. 메를로퐁티는 근대철학에서 생각하듯이 인간이 '초월적 자아'이기 이전에 무엇보다 신체를 가진 존재라는 데에 주목한다.

모리스 메를로퐁티[1908~1961]의 '지각의 현상학'은 지각이 신체의 접촉에 뿌리를 두고 있다는 사실에서 출발한다. 데카르트는 자신의 신체마저 정신[cogito]의 객체로 간주했지만, 오히려 신체는 "지각의 주체"로 기능한다.[17] 메를로퐁티의 설명에 따르면 우리의 지각은 세계와의 신체접촉에 의해 미리 규정된다. 인지이전[precognitive]의 이 신체접촉이 우리가 하게 될 지각의 가능성을 미리 조건 짓는 이른바 '신체도식'[schéma corporel]으로 기능한다. 이 도식은 순수한 정신적 현상도, 순수한 물리적·생리적 현상도 아니다. 그의 말대로 주체와 객체의 구별은 신체 속에서 흐려지기 때문이다.

메를로퐁티는 『세잔의 회의』*Le Doute de Cézanne*에서 이 새로운 지각의 개념을 잘 보여준다. 르네상스의 원근법은 움직이지 않는 '정신'의 눈으로 본 세계를 보여준다. 하지만 뭔가를 지각할 때 우리의 안구는 끊임없이 움직이며 시시각각 초점을 변경한다. 폴 세잔1839~1906은 세계를 끊임없이 움직이는 이 육안에 비친 모습대로 묘사하려 했다. 원근법에 익숙한 눈에는 신체의 촉각적 지각을 구현한 세잔의 그림이 혼란스러워 보인다. 하지만 잘 정돈된 원근법적 공간은 기하학적 추상의 산물일 뿐, 실제로 우리의 육안에 비친 세계는 세잔의 그림처럼 혼란스러운 것이다. 세잔의 이 새로운 원근법을 메를로퐁티는 '체험된 원근법'la perspective vécue이라 불렀다.[18]

정신의 감성학
플레스너

데카르트가 세계를 연장실체와 사유실체로 나눈 이후 감각의 이론도 크게 두 흐름으로 전개되었다. 과학적 접근은 감각을 외부자극이 신체라는 연장실체에 일으키는 '물리적' 사건으로 환원했고, 철학적 접근은 감각을 지각과 동일시하는 가운데 그것을 사유실체 내의 '관념적' 현상으로 전락시켰다. 과학의 계량적 접근이 감각의 질적 측면을 설명하지 못한다면, 철학의 인식론적 접근은 감각을 의식 내의 주관적 현상으로 간주함으로써 세계와의 연결을 설명할 수 없었다. 앞에서 본 현상학적·해석학적 접근은 근대철학의 이 이분법을 개념적으로 극복하려는 시도로 볼 수 있다.

| 정신의 감성학

헬무트 플레스너[1892~1985] 역시 이 현상학적·해석학적 전통 안에 속한다고 할 수 있다. 감각지각을 무엇보다도 체현된[embodied]·행동화된[enacted]·육화된[embedded] 현상으로 간주하기 때문이다. 이렇게 신체와 정신을 분리될 수 없는 하나로 봄으로써 근대철학의 이원론을 극복하려는 기획을 플레스너는 '정신의 감성학'[Ästhesiologie des Geistes]이라 불렀다. 주목해야 할 사실은 널리 알려지지 않은 이 학자의 기획이 하이데거의 『존재와 시간』(1927)이나 메를로퐁티의 『지각의 현상학』(1945)보다 시간적으로 앞선다는 점이다. 최근에 일어난 '플레스너 르네상스'는 이 사실과 무관하지 않을 것이다.

감성학이 겨냥하는 또다른 표적은 감각에 대한 과학적 접근이었다. 20세기 초반에 감각에 대한 연구는 주로 자연과학이나 게슈탈트 심리학의 영역에서 이루어졌다. 하지만 플레스너에 따르면, 자연과학과 경험심리학은 이 세계가 현상하는 방식을 전혀 설명하지 못한다. '사태 자체로' 돌아가자는 구호에 따라 플레스너 역시 아이스테시스의 근원적 성격을 강조한다. 세계에 대한 과학적 설명이란 감각에 나타나는 근원적 진리를 추상하여 사후적으로 구성되는 파생적 진리에 불과하다는 것이다.

만약 물리학이 세계의 진정한 상태를 다룬다면, 세계에 대한 우리의 경험은 그저 총천연색이나 불가피한 부수현상, 즉 두뇌의 세포와 통로들에서 발생하는 특정 물질적 사건들의 비자발적 발광發光에 불과한가? 그리하여 우리의 감각의 특질들, 즉 특정 감각기관들에 고유한 방식으로 엮여 있는 그 특질들은 그저 환영이자 가상에 불과한가? 아니면 (그 반대로) 물리학과 화학의 통일적인 세계상이야말로 그저 자명한 현실의 전체상에서 인위적으로 떼어낸 흑백의 스케치, 즉 자연을 실천적으로 정복할 목적으로 그것을 단순화하기 위해 고안된 추상에 불과한가?[19]

대답은 자명하다. 감각적 특질들은 그저 '환영'이나 '가상'이 아니라 그 자체로 참이며, 그것들에 대한 과학적 설명은 자연을 정복하기 위해 사후적으로 고안한 추상에 불과하다. 이는 32장에서 인용한 하이데거의 말을 연상시킨다. "아이스테시스, 즉 무언가를 곧바로 감각적으로 지각하는 것이야말로 그리스적 의미에서 '참'이며, 이는 이른바 로고스보다 더 근원적인 것이다."

정신의 감성학

인간의 감각은 유기체가 환경에 적응하는 과정에서 우연히 발생한 것이 아니다. 감각기관은 육체와 정신이 서로 조응하는 형식이다. 따라서 올바른 이론이라면 감각의 기능을 정신과의 관계 속에서 설명해야 한다. 인간의 감각은 자극-반응의 '물리적' 현상이 아니라, 정신과 결합된 '해석적' 활동이기 때문이다. 자연과학에서는 감각의 기능을 설명하기 위해 그것을 원자적·분자적 구성요소로 환원한다. 하지만 그 분해 혹은 분석의 과정에서 정작 감각의 의미부여Sinngebung 기능은 간단히 사라지고 만다. '감성학'은 과학이 증발시킨 감각의 이 고유기능을 회복시키려한다.

언뜻 보기에 플레스너의 '감성학'Ästhesiologie은 바움가르텐의 '감성론'Aesthetica과 닮았다. 하지만 이 두 기획은 출발점 자체가 다르다. 감성론이 신체와 정신을 엄격히 구별하는 데카르트주의의 틀 내에서 감각을 복권하려 한다면, 감성학은 신체-정신의 구분 자체를 무화無化하면서 출발한다. 한마디로 감성론의 토대에 깔린 철학적 전제 자체의 거부이다. 플레스너에 따르면 신체와 정신은 서로 분리되어 있지 않다. 감각의 과정에서 그 둘은 처음부터 일체가 되어 함께 움직인다. 따라서 신체를 통한 감각에는 이미 세계에 대한 정신적 해석이 담겨 있다는 것이다.

칸트는 지각을 이런 식으로 설명한다. 여러 감관이 지각대상의 다양한 자료들(빨간색, 향기, 달콤함 등)을 수집하면, 상상력이 이들을 하나의 이미지로 종합하고, 오성이 그것에 적합한 개념(가령 '사과')을 찾아 '대상=사과'라는 판단을 내린다는 것이다. 하지만 플레스너는 이렇게 지각의 단계를 구분하는 것은 이론적 추상일 뿐이라고 말한다. 실제의 지각은 이런 식으로 이루어지지 않는다. 신체와 정신은 하나이기에 우리는 냄새만 맡고도 그것을 즉각 사과로 지각한다. 하이데거 역시 『예술작품의 근원』 *Der Ursprung des Kunstwerkes* 에서 우리는 감각의 종합 없이 엔진 소리만 듣고도 그것을 메르세데스로 지각한다고 말한다.[20]

데카르트는 "나는 생각한다. 고로 존재한다"라고 말하면서 자아를 사유와 동일시했다. 이 데카르트주의의 연장선 위에서 칸트는 시간과 공간을 '주관'의 선험적 형식으로 간주한다. 즉 세계 자체의 모습은 알 수 없지만, 적어도 우리가 인식하는 세계는 정신의 구성물이라는 이야기다. 반면 플레스너는 '나는 신체이자, 동시에 신체를 갖고 있다'라고 말한다. 자아란 신체이자 정신이며, 세계는 이러한 신체의 감각에 의해 구성된다는 설명이다. 결국 신체와 정신이 조응하는 형식인 감각은 세계가 우리에게 주어지는 조건으로서 물질적 선험성material apriori인 셈이다.

이렇게 플레스너는 칸트의 논의를 유물론적으로 재해석한다. 한편 감각을 신체와 정신이 서로 조응하는 형식으로 본다는 것은 결국 신체와 정신이 상대를 서로 규정하는 관계에 있음을, 다시 말해 정신이 감각기관을 규정하는 만큼 정신도 감각기관에 의해 구조화된다는 점을 의미한다. '정신의 감성학'이란 결국 감성의 측면에서 정신의 본질에 접근하려는 시도, 다시 말하면 감각의 활동능력을 출발점으로 삼아 정신의 구조와 기제에 대한 설명을 구성하려는 철학적 기획인 셈이다.

| 감각의 통일성과 양상들

책의 제목이 암시하듯이 플레스너는 오감의 기능이 통일되어 있다고 보았다. 하지만 감각의 통일을 위해 '공통감'(아리스토텔레스)이나 '생산적 구상력'(칸트)과 같은 별도의 기제가 필요한 것은 아니다. 통일은 감각들 자체 내에서 이루어진다. 가령 시각과 촉각은 서로 경쟁하는 관계에 있다. 손으로 무언가를 만지는 순간, 그 손은 시각을 가린다. 하지만 촉각이 없다면 시각도 불가능하다. 손으로 만지지 않는 이상, 대상은 의식 내의 관념적 현상에 그칠 뿐, 우리 몸 밖에 있는 사물로 지각되지 않기 때문이다. 이렇게 시각을 '외부'를 감각하는 기관으로 만들어주는 것은 촉각이다.

플레스너는 정신과 신체가 조응하는 형식으로서 감각을 세가지 양상 Modalitäten 혹은 특질들Qualitäten 로 구분한다. 시각, 청각, 상태감각이 바로 그것들이다. 이들 세 감각은 저마다 고유의 양상을 가지고 의식의 두 차원, 즉 현시적 의식(조우적·내향적·감정적)과 재현적 의식(도식적·통사적·주제적)에 각각 조응한다. 다소 의아한 일이지만 감각에 대한 플레스너의 논의는 주로 촉각이 아닌 시각과 청각 중심으로 이루어진다. 그는 기하학(원근법)과 음악을 이들 감각을 통한 세계구성의 범례로 꼽는다. 반면 후각·미각·촉각은 그의 감성론에서 간단히 제외된다. 이들을 통해서는 '정신의 감성화'가 일어날 수 없다고 보았기 때문이다.

정신의 감성학은 생리학·생물학·심리학에서 출발해 물리적 감각기관으로 나아가서는 안 되며, 정신적 본질의 감각화가 일어나는 양상들을 이해한다는 본연의 목적에 맞게 정신의 감각화가 더이상 없는 곳에서는 멈추어야 한다. 따라서 일련의 특수한 감각적 기능들, 가령 미각과 후각, 촉각과 통각, 온도감각과 평형감각, 쾌감 등이 거기〔정신의 감성학〕에서 제외되는 것을 감수해야 한다. 감성학은 이들에 대한 해석을 포기해야 한다. 왜냐하면 이들에게는 자기만의 의미부여 기능이 없기 때문이다. 의미가 존재하지 않는 곳에서 감성학은 멈춘다.[21]

플레스너의 체계에 후각예술·미각예술·촉각예술이 존재하지 않는 것은 결코 우연이 아니다. 이렇게 감성학에서 다른 감각들을 배제하는 것은 이미 당시에 비판의 대상이 되었다.[22] 다른 감각이라면 몰라도, 그가 촉각을 이론의 중심에 세우지 않은 것은 매우 유감스러운 일이다.[23] 특히 오늘날 다양한 형태로 전개되는 그 모든 체현적·행동적 지각의 이론들이 결국 플레스너의 감성학에 뿌리를 두고 있다는 점에서, 그가 감성학에서 촉각을 배제한 점은 이상하기까지 하다.

또 하나 주목할 점은 그가 "감각들 사이의 진정한 본질적 경계"를 확립하려 했다는 사실이다.* 하지만 이 역시 20세기 전후의 예술상황에는 어울리지 않았다. 당시의 예술은 감각의 경계를 넘나드는 공감각적 경향을 보였기 때문이다. 참고로 19세기의 인상주의 음악은 회화를 지향했고, 20세기의 표현주의 미술은 음악을 지향했다.

| 탈중심적 입지성
『감각의 통일성』*Die Einheit der Sinne*을 쓴 지 5년 후 플레스너는 『유기체의 단계와 인간』*Die Stufen des Organischen und der Mensch*을 발표한다. 전자가 현상학의

---

* 여기서 다시 하이데거의 언급으로 돌아가 보자. "하나의 아이스테시스가 자신의 이디아[idia], 즉 오직 자신을 통해서만, 자신에 대해서만 접근할 수 있는 존재자를 겨냥하는 한, 예를 들어 시각이 색깔을 겨냥하는 한, 그 지각은 언제나 참이다."

영향 아래 감각의 이론을 발전시키려는 기획이라면, 이 책은 생철학의 영향 아래 그 논의를 '철학적 인간학'으로 확장하려는 시도로 볼 수 있다. 여기서 플레스너는 생명체와 무생물의 구별에 주목한다. 데카르트는 동물을 기계로 간주했다. 생물이나 무생물이나 어차피 연장실체라는 점에서는 동일하다는 것이다. 하지만 플레스너에게 생명체는 그저 공간을 차지하는 윤곽이 아니다. 무생물과 달리 그것은 외부세계와 관계를 맺고, 그 관계를 조절하며 살아가기 때문이다.

생명체란 안과 밖의 "경계선을 실현하는 존재"다. 그것은 무생물처럼 그저 윤곽(연장)만을 갖지 않고, 그 윤곽을 경계로 한편으로는 안에서 밖으로 향하며, 다른 한편으로는 밖의 것을 안으로 취하는 식으로 외부세계와 관계를 맺고 그 관계를 조절함으로써 자신을 유지하는 존재, 이른바 '유기체'das Organische다. 돌덩이가 세계 속에 덩그러니 놓여 있다면, 생명체는 이처럼 세계 속에 '처해' 있다. 유기체만이 가진 이 특성을 플레스너는 '입지성'Positionalität이라 부른다. 이 '입지성', 즉 '처해 있음'의 양상에 따라 유기체는 크게 식물·동물·인간의 세 단계로 구분된다.

이 세 단계의 차이에 대한 그의 설명은 헤겔의 자연철학을 연상시킨다. 플레스너에 따르면 식물은 개방적으로offen 조직되어 있다. 식물에는 중심기관이 없기에 외부의 영향을 일방적으로 받아들일 수밖에 없다. 반면 동물은 중심적으로zentrisch 조직되어 있다. 그 덕분에 식물과 달리 때로는 자신을 닫고, 때로는 열면서 환경에 능동적으로 반응할 수 있다. 한편 인간은 탈중심적으로exzentrisch 조직되어 있다. 그리하여 자신으로부터 거리를 취하고 자신을 객관화함으로써 자신과 반성적 관계를 맺을 수 있다. 자의식을 가진 인간은 신체 '이자'ist, 동시에 신체를 '가진'hat 존재라는 것이다.[24]

비록 감각의 신체성을 강조함으로써 데카르트의 이원론을 극복하려 했지만, 플레스너 역시 아이시스테스에 대한 로고스의 우위라는 전통적 편견에서 완전히 자유롭지는 못했다. 시각과 청각 이외의 감각들을 감성학의 영역에서 배제한 것은 그가 여전히 이성중심주의에 사로잡혀 있음을 의미한다. 또한 그는 감각의 고유기능들이 뒤섞이는 것을 경계한다. '유기적 구성'이라는 고전적 이상에 집착하기 때문이다. 나아가 '탈중심적 입지성'exzentrische Positionalität을 근거로 그는 동물에 대한 인간의 우위를 확언한다. 이는 그가 여전히 인간중심주의anthropocentrism에서 자유롭지 못하다는 사실을 보여준다.

육체와 신현상학
슈미츠

최근 사회학에서는 몸이 담론의 중심주제로 떠올랐다. 이 '몸의 르
네상스'는 현상학 없이는 일어날 수 없었을 것이다. 사회학에서 부활시
킨 몸의 개념은 그 기원이 멀리는 후설과 하이데거·메를로퐁티, 가깝게
는 플레스너와 헤르만 슈미츠[1928~] 로 거슬러올라간다.[25] 특히 슈미츠는
1964년부터 1980년까지 차례로 발간된『철학의 체계』*System der Philosophie* 전
10권을 통해 서구철학의 지배적 패러다임이 가진 한계를 지적해왔다. 그
는 정신과 신체의 작위적 구분, 사유실체로서 주체라는 인위적 추상이
결국 몸뚱이를 가지고 세계 속에서 살아가는 구체적이며 현실적인 인간
의 모습을 지워버렸다고 비판한다.

| 치명적 주형

서구 형이상학은 인간을 정신과 신체(혹은 영혼과 육체)로 나누고, 이 둘
을 적대적으로 대립시키는 심신이원론(혹은 영육이원론)의 형태로 발전해
왔다. 이 경향은 세계를 연장실체와 사유실체로 나눈 데카르트에 이르
러 극명해지나, 그 조짐은 기원전 5세기 후반 플라톤과 데모크리토스에
게서 이미 나타났다. 슈미츠는 서구의 사유를 지배해온 이 인위적 패러

다임의 한계를 지적한다. 그것이 철학의 눈을 가려 현실에 사는 진정한 인간의 모습을 보지 못하게 만든 "치명적 주형"fatale Prägung이었다는 것이다.26 이 주형의 특징은 심리주의·환원주의·내향투사의 세가지로 요약된다.

먼저 심리주의Psychologismus는 한 사람의 모든 체험을 그의 내면세계(영혼이나 정신) 속에 집어넣는 경향을 일컫는다. 세계에서 얻은 감흥들Regungen은 고스란히 내면으로 옮겨지고, 거기서 의지나 이성과 같은 중앙심급의 통제를 따른다. 심리주의의 가장 극단적 예는 물론 세계의 모든 사건을 의식 내의 현상으로 환원한 버클리와 흄일 것이나, 이 극단적 심리주의의 단초를 제공한 논의는 역시 데카르트의 심신이원론이었다. 데카르트에게는 의식 내의 사유만이 명증할 뿐이다. 그는 의식 밖에 세계가 존재한다는 사실을 '생각하는 내가 존재'하는 것만큼 확신하지는 못했다.

환원주의Reduktionismus란 세계의 그 모든 풍부함을 과학의 통계적·실험적 방법에 적합한 몇가지 특징들로 환원하는 경향을 의미한다. 예를 들어 데카르트는 세계의 그 모든 풍부함을 연장延長 하나로 환원한다. 그에게 사물이란 그 크기·무게·세기를 측정할 수가 있으며, 설정한 좌표에 따라 그 위치를 특정할 수 있는 어떤 것이다. 이로써 고대의 질적 자연은 사라지고 근대의 양적 자연이 탄생한다. 로크 역시 연장을 제1성질이라 부르며, 자연의 모든 풍부함을 이것으로 환원한 바 있다.

감각을 제거하라. 눈으로 하여금 빛이나 색깔을 못 보게 하고, 귀로 하여금 소리를 못 듣게 하고, 혀로 하여금 맛을 못 보게 하고, 코로 하여금 냄새를 못 맡게 하라. 그러면 모든 색채·맛·냄새·소리는 사라져 존재하기를 그치고, 그것들의 원인, 즉 부분들(미립자들)의 크기·모양·

운동으로 환원될 것이다(*E* II.8.17).

이렇게 크기·모양·운동으로 환원되지 않는 나머지 성질들은 내면으로 투사된다. 이를 내향투사Introjektion라 부른다. 이때 감정이나 감각질처럼 측정불가능한 것들은 순수주관적 성질로 치부되어버린다.[27] 가령 로크가 색채·맛·냄새·소리를 제2성질, 즉 우리의 지각에만 존재하는 주관적 성질로 여겼던 것을 생각해보라. 이 내향투사의 관념은 가깝게는 데카르트에게서 유래하나,[28] 그 기원은 멀리 데모크리토스로 거슬러올라갈 것이다. "습속에 의해 달거나 쓰고, 습속에 의해 뜨겁거나 차갑고, 습속에 의해 색깔이 있을 뿐, 실제로 존재하는 것은 원자와 공간뿐이다."[29]

슈미츠에 따르면 플라톤과 데모크리토스에서 유래하는 "이 심리주의·환원주의·내향투사적 대상화는 훗날 기독교와 자연과학에서 모두〔요긴하게〕활용된다."[30] 중세에서 근대로 넘어가는 과정에서 그저 강조점이 안에서 밖으로 옮겨질 뿐이다.

이때 기독교는 내면성(영혼, 혹은 한 개인이 제 안의 비작위적 감흥들을 신의 마음에 들도록 지배하는 것)을 중시했고, 자연과학은 외면성(경험적 외부세계, 혹은 데모크리토스의 환원의 정신으로 그 세계를 이론적·실천적으로 지배하는 것)을 중시했다. 내면성과 외면성은 인간 속에서 만나는데, 인간 역시 세계의 분열〔내면/외면〕에 조응하여 영혼과 신체로 분열될 수밖에 없었다.[31]

이 분열의 극명한 예가 바로 데카르트의 심신이원론이다. 이는 원래 중세의 영육이원론이 세속화한 형태로, 그 기원은 저 멀리 플라톤, 더 멀리는 피타고라스까지 거슬러올라간다.*

| 신체에서 육체로

슈미츠의 신新현상학neue Phänomenologie은 이 "치명적 주형"에 맞서 다시 몸을 부활시키려는 시도라 할 수 있다. 하지만 이를 그저 영혼(이나 정신)의 짝으로서 신체를 복권하려는 시도로 이해해서는 안 된다. 콩디야크는 관념에 대한 감각의 우선성, 다른 감각에 대한 촉각의 우월성을 강조함으로써 인간의 근원적 신체성을 일깨워주었다. 슈미츠의 기획은 이보다 더 급진적이다. 콩디야크가 복권시킨 것이 '신체'Körper라면, 슈미츠가 부활시키려는 것은 '육체'Leib다.** 우리말로는 신체와 육체, 두 용어의 차이가 잘 드러나지 않지만, 슈미츠는 이렇게 설명한다.

> 내가 말하는 육체Leib란 보거나 만질 수 있는 인간이나 동물의 신체 Körper가 아니라, 자의적으로 눈이나 손 같은 감관들을 쓰지 않고도 자신의 지대Gegend에서 스스로를 감지하는 그것을 가리킨다.32

---

* 고대 그리스인들은 영혼을 신체의 '살아 있음' 자체로 보았기에 대체로 영혼과 신체를 분리하지 않았다. 플라톤의 '영혼불멸' 사상은 실은 피타고라스를 통해 동양에서 들어온 것이다. 아리스토텔레스가 '영혼과 신체는 형상과 질료처럼 분리될 수 없다'고 했을 때, 그는 플라톤 이전의 그리스 전통으로 돌아간 셈이다. 하지만 그런 그마저도 결국 영혼 중 '능동적 이성'은 신체에서 분리될 수 있다며 다시 스승의 노선에 합류해버린다. 이에 대해서는 이 책의 I권 (…)을 참조하라.

** 하선규는 Körper를 '육체'로, Leib를 '신체'로 옮기며 "번역어의 선택보다 중요한 것은 슈미츠가 이 개념을 어떤 의미로 사용하는지 명확히 하는 것"이라고 말한다(하선규 「미감적 경험의 현상학적 재정의: 헤르만 슈미츠의 신체현상학과 미학이론에 대하여」, 『미학예술학연구』 23호, 2006, 275~315 23면). 이에 동의하나, 그동안 심신이원론에서 정신의 상관자는 신체(Körper)라 불려왔고, 'Leib'는 메를로퐁티의 '살(chair)'과 발생론적 연관이 있어 보이기에, 여기서는 거꾸로 Körper를 '신체'로, Leib를 '육체'로 옮기기로 한다.

'신체'는 눈으로 보고 손으로 더듬어 만질 수 있다. 가령 콩디야크의 조각상은 손으로 더듬어 자신의 윤곽을 깎아낸다. 그것은 촉각에 힘입어 기관으로 분화를 완료한 몸이다. 반면 슈미츠의 '육체'는 오감이 개통되지 않았거나 혹은 오감의 분화가 끝나지 않은 상태의 조각상이 느끼는 몸이다. 명확한 윤곽Umriss을 가진 신체와 달리 육체는 막연한 지대Gegend로 존재한다. 슈미츠는 그것을 물결에 잠겼다 나타났다 하는 작은 섬에 비유한다. 신체가 평면(피부)으로 된 윤곽에 둘러싸인 3차원 체적이라면, 육체라는 섬Leib-insel은 평면 없이 차원 이전의prädimensional 부피를 갖는다.

슈미츠에 따르면 "육체의 모든 감흥들은 좁음Enge과 넓음Weite 사이의 유희공간에서 일어난다". 가령 두통이나 복통을 느낄 때 그 부위를 특정하기란 어렵다. 밀물 때 파도에 잠기는 작은 섬처럼 그 넓이가 계속 달라지기 때문이다. 호흡에서는 수축Engung과 확산Weitung이 항상적·규칙적으로 일어난다. 삶의 정상적 상태에는 늘 이 수축과 확산의 리듬이 수반된다. 이때 수축이 확산을 압도하면 긴장Spannung, 확산이 수축을 압도하면 팽창Schwellung이라 부르는데, "생명충동vitaler Antrieb에서 긴장과 팽창의 대립은 특히 통증·공포·쾌락을 느낄 때 가장 뚜렷하게 나타난다".[33]

예를 들어 의사들은 말기암환자를 가족에게 돌려보낸다. 긴장을 완화시켜 환자의 고통을 덜 수 있다고 믿기 때문이다. 또 누군가 옆에서 갑자기 총을 쏜다고 가정하자. 이때 육체는 공포로 바짝 수축하나, 그게 실험 상황임을 알면 긴장이 풀어질 것이다. 수축이 과도하면 정신을 잃기도 한다. 반면 쾌감을 느낄 때, 가령 잠결에 있거나 나른하거나 사정을 했을 때 육체는 팽창(이완)의 상태에 있다. 이 이완이 너무 강할 경우에는 지금 여기에서 사라져 다른 곳에 다녀왔다는 느낌을 받는다. 육체의 감흥은 대체로 이 극단적 긴장과 팽창 사이의 어딘가에서 일어난다.

원초적 현전

'현전'^{Gegenwart}이라는 말이 있다. 슈미츠는 이를 "절대적으로 분명하고 확실한 것"으로 규정한다. 다시 말해 현전이란 의심의 여지나 증명의 필요가 없는 명증성^{Evidenz}이다. 데카르트에게 그 명증성은 '생각하는 내가 존재한다'라는 사실이었다. 반면 슈미츠의 코기토는 사유가 아니라 육체다. 그에게 명증한 것은 '몸으로서 내가 존재한다'는 사실이다. 슈미츠는 현전의 체험을 구성하는 다섯개의 요소를 구별한다. 여기^{Hier} · 지금^{Jetzt} · 있음^{Dasein} · 이것^{Dieses} · 나^{Ich}가 그것이다. 즉, '현전'에 있다는 것은 '내(주체성)가 여기(장소) 지금(시간) 이 현장(상황)에 있다(존재)'는 뜻이다.

슈미츠에 따르면 '내가·지금·여기·이 상황에 있음'을 확신하는 두가지 방법이 있다. 하나는 제 몸을 보면서 손으로 만지는 것이다. 이 경우 나는 자신을 '신체'로, 즉 윤곽으로 둘러싸인 하나의 체적으로 체험한다. 이때 '여기'^{Hier}는 다른 것들에 대한 상대적 위치로 정해진다. 가령 방 안의 책상 앞, 의자 위. 지구를 준거로 삼을 수도 있다. 126°54′55″E, 37° 33′49″N. '지금'^{Jetzt} 역시 기준시^{時}와의 관계 속에서 상대적으로 정해진다. 가령 2019년 3월 17일 오후 12시 7분. '신체'로서 나는 이렇게 상대적 장소와 시간 속에 존재한다. 슈미츠는 이를 '전개된 현전'$^{\text{entfaltete Gegenwart}}$이라고 한다.

한편 명증성을 체험하는 또다른 방법도 있다. 정체 모를 굉음, 맹견이 짖는 소리 혹은 다급한 호루라기 소리가 들릴 때, 아니면 계단에서 발을 헛디뎌 땅에 떨어지려 할 때, 이러한 순간에도 나는 '지금·여기에 내가 있음'을 느낀다. 하지만 이 자각은 몸을 보거나 만지는 데서 비롯되지 않는다. 패닉에 빠졌을 때 내게 시공의 좌표 따위는 떠오르지도 않는다. 이 때 느껴지는 '급박함'das Plötzliche과 '좁음'Enge은 상대적 시공과는 성격이 다른 시공간, 즉 절대적 시간·절대적 공간이다. '육체'로서 자아는 이 절대적 시공간 속에서 감지spüren된다.[34] 슈미츠는 이를 '원초적 현전'primitive Gegenwart이라 부른다.

원초적 현전은 기초적-육체적 급습이 일어날 때 발생한다. 가령 우리를 놀라게 하는 어떤 새로운 상황이 찾아올 때, 경악과 공포와 고통을 체험할 때, 오르가슴의 정점에 이를 때, 혹은 파국적 수치를 당할 때, 인간이 스스로 감당할 수 없는 어떤 것 때문에 무너져 내릴 때, 즉 좁음〔궁지〕Enge으로, 긴박한 위축Engung으로 내몰릴 때 발생한다.[35]

원초적 현전은 마치 블랙홀처럼 '내가·지금·여기·이 상황에 있음'을 빨아들여 구별되지 않는 하나로 응축시킨다. 긴장과 팽창의 일상적 리듬을 깨고 극심한 패닉이 엄습할 때, '나'는 '여기'서 도망칠 수 없으며, '지금'의 이 무서운 순간에서 벗어날 수 없다. 그렇다고 '존재'하기 자체를 멈출 수도 없고, '이 상황'을 다른 상황과 바꿀 수도, '나'를 다른 이로 바꿔놓을 수도 없다.[36] 그 순간 나는 시간·장소·존재·상황과 구별되지 않는다. 이 원초적 현전은 식물에게는 없으며 동물과 인간이 공유하는 존재방식으로, 동물과 인간의 아기는 평소에도 세계를 이 무차별성 속에서 체험한다.

동물과 인간의 차이는 전개된 현전을 통해 드러난다. 현전의 전개는 융즉상태에 있던 현전의 다섯가지 요소가 각기 떨어져나와 단절되지는 않으나 서로 대립적으로 움직일 때 시작된다. 이때 나는 시간·공간·현존·

상황은 물론이고 나 자신과도 거리를 취하게 된다. 즉 내가 여기 아닌 '저기'에, 지금 아닌 '그때'에, 이 상황이 아닌 '저' 상황에 있다고, 혹은 아예 죽어 세상에 '없다'고 상상하기도 하고, 아집에서 벗어나 '남'이 되어보기도 하는 것이다. 이 자아의 객관화를 통해 사유와 의지, 행동의 주체로서 개인이 탄생한다. 슈미츠는 이를 쌍방향의 역동적 과정으로 본다.

> 개인은 오직 원초적 현전과 전개된 현전 사이의 놀이공간에서만 발생한다. 그래서 그에게는 인격적 해방Emanzipation 못지않게 인격적 퇴행 Regression도 중요하다.[37]

'인격적 퇴행'은 전개된 현전에서 원초적 현전으로 되돌아가는 것이다. 갑자기 웃음이나 울음이 터질 때, 놀라서 패닉에 빠질 때, 축제나 댄스에 도취해 황홀해질 때, 주체는 자신에게서 빠져나와 순수육체성으로 되돌아간다. 반면 '인격적 해방'은 원초적 현전에서 전개된 현전으로 나아가는 것이다. 이때 주체는 자신과 거리를 취하여 자신을 객체로 간주한다. 개인의 정체성은 이 자기로부터의 거리 취함과 자기감지의 협력으로 만들어진다. 플레스너의 말대로 "나는 신체를 갖고 있지만, 동시에 육체이기도 하다". 인격은 이 육체임Leibsein과 신체가짐Körperhaben의 상호작용에서 발생한다.

| 육체의 코기토

데카르트는 세계를 사유실체와 연장실체로 나눈다. 사유실체로서 정신은 공간을 차지하지 않고 분할도 불가능하다. 반면 연장실체로서 사물은 공간을 차지하며 무한히 분할 가능하다. 데카르트의 공간은 물리적 공간이다. 그 안의 사물에는 표면이 있어 윤곽을 이룬다. 이 사물의 연장은 3차원의 좌표로 표시된다. 심신이원론을 거부하는 슈미츠는 이와는 다른 공간의 개념을 제시한다. 이른바 '표면 없는 공간'flächenlose Räume이다. 그 하나의 예가 음향의 공간이다. 음향에는 음폭音幅·음고音高·반향反響 등 모종의 공간성이 있다.

이 '표면 없는 공간'의 중요한 두 유형이 ①육체의 공간과 ②감정의 공간이다. 후자는 '분위기'라 불린다. 첫번째 유형인 육체가 무엇인지 우리는 이미 안다.

한 사람의 육체란 그가 자신에게서, 자신에게 속하는 것으로, 자기 신체의 지대地帶 — 이것이 꼭 경계境界일 필요는 없다 — 에서 시각·청각·촉각·후각·미각의 오감과 이를 통한 경험, 특히 시각과 촉각의 경험에서 얻어진 지각적 신체도식(자신의 신체에 대한 관습적 표상)을 사용하지 않은 채로 감지할 수 있는 모든 것을 가리킨다.[38]

한마디로 육체란 오감을 통하지 않고 몸에서 감지되는 모든 것이다.

거기에는 먼저 경악·공포·고통·배고픔·목마름·가려움·통증·역겨움·청량함·나른함과 같은 단순한 육체적 감흥들이 속한다. 둘째로는 기쁨·슬픔·분노·수치·경외·용기·동정·만족·회의 등, 감정에 정감적으로 장악당할 때의 육체적 감흥들이 속한다. 셋째로는 가다·잡다·뛰다·춤추다·떨다·움찔하다·삼키다 등의 감지된 의지적·비의지적 운동들이 속하고, 넷째로는 비가역적인 육체적 향방들Richtungen이 속하는데, 일부는 시선처럼 동작 없이 나타나고, 일부는 날숨이나 삼킴처럼 동작과 결부되어 있다. 이 모든 육체적 사건들은 평면이 없다. 자신의 육체에서는 평면을 감지할 수 없다. 자신의 신체에서만 평면을 보거나 만질 수 있다.[39]

평면이 없다는 점에서 육체는 신체와 구별된다. 하지만 평면 없는 육체에도 모종의 공간성, 차원 이전의 공간성은 있다. 가령 통증은 신체의 특정 부위에서 느껴진다. 다만 그 모호한 위치나 범위를 3차원의 좌표로 표시할 수는 없다. 그래서 육체를 '평면 없는 공간'이라 부르는 것이다. 이 공간은 데카르트적 공간과 달리 분할이 불가능하다. 예를 들어 경악·공포·고통의 느낌을 부분으로 나눌 수는 없는 일이다. 데카르트는 정신이 분할 불가능하다고 보았으나, 슈미츠에게 분할 불가능한 것은 오히려 육체다. 여기서 그의 육체가 데카르트의 정신에 조응한다는 사실을 알 수 있다.

| 분위기로서 감정

이렇게 슈미츠는 정신의 코기토를 육체의 코기토로 바꾸어놓는다. 이 육체의 공간과 '분위기'Atmosphäre로서 감정의 공간은 서로 짝을 이룬다. 그동안 서구의 철학사에서는 감정을 사적인 내면에 속하는 주관적 현상으로 여겨, 그 역시 공간성을 갖는다는 사실을 부인해왔다. 반면 슈미츠에게 "감정은 공간적으로 뿌려진 분위기이자 육체적으로 장악하는 힘이다".[40] 감정은 그저 주관적인 것이 아니다. 그것은 '분위기'로서 주관성의 제한을 넘어선다. 비록 평면은 없지만 감정도 모종의 공간성을 갖는다. 슈미츠에 따르면 이 평면 없는 감정의 공간은 크게 세가지 층위로 이루어진다.

첫번째 기본층은 만족·회의와 같은 순수기분들Stimmungen로 이루어진다. 만족은 가정이 화목하거나 사랑에 빠졌을 때, 혹은 자신감에 차 있을 때 느껴지는 기분이고, 회의란 은자들의 영적 나태acedia나 프랑스인들의 권태ennui처럼 불쾌함이 뒤섞인 지루한 기분이다. 둘째는 순수한 감흥들의 층위로, 방향성은 있으나 뚜렷이 집중하는 주제가 없는 감정들로 이루어진다. 왠지 모를 우울·걱정·불신·의기소침, 뭔지 모를 막연한 동경·기대 등이 여기에 속한다. 셋째는 주제에 집중된 감정들의 층위로, '~에 대한' 기쁨·슬픔·분노처럼 주제에 대한 뚜렷한 지향성을 갖는다.

감정은 분위기다. 그리고 "분위기란 현존하는 것으로 체험되는 것의 영역에서 어떤 평면 없는 공간의 전면적이거나 부분적인, 하지만 어느 경우든 포괄적인 점유다".⁴¹ 분위기는 주관적 감정을 밖으로 투사한 것이 아니다. 가령 분위기가 심상치 않을 때, 이를 감지하는 이도 있고, 감지하지 못하는 이도 있으나, 분위기 자체는 그 누구의 것도 아니다. 사적 감정이 아니기에 분위기는 공유될 수 있는 감정이다. 가령 집단감정이나 집단패닉을 생각해보라. 사적 내면에 갇혀 있지 않고 어떤 평면 없는 공간을 점유하기에, 슈미츠는 감정을 심지어 반半 사물Halbding로 규정하기도 한다.

육체가 준準 코기토라면 감정은 반半 사물이다. 이는 심신이원론 위에 선 근대 형이상학의 한계를 명확히 보여준다. 코기토로서 육체, 반 사물로서의 감정은 '주체-객체'의 이분법이라는 전통적 사유틀로는 결코 포착할 수 없기 때문이다. 특히 '분위기'는 서구 형이상학의 고질병인 내향투사의 문제를 적나라하게 보여준다. 서구 형이상학은 연장실체가 아닌 것, 즉 물리적 세계에 속하지 않는 것은 모두 주관 속으로 집어넣었다. 그 결과 '분위기'도 사적 영혼 안의 주관적 현상으로 전락한다. 슈미츠는 미학도 실은 이 내향투사의 결과로 탄생했다고 말한다.

더 중요한 것은 감정의 분위기, 분위기의 감정들인데, 이것들은 내향투사에 의해 쾌·불쾌라는 마음의 상태로 그 거처가 옮겨진다. 그다음에 미학이 그것들을 다룬다.[42]

미든 숭고든 칸트에게서 취미판단의 준거는 쾌·불쾌의 감정이다. 쾌·불쾌는 감정의 분위기, 혹은 분위기의 감정이 밖에서 안으로 투사된 것이다. 결국 근대미학 자체가 '내향투사'라는 형이상학적 오류 위에 세워진 셈이다. 하지만 이는 거꾸로 이 "치명적 주형"에서 자유로운 새로운 미학의 가능성을 암시한다. 실제로 게르노트 뵈메[1937~]와 같은 이는 이런 인식에 기초하여 새로운 길을 개척하고 있다. 이 새로운 미학에서는 관심의 대상이 사물의 지각에서 분위기의 감지로 옮겨진다. 그는 슈미츠의 '분위기' 개념을 수정하여 건축예술이나 설치미술에 적용할 수 있는 형태로 발전시킨다.[43]

| 신체의 현상학과 해석학

이제까지 플레스너와 슈미츠의 논의를 살펴보았다. 슈미츠의 신현상학이 하이데거와 메를로퐁티 이후의 이론이라면, 플레스너의 감성학은 두 사람 이전의 이론이다. 비록 시기적으로는 하이데거와 메를로퐁티를 앞섰지만 플레스너가 그들에게 직접적인 영향을 끼친 것으로 보이지는 않는다. 1965년에 플레스너는 자신의 감성학이 오랫동안 무시되어온 두가지 이유를 꼽았다. 첫번째 이유는 하이데거의 『존재와 시간』(1927)의 출간, 두번째 이유는 메를로퐁티의 『지각의 현상학』(1945)이 대표하는 현상학 붐이었다. 감성학의 본질적 내용이 이들의 사유와 겹치다보니, 당연히 영향력이 제한될 수밖에 없었을 것이다.[44]

감성학과 신현상학 모두 서구 형이상학의 심신이원론을 극복하려 한다. 추구하는 목표는 동일해도 둘 사이에는 무시할 수 없는 차이가 존재한다. 예를 들어 플레스너에게 생명체는 "경계를 실현하는 존재", 즉 윤곽을 경계로 환경과 교류하며 항상성을 유지하는 "유기체"다. 기관으로 분화를 마친 존재라는 점에서 그의 '유기체'는, 슈미츠의 구분에 따르자면 '육체'가 아니라 '신체'에 가깝다. 심지어 플레스너는 오감들의 위계를 설정하고, 시각과 청각의 우월성을 주장하기까지 한다. 이는 슈미츠에게서는 찾아볼 수 없는 특징이다.

감성학은 본질적으로 해석학적이다. 이는 시청각에 의미부여 Sinngebung 능력을 부여하는 데서 드러난다. 해석학에 머무는 한 감성학은 이성주의를 벗어날 수 없다. '해석'의 대상은 '의미'이고, 의미를 해석하는 일은 결국 이성의 몫이기 때문이다. 플레스너의 시청각은 어쩌면 진정한 의미의 감각이 아닌지도 모른다. 의미부여의 능력을 가진 감각은 '유사이성'에 가깝기 때문이다. 여기서 감각의 해석적 능력을 복원하려는 감성학 Ästhesiologie의 기획이 실은 은밀한 방식으로 감성의 인식능력을 복원하려 한 바움가르텐의 감성론Aesthetica 기획을 닮았다는 사실이 드러난다.

슈미츠는 플레스너보다 급진적이다. 이는 그가 신체현상학에서 출발한 것과 관련이 있을 것이다. 슈미츠의 '육체'는 메를로퐁티의 '몸' 혹은 '살'의 개념을 더 급진화한 것이다. 사실 메를로퐁티는 슈미츠처럼 육체와 신체를 명확히 구별하지 않았다. 이 때문에 그의 '몸'은 육체와 신체가 "뒤섞인 형태"에 가까웠다.[45] 다시 말해 메를로퐁티의 '몸'은 주체와 객체가 미분화한 채로 중첩된 '육체'이자, 동시에 눈으로 보고 손으로 만질 수 있는 '신체'이기도 하다. 슈미츠는 이 둘을 개념적으로 구별하여 메를로퐁티보다 더 급진적인 몸의 개념(육체)을 제시한 셈이다.

메를로퐁티가 시각·촉각과 관련한 지각이론을 남겼다면, '현상학'을 표방하면서도 신현상학에는 정작 오감에 관한 언급이 거의 없다. 이는 슈미츠가 오감을 육체가 아니라 신체에 속하는 현상으로 간주했기 때문이리라. 그가 예로 드는 감각체험은 주로 내장감각·균형감각·고유수용감각에 관련되어 있는데, 이들 감각마저도 그는 '신체'에 귀속시킨다. 그의 이론에서 감각을 제치고 설명의 대부분을 차지하는 것은 분위기로서 '감정'인데, 이는 하이데거의 영향으로 보인다. 『존재와 시간』에는 이미 '기분'이라는 이름의, 주객이분법을 넘어선 '분위기'의 관념이 등장한다.

기분 Stimmung은 엄습한다. 그것은 '밖에서' 들어오는 것도 아니고 '안에서' 나가는 것도 아니고, 세계 내에 존재하는 방식으로서 그 존재 자체로부터 발생한다. (⋯) 기분이 든다는 것 Gestimmtsein은 우선적으로 영혼에 관계된 현상이 아니다. 그것은 안에 있다가 어떤 알 수 없는 방식으로 밖으로 나가 사물과 사람들을 물들이는 〔내적〕 상태가 아니다.[46]

기분에 관한 논의는 걱정 Sorge·공포 Furcht·불안 Angst와 같은 감정의 분석으로 이어진다. 하이데거에 따르면 이들 감정은 그저 의식 안의 사적·주관적 현상이 아니라, 의식 밖의 세계가 알려지는(개시되는) 사건이다.[47] 여기서 메를로퐁티의 신체현상학 외에 하이데거의 '현존재의 해석학'이 신현상학의 또다른 근원이라는 사실을 알게 된다. 슈미츠 역시 하이데거나 메를로퐁티처럼 서구 형이상학의 전통 전체를 전복하려 한다. 하지만 그 시도가 현상학과 해석학의 틀 안에 머무는 이상, 그 급진성도 서구 형이상학 전체를 해체하는 데까지 이를 수는 없었다.

감각의 논리
들뢰즈

근대철학의 한계를 넘어 데모크리토스와 플라톤 이후 서구 형이상학을 전복하려 했던 신현상학의 기획은 급진적이었다. 하지만 해석학적 현상학의 틀 안에 머무는 한 신현상학의 급진성도 결국 이성중심주의와 인간중심주의의 한계를 벗어날 수 없었다. 이 두가지마저 해체하려면 감각에 '의미부여'의 해석능력을 수여한 해석학적 전회를 되돌려 반^反해석학주의^{antihermétisme}의 관점에서 현상학을 재해석할 필요가 있다. 철학에서 이 반해석적 전회는 20세기 후반 프랑스의 후기구조주의와 더불어 시작된다. 감각론에서 이 흐름을 대표하는 것이 바로 질 들뢰즈^{1925~1995}의 『감각의 논리』*Logique de la Sensation*다.

| 지각에서 감각으로

들뢰즈 역시 메를로퐁티·플레스너·슈미츠 등 다른 신체현상학자들처럼 심신이원론을 거부하고 주객이 분리되지 않은 신체에서 출발한다.

감각은 주체로 향한 면이 있고, (신경 시스템, 생명의 움직임, '본능', '기질' 등 자연주의와 세잔 사이의 공통적인 어휘처럼) 대상으로 향한 면도 있다.('일', 장소, 사건) 차라리 감각은 전혀 어느 쪽도 아니거나 불가분하게 둘 다이다. 감각은 현상학자들이 말하듯이 세상에 있음이다. 나는 감각 속에서 [생성]되고 동시에 무엇인가가 감각 속에서 일어난다. 하나가 다른 것에 의하여, 하나가 다른 것 속에서 일어난다. 결국은 동일한 신체가 감각을 주고 다시 그 감각을 받는다. 이 신체는 동시에 대상이고 주체이다.[48]

신체가 "대상이자 주체"라는 관념은 직접적으로는 메를로퐁티에게서 유래한 것이나, "인간은 신체이자 동시에 신체를 갖는다"라는 플레스너의 명제와도 상통한다. 하지만 이들과 들뢰즈 사이에는 중요한 차이가 존재한다. 여전히 지각의 관점에서 감각에 접근하는 플레스너나 메를로퐁티와 달리 들뢰즈는 정신에 나타나는 인식론적 현상인 지각perception과 신체에서 벌어지는 존재론적 사건인 감각sensation을 분명히 구별하기 때문이다. 특히 들뢰즈는 후자, 즉 감각에 주목한다.

감각은 지각과 다르다. '지각'이 감관을 통해 받아들인 정보를 정신으로 퍼올리는 인식론적 현상이라면, '감각'은 감관에서 직접 몸으로 내려가는 존재론적 사건이다. 다시 말해 감각은 생명체의 몸과 바깥의 환경이 서로 접하는 삼투막의 표면에서 진동처럼 발생하는 어떤 유물론적 사건이다. 들뢰즈에게 감각은 자극-반응의 생리현상에 불과한 것이 아니라, 우리의 세계가 세계로서 주어지는 방식, 후설의 표현을 빌면 '사태 자체'가 주어지는 사건이기 때문이다. 그에게 감각은 세계의 모든 것이 출현하는 근원적 사태다.

고대에 아이스테시스는 감각과 지각을 동시에 의미했다. 데카르트가 정신과 신체를 분리한 이후 이 말은 사실상 지각의 동의어가 된다. 플레스너는 이에 맞서 아이스테시스의 옛 의미를 부활시키려 한다. 하지만 그조차도 감각·지각에서 정신적 측면을 신체적 측면보다 더 중요하게 여겨 시각과 청각을 특권화했다. 플레스너의 감성학은 정신의 감성학이다. '의미부여' 기능을 강조한다는 점에서 그것은 감각의 이론보다는 지각의 이론에 더 가깝다. 메를로퐁티 역시 '몸의 코기토'를 이야기하면서도 여전히 지각의 측면에서 감각을 바라본다.

들뢰즈는 이들보다 급진적이다. 플레스너와 메를로퐁티가 근대철학을 겨냥한다면, 들뢰즈는 고대 이후 서구철학의 전통 전체를 겨냥하기 때문이다. 들뢰즈는 서구철학을 지탱해온 이성중심주의와 인간중심주의는 물론이고, 기관들의 위계적 조직화를 의미하는 유기체 개념마저 해체하려 한다. 메를로퐁티가 지각의 현상학에 세잔을 참조했듯이,[49] 들뢰즈는 『감각의 논리』에 프랜시스 베이컨[1909~1992]의 작업을 원용한다. 세잔이 지각을 주제화하여 근대회화를 전복했다면, 이 아일랜드 화가는 감각을 주제화하여 서구회화 전체를 전복했다는 것이다.

| 기관 없는 신체

들뢰즈에 따르면 회화의 본질은 감각의 폭력la violence de la sensation에 있다. 회화는 망막에 호소하는 시각적 현상이 아니라 신경을 자극하는 촉각적 사건이다. 플레스너는 정신의 표현인 예술에 시각과 청각만 사용된다는 사실을 들어 감성학에 시각과 청각만을 포함시켰다. 하지만 들뢰즈가 보기에 시각에 호소하는 회화는 "두뇌를 통과하지 신경 시스템 위에 직접 작용하지 않는다". 그런 회화는 "형태의 변형은 할 수 있지만 신체의 변형을 이루지는 못한다".[50] 베이컨은 다르다. 들뢰즈는 그의 회화가 한갓 지각의 "대상"이 아니며, 신경에 촉각적 충격을 가해 우리의 신체를 변형

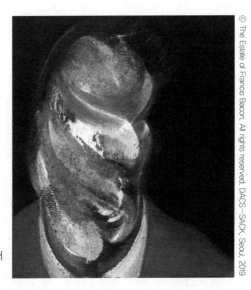

프랜시스 베이컨 「루치안 프로이트의 머리를 위한 습작」 1967. [CR 67–07]

시키는 "동작주"라고 말한다.

베이컨의 작업은 "보는 손, 만지는 눈"으로, 즉 서로 다른 감각들의 교차와 횡단으로 이루어진다.[51] 이 점에서 그것은 감각들 사이에 본질적인 경계를 세우려는 감성학의 기획과 날카롭게 대비된다. '보는 손'으로 베이컨은 인물화에서 종종 얼굴을 지운다. 들뢰즈는 이를 근대의 합리적 주체의 해체로 읽는다. 얼굴은 주체이자 영토territoire다. 예로부터 신체에서는 얼굴이, 얼굴에서는 눈이 영혼의 거울로서 특권적 지위를 누려왔다. 하지만 얼굴을 지울 때 얼굴은 탈脫영토화déterritorialisation한다. 지워진 얼굴의 자리에는 비인간적인 머리가, 즉 온갖 감각을 수용하는 고감도의 더듬이머리la tête chercheuse가 솟아난다.

베이컨의 회화에서는 가끔 신체 전체가 아예 이 더듬이머리가 되기도 한다. 이 얼굴 없는 머리는 "원시적인 머리의 비인간성이 아니다."[52] 얼굴을 지운다고 해서 인간이 아직 얼굴을 갖지 못했던 시절로 퇴행하는 것이 아니기 때문이다. 들뢰즈에게 얼굴의 해체란 새롭고 낯선 생성과 다성성이 형성되는 원점으로 돌아가는 것을 의미한다. 슈미츠 역시 퇴행을 통한 발달의 역설을 말한다. "그〔개인〕에게는 인격적 해방 못지않게 인격적 퇴행도 중요하다."[53] 때로 원초적 현전으로의 퇴행이 개인성의 형성에 필수조건이 된다는 것이다. 베이컨의 얼굴 지우기에도 이 역설이 적용된다.

철학자들은 오랫동안 오감을 명확히 구별한 후 그것들의 엄격한 위계를 세워 이성과 정신의 통제 아래 놓으려 했다. 신체와 촉각의 중요성을 강조한 플레스너마저도 이 경향에서 자유롭지 못했다. 하지만 들뢰즈는 바타유가 말한 '기관 없는 신체', 즉 부화 중인 달걀의 내부처럼 아직 분화가 끝나지 않아 기관들의 자유로운 교차와 횡단이 이루어지는 상태를 이상적이라 생각한다. 그는 이렇게 기관이 미분화한 상태로 돌아가는 것을 진화를 거스르는 퇴행이 아니라, 무한한 가능성과 잠재성의 영역으로 상승하는 "창조적 역행"으로 본다.

| 동물-되기

창조적 역행의 의미는 특히 '동물-되기'devenir-animal에서 잘 드러난다. 베이컨의 회화에서 교황은 침팬지가 되고, 아이는 개가 되고, 투우사는 소가 된다. 유기체를 식물·동물·인간의 단계로 차등화하는 플레스너는 이를 퇴화라고 말할 것이다. 하지만 들뢰즈는 이 동물-되기에서 창조적 가능성을 본다. 알렉시스라는 청년은 말의 흉내를 곧잘 내어 종종 사람들을 웃겼다고 한다. 하지만 정작 그는 말을 흉내낼 때가 아니라 하모니카를 불 때 말이 되었다. 연주의 비인간적인 속도가 사람들을 압도했을

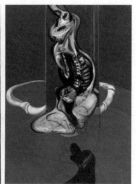

프랜시스 베이컨 「십자가형을 위한 세개의 습작」 1962 [CR 62-04]

때, 하모니카는 말의 재갈이 되고 박자는 말의 속보가 되어, 음악을 연주할 때 그는 진정으로 말이 되었던 것이다.

베이컨의 회화에서 인간의 형상은 푸줏간의 고깃덩어리처럼 묘사된다. 베이컨은 푸줏간의 고기를 보며 "저기에 걸려 있는 고기들이 왜 내가 아닌가?"라고 물었다고 한다. 동물과 인간 사이에 본질적인 경계란 존재하지 않는다. "고기는 인간과 동물의 공통영역이고, 그 둘 사이를 구분할 수 없는 영역이다." 들뢰즈에게 "고통받는 인간은 동물이고, 고통받는 동물은 인간이다". 이는 동물이 고통받을 수 있는지를 물었던 제러미 벤담 1748~1832의 유명한 질문을 연상시킨다.* 들뢰즈에게 인간은 몸corps이고, 몸은 고기viande다. 이로써 이성과 언어능력을 근거로 동물에 대한 인간의 우월성을 주장해왔던 서구의 인간중심주의가 무너진다.[54]

고기의 개념은 메를로퐁티의 살에서 유래한 것이리라. 후기의 메를로

---

* "문제는 '그들(동물들)에게 이성이 있는가?'도, '그들이 말을 하는가?'도 아니고, 그들이 '고통을 느낄 수 있느냐?'는 것이다." Jeremy Bentham, *An Introduction to the Principles of Morals and Legislation*, Clarendon Press 1823, 310~311면 참조.

퐁티는 '몸'corps 대신에 '살'chair이라는 말을 사용했다. 가령 『보이는 것과 보이지 않는 것』 Le Visible et l'invisible에는 "다치면 고통스러워하는 살"이라는 표현이 등장한다. 몸과 살은 다르다. 몸은 슈미츠가 말한 신체와 육체의 혼합에 가깝다. 따라서 그것은 연장을 갖는다. 반면 "살은 물질이 아니고, 정신이 아니며, 실체도 아니다". 실체가 아니어서 연장을 가질 수가 없기에 살은 슈미츠가 말한 '표면이 없는 육체'에 가깝다. 메를로퐁티에게 살은 몸보다 더 원초적이다. 들뢰즈에게는 그 살보다 더 원초적인 것이 고기다.[55]

'살'과 '고기'라는 개념은 발생적으로 연관되어 있지만 그 바탕에는 완전히 다른 두개의 세계관이 깔려 있다. 가령 메를로퐁티의 살의 존재론은 우리에게 신체 속에서 주체와 객체의 구별이 희미해지는 화해의 세계상을 제시한다. 이 세계에서 우리는 주위환경 및 동료인 인간들과 평화롭게 살아간다. 반면 들뢰즈의 '생성의 형이상학'은 우리에게 세계와의 불화를, 즉 참을 수 없는 것들에 대한 저항을 촉구한다. 들뢰즈는 우리에게 개념을 창조함으로써 늘 다르게 생각하며, 기존의 질서에서 탈주하여 실현되지 않은 잠재성의 지대로 돌아가 끝없이 생성을 거듭하라고 재촉한다. 동물과 인간 사이의 본질적인 경계선을 지우는 고기는 이러한 저항적 신체의 상징이다.[56]

| 회화와 히스테리

베이컨의 화면은 크게 세가지 요소로 이루어진다. 고깃덩이를 닮은 형상figure, 그것을 감싼 단색의 배경aplat, 형상을 고립시키는 윤곽contour 혹은 트랙이 그것이다. 들뢰즈는 그의 작품을 이 세가지 힘이 맞부딪히는 벡터의 장으로 읽는다.

보이지 않는 첫번째 힘은 격리의 힘이다. (…) 두번째 힘은 변형의 힘으로, 형상의 신체와 머리에 침범하여 머리가 얼굴을 뒤흔들거나 신체가 그 유기적 조직을 뒤흔들 때마다 보인다. 세번째는 형상이 지워져 아플라(배경)aplat에 합쳐질 때 나타나는 흩뜨리는 힘이다.57

들뢰즈의 고기도 슈미츠의 육체처럼 리듬과 강도를 가지고 수축과 확산, 긴장과 팽창의 운동을 한다. 윤곽이 형상을 고립시키면, 배경이 형상을 압박하여 뒤틀고, 마지막으로는 그것을 해체해 배경 속에 흩뿌려버린다. 형상과 윤곽의 사이에는 경계가 놓여 있다. 플레스너의 유기체는 이 경계를 실현하는 존재이지만, 들뢰즈의 유기체는 기관 없는 신체가 되어, 자신과 외부를 구획하는 그 경계마저 잃고 무기물의 세계로 산포되어 사라진다. 슈미츠라면 이렇게 형상이 배경 속으로 흩어져 사라지는 일을 향방Richtung이라 불렀을 것이다.

고기로서 인간은 기관들의 분화를 거쳐 이른바 근대적 주체가 된다. 들뢰즈는 이렇게 인간이 뚜렷이 분화한 기관을 가지고 의미작용의 주체가 된 것을 신의 심판이라 부른다. "신의 심판, 신의 심판의 체계, 신학체계는 유기체, 또는 유기체라 불리는 기관들의 조직화를 만들어낸다."58 그 신학은 우리에게 이렇게 명령한다.

너는 조직화되고 유기체가 되어 네 몸을 분절해야 한다. 그렇지 않으면 너는 변태에 불과하게 된다. 너는 기표와 기의, 해석자와 해석대상이 되어야 한다. 그렇지 않으면 너는 일탈자에 불과하게 된다. 너는 (…) 언표행위의 주체가 되어야 한다. 그렇지 않으면 너는 떠돌이에 불

프랜시스 베이컨 「벨라스케스의 교황 이노
센트 10세 초상 연구」 1953 [CR 53–02]

과하게 된다.[59]

　플레스너의 감성학도 이 유기체의 신학에서 자유롭지 못하다. 그의 감
성학은 어디까지나 정신의 감성학으로, 감각의 본질을 의미부여라는 해
석적 기능에서 찾고, 감각들 사이의 진정한 본질적 경계를 확립하려 하
기 때문이다. 메를로퐁티의 지각의 현상학이나 슈미츠의 신현상학 역시
이 이성주의 감성학에서 완전히 자유롭지 못하다. 여기서 들뢰즈의 유물
론적 급진성이 드러난다. 그는 주체를 고기로 되돌림으로써 신체의 현상
학에 집요하게 남아 있는 이 이성중심주의를 해체하려 한다.

　베이컨의 형상들은 종종 근육위축·과민반응·감각상실 등 히스테리 증
상을 보인다. 그 유명한 그림 「벨라스케스의 교황 이노센트 10세 초상 연

구」에 등장하는 교황 역시 입을 쩍 벌린 채 비명을 지른다. 들뢰즈에 따르면 히스테리는 감각이 기관의 분화를 마친 유기체를 통과하여 우리 신체와 접할 때 발생한다. 히스테리를 일으키는 것은 "유기체 이후까지 남아 있는 신체의 악착성, 기관들의 성격이 규정된 이후까지 남아 있는 전이기관들의 악착성"이다.[60] "신체는 살아 있지만 유기적이지 않다. 따라서 감각이 유기체를 통해 신체를 접하면 감각은 과도하고 발작적인 모습을 띤다."[61] 고기는 기관들의 분화에, 그 참을 수 없는 것에 히스테리로 저항한다.

들뢰즈에게 회화는 히스테리다. 그것은 우리 앞에 신체의 현실을 세우고, 재현으로부터 해방된 선과 색을 세운다. 신체의 순수한 현전이 일어날 때 눈은 거기에 걸맞은 기관으로 변화한다. 이때 눈은 하나의 기능으로 특화된 유기적 기관이기를 그치고 다기능적이며 전환적인 기관이 된다. 회화는 바로 이 눈의 변화, 몸의 변화를 일으킨다. 회화는 감각을 그리는 것이기에 "회화와 함께 히스테리는 예술이 된다". 회화는 히스테리다. 이는 회화가 히스테리 환자의 그림이라는 뜻이 아니다. 회화로서 히스테리는 "화가의 히스테리가 아니라 회화의 히스테리"를 가리킨다.[62]

| 상상계 상징계 실재계

근대 이후의 감각의 이론들을 자크 라캉[1901~1981]의 용어를 빌려 세 유형으로 분류할 수 있을 것이다. 먼저 17세기의 인식론은 감각을 지각으로 변환하여 '상상계'에 편입시킨다. 가령 데카르트는 감각(시각)을 신경에 가해지는 물리적 자극으로 환원한다. 이 자극들은 정신에 전달된 다음에 표상으로, 즉 의식 안의 관념으로 가공된다. 표상이란 정신이 구성하는 심상mental image이기에, 이 과정에서 신체의 역할은 대체로 무시된다.

신체를 망각한 이상 본래적 의미의 감각은 사라진다. 근대철학의 심리학주의는 감각세계 전체를 사적 표상, 주관적 관념으로 만들어 의식 안에 가두어버렸다.

20세기의 해석학적·언어학적 전회는 감각을 '상징계'에 편입시켰다. 현상학은 심신이원론을 극복하기 위해 아직 정신과 신체가 분리되지 않은 상태로 돌아가, 그동안 물리적 신호의 제공자로만 여겨졌던 감각에 의미부여의 해석능력을 수여했다. 현상학의 이 해석학적 전회를 통해 감각은 의미나 해석의 차원을 갖기에 이른다. 한편 언어철학은 근대의 심리학주의를 비판하는 가운데 근대철학에서 말하는 사적私的 표상인 감각질을 언어놀이와 무관한 것으로 만들어 버린다.[63] 가령 비트겐슈타인에게 감각의 현상적 특질이란 오직 미적 체험에만 유효한 것이었다.[64]

마침내 들뢰즈는 감각을 '실재계'에 편입시킨다. 그는 감각이 재현이나 표상의 문제도 아니고, 의미나 해석의 문제도 아니라고 했다. 그에게 감각이란 유기체의 몸과 바깥의 환경이 접하는 삼투막에서 진동처럼 발생했다가 사라지는 어떤 유물론적 사건을 가리킨다. 이 사건은 상상계로 재현되거나 상징계로 의미될 수 있는 것이 아니다. 감각은 지각이 아니다. 그것을 상상계에서 재현하거나 상징계에서 의미하려는 시도는 언제나 실패할 수 밖에 없다. 이 좌절 속에서 강박적이고 반복적으로 회귀할 수밖에 없는 신체의 히스테리. 이것이 바로 감각이다.

나가며

육체의 오디세이

Aisthetik

육체의 오디세이

아득한 고대의 사람들은 생물과 무생물의 구별 없이 세상 모든 것이 살아 있다고 느꼈다. 초기 자연철학에는 이 원시 애니미즘의 흔적이 남아 있다. 밀레토스의 철학자들은 자신들의 아르케가 살아 있다고 믿었다. 예를 들어 탈레스의 '물'은 우리가 마시는 그 물이 아니다. 그것은 스스로 살아 있고 다른 것에 삶을 주는 어떤 것이다. 아낙시메네스의 '공기' 역시 우리가 마시는 그 공기가 아니다. 그것은 신이 아담의 입에 불어 넣어주었다는 그 숨결 같은 것이다. 엠페도클레스의 물·불·공기·흙 역시 그냥 죽은 물질이 아니다. 그에게 4원소는 스스로 살아서 움직이는 존재다.

이렇게 물질이 살아 있다고 보는 견해를 철학에서는 물활론hylozoism이라 부른다. 초기 철학자들의 감각론에서는 이 물활론의 흔적이 엿보인다. 물활론의 관점에서는 인지과정이 물리과정으로 설명된다. 예를 들어 파르메니데스는 사체도 냉기를 지각한다고 한다. "죽은 사람은 불이 떠났기에 빛과 열과 소리를 감지하지 못하고 오직 어둠과 냉기와 침묵만을 지각한다."[1] 여기서 지각의 동작주는 영혼도 정신도 의식도 아니다. 그 모든 것을 떠나보내고 싸늘하게 식어버린 몸뚱이다. 파르메니데스에게서 빛과 열과 소리를 감지하는 것은 '불'이요, 어둠과 냉기와 침묵을 지각하는 것은 '흙'이다.

그 시절 아이스테시스는 원소들 사이의 물질대사^{metabolism}로 여겨졌다. 예를 들어 엠페도클레스는 4원소로 된 대상의 입자가 역시 4원소로 된 감관의 통로로 들어오는 물리적 과정으로 감각을 설명한다. 그에게 사유는 신체에서 일어나는 현상이었다. 그는 특히 피_血를 사유기관으로 지목했는데, 거기에서 4원소가 가장 잘 섞인다고 믿었기 때문이다. 스토바이오스의 전언에 따르면 레우키포스와 데모크리토스 역시 "지각과 사고가 신체의 변형"이라 말했다고 한다.[2] 결국 물질이 감각을 하고 사유도 한다고 본 셈이다. 이 시절 아이스테시스는 아직 주체와 객체로 분열되어 있지 않았다.

| 영혼의 발명

영혼과 육체 사이에 명확한 구분도 없었다. 그리스어 '영혼'^{psyche}은 '숨쉬다'^{psychein}에서 유래한 말로 원래 생기 혹은 생명을 뜻했다. 가령 데모크리토스는 죽은 후에는 영혼의 원자가 해체된다고 말했다. 이처럼 고대인들은 신체가 죽으면 영혼도 함께 죽거나, 아니면 죽은 자의 입에서 빠져나와 생기도 의식도 없는 창백한 존재로 영원히 하데스에서 잠을 잔다고 믿었다. 그들에게 영혼이란 사자에 대한 희미한 기억 같은 것이었다. 죽음 후에도 살아서 활동하는 영혼의 관념은 아직 존재하지 않았다. 호메로스 시절, 그리스인들에게 삶의 목표는 불멸의 영생이 아니라 불후의 명성이었다.

우리에게 익숙한 인간관은 호메로스의 신화가 플라톤의 철학으로 이행하는 과정에서 형성된다. 호메로스 시대의 인간들은 자신을 "(영육으로) 분열된 이원성^{Zweiheit}이 아니라 하나의 단일한 자아"로 느꼈다.[3] 하지만 기원전 5세기경이 되면 벌써 인간을 영혼과 육체라는 두 이질적 요소의 결합으로 보는 견해가 그리스 사회에 확고히 자리 잡는다. 사실 이는 그리스 토착 사상이 아니라 피타고라스를 통해 유입된 동방 종교의 흔적이다. 이 새로운 경향을 대표하는 이가 바로 플라톤이다. 플라톤의 철학에는 영혼의 불멸과 윤회는 물론이고 심지어 내세에 받게 될 상벌의 관념까지 등장한다.

플라톤은 영혼을 육체에서 분리된 것이라 여기기 시작한다. 그는 영혼을 사멸하는 부분과 불멸하는 부분으로 나눈다. 가슴의 열정^{thumetikon}이나 배의 욕망^{epithumetikon}은 가멸적인 부분에 속한다. 영혼의 이 생물학적 측면은 신체와 얽혀 있어 신체와 함께 사멸한다. 반면 영혼에는 결코 죽지 않는 부분도 있다. 바로 머리에 있다는 지성^{logistikon}으로, 이는 신체가 사멸한 후에도 영속한다. 지성으로서 영혼은 그 기원이 신체가 아니라 신적 이성^{nous}에 있기 때문이다. 플라톤에 따르면 신들은 지성을 영혼 안에, 영혼은 신체 안에 있게 하여 인간을 만들었다고 한다.

플라톤은 영혼을 천상에서 떨어져 육체에 갇힌 신성으로 보았다. 고로 그에게 신체의 죽음은 영혼의 파괴가 아니라 영혼의 정화이자 해방이었다. 이 새로운 인간관의 화신이 바로 그의 스승 소크라테스다. 소크라테스는 "절대적 인식에 도달하려면 육체에서 벗어나 현실을 오직 영혼의 눈으로만 봐야 한다"고 믿었다. 육체는 영혼의 눈을 흐리므로 "육체가 우리와 함께하는 한 순수한 지식은 불가능하다". 고로 우리는 "죽은 다음에야 비로소 원하던 지혜를 가질 수 있다"는 것이다(*Phd.* 66d,e). 소크라테스가 죽음에 초연할 수 있었던 까닭은 이처럼 영혼의 불멸을 믿었기 때문이었다.

| 감각과 사유의 분화

육체와 영혼이 분리되는 과정은 동시에 감각과 사유가 분화하는 과정이기도 했다. 고대의 그리스인들은 영혼을 '프시케'psyche 혹은 '누스'nous라 불렀다. 영혼을 뜻하는 '프시케'와 이성을 뜻하는 '누스'를 혼용했다는 사실은 소크라테스 이전만 해도 영혼과 이성의 구별이 뚜렷하지 않았다는 것을 말해준다. 실제로 엠페도클레스는 사유가 감각지각과 동일하거나 혹은 거의 비슷하다고 말한 적이 있다. 또 아리스토텔레스의 보고에 따르면 데모크리토스 역시 "영혼과 정신을 동일시"했다고 한다. 영혼과 정신이 동일시된다는 것은 아직 감각과 사유의 분화가 일어나지 않았음을 뜻한다.

엠페도클레스나 데모크리토스가 감각과 사유의 차이를 전혀 몰랐을 것 같지는 않다. 사실 그 둘의 구분은 기원전 6세기경부터 이미 나타났기 때문이다. 일찍이 헤라클레이토스는 감각에 대한 사유의 우위를 강조하며 "이해력 없이 듣는다면 귀머거리나 다름없다"고 말한 바 있다(DK 22B34). 그에게 감각과 사유의 차이는 곧 문명과 야만의 차이였다. "야만인의 영혼을 가진 이들에게 눈과 귀는 그저 형편없는 증인일 뿐이다."(DK 22B107) 이는 이미 그리스인들의 아이스테시스가 이른바 '야만인'의 그것과 달랐음을 의미한다. 여전히 감각에 의존하는 야만인들과 달리 그리스인들은 이미 추상적 사유를 시작한 것이다.

분화의 초기만 해도 감각과 사유는 아직 동일한 인지과정의 상이한 두 국면으로 여겨졌다. 하지만 시간이 흐르면서 둘의 구분은 점차 범주적인 것으로 성격이 변해간다. 예를 들어 알크마이온은 감각과 사유의 구별에서 벌써 동물과 인간의 차이를 본다. 그에 따르면 동물은 감관으로 지각은 해도 이해는 못한다. 인간이 동물과 다른 까닭은 오직 그만이 이해력

을 가졌기 때문이다. 고로 이성이야말로 동물과 구별되는 인간의 유적類的
특성으로 볼 수 있다는 것이다. 여기에서 벌써 우리는 서구 형이상학 특
유의 이성중심주의logocentrism와 인간중심주의anthropocentrism를 본다.

데모크리토스 역시 감각에 대한 이성의 우위를 말하면서도 그 둘을 대
립시키지는 않았다. 외려 그는 이성의 독재에 맞서 감각을 변호했다. "불
쌍한 이성이여, 너는 우리에게서 증명의 자료를 탈취해 우리를 종속시키
려 하는구나. 너의 승리가 곧 너의 몰락이 될 것이다."[4] 상황이 달라지는
것은 플라톤에 이르러서다. 플라톤은 이성을 감각과 적대적으로 대립시
키곤 했다. 육체가 영혼의 눈을 흐려 지혜를 얻으려는 영혼을 방해한다
는 것이다. 그에 따르면 "되도록 눈과 귀와 신체 전체를 제거한 사람이야
말로 존재의 지혜를 얻어내기 쉽다"(*Phd.* 65d).

| 고전적 아이스테시스

플라톤 이후 감각은 완전히 이성에 종속된다. 개별 감각의 중요성은
이성 혹은 영혼과의 관계에 따라 평가된다. 이성과 영혼에 가까운 감각
은 당연히 특권적 지위를 누린다. 최고의 감각은 물론 시각이다. 플라톤
에 따르면 신들이 우리에게 시각opsis을 준 것은 천체(신들)의 회전을 보고
그것을 닮으라는 뜻에서였다고 한다. 시각 못지않게 중요한 감각은 청각
이다. 플라톤에게 귀는 영혼의 소리logos를 듣는 기관이다. 눈이 천체를 보
고 혼을 완전하게 하듯이 귀는 시가詩歌를 들으며 혼에 질서를 부여한다.
이로써 시각중심주의ocularcentrism와 청각중심주의phonocentrism가 확립된다.

우리에게 익숙한 고전적 오감의 체계를 완성한 이는 아리스토텔레스
였다. 플라톤은 촉각을 별도의 감각으로 보지 않았지만, 아리스토텔레스
는 촉각을 고유의 감관을 가진 별도의 감각으로 간주한다. 모두 다섯가

지 감각이 있으며 그밖에 다른 감각은 존재할 수 없다. 감각들은 시각·청각·후각·미각·촉각의 순서로 위계를 이룬다. 아리스토텔레스는 촉각을 위계의 가장 낮은 곳에 배치하면서도 그것에 발생적 우선권을 부여한다. 다른 감각들 모두 촉각에서 나왔다는 것이다. 여기에서 플라톤과 다른 그의 경험주의적 면모가 드러난다. 이는 그가 감각을 아직 신체의 생명활동과 연결해 생각했음을 의미한다.

플라톤이나 아리스토텔레스나, 모두 감각을 이성의 통제 아래 두는 것은 마찬가지였지만 그 방식은 사뭇 달랐다. 플라톤에 따르면 천체의 회전과 달리 우리 영혼의 회전은 종종 혼돈에 빠진다. 그것은 우주가 지성과 물질의 혼합으로 이루어져 있기 때문이다. 물질은 영혼에 교란을 일으킨다. 플라톤에게 감각이란 영혼이 천체(신)의 조화를 닮기 위해 '극복해야 할 교란'에 불과했다. 그에 반해 아리스토텔레스는 감각이란 영혼의 완성을 위해 '활용해야 할 쾌락'으로 여긴다. 『니코마코스 윤리학』에서 그는 촉각의 일부를 제외하고 감각적 쾌락 전체를 절제의 대상인 방종의 목록에서 배제한다.

이 존재미학의 차이는 물론 형이상학의 차이에서 비롯된다. 플라톤은 이성으로서 영혼은 육체에서 분리될 수 있으며 또한 분리되어야 한다고 믿는다. 반면 아리스토텔레스는 영혼과 육체가 형상과 질료처럼 서로 분리될 수 없다고 본다. 그래서 감각을 교란으로 여기는 플라톤과 달리 감각의 쾌락을 활용하는 전략을 취할 수 있었던 것이다. 하지만 이런 아리스토텔레스도 이성을 수동적 이성과 능동적 이성으로 나누며 후자의 불멸성을 주장한다. 육체와 결합된 전자와 달리 후자는 신적 기원을 갖는다는 것이다. 결국 아리스토텔레스 역시 스승의 영향에서 완전히 자유롭지는 못했다.

| 내향적 전회

이런 차이에도 불구하고 고대의 철학자들은 아리스토텔레스주의를 플라톤주의의 연장이자 변형으로 보았다. 실제로 플로티노스의 철학은 말이 '신플라톤주의'이지 실은 플라톤주의에 아리스토텔레스주의를 합쳐 놓은 것에 가까웠다. 플라톤은 인간영혼의 '밖'에 진리(이데아)의 세계를 상정한다. 반면 초월적 세계의 존재를 부정하는 아리스토텔레스는 형상(이데아)의 세계를 인간영혼 '안'에 들여놓는다. 이 간극에도 불구하고 플로티노스는 두 사람의 입장이 서로 모순된다고 느끼지는 않은 듯하다. 그의 제자 포르피리오스는 아예 "플라톤학파와 아리스토텔레스학파가 하나"라고 말했다.[5]

실은 이 절충 자체도 아리스토텔레스적인 것이다. 아리스토텔레스는 영혼이 육체와 분리될 수 없다면서 동시에 그 '일부'는 육체에서 분리되어 불멸한다고 말한다. 그 '일부'가 바로 능동적 이성이다. 아리스토텔레스는 그것이 인간영혼의 바깥에서 안으로 들어온 신성한 것이라 보았다. 스승과 치열하게 대결하면서도 그의 영향을 완전히 떨쳐버리지 못한 것이다. 결국 아리스토텔레스에게서 (능동적) 이성은 인간영혼의 '밖'에 있는 동시에 '안'에 있는 것으로 상정된다. 이 모호함 때문에 신플라톤주의자들로서는 딱히 아리스토텔레스가 그의 스승과 대립한다고 볼 이유가 없었다.

아리스토텔레스주의는 플로티노스의 플라톤 해석에 뚜렷한 흔적을 남겼다. 가령 플로티노스는 초월적 진리를 인간의 내면에서 찾는다. 신적인 것은 '높은' 곳이 아니라 '깊은' 곳에 있다는 것이다. 플라톤에 따르면 영혼을 완성하려면 먼저 초월적 이데아를 보아야 한다. 모범을 봐야지만 그것으로 영혼을 조탁할 수 있기 때문이다. 하지만 아리스토텔레스의 말대로 형상이 사물 안에 구현되어 있다면 굳이 눈을 하늘로 돌릴 필요가 없다. 그리하여 플로티노스는 순서를 뒤집어 이데아를 알려면 먼저 영혼을 알아야 한다고 말한다. 신성은 이미 우리 영혼 안에 들어 있다는 것이다.

진리는 밖이 아니라 안에 있다. 고로 신성을 만나려면 자신의 내면으로 들어가야 한다. 이 '내향적 전회'와 더불어 서구철학에서 처음으로 의식을 가지고 의식 안을 들여다보는 이른바 '반성철학'의 사유틀이 탄생한다. 이 모티브 역시 또다른 방식으로 아리스토텔레스와 연관된다. 『형이상학』에서 아리스토텔레스는 오직 인식하는 자신을 인식하는 활동noesis noeseos만 하는 신의 개념을 제시한다.(Met. 1072b20-25, 1074b34-35) 플로티노스에게 인간이 자신을 인식하기 위해 눈을 내면으로 돌리는 것은 곧 신을 닮는 일이며, 그로써 신이 되는 일이었다.

이 내향적 전회에 스토아주의가 발휘한 영향도 빼놓을 수 없다. 스토아주의자인 세네카는 루실리우스에게 보낸 편지에서 "신은 네 근처에, 너와 더불어, 네 안에 있다"고 말한다.[6] 자기 안에서 구할 수 있는 것을 얻기 위해 굳이 하늘을 향해 팔을 벌려 기도할 필요는 없다는 것이다. 세네카에 따르면 "신성한 영혼이 이미 우리 안에 있어 우리의 좋은 행위와 나쁜 행위를 지켜보며 우리의 수호자가 되어준다"고 한다. 물론 이 신은 기독교의 유일신이 아니라 개인의 수호신과 같은 것으로, 누구도 이 신의 도움이 없이 선한 존재가 될 수는 없다고 한다.

| 사적 자아의 발명

이제 진리를 보기 위해 눈을 밖으로 돌릴 필요가 없어졌다. 신성은 이미 우리 안에 구현되어 있기 때문이다. 영혼이 육체의 영향에서 벗어나 정신으로 상승할수록 인간은 신에 가까워진다. 플로티노스에 따르면 영혼이 가장 순수한 정신성에 이르렀을 때 내 안의 신성과 내 밖의 신성은 하나가 된다. 이때 개별적 존재로서 '나'가 사라지는 황홀한 몰아^{ecstasy}의 체험 속에서, '나'는 육체에서 유래한 불순물을 씻어내고 내 안에 구현된 신성의 근원으로 돌아간다. 한마디로 인간이 신이 되는 것이다. 이렇게 신으로 상승하는 존재미학을 구사했다는 점에서 플로티노스는 여전히 고대인이었다.

반면 아우구스티누스가 플로티노스를 따라 눈을 내면으로 돌렸을 때 그의 목적은 사뭇 다른 데에 있었다. 신이 되는 것을 삶의 목표로 삼는 다신교와 달리 유일신교에서 인간이 신이 된다는 것은 상상할 수 없는 일이기 때문이었다. 아우구스티누스가 내면으로 눈을 돌린 까닭은 그곳에서 신을 만나기 위해서였다. 그는 구원의 은총을 찾아 내면으로 돌아간다. 하지만 영혼 안에서 신을 만날 수 있다고 해서 그 영혼 자체가 신적인 것은 아니다. 유일신교에서 인간의 영혼이 신성을 띤다고 말하는 것은 독신瀆神 행위이기 때문이다. 아우구스티누스는 내면에서 그저 씻어내야 할 육욕을 볼 뿐이다.

세네카는 신의 도움이 없이는 선한 존재가 될 수 없다고 말했다. 개인의 수호신이었던 그 신은 아우구스티누스에 이르러 내 안에서 나의 모든 행위를 지켜보는 기독교의 신으로 바뀐다. 플로티노스의 영혼과 달리 아우구스티누스의 영혼은 결코 신이 될 수 없다. 인간은 영혼 속에서 신과 마주치지만, 그의 영혼 자체가 신성한 것은 아니다. 플로티노스의 영혼은 절대자와 합일하지만 아우구스티누스의 영혼은 결코 절대자가 될 수 없다. 그 결과 인간의 영혼은 자기만의 순수한 '사적 공간'으로 남겨진다.[7] 마침내 주관적 의식으로서 '사적 자아'의 관념이 탄생한 것이다.

플로티노스의 영혼은 그 자체가 거대한 세계령의 일부였기에 내재와 초월의 합일이 가능했다. 하지만 아우구스티누스의 영혼은 이미 사적인 영혼에 불과하다. 그것은 객관적 세계로부터 고립된 주관적 세계일 뿐이다. 나아가 두 철학자는 내면을 표상하는 방식에서도 차이를 보인다. 예를 들어 플로티노스는 인간의 내면을 공간으로 표상하지 않았다. 반면 아우구스티누스는 인간의 영혼을 모종의 공간으로, 다시 말해 외적 공간과 구별되는 내적 공간으로 표상한다. 그 내면의 공간에는 우주 전체가 들어 있다. 심지어 우리는 그 안에서 벌거벗은 채 신과 마주칠 수도 있다.

새로운 인간에게는 새로운 아이스테시스가 요구된다. 아우구스티누스는 감각과 관련된 육체적 쾌락을 배척한다. 윤리적 절제의 대상을 특수한 경우의 촉각적 쾌락으로 한정한 아리스토텔레스와 달리 아우구스티누스는 방종이 모든 감각에서 가능하다고 보아 오감의 쾌락 모두를 절제의 영역에 포함시킨다. 아리스토텔레스의 '오감의 테크네'는 현세의 행복을 위한 실존의 미학이었다. 반면 아우구스티누스의 그것은 내세의 영생을 위한 구원의 신학이다. 이제 영혼은 자신의 구원을 위해 일체의 감각적 쾌락을 포기해야 한다. 중세 천년을 지배할 새로운 아이스테시스는 이렇게 탄생했다.

| 근대적 주체의 탄생

근대철학은 아우구스티누스의 이 '내향적 전회'를 시대에 맞추어 세속화하는 과정에서 탄생한다. 이제 중세의 '고백하는 자아'는 결국 근대의 '생각하는 자아'로 변모한다. 실제로 데카르트와 아우구스티누스의 생각 사이에는 놀라운 유사성이 존재한다.[8] 예를 들어 아우구스티누스의 『자

유로운 선택에 관하여』 *De Libero Arbitrio* 에는 먼 훗날 '방법적 회의'라는 이름
으로 알려질 데카르트의 논변이 거의 원형 그대로 등장한다. 여기서 아우
구스티누스는 상대에게 이렇게 묻는다.

> 당신께 묻죠. 당신은 존재합니까? 이렇게 물으면 혹시 내가 속고 있
> 는 건 아닌가 하는 생각이 들 수도 있을 겁니다. 하지만 당신이 존재하
> 지 않는다면, 기만도 당할 수 없을 겁니다(*Lib. Arb.* II.3.7).

이처럼 '생각하기에 존재'한다는 데카르트의 격률은 원래 아우구스티
누스의 것이었다. 물론 데카르트가 아우구스티누스의 사상을 그대로 넘
겨받기만 한 것은 아니다. 세속화의 과정에서 영혼은 이성으로, 즉 합리
적 의식으로서 정신으로 대체된다. 그와 더불어 중세의 영육이원론도 그
종교적 색채를 잃고 근대의 심신이원론으로 변모한다.

데카르트는 내향적 전회를 통해 의식 안에서 생득관념들을 발견한다.
아우구스티누스가 내면에서 신을 만났다면 데카르트는 내면에서 신의
'개념'과 마주친다. 이어 연역논증이 시작된다. '인간은 불완전하나 신
은 정의상 완전하다. 완전한 것이 불완전한 것에서 나올 수는 없다. 고로
신은 존재한다. 나아가 선한 신이 인간을 기만할 리 없다. 고로 의식 밖
의 세계는 실재한다.' 아우구스티누스는 영혼 밖에 세계가 존재한다는
것을 자명한 사실로 여겼다. 반면 데카르트에게 확실한 것은 '생각하는
나' cogito 의 존재뿐, 의식 밖 세계의 존재는 이렇게 따로 증명해야 했다.

영국의 경험주의는 내향적 전회를 통해 세계 자체를 아예 의식 안의
현상으로 만들어버렸다. 로크는 사물 자체에 속하는 제1성질과 주관에
속하는 제2성질을 구분하며, 여전히 제1성질은 의식과 무관하게 객관적

으로 실재한다고 보았다. 하지만 이 소박한 실재론은 곧 비판의 표적이된다. 버클리는 제2성질만이 아니라 제1성질까지도 주관이 만들어낸 관념으로 간주한다. 그에게 '존재하는 것은 곧 지각되는 것이다'. 흄은 지각하는 '의식'의 동일성^{identity}마저 해체해버린다. 그에게 존재하는 모든 것은 관념의 연합, 의식의 흐름일 뿐이다.

근대적 아이스테시스

사실 이 주관화 경향도 플로티노스에게서 기원한다. 플로티노스는 아이스테시스를 수동적 영향받음이 아니라 영혼의 능동적 활동으로 규정했다. 그의 뒤를 이어 아우구스티누스는 영혼이 집중을 통해 신체의 감관에 감지능력을 부여한다고 주장했다. 영혼의 정화를 위해 육체적 영향받음으로서의 감각을 이성의 능동적 활동으로서의 지각으로 바꿔 놓은 것이다. 그 결과 자아는 육체를 통해 감각세계로 나아가지 못하고 의식 안에 갇혀버리고 만다. 이 유아론적 자아에게 세계는 그저 의식 안의 현상일 뿐이다. 훗날 칸트는 시간과 공간까지도 주관의 형식으로 간주한다.

이로써 슈미츠가 "치명적 주형"이라고 부른 근대적 인간의 관념이 완성된다. 슈미츠에 따르면 근대인의 아이스테시스에는 크게 세가지 특징이 있다. 모든 체험을 영혼이나 정신 속에 집어넣는 심리주의, 세계의 풍부함을 과학적·실험적 방법에 적합한 몇가지 특징들로 돌리는 환원주의, 그렇게 환원되지 않는 성질들은 모두 주관적 현상으로 치부하는 내향투사. 이 중에서 감각에 대한 근대 특유의 적대감과 관련이 있는 특징은 두번째 환원주의일 것이다. 『성찰』에 제시된 데카르트의 밀랍 논증을 생각해보자.

그것〔밀랍〕을 불 근처로 가져가보라. 남아 있던 꿀맛의 자취는 없어지고, 향기도 사라져버릴 것이다. 색깔은 변하고, 원래의 형태도 사라질 것이다. (…) 미각·후각·시각·촉각 혹은 청각으로 파악했던 모든 것이 변했다. 하지만 밀랍은 남아 있다(제2성찰).

이른바 연장실체로서 밀랍의 본질이 드러나려면 오감의 특질을 모두 지워야 한다. 여기에서 감각과 이성은 서로 적대적 관계로 상정된다. 아우구스티누스가 영혼의 정화를 위해 감각을 배제한다면, 데카르트는 이렇게 이성적 사유를 위해서 감각을 제거한다. 경험주의자 로크도 환원주의에서 자유롭지 못하다. 그 역시 사물의 본질을 포착하려면 먼저 감각을 제거하라고 요구한다.

감각을 제거하라. 눈으로 하여금 빛이나 색깔을 못 보게 하고, 귀로 하여금 소리를 못 듣게 하고, 혀로 하여금 맛을 못 보게 하고, 코로 하여금 냄새를 못 맡게 하라. 그러면 모든 색채·맛·냄새·소리는 사라져 존재하기를 그치고, 그것들의 원인, 즉 부분들〔미립자들〕의 크기·모양·운동으로 환원될 것이다(E Ⅱ.8.17).

감각은 이제 영혼의 구원이 아니라 이성의 도야를 위해 배제된다. 17세기는 과학적·실증적 사유가 형성되는 시기였다. 과학적 연구에 필요한 논리적·추상적 사유를 위해서는 감각에 의존해 판단하는 버릇을 버려야 했다. 결국 종교적 근원을 갖는 감각의 금욕주의가 세속적 목적에 전용된 셈이다. 근대의 아이스테시스는 이렇게 탄생했다.

| 기계 속의 유령

데카르트에게 인간은 사유실체다. '실체'란 그 정의상 존속을 위해 다른 것에 의존하지 않는 것을 가리킨다. 고로 실체로서 정신은 신체에 의존하지 않는다. 즉 인간은 신체를 '가졌지만' 그가 신체'인' 것은 아니다. 이것이 데카르트의 인간이다. 데카르트는 신체를 모종의 기계로 간주하며 동물은 기계로 분류한다. 동물에게는 이성이 없고 오직 신체만 있기 때문이다. 반면 인간은 신체를 가졌어도 기계로 분류되지 않는다. 데카르트에게 인간은 신체가 아니라 그 안에 깃든 정신이기 때문이다. 고대의 인간이 아직 육체를 갖고 있었다면 근대의 인간은 이렇게 정신이 된다.

사실 인간은 신체를 '가진' 동시에 자신의 육체'이기'도 하다. 하지만 데카르트는 육체'인' 인간을 졸지에 육체에서 분리된 영혼으로 만들어 버렸다. 이 데카르트적 인간을 가리켜 철학자 길버트 라일^{1900~1976}은 '기계 속의 유령'ghost in the machine이라 꼬집었다.[9] 데카르트의 이성주의 기획은 한마디로 '이성'이라는 이름의 유령이 되라는 호소라고 할 수 있다. 이성적 존재가 되려면 감각을 불신하고 상상력을 배제하며 정념을 억제해야 한다. 신체와 유리된 데카르트의 유령은 문득 아무 일도 하지 않은 채 오직 생각하는 자신을 생각하는 일만 한다는 아리스토텔레스의 신을 닮았다.

미학은 이 과도한 이성주의로부터 감각을 구제하기 위한 기획이었다. 하지만 감성론으로서 미학이 구제한 것은 육체와 결부된 감각이 아니었다. 바움가르텐은 감성을 오직 지각으로서, 즉 '유사이성'으로서만 구제한다. 미학을 통해 부활한 감성의 영역은 대체로 중세와 르네상스의 철학에서 '내감'이라 부르던 능력들로, 인지과정에서 '감각이후'와 '이성이전'의 구간에 해당한다. 감성을 유사이성으로 간주한다는 점에서 바움가르텐의 기획은 여전히 이성주의 안에 머문다. 감성론으로서 미학의 목표는 데카르트주의의 '거부'가 아니라 그것의 '수정'이었다.

최초로 반反데카르트주의를 표명한 이는 콩디야크였다. 사실 데카르트의 인간은 허구에 불과하다. 이성적 사유나 판단도 실은 감성의 토대 위에서만 가능하기 때문이다. 감각과 상상력, 정념 없이 오직 논리적 연산능력만 갖춘 인간이란 '이성적 존재'라기보다는 차라리 기계에 가까울 것이다. 콩디야크는 우리의 인식과 인식능력이 모두 오감에서 나온다고 말한다. 판단·반성·욕망·정념 등 마음의 모든 기능이 실은 감각 자체가 상이하게 변형된 것에 불과하다는 주장이다. 특히 그는 위계의 맨 아래에 있던 촉각에 오감의 중추적 역할을 부여한다.

데카르트주의를 극복하려는 움직임은 20세기에 들어와 본격화한다. 데카르트주의의 전복은 사실 현대철학의 거의 모든 흐름이 공유하는 목표였다. 후기 비트겐슈타인은 언어분석을 통해 데카르트의 방법적 회의가 문법적 오류임을 보여주었다. 하지만 감각의 관점에서 반데카르트주의를 대표하는 논의는 역시 후설의 철학에서 시작되는 흐름들이리라. 하이데거의 해석학, 메를로퐁티의 신체현상학, 플레스너의 감성학과 슈미츠의 신현상학은 각자의 방식으로 정신/신체, 사유/물질, 주체/객체, 인간/동물의 이분법을 무너뜨리고 그런 인위적 구분이 아직 일어나지 않은 지점으로(사태 자체로) 되돌아간다.

'기계 속의 유령'을 쫓아내는 엑소시즘을 통해 20세기의 철학은 '신체로서 인간'을 다시 불러낸다. 메를로퐁티는 데카르트적 주체를 대신할 신체의 코기토로서 '살'chair의 개념을 제시했다. 이렇게 육체를 복원하는 시도에서 대체로 현상학 계열의 이론들이 해석학 계열의 이론들보다 급진적인 모습을 보인다. 해석학의 이론들은 '진리'나 '의미'와 관련지어 신체를 구원하려 하나, 현상학은 신체를 정신화하지 않고 그 자체로 '육체'로 다루기 때문이다. 물론 데카르트주의를 전복하는 해석학이나 현상학 역시 큰 틀에서는 여전히 이성주의의 전통 속에 있음을 잊어서는 안된다.

이 맥락에서 프랑스 후기구조주의의 반해석학주의antihermétisme에 주목할 필요가 있다. 예를 들어 들뢰즈의 감각론은 데카르트주의를 넘어 이성중심주의마저 해체하려 한다. 메를로퐁티의 '살'이 지각의 주체로서 아직 인간의 살을 가리킨다면, 들뢰즈의 '고기'viande는 감각의 주체로서 동물과 인간이 공유하는 영역, 그 둘이 아직 분화하지 않은 영역을 지시한다. 여기서 서구 형이상학의 인간중심주의가 무너진다. 들뢰즈는 인간을 언표와 해석의 주체로 세우기 위해 신체를 유기체로 분절화하려는 서구철학 수천년의 기획을 "신학체계, 신의 심판의 체계"라 부르며 거부한다.

| 창조적 역행

들뢰즈가 "신학체계"라 부른 것을 해체하기 위해 20세기의 철학은 종종 그 체제가 형성되기 전의 과거로 돌아간다. 예를 들어 하이데거는 감각에 대한 데카르트의 불신을 겨냥하여 "그냥 보아서 지각하는 것이야말로 가장 순수하고 근원적인 의미에서 참"이라고 말한다.[10] 이는 '감각은 언제나 참이며 오류는 판단에서 비롯된다'는 에피쿠로스의 생각을 다시 불러낸 셈이다. 사실 에피쿠로스의 말은 '보는 것을 곧 아는 것'으로 여겼던 밀레토스 자연철학의 전통을 계승한 것이다. 이렇게 하이데거는 데카르트주의를 해체하는 무기로 그리스 초기의 아이스테시스를 다시 소환한다.

플레스너는 데카르트의 심신이원론을 거부한다. 플레스너에 따르면 감각의 과정에서 신체와 정신은 일체가 되어 함께 움직인다. 이 때문에 감각도 '의미부여' 기능을 갖는다고 한다. 의미부여 기능을 영혼에 돌리는 플로티노스·아우구스티누스 이전으로 돌아간 셈이다. 메를로퐁티 역시 정신이 아닌 신체를 지각의 주체로 내세운다. 슈미츠는 이 신체의 코기토를 더 급진적 형태로 발전시킨다. 슈미츠에 따르면 보거나 만질 수 있는 '신체'Körper는 지각의 주체일지 모르나 감각의 주체는 아니다. 감각의 주체는 눈이나 손을 쓰지 않고도 자신을 감지하는 '육체'Leib라고 한다.

일찍이 콩디야크는 감각이 사유와 판단과 정념의 근원이며, 모든 감각의 토대를 이루는 것은 촉각이라고 말한 바 있다. 콩디야크의 조각상은 손으로 자신의 몸을 더듬어 오감의 체계를 갖춘 후 정서·지각·판단 등 더 고차원의 인지기제를 차례로 구축해 나간다. 감각의 고전적 위계를 전복했지만 다시 정신으로 상승한다는 점에서 그의 감각론은 '승화'sublimation의 이론에 속한다. 반면 슈미츠는 이 절차를 뒤집어 지각을 다시 감각으로 되돌린다. 오감으로 분화하여 위계를 이룬 것은 감각이 아니라 지각일 뿐이다. 그에게 감각은 고유수용감각에 가까운 어떤 원초적 느낌으로 존재한다.

이 '탈승화'desublimation의 과정에서 데카르트의 이분법은 점차 해체된다. 정신과 신체, 사유와 감각, 주체와 객체, 인간과 동물 사이에 존재해온 모든 구분과 위계가 사라지는 것이다. 이 탈승화의 가장 급진적이며 극단적인 예는 들뢰즈가 말하는 '고기'로서 인간일 것이다. 플레스너는 신체로서 인간을 "안과 밖의 경계를 실현하는 존재"로 규정했다. 들뢰즈는 그 경계마저 지우고 기관organ으로 분화한 유기체organism로서의 인간을 다시 '기관 없는 신체'의 상태로 되돌린다. 기관을 잃은 신체는 결국 무기물

inorganic matter로 돌아간다. 이때 감각의 동작주는 물질이다.

결국 감각의 이론이 오디세우스처럼 먼 길을 돌아 다시 물질이 감각을 하고 물질이 사유를 하던 태고의 물활론으로 되돌아온 셈이다. 물론 이는 퇴행이 아니다. 들뢰즈라면 이를 '창조적 역행'이라 불렀을 것이다. 이 역행의 목적은 서구의 형이상학이 인위적으로 구축한 추상적 인간상에서 벗어나 다시 피와 살을 가진 구체적 인간을 회복하는 것이다. 그렇다고 철학의 긴 역사 속에서 형성된 전통적 인간의 상이 그저 수정해야 할 오류에 불과했던 것은 아니다. 이 또한 유년기 인류가 자의식과 반성능력을 갖춘 존재로 성장하면서 거쳐야 할 과정이었기 때문이다.

감성론으로서 미학은 근대적 아이스테시스가 형성되는 과정에서 탄생했다. 바움가르텐은 데카르트의 과도한 이성주의에 맞서 감성을 구제하려 했다. 하지만 근대의 과학적 사유에 딱히 감각이나 지각의 섬세함이 필요한 것은 아니었다. 이 때문에 감성은 오직 미적 특성을 띠는 한에서만 구제될 수 있었다. 이 미적 영역은 근대의 시민사회에서 삶의 산문성prosa을 위로하는 한편의 운문poesie으로 기능했다. 감성론으로 출발한 미학은 헤겔에 이르러 예술철학으로 귀결된다. 예술의 종언을 말하는 그에게 감성의 영역은 정신의 자기귀환 과정에서 지양해야 할 단계일 뿐이었다.

이 시대에 감각학Aisthetik으로서 미학의 기획이 등장한 것은 감성론이 탄생했던 그 시절처럼 우리 시대의 아이스테시스도 변화를 요청받거나, 혹은 그 변화가 이미 진행되고 있다는 뜻이리라. 헤겔의 『정신현상학』 Phänomenologie des Geistes에서 정신은 외화하여 물질이 되었다가 다시 정신으로 귀환한다. 감각의 역사는 정확히 이 정신의 오디세이를 물구나무 세운 모습을 보인다. 거기서 육체는 외화하여 정신이 되었다가 다시 육체로 귀환한다. 이것이 그동안 말끔히 말소되었던 또다른 절반의 철학사다. 어쩌면 이 절반이야말로 거울에 비친 모상에 가려졌던 인간의 원상인지도 모른다.

저술의 약어와 인용 형식 표시(등장순)

일반적 저술

DK   H. Diels and W. Krans (hr.), *Die Fragmente der Vorsokratiker* 6. Aufl., Weidmann 1952., 딜스(Diels)와 크란츠(Krantz)가 정리한 소크라테스 이전 철학자들 저작의 표준적 참조 체계에 따라 인용.

테오프라스토스

DS   *De Sensibus*『감각론』문단 번호에 따라 인용.

플라톤

Phd.   *Phaedrus*『파이드로스』, 스테파노스(Stephanus)가 정리한 플라톤 대화편의 표준적 참조 체계에 따라 인용.

Tim.   *Timaeus*『티마이오스』, 스테파노스가 정리한 플라톤 대화편의 표준적 참조 체계에 따라 인용.

아리스토텔레스

DA   *De Anima*『영혼에 관하여』, 베커(I. Becker)가 정리한 아리스토텔레스 전집의 표준적 참조 체계에 따라 인용.

DSS   *De Sensu et Sensibilibus*『감각 및 감각대상론』, 베커가 정리한 아리스토텔레스 전집의 표준적 참조 체계에 따라 인용.

Mem.   *Memoria*『기억론』, 장 번호에 따라 인용.

Met.   *Metaphysica*『형이상학』, 베커가 정리한 아리스토텔레스 전집의 표준적 참
조 체계에 따라 인용.

Nic.   *Nicomachean Ethics*『니코마코스 윤리학』, 베커가 정리한 아리스토텔레스
전집의 표준적 참조 체계에 따라 인용.

Phys.   *Physica*『자연학』, 베커가 정리한 아리스토텔레스 전집의 표준적 참조 체
계에 따라 인용.

디오게네스 라에르티오스

Ep. Hdt.   "Epistula ad Herodotum"「에피쿠로스가 헤로도토스에게 보낸 편지」, 절
번호에 따라 인용.

LLP   *Leben und Lehre der Philosophen*『철학자 열전』, 권, 문단 번호에 따라 인용.

루크레티우스

DRN   *De Rerum Natura*『사물의 본성에 관하여』, 권, 행 번호에 따라 인용.

프톨레마이오스

Opt.   *Optica*『광학』, 권, 문단 번호에 따라 인용.

플로티노스

Enn.   *Ennead*『엔네아데스』, 권, 장, 문단 번호에 따라 인용.

아우구스티누스

Mus.   *De Musica*『음악론』, 권, 장, 문단 번호에 따라 인용.

Trin.   *De Trinitate*『삼위일체론』, 권, 장 번호에 따라 인용.

Epist.   *Epistulae*『서한집』, 편지, 문단 번호에 따라 인용.

Gen. Litt.   *De Genesi ad Litteram*『창세기의 문자적 의미』, 권, 장, 문단 번호에 따
라 인용.

Conf.   *Confessiones*『고백록』, 권, 장 번호에 따라 인용.

Lib. Arb. *De Libero Arbitrio* 『자유의지론』, 권, 문단, 행 번호에 따라 인용.

알하이삼

Asp. *De Aspectibus* 『광학의 서』, 권, 장, 문단 번호에 따라 인용.

데카르트

PP *Principia Philosophiae* 『철학의 원리』, 부, 문단 번호에 따라 인용.

로크

E *An Essay Concerning Human Understanding* 『인간오성론』, 권, 장, 문단 번호에 따라 인용.

버클리

DHP *Three Dialogues between Hylas and Philonous* 『하일라스와 필로누스가 나눈 세 편의 대화』, 대화, 행 번호에 따라 인용.

PHK *A Treatise Concerning the Principles of Human Knowledge* 『인간 지식의 원리론』, 문단 번호에 따라 인용.

흄

THN *A Treatise on Human Nature* 『인간 본성에 관한 논고』, 권, 부, 절, 문단 번호에 따라 인용.

바움가르텐

Aes. *Aesthetica* 『미학』, 절 번호에 따라 인용.

Med. *Meditationes Philosophicae de Nonnullis ad Poema Pertinentibus* 『시에 대한 성찰』, 절 번호에 따라 인용.

Met. *Metaphysics* 『형이상학』, 절 번호에 따라 인용.

볼프

DM   *Deutsche Metaphysik* 『독일 형이상학』, 절 번호에 따라 인용.

PE   *Phychologia Empirica* 『경험적 심리학』, 절 번호에 따라 인용.

칸트

KrV   *Kritik der reinen Vernunft*, 관례에 따라 『순수이성비판』의 A판(1781년)과 B
판(1787년)을 인용할 경우 각각 약어A, B 뒤에 면수를 표시하고, 베를린 학술
원판을 인용할 경우 약어AA 뒤에 권수를 로마숫자로 표시.

KdU   *Kritik der Urteilskraft*, 『판단력비판』의 절 번호에 따라 인용.

주

책머리에

1 Gernot Böhme, *Aisthetik: Vorlesungen über Ästhetik als allgemeine Wahrnehmungslehre*, Wilhelm Fink Verlag 2001.

1부 소크라테스 이전 철학의 감각론

1 Gabriel Ema Idang, "Thales, Anaximander and Anaximenes as Pathfinders of Modern Science," *International Journal of Philosophy*, 1(4), 2013, 57~56면.

2 Theophrastus, "Theophrastus on the Senses," in George Malcolm Stratton, *Theophrastus and the Greek Physiological Psychology before Aristotle*, E. J. Bonset and P.Shippers N.V. 1964, 65~152면. 69면에서 재인용.

3 H. Diels & W. Kranz (hr.), *Die Fragmente der Vorsokratiker*, 6. Aufl., Weidmann 1952. 딜스-크란츠 번호(DK)에서 처음 나오는 숫자는 장(章)을 의미하며(28장 파르메니데스, 29장 제논 등), B는 글의 성격(A는 간접인용, B는 저자 자신의 언급, C는 진위가 의심되는 글), 16은 그중 열여섯번째 단편을 뜻한다.

4 B16에 대한 다양한 해석은 다음을 참조하라. A. A. Long, "The Principles of Parmenides' Cosmogony," *Phronesis*, 8(2), 1963, 90~107면.

5 Theophrastus, 앞의 책 69면에서 재인용. 이 인용문의 해석에 관해서는 같은 책 159면의 열한번째 주석을 참조하라.

6 Gregory Vlastos, "Parmenides' Theory of Knowledge," *Transactions and Proceedings of the American Philological Association*, 77, 1946, 66~77면.

7 아리스토텔레스는 『형이상학』 4권의 1009b22에서 이렇게 전한다. "누구에게나 여

러 감각기관들이 언제나 다양한 결합을 이루듯이, 사유도 인간에게 그렇게 온다. 그의 감각기관들이 바로 생각하는 그것의 실체다. 사유가 지배적이기 때문이다."

8 Luis Andrés Bredlow, "Aristotle on pre-Platonic Theories of Sense-Perception and Knowledge," *Filosofi a Unisinos*, 11(3), 2010, 204~224면.

9 Karl Popper, *The World of Parmenides: Essays on the Presocratic Enlightenment*, Routledge 2013, 74~75면.

10 Raymond J. Clark, "Parmenides and Sense-Perception," *Revue des Études Grecques*. 82, 1969, 14~32면.

11 Luis Andrés Bredlow, "Aristotle on pre-Platonic Theories of Sense-Perception and Knowledge," *Filosofi a Unisinos*, 11(3), 2010, 204~24면/205면.

12 Empedocles, in *The Poem of Empedocles: A Text and Translation with an Introduction*, ed., Brad Inwood, University of Toronto Press 2001, 121면.

13 같은 책 136면.

14 John Isaac Beare, *Greek Theories of Elementary Cognition from Alcmaeon to Aristotle*, Clarendon Press 1906, 110면.

15 "때로 그는 시각을 이렇게 [빛의 유출로] 설명하지만, 때로는 가시적 대상들로부터 흘러나오는 발산물로 설명하기도 한다."(*DSS* 438a3-4) 아리스토텔레스 역시 엠페도클레스의 이중성을 지적하나, 그의 이론을 발산설보다는 유출설에 가깝게 해석함에 틀림없다.

16 원문에 '내부의'라는 말은 원문에는 존재하지 않는다. 이와 달리 시각의 전제인 빛과 물의 평형이 눈의 안쪽이 아니라 바깥쪽의 각막에서 이루어진다는 해석도 있다. David N. Sedley, "Empedocles' Theory of Vision and Theophrastus' De Sensibus," in *Theophrastus: His Psychological, Doxographical, and Scientific Writings*, ed., William Fortenbaugh, Transaction Publishers 1991, 20~31면.

17 Beare, 앞의 책 133면에서 재인용.

18 David Wolfsdorf, *Pleasure in Ancient Greek Philosophy*, Cambridge University Press 2013, 31면.

19 Rachana Kamtekar, "Knowing by Likeness in Empedocles," *Phronesis* 54, 2009, 215~38면.

20 Friedrich Solmsen, "Greek Philosophy and the Discovery of Nerves," *Museum Helveticum*, 18, 1961, 150면~97면/151면.

21 Enrico Crivellato & Domenico Ribatti, "Soul, Mind, Brain: Greek Philosophy and the

Birth of Neuroscience," *Brain Research Bulletin*, 71, 2007, 327~36면.

22 Adam M. Zemelka, "Alcmaeon of Croton-Father of Neuroscience? Brain, Mind and Senses in the Alcmaeon's Study," *Journal of Neurology and Neuroscience*, 8(3), 2017, 1~5면.

23 Geoffrey E. R. Lloyd, "Alcmeon and the Early History of Dissection," *Sudhoffs Archiv*, 59, 1975, 113~47면.

24 Beare, 앞의 책 9~10면.

25 Joel Wilcox, "On the Distinction Between Thought and Perception in Heraclitus," *Apeiron* 26(1), 1993, 1~18면/1면.

26 이 논증은 데모크리토스에 대한 아리스토텔레스의 비판을 차용한 것이다. "눈이 물로 이루어졌다는 데모크리토스의 말은 옳으나, 시각이 대상의 반영이라는 말은 그르다. (…) 영상을 반영하는 여러 사물 중에서 왜 눈만 볼 수 있는지 물을 생각도 못 했다니 어리석기 짝이 없다." Aristotle, *De Sensu et Sensibilibus*, 438a5-12.

27 Felix M. Cleve, *The Philosophy of Anaxagoras*, Springer 2012, 275면.

28 Bernhard Rensch, *Psychische Komponenten der Sinnesorgane: Eine Psychophysische Hypothese*, Thieme 1952.

29 Jason Dockstader, "Diogenes of Apollonia," Internet Encyclopedia of Philosophy, https://www.iep.utm.edu/diogen-a/ (2019.8.22. 방문).

30 일각에서는 청각인상이 뇌를 거쳐 가슴으로 지각된다는 것이 디오게네스의 생각이라 보기도 한다. 대표적으로 아이작 비어는 '청각인상을 뇌로 전달한다.'는 것은 디오게네스의 견해가 아니며 테오프라스토스가 무단으로 첨가한 것이라 본다. 디오게네스는 두뇌 그 자체를 의식의 중심기관으로 보지 않았다는 것이다. 그는 청각인상이 뇌의 기관(氣管)을 거쳐 가슴 부위의 기관으로 내려가 거기서 지각된다는 것이 디오게네스의 견해일 것이라 추정한다. Beare, 앞의 책 105면.

31 John Burnett, *Early Greek Philosophy*. A&C Black 1920(3판), 262면.

32 David Skrbina, *Panpsychism in the West*, The MIT Press 2017.

2부 세개의 대(大)이론

1 강물의 예를 이와는 다르게 해석하는 견해도 있다. 그 예를 헤라클레이토스의 또다른 원리, 즉 '대립물의 통일'과 관련시키는 견해다. 이에 따르면, '오늘 내 몸을 담근 강'이라는 헤라클레이토스의 말을 '다른' 물이면서 동시에 '같은' 강이라는 뜻으로 풀어야 한다. 어느 쪽으로 해석을 하든, "유전(flux)이 이성(logos)과 일치한다"는 헤

라클레이토스의 언급은 적어도 그가 동일성보다 변화와 생성을 우주의 더 본질적인 측면으로 보고 있음을 시사한다.

2 Leucippus & Democritus, in *The Atomists, Leucippus and Democritus: Fragments : a Text and Translation with a Commentary*, ed. C. C. W. Taylor, University of Toronto Press 2010, 9면.

3 W. K. C. Guthrie, *A History of Greek Philosophy II: The Presocratic Tradition from Parmenides to Democritus*, Cambridge University Press 1965, 459면에서 재인용.

4 Leucippus & Democritus, 앞의 책 9면.

5 스토바이오스에 따르면 "레우키포스와 데모크리토스는 지각과 사고가 신체의 변형이라고 말한다". 같은 책 18면.

6 Robert B. English, "Democritus' Theory of Sense Perception," *Transactions and Proceedings of the American Philological Association*, 46, 1915, 217~227면.

7 위(僞) 플루타르크에 따르면 "데모크리토스와 에피쿠로스는 영혼은 가멸적이어서 신체와 함께 사멸한다고 말한다". Leucippus & Democritus, 앞의 책 107면에서 재인용.

8 Theophrastus, 앞의 책 121면.

9 Patricia Curd & Richard D. McKirahan, *A Presocratics Reader: Selected Fragments and Testimonia*, Hackett Publishing 2011(2판), 119면에서 재인용.

10 Theophrastus, 앞의 책 133~135면.

11 스토바이오스는 엠페도클레스가 4원소설에 맞추어 흑·백·적·녹을 4원색으로 보았다고 전한다. 반면 아에티우스는 엠페도클레스가 4원소에 흑·백·적·황의 색을 부여했다고 전한다. 하지만 "엠페도클레스가 4원색을 4원소와 연관시켰다는 학설지적 전승은 신뢰하기 어렵다"는 지적도 있다. Katerina Ierodiakonou, "Empedocles on Colour and Colour Vision," *Oxford Studies in Ancient Philosophy*, 29, 2005, 1~37면 / 17면.

12 하지만 섹스투스에 따르면 데모크리토스는 지각이 '유사'의 원리에 따라 이루어진다고 믿었던 듯하다. "사물들의 유사성은 모종의 인력을 갖고 있다." Leucippus & Democritus, 앞의 책 5면.

13 Theophrastus, 앞의 책 115면.

14 Theophrastus, 앞의 책 129~131면.

15 Theophrastus, 앞의 책 141면.

16 Walter Burkert, "Air-Imprints or Eidola: Democritus' Aetiology of Vision," *Illinois*

Classical Studies 2, 1977, 97~109면.

17 Olivier Darrigol, *A History of Optics from Greek Antiquity to the Nineteenth Century*, OUP Oxford 2012, 4면에서 재인용, 번호 및 강조는 인용자.

18 플라톤 『티마이오스』, 박종현·김영균 역주, 서광사 2000, 이하 인용은 스테파노스 페이지에 따른다.

19 Jacque Derrida, *Khôra*, Galilée 1993.

20 테오프라스토스는 플라톤의 시각론이 "시각이 대상을 덮친다고 말하는 이론과 뭔가가 가시적 대상으로부터 떨어져 나와 감각기관으로 들어온다고 말하는 이론의 중간쯤에 놓여 있다"고 말한다. Theophrastus, 앞의 책 71면.

21 Plato, *Politeia*, 7권 533d.

22 『영혼론』의 국역본으로는 『영혼에 관하여』(유원기 역주, 궁리 2001)를 참고했다. 인용 시에는 역자를 따라 이마누엘 베커(Immanuel Bekker)의 표준적 참조 체계를 이용했다. 다만 번역에 따른 어순의 변화로 행수는 베커의 것과 다소 다를 수 있다.

23 『영혼론』의 이 구절은 해석자들의 수만큼 다양한 해석을 낳았다. "고대철학에서 이 반쪽 분량의 장(章)만큼 무수한 해석을 낳은 구절도 없다. 그 모호함과 극단적 간략함은 악명이 높다." W. Theiler, *Aristoteles: Über die Seele*, Akademie Verlag 1979, 142면.

24 Aristotle, "De Sensu et Sensibilibus," in *The Parva Naturalia*, tr., J. I. Beare, Clarendon Press 1909, 436a-449a.

25 Robert Jütte, *Geschite der Sinne: von der Antike bis zum Cyberspace*, C.H.Beck 2000, 46면.

26 같은 책 49면.

27 Richard Sorabji, "Aristotle, Mathematics, and Colour," *The Classical Quarterly*, 22(2), 1972, 293~308면.

28 A. H. Gitter, "Short History of Hearing Research. I. Antiquity," *Laryngorhinootologie*, 1990, 442~5면.

29 Jütte, 앞의 책 50면.

30 Jütte, 앞의 책 52면.

31 여기에서는 공통감의 존재가 요청되는 이유를 세가지로 들었는데, 이에 대해서는 다양한 견해가 존재한다. 다음을 참조하라. D. W. Hamlyn, "Koine Aisthesis," *The Monist*, 52(2), 1968, 195~209면.

32 아리스토텔레스 『니코마코스 윤리학』, 최명관 옮김, 서광사 1990.

33 John E. Sisko, "Taste, Touch, and Temperance in 'Nicomachean Ethics'," *The Classical Quarterly New Series*, 53(1), 2003, 135~140면.

3부 헬레니즘의 감각론

1 Epikur, "Epikur grüßt Menoikeus", in *Diogenes Laertios: Leben und Lehre der Philosophen*, Diogenes Laertios, tr. and ed., Fritz Jürß, Reclam 1998, 498~503면.

2 A. A. Long and D. N. Sedley, *The Hellenistic Philosophers: Vol. 1, Translations of the Principal Sources, with Philosophical Commentary*, Cambridge University Press 1987.

3 David Furley, "Democritus and Epicurus on Sensible Qualities," in *Passions & Perceptions: Studies in Hellenistic Philosophy of Mind: Proceedings of the Fifth Symposium Hellenisticum*, ed. Jacques Brunschwig & Martha Craven Nussbaum, Cambridge University Press 1993, 72~94면.

4 Lucretius, *On the Nature of Things*. Book IV. tr., William Ellery Leonard, Dover Publications Inc. 2004, 104~144면.

5 Cassius Amicus, *The Doctrines of Epicurus – Annotated*, Cassicus Amicus 2011에서 재인용.

6 Epikur, 앞의 책 468~485면; Epicurus, *Letters and Sayings of Epicurus*, tr., Odysseus Makridis, Barnes & Noble Publishing 2005, 1~28면. 번호와 밑줄은 인용자.

7 Epikur, 같은 책 468~485면.

8 Epicurus, *The Epicurus Reader: Selected Writings and Testimonia*, ed. Lloyd P. Gerson, Hackett Publishing 1994, 68면.

9 Diogenes Laertius, *Leben und Lehre der Philosophen*, tr. & ed., Fritz Jürß, Reclam 1998, 297~354면/298면.

10 Wilhelm Kuester, *Die Grundsätze der stoischen Tugendlehre*, Nauck 1864, 9면.

11 Heinz Gerd Ingenkamp, "Zur stoischen Lehre vom Sehen," in *Rheinisches Museum für Philologie*, Neue Folge, 114(3), 1971, 240~246면.

12 Olivier Darrigol, *A History of Optics from Greek Antiquity to the Nineteenth Century*, OUP Oxford 2012, 7면.

13 Han Baltussen, *Theophrastus Against the Presocratics and Plato: Peripatetic Dialectic in the De Sensibus*, BRILL 2000, 12면.

14 같은 책 18면.

15 Stratton, 앞의 책 18~50면.

16 Carlos Steel, *Priscian: On Theophrastus on Sense-Perception with 'Simplicius': On Aristotle On the Soul 2.5-12*, A&C Black 2014.

17 Theophrastus, "Über die Gerüchte," in *Theophrast De odoribus: Edition, Übersetzung, Kommentar*, eds., Ulrich Eigler & Georg Wöhrle, de Gruyter 1993, 2~57면.

18 Alexander of Aphrodisias, *Alexander of Aphrodisias: On Aristotle On Sense Perception*, tr. Alan Towey, A&C Black 2014.

19 H. Baltussen, 앞의 책 12면.

4부 고대 감각론의 세 전통

1 David C. Lindberg, *Theories of Vision from Al-Kindi to Kepler*, The Unvisity of Chicago Press 1976, 1면. 이 구분법이 "오해를 일으키기 쉽다"는 지적도 있다. A. Mark Smith, "Ptolemy and the Foundations of Ancient Mathematical Optics: A Source Based Guided Study," *Transactions of the American Philosophical Society*, New Series, 89(3), 1999, 46~47면.

2 Euclid, *The Optics of Euclid*, tr., Harry Edwin Burton in *Journal of the Optical Society of America*. 35(5). 1945, 357~372면/357면.

3 Albert Lejeune, *Euclide et Ptolémée: Deux Stades de l'optique geometrique grecque*, Bibliotheque de l'Universite 1948, 172면.

4 Arthur Zajonc, *Catching the Light: The Entwined History of Light and Mind*, Oxford University Press, 1995, 25면.

5 A. Mark Smith, 앞의 책 1~17면.

6 Rudolf E. Siegel, *Galen on Sense Perception: His Doctrines, Observations and Experiments on Vision, Hearing, Smell, Touch and Pain, and Their Historical Sources*, S. Karger 1970. 이 장(章)의 기술은 전적으로 이 문헌에 의존한다.

7 같은 책 76면에서 재인용.

8 같은 책 77면에서 재인용.

9 Bruce Stansfield Eastwood, "Galen on the Elements of Olfactory Sensation," *Rheinisches Museum für Philologie*, Neue Folge, 124(3/4), 1981, 268~290면/271면에서 재인용.

10 Siegel, 앞의 책 158면에서 재인용.

11 Lindberg, 앞의 책 11면에서 재인용.

12 Euclid, 앞의 책 361~362면.

13 Ptolemy & A. Mark Smith, *Ptolemy's Theory of Visual Perception: An English Translation of the Optics*, ed., A. Mark Smith, American Philosophical Society 1996, 63~262면.

14 Siegel, 앞의 책 95면에서 재인용.

15 Ptolemy & A. Mark Smith, 앞의 책 91면.

16 같은 책 29면. 프톨레마이오스는 두 눈의 영상이 하나로 겹쳐 보이는 까닭은 시신경

의 교차 덕분이라고 생각한 것 같다.

17 Robert A. Crone, "The History of Stereoscopy," *Documenta Ophthalmologica*, 81, 1992, 1~16면.

18 John M. Dillon, *The Middle Platonists, 80 B.C. to A.D. 220*, Cornell University Press 1996. xiii면.

19 A. Mark Smith, "Alhazen's Debt to Ptolemy's Optics," in Trevor H. Levere & William R. Shea, *Nature, Experiment, and the Sciences: Essays on Galileo and the History of Science in Honour of Stillman Drake.*, Springer Science & Business Media 2012, 147~164면.

5부 고대에서 중세로

1 Plotinus, *The Enneads*, tr., Stephen MacKenna, Larson Publications 1992.

2 Pierre Hadot, *Plotinus Or the Simplicity of Vision*. tr., Michael Chase, University of Chicago Press 1993, 24면.

3 Eyjólfur Kjalar Emilsson, *Plotinus on Sense-Perception: A Philosophical Study*, Cambridge University Press 1988, 40면.

4 같은 책, 40면.

5 Eric Schliesser, *History of Sympathy*, Oxford University Press 2015, 44면.

6 Terry L. Miethe, "Augustine's Theory of Sense Knowledge," *JETS*, 22(3), 1979, 257~264면/260면.

7 Gerard O'Daly, *Augustine's Philosophy of Mind*, University of California Press 1987, 80~105면.

8 José Filipe Silva, "Augustine on Active Perception". in *Active Perception in the History of Philosophy: From Plato to Modern Philosophy*, eds., José Filipe Silva & Mikko Yrjonsuuri, 2014, 79~98면.

9 Phillip Cary, *Augustine's Invention of the Inner Self: The Legacy of a Christian Platonist*, Oxford University Press 2003.

10 James Hannam, "Emperor Justinian's Closure of the School of Athens," Bede's Library, http://www.bede.org.uk/justinian.htm (2019.8.22. 방문).

11 Edward J. Watts, *City and School in Late Antique Athens and Alexandria*, University of California Press 2008, 111~142면.

6부 중세 아랍의 광학

1 Lindberg, 앞의 책 18면에서 재인용.

2 같은 책 19면에서 재인용.

3 Algis Uždavinys, *The Heart of Plotinus: The Essential Eneads Including Porphyry's On the Cave of the Nymphs*, World Wisdom Inc 2009, 37면.

4 Peter Adams, "Vision, Light and Color in Al-Kindiz, Ptolemy and the Ancient Commentators," *Arabic Sciences and Philosophy*, 16, 2006, 207~236면/226면.

5 Otto Spies, "Al-Kindi's Treatise on the Cause of the Blue Colour of the Sky," *Journal of the Bombay Brnch of the Royal Asiatic Society*, 13, 1937, 7~19면.

6 에우클레이데스는 시각광선을 철학적 '요청', 즉 하나의 가설로 간주했다. 이 '요청'을 증명함으로써 알킨디는 그것이 동시에 실재성을 갖는다는 것을 보여주려 한 것이다. David C. Lindberg, "The Intromission-Extramission Controversy in Islamic Visual Theory: Alkindi versus Avicenna," in *Studies in Perception: Interrelations in the History of Philosophy and Science*, eds., Peter K. Machamer & Robert G. Turnbull, Ohio State University Press 1978, 137~159면/138면.

7 David C. Lindberg, *Theories of Vision from Al-Kindi to Kepler*, 22면에서 재인용.

8 Peter Adams, *Al-Kindi*, Oxford University Press 2005, 45면. 사실 이는 알킨디의 해석일 뿐, 정작 아리스토텔레스는 사물이 각도에 따라 달라 보이는 현상에 대해 명시적으로 언급한 적이 없다.

9 David C. Lindberg, "Alkindi's Critique of Euclid's Theory of Vision," *Isis*, 62(4), 1971, 469~489면.

10 Peter Adams, "Vision, Light and Color in Al-Kindiz, Ptolemy and the Ancient Commentators," 216면에서 재인용.

11 앞의 글, 217면. 이븐 알하이삼의 점형분석에 대해서는 뒤에서 다시 살펴보게 될 것이다.

12 피터 애덤스는 알킨디가 알렉산드리아의 테온을 통해 프톨레마이오스의 영향을 간접적으로 받았을 것으로 추정한다. 앞의 글, 216면.

13 M. Meyerhof & C Prüfer, "Die Lehre vom Sehen bei Ḥunain b. Isḥāq," *Archiv für Geschichte der Medizin*. 6(1), 1912, 21~33면.

14 Ḥunain Ibn-Isḥāq, *The Book of the ten Treatises on the Eye ascribed to Hunain Ibn Is-Hâq(809-877 A.D.)*, ed., Max Meyerhof, Government Press 1928, 7면.

15 같은 책, 18면.

16 같은 책, 31~32면.

17 같은 책, 36~37면.

18 "그의 관심사는 모든 종류의 유출설을 반박하는 데에 있었지, 아리스토텔레스의 시각론을 긍정적으로 옹호하는 데에는 별 관심이 없었다." David C. Lindberg, "The Intromission-Extramission Controversy in Islamic Visual Theory: Alkindi versus Avicenna," 143면.

19 Avicenna & F. Rahman, *Avicenna's Psychology: An English Translation of Kitāb Al-Najāt, Book II, Chapter VI with Historico-Philosophical Notes and Textual Improvements on the Cairo Edition*, Hyperion Press 1981.

20 같은 책 27면.

21 같은 책 27면.

22 같은 책 28면.

23 같은 책 28면.

24 같은 책 29면.

25 같은 책 28면.

26 David C. Lindberg, *Theories of Vision from Al-Kindi to Kepler*, 48면.

27 같은 책 49면에서 재인용.

28 Dag Nikolaus Hasse, *Avicenna's De Anima in the Latin West: The Formation of a Peripatetic Philosophy of the Soul 1160-1300*, Warburg Institute 2000, 123면.

29 Avicenna, 앞의 책 27면.

30 Jon McGinnis, "New Light on Avicenna: Optics and its Role in Avicennan Theories of Vision, Cognition and Emanation," in *Philosophical psychology in Arabic thought and the Latin Aristotelianism of the 13th century*, eds., López Farjeat & J. Tellkamp, Vrin 2013, 41~57면/49면.

31 Jon McGinnis, *Avicenna*, Oxford University Press 2010, 108면.

32 Lindberg, 앞의 책 50면에서 재인용.

33 Avicenna, 앞의 책 29면.

34 Averroes, *Epitome of 'Parva Naturalia'*. tr., H. Blumberg, Cambridge, MA 1961, 15~16면.

35 같은 책 18면.

36 같은 책 9면.

37 Lindberg, 앞의 책 55면에서 재인용.

38 Debprah L. Black, "Averroes on the Spirituality and Intentionality of Sensation," in *In the*

Age of Averroes: Arabic Philosophy in the Sixth/Twelfth Century, ed., Peter Adamson, The Warburg Institute and Aragno 2011, 159~174면.

39 A. I. Sabra, "Sensation and Inference in Alhazens's Theory of Visual Perception," in *Studies in Perception: Interrelations in the History of Philosophy and Science*, eds., Peter K. Machamer & Robert G. Turnbull, Ohio State University Press 1978, 160~185면/162면.

40 Alhazen & A. Mark Smith, *Alhacen's Theory of Visual Perception: A Critical Edition, with English Translation and Commentary, of the First Three Books of Alhacen's De Aspectibus, the Medieval Latin Version of Ibn Al-Haytham's Kitab Al-Manazir, vol. II*, ed., A. Mark Smith, American Philosophical Society 2001, 372면.

41 같은 책 372~373면.

42 같은 책 358면.

43 Averroes, 앞의 책 15~16면.

44 Sabra, 앞의 글 180면. 주석7 참고.

45 Lindberg, 앞의 책 30면.

46 Charles M. Falco, "Ibn al-Haytham and the Origins of Computerized Image Analysis," *International Conference on Computer Engineering & Systems*, 2007.

47 Alhazen & A. Mark Smith, 앞의 책 361면.

48 같은 책 374면.

49 David C. Lindberg, "The Intromission-Extramission Controversy in Islamic Visual Theory," 137~159면.

50 David C. Lindberg, "Alhazen's Theory of Vision and its Reception in the West," *Isis*, 58(3), 1967, 321~341면/327면.

51 Charles M. Falco & Aimée L. Weinzallen, "Ibn al-Haytham's Contributions to Optics, Art and Visual Literacy," in *Painted Optic Symposium*, , 2008, 115~128면.

52 Sabra, 앞의 글 160~185면.

53 Charles. G. Gross, "Ibn Al-Haytham on Eye and Brain, Vision and Perception," *Bulletine of Islamic Medicine* 1, 1981, 309~312면.

7부 근대광학의 역사

1 Alistair Cameron Crombie, *The History of Science from Augustine to Galileo*, Courier Corporation 1995, 27면.

2 Robert Grosseteste, *On Light: De Luce*. tr., Clare C. Ried, Marquette University Press 1942,

10면.

3   Amelia Carolina Sparagvigna, "Robert Grosteste and his Treatise on Lines, Angles and
    Figures of the Propagation of Light," *International Journal of Science*. Vol.2, 2013,
    101~107면.

4   Robert Grosseteste, "Concerning Lines, Angles and Figures," in *A Source Book in Medieval
    Science*, ed. Edward Grant, Harvard University Press 1974, 385~388면/385면.

5   David C. Lindberg, *Theories of Vision from Al-Kindi to Kepler*, 19면에서 재인용.

6   John S. Hendrix, *The Philosophy of Vision of Robert Grosseteste*, Roger Williams University.
    School of Architecture, Art and Historic Preservation Faculty Publications 2009, 4면.

7   Lindberg, 앞의 책 96면에서 재인용.

8   같은 책 101면에서 재인용.

9   Cemil Akdogan, "Avicenna and Albert's Refutation of the Extramission Theory of
    Vision," *Islamic Studies*, 23(3), 1984, 151~157면.

10 Lindberg, 앞의 책 106면.

11 Jütte, 앞의 책 61면에서 재인용.

12 같은 곳에서 재인용.

13 Jens Rüffer, *Werkprozess Wahrnehmung Interpretation: Studien zur mittelalterlichen
    Gestaltungspraxis und zur Methodik ihrer Erschließung am Beispiel baugebundener Skulptur*,
    Lukas Verlag 2014, 238면.

14 '영적 감각'의 개념은 AD 3세기의 저자 알렉산드리아의 오리게네스에게로 거슬러
    올라간다. 이에 대해서는 다음을 참조하라. Paul L. Gavrilyuk & Sarah Coakley (ed.),
    The Spiritual Senses: Perceiving God in Western Christianity, Cambridge University Press
    2011.

15 Gordon Rudy, *The Mystical Language of Sensation in the Later Middle Ages*, Routledge
    2013, 42~43면.

16 Roger Bacon, "The Nature and Multiplication of Light or Species," in *A Source Book in
    Medieval Science*, ed. Edward Grant, Harvard University Press 1974, 393~394면/393면.

17 Lindberg, 앞의 책 115면에서 재인용.

18 Thomas von Aquinas, *Summa Theologica*, I,84,7., 1485.

19 Jörg Alejandro Tellkamp, *Sinne Gegenstände und Sensibilia : Zur Wharnehmungslehre des
    Thomas von Aquinas*, Brill 1999, 187~217면.

20 같은 책 197면에서 재인용.

21 같은 책 208면에서 재인용.

22 Thomas Aquinas, *De Veritate*, q.2a.3arg.19., 1259.

23 David N. Stamos, *The Species Problem: Biological Species, Ontology, and the Metaphysics of Biology*, Lexington Books 2004, 375면에서 재인용.

24 John-Duns Scotus, *Opera Omnia*, Vol.15, ed. Luke Wadding, Vivès 1893, 483a.

25 Kirsti Andersen, *The Geometry of an Art: The History of the Mathematical Theory of Perspective from Alberti to Monge*, Springer Science & Business Media 2008, 1~15면.

26 레온 바티스타 알베르티『알베르티의 회화론』, 노성두 옮김, 사계절 1998, 33면.

27 레온 바티스타 알베르티『알베르티의 회화론』, 노성두 옮김, 사계절 1998, 23면.

28 Lindberg, 앞의 책 161면.

29 Leonardo da Vinci, *The Literary Works of Leonardo da Vinci*, Vol. I, ed. & tr. Jean Paul Richter, Sampson Low, Marston, Searle & Rivingston 1883, 44~45면.

30 Lindberg, 앞의 책 171면에서 재인용.

31 Lindberg, 앞의 책 172에서 재인용.

32 Lindberg, 앞의 책 176에서 재인용.

33 Emil Wilde, *Geschichte der Optik: vom Ursprunge Dieser Wissenschaft bis auf die Gegenwärtige Zeit: Von Aristoteles bis Newton, Bd.I.*, Rücker und Püchler 1838, 196~197면에서 재인용.

34 A. Mark Smith, *From Sight to Light: The Passage from Ancient to Modern Optics*, University of Chicago Press 2014, 363면.

35 Olivier Darrigol, *A History of Optics from Greek Antiquity to the Nineteenth Century*, OUP Oxford 2012, 25면에서 재인용.

36 Lindberg, 앞의 책 192면에서 재인용.

37 Lindberg, 앞의 책 200면에서 재인용.

38 같은 곳에서 재인용.

39 Lindberg, 앞의 책 203면에서 재인용.

40 Lindberg, 앞의 책 204면에서 재인용.

8부 외감에서 내감으로

1 René Descartes, "Treatise on Light" in *The World and other Writings*, tr., Stephen Gaukroger, Cambridge University Press 1998, 3~75면.

2 René Descartes, "Dioptrics" in *Discourse on Method, Optics, Geometry, and Meteorology*,

tr., Paul J. Olscamp, Hackett Publishing 2001, 65~176면.

3 A. Mark Smith, *Descartes' Theory of Light and Refraction: A Discourse on Method*, American Philosophical Society 1987, 6면.

4 René Descartes, *Principles of Philosophy*, tr., Valentine R. Miller & Reese P. Miller, Springer Science & Business Media 1982, 282면.

5 René Descartes, *Meditations, Objections, and Replies*, tr., Roger Ariew & Donald A. Cress, Hackett Publishing 2006, 10면.

6 같은 책 16면.

7 René Descartes, "Letter to Meyssonier," 29 Jan. 1640, in *The Philosophical Writings of Descartes: Volume 3, The Correspondence*, Cambridge University Press 1984, 143면.

8 "당신은 자신이 사유실체이며, 연장되어 있지 않다고 말합니다. (...) 이제 요점으로 넘어가 다른 질문을 하죠. 당신은 자신이 연장되지 않다고 하지만, (그러면서도) 신체 전체에 퍼져 있지 않습니까? 당신이 이 물음에 어떻게 대답할지 궁금하네요." René Descartes, "Fifth Objections (Gassendi)", in *Objections to the Meditations and Descartes's Replies on*, https://www.earlymoderntexts.com/ assets/pdfs/descartes1642.pdf, 141 (2019.8.22. 방문)

9 Joseph Wook Hwang, *Descartes and the Metaphysics of Sensory Perception*, University of California 2008.

10 Gary Hatfield, "The Senses and the Freshless Eye: The Meditations as Cognitive Exercises," in *Essays on Descartes' Meditations*, ed., Amélie Oskenberg Rorty, University of California Press 1986, 45~79면.

11 "Nihil est in intellectu quod non prius in sensu." Thomas Aquinas, *De veritate*, q.2 a.3 arg.19.

12 George Berkley, *Three Dialogues between Hylas and Philonous in Opposition to Sceptics and Atheists*, The Floating Press 2014.

13 George Berkley & Thomas J. McCormack, *A Treatise Concerning the Principles of Human Knowledge*, Courier Corporation 2003.

14 David Hume, *A Treatise on Human Nature*, Aegitas 2016.

15 Daniel Heller-Roazen, "Common Sense: Greek, Arabic, Latin," in *Rethinking the Medieval Senses: Heritage/Fascinations/Frames*, eds., Stephen G. Nichols, Andreas Kablitz & Alison Calhoun, JHU Press 2008, 30~50면.

16 David Bloch, *Aristotle on Memory and Recollection: Text, Translation, Interpretation, and*

Reception in Western Scholasticism, BRILL 2007.

17 Augustine, *On the Free Choice of the Will, On Grace and Free Choice, and other Writings*, ed. Peter King, Cambridge University Press 2010.

18 Gerard J. P. O'Daly, *Augustine's Philosophy of Mind*, University of California Press 1987, 88~92면.

19 Muhammad U. Faruque, "The Internal Senses in Nemesius, Plotinus and Galen: The Beginning of an Idea," *Journal of Ancient Philosophy*. 10(2). 2016, 119~139면.

20 Avicenna & F. Rahman, 앞의 책 30면.

21 같은 곳.

22 Avicenna, 앞의 책 31면.

23 Harry Austryn Wolfson, "The Internal Senses in Latin, Arabic and Hebrew Philosophic Texts," *The Havard Theological Review*, 28(2), 1935, 69~133면/96면.

24 중세와 르네상스의 문헌에 등장하는 뇌실과 내감의 도해에 대해서는 다음을 참고 하라. Walther Sudhoff, "Die Lehre von den Hirnventrikeln in textlicher und graphischer Tradition des Altertums und Mittelalters," *Archiv für Geschichte der Medizin*, 7(3), 149~205면.

25 Simo Knuuttila and Pekka Kärkkäinen, "Medieval Theories of Internal Senses," in *Sourcebook for the History of the Philosophy of Mind: Philosophical Psychology from Plato to Kant*, eds., Simo Knuuttila and Juha Sihvola, Springer Science & Business Media 2013, 132~133면.

26 Peter Adams & Matteo di Giovanni, *Interpreting Averroes: Critical Essays*, Cambridge University Press 2018, 139면에서 재인용.

27 Roger Bacon, *Opus Majus* Vol.I., Williams and Norgate 1900, PartV. Optics ch.II - ch.IV.

28 A. Mark Smith, "What Is the History of Medieval Optics Really about?," *Proceedings of the American Philosophical Society*, 148(2), 2004, 180~194면/179면.

29 Simon Kemp & Garth J. O. Fletcher, "The Medieval Theory of the Inner Senses," *The American Journal of Psychology*, 106(4), 1993, 559~576면/566면.

30 Wayne P. Pomerleau, *Twelve Great Philosophers: A Historical Introduction to Human Nature*, Rowman & Littlefield 1997, 68면.

31 Saint Augustine, *Augustine: Earlier Writings*, Westminster John Knox Press 1953, 141면.

32 Gerard J. P. O'Daly, *Augustine's Philosophy of Mind*, University of California Press 1987, 90면.

33 Halil Kayikci, "Saint Augustine's Invention of the Inner-Man: A Short Journey to The History of the Internality of the West," *European Journal of Language and Literature Studies*, 1(3), 2015, 138~155면.

34 아우구스티누스가 도입한 내향적 전회에 대해서는 다음을 참조하라. Phillip Cary, *Augustine's Invention of the Inner Self: The Legacy of a Christian Platonist*, Oxford University Press 2003.

9부 감성의 미학적 구원

1 Gottfried W. Leibniz, "Meditations on Kowledge, Truth and Ideas," in *Philosophical Essays*, tr. Roger Ariew & Daniel Garber, Hacket Publishing 1989, 23~27면.

2 Christian Wolff, *Vernünftige Gedancken (2): Deutsche Metaphysik: von Gott, der Welt und der Seele des Menschen, auch allen Dingen überhaupt*, G. Olms 1983.

3 Christian Wolff, *Psychologia Empirica: Methodo Scientifica Pertractata*, Officina libraria Rengeriana 1738, 421면.

4 Alexander Gottlieb Baumgarten, *Meditationes Philosophicae de Nonnullis ad Poema Pertinentibus*, 1735, http://plato.stanford.edu/entries/aesthetics-18th-german/에서 재인용. (2019.8.22. 방문)

5 Alexander Gottlieb Baumgarten, *Ästhetik* I, II, tr. & ed., Dagmar Mirbach, Meyer 2007.

6 Stephen Davies, Kathleen Marie Higgins, Robert Hopkins, Robert Stecker & David E. Cooper, *A Companion to Aesthetics*, John Wiley & Sons 2009, 41면.

7 Alexander Gottlieb Baumgarten, *Metaphysik*, C.H.Hemmerde 1766.

8 Alexander Gottlieb Baumgarten, *Metaphysica*, C.H.Hemmerde 1750.

9 Petra Bahr, *Darstellung des Undarstellbaren: religionstheoretische Studien zum Darstellungsbegriff bei A.G. Baumgarten und I. Kant*, Mohr Siebeck 2004, 42면.

10 Paul Guyer, "18th Century German Aesthetics," Stanford Encyclopedia of Philosophy, 2014, http://plato.stanford.edu/entries/aesthetics-18th-german/ (2019.8.22. 방문).

11 Immanuel Kant, *Kritik der Urteilskraft*, Meiner 2009.

12 Mădălina Diaconu, *Tasten, Riechen, Schmecken: eine Ästhetik der anästhesierten Sinne*, Königshausen & Neumann 2005, 40~42면.

13 George Dickie, *The Century of Taste: The Philosophical Odyssey of Taste in the Eighteenth Century*, Oxford University Press 1996.

14 노르베르트 엘리아스 『문명화과정』I, II, 박미애 옮김, 한길사 1999, 393~394면.

15 Miguel de Cervantes Saavedra, *The Ingenious Gentleman Don Quixote of la Mancha, Century*, 1600/1907, part II, chap. xiii.

16 David Hume, *Of the Standard of Taste*, 1757, 16면.

17 Baltasar Gracián, *The Pocket Oracle and Art of Prudence*, Penguin UK 1647/2011, 65면.

18 Peter Kivy, *The Seventh Sense: Francis Hutcheson and Eighteenth-Century British Aesthetics*, Clarendon Press 2003, 7~9면.

19 Joseph Addison, *Spectator* No. 409, Thursday, June 19, 1712.

20 같은 곳.

21 James Shelley, "18th Century British Aesthetics. Stanford Encyclopedia of Philosophy," 2006, https://plato.stanford.edu/entries/aesthetics-18th-british/ (2019.8.22. 방문).

22 Anthony Cooper (The 3rd Erl of Shaftesbury), *Characteristics of Men, Manners, Opinions, Times*, ed., Doublas den Uyl, Liberty Fund 1711/2001, 17면.

23 Jerome Stolnitz, "On the Origins of 'Aesthetic Disinterestedness'," *Journal of Aesthetics and Art Criticism*, 20, 1961, 131~143면.

24 Kivy, 앞의 책 20~23면.

25 David Fate Norton & Jacqueline Taylor, *The Cambridge Companion to Hume*, Cambridge University Press 2008, 322면.

26 Francis Hutcheson, *An Inquiry into the Original of our Ideas of Beauty and Virtue*, Printed for R. Ware 1753(5판), 11면.

27 같은 글 11면.

28 같은 글 9면.

29 같은 글 13면.

30 같은 글 17면.

31 같은 글 19면.

32 같은 글 129면.

33 David Hume, 앞의 책 217면.

34 같은 책 203~240면/203면.

35 같은 책 207면.

36 Carolyn W. Korsmeyer, "Hume and the Foundations of Taste," *The Journal of Aesthetics and Art Criticism*, 35(2), 1976, 201~215면.

37 Hume, 앞의 책 228면.

38 Hume, 앞의 책 224면.

39 같은 곳.

40 Hume, 앞의 책 229면.

41 Hume, 앞의 책 231면.

42 Joseph Addison, *Spectator* No. 412, Monday, June 23, 1712.

43 Edmund Burke, *A Philosophical Enquiry into the Origin of our Ideas of the Sublime and the Beautiful*, R. and J. Dodsley 1757.

44 Alexander Gerard, *An Essay on Taste*, A. Millar, A. Kincaid & J. Bell 1759, 167~168면.

45 Archibald Alison, *Essays on the Nature and Principles of Taste*. G. Ramsay for A. Constable 1790/1815(4판).

46 Immanuel Kant, *Kritik der reinen Vernunft*, ed., Raymund Schmidt, Felix Meiner Verlag, 1926, A22-23/B37.

47 같은 책, AA IV, 74면.

48 칸트가 『판단력비판』에서 서술한 상상력이 가진 다양한 기능에 대해서는 다음을 참조하라. Werner Strube, "Die Einbildungskraft und ihre Funktionen in Kants 'Kritik der ästhetischen Urteilskraft," in *Das achtzehnte Jahrhundert*, ed., Carsten Zelle, Wallstein Verlag 2000, 75~87면.

49 Yvonne Ehrenspeck, *Versprechungen des Ästhetischen: Die Entstehung eines modernen Bildungsprojekts*, Springer-Verlag 2013, 69면.

50 Immanuel Kant, *Kritik der Urteilskraft*, in *Kants Gesamelte Schriften hrsg. von Königlich Preußlichen Akademie der Wissenschaften*, Bd. V., Einleitung IV, XXIV.

51 Hutcheson, 앞의 책 129면.

52 Christoph Menke, "Ein anderer Geschmack. Weder Autonomie noch Massenkonsum," in *Texte zur Kunst*, 75, 2009, 38~46면/40면.

53 Immanuel Kant, *Kritik der reinen Vernunft*, AA III Anm.

54 Peter Kivy, *The Blackwell Guide to Aesthetics*, John Wiley & Sons 2009, 1면.

55 Edward Bullough, "Psychical Distance' as a Factor in Art and an Aesthetic Principle," *The British Journal of Psychology*. 5, 1912.

10부 감각의 부활

1 Étienne Bonnot de Condillac, *Essai sur l'Origine des Connaissance Humaines*, Ch. Houel, imprimeur 1798, I. vi. §16.

2 "감각을 제거하라. 눈으로 하여금 빛이나 색깔을 못 보게 하고, 귀로 하여금 소리를

못 듣게 하고, 혀로 하여금 맛을 못 보게 하고, 코로 하여금 냄새를 못 맡게 하라. 그러면 모든 색채·맛·냄새·소리는 사라져 존재하기를 그치고, 그것들의 원인, 즉 부분들의 크기·모양·운동으로 환원될 것이다."(E Ⅱ.8.17)

3 Denis Diderot, "Letter on the Blind for the Use of Those Who See," in *Diderot's Early Philosophical Works*, tr. & ed., Margaret Jourdain, The Open Court Publishing Company 1916, 68~159면.

4 같은 글 160~225면.

5 Marjolein Degenaar, *Molyneux's Problem: Three Centuries of Discussion on the Perception of Forms*, Springer Science & Business Media 2007, 71면.

6 Etienne Bonnot de Condillac, *Oeuvres complètes de Condillac, revues, corrigées par l'auteur et imprimées sur ses manuscrits autographes: Extrait raisonné du traité des sensations*. Tome IV, Dufart 1803, 3면.

7 같은 책 128면.

8 같은 책 40면.

9 Danie Leonard, "Condillac's Animated Statue and the Art of Philosophizing: Aesthetic Experience in the Traité des Sensations," *Dalhousie Review*, 82(3), 2002, 491~513면/501면.

10 Franz Clemens Brentano, *Psychologie Vom Empirischen Standpunkte*, BiblioBazaar 2014, 124면.

11 Taylor Carman, "The Body in Husserl and Merleau-Ponty," *Philosophical Topics*, 27(2), 1999, 205~226면.

12 Martin Heidegger, *Sein und Zeit*, Max Niemeyer Verlag 1993, 33면.

13 Cassius Amicus, 앞의 책에서 재인용.

14 Heidegger, 앞의 책 33면.

15 Martin Heidegger, *Ursprung des Kunstwerkes*, Klostermann 2012.

16 Martin Heidegger, *Sein und Zeit*, 108면.

17 모리스 메를로퐁티 『지각의 현상학』, 류의근 옮김, 문학과지성사 2002, 316면.

18 모리스 메를로퐁티 「세잔의 회의」, 『현상학과 예술』. 오병남 옮김, 서광사 1983, 185~214면.

19 Helmuth Plessner, "Die Einheit der Sinne: Grundlinien einer Ästhesiologie des Geistes," 1923, in *Gesammelte Schriften III: Anthropologie der Sinne*, Suhrkamp 2003, 25면.

20 "사물이 나타날 때 (…) 음향이나 소음 같은 여러 감각적 요소로 인지하는 것이 아

니라, 굴뚝 가운데서 바람이 우는 소리를, 비행기의 엔진소리를, 폭스바겐과 직접적으로 구별되는 메르체데스의 소리를 듣는 것이다. 사물 그 자체가 모든 감각적인 것들보다 오히려 우리에게 훨씬 가깝다." 마르틴 하이데거 『예술작품의 근원』, 오병남 옮김, 경문사 1979, 90면.

21 Plessner, 앞의 책 267면.

22 Erich M. von Hornbostel, "Die Einheit der Sinne," in *Melos Zeitschrift für Musik* 4, Verlagsgesellschaft Neuendorff & Moll 1925, 290~297면.

23 Michael Hog, *Die anthropologische Ästhetik Arnold Gehlens und Helmuth Plessners: Entlastung der Kunst und Kunst der Entlastung*, Mohr Siebeck 2015, 60면.

24 Helmuth Plessner, *Die Stufen des Organischen und der Mensch: Einleitung in die philosophische Anthropologie*, Walter de Gruyter 1975.

25 Gesa Lindemann, "Leiblichkeit und Körper," in *Handbuch Körpersoziologie, Bd.1: Grundbegriffe und theoretische Positionen*, eds., Robert Gugutzer, Gabriele Klein & Michael Meuser, Springer VS 2016, 57~66면/57면.

26 Hermann Schmitz, *Der unerschöpfliche Gegenstand*, Bouvier 1990, 17면.

27 Hermann Schmitz, *Der Leib*, Walter de Gruyter 2011, 89~96면.

28 "외부의 대상들 중 우리가 빛·색채·냄새·맛·소리·열기·냉기와 그밖의 촉각적 특질(…)이라 부르는 것에 관해 말하자면, 우리가 지각하는 것은 그저 그 대상들의 크기·형태·운동의 다양한 배열뿐이라고 결론지어야 할 것이다. 그것이 신경을 다양한 방식으로 자극하여 우리 영혼 안에 다양한 느낌을 만들어내는 것이다." *René Descartes: Principles of Philosophy* tr., Valentine R. Miller & Reese P. Miller, Springer Science & Business Media 1982, 282면.

29 Leucippus & Democritus, 앞의 책 9면.

30 Hermann Schmitz, *Atmosphäre*, Verlag Herder GmbH 2016, 7면.

31 같은 책 7~8면.

32 Hermann Schmitz, *Der unerschöpfliche Gegenstand*, 115면.

33 Hermann Schmitz, *Der Leib*, 15면.

34 같은 책 1~6면.

35 Schmitz, 앞의 책 122면.

36 Robert Gugutzer, *Leib, Körper und Identität: Eine phänomenologisch-soziologische Untersuchung zur personalen Identität*, Springer-Verlag 2013, 99면.

37 같은 책 100면에서 재인용.

38 Hermann Schmitz, *Atmosphäre*, 16면.

39 Schmitz, 앞의 책 16~17면.

40 같은 책 30면.

41 같은 책 19면.

42 같은 책 9면.

43 Gernot Böhme, *Atmosphäre: Essays zur neuen Ästhetik*, Suhrkamp 2013.

44 Marjorie Grene, "Positionality in the Philosophy of Helmuth Plessner." *The Review of Metaphysics*, 20(2), 250~277면/250면. 각주1.

45 Anna Blume, "Hermann Schmitz (1928~)," in *Handbook of Phenomenological Aesthetics*, eds. Hans Rainer Sepp & Lester Embree, Springer Science & Business Media 2010, 307~311면/307면.

46 Heidegger, 앞의 책 136~137면.

47 "느낌이나 기분이라 부르는 것은 이성적인 것보다 훨씬 이성적이다. 즉, 더 이해적이다. 왜냐하면 엉겁결에 이성(ratio)이 되어, 이성적으로 오해되어버린 모든 이성적인 것들보다는 존재를 더욱 잘 드러내주기 때문이다." 마르틴 하이데거, 앞의 책 89면.

48 질 들뢰즈 『감각의 논리』, 하태환 옮김, 민음사 2008, 47~48면.

49 메를로퐁티, 앞의 글 185~214면.

50 들뢰즈, 앞의 책 49면.

51 감각들의 '교차와 횡단'이라는 관념은 메를로퐁티에게서 유래한다. "신체가 존재하는 것은 보는 것과 보이는 것, 만지는 것과 만져지는 것, 하나의 눈과 또 다른 눈, 한 손과 또 다른 손 사이에서 일종의 교차가 일어날 때다." 모리스 메를로퐁티 "눈과 마음," 『현상학과 예술』 오병남 옮김, 서광사 1983, 285~341면/293면. 상이한 감각들 사이의 교차와 횡단에 관해서 메를로퐁티는 이렇게 말한다. "소리를 보고 색을 듣는 곳은 신체가 병존 기관들의 총합이 아니라 그 모든 기능들이 (…) 회복되고 결합되는 협력의 체계인 한에서(이다)." 메를로퐁티 『지각의 현상학』, 357면.

52 질 들뢰즈 & 펠릭스 가타리 『천개의 고원』 김재인 옮김, 새물결 2001, 363면.

53 Robert Gugutzer, 앞의 글 100면에서 재인용.

54 질 들뢰즈 『감각의 논리』, 34~35면.

55 Maurice Merleau-Ponty, *Le Visible et l'invisible*, Gallimard 1964, 178~181면.

56 Daniela Voss, "The Philosophical Concepts of Meat and Flesh: Deleuze and Merleau-Ponty." *Parrhesia*. No. 18, 2013, 113~124면.

57 질 들뢰즈 『감각의 논리』, 76면.

58 질 들뢰즈 & 펠릭스 가타리 『천개의 고원』, 304면.

59 같은 책 306면.

60 들뢰즈, 앞의 책 64면.

61 같은 책 58면.

62 같은 책 65면.

63 "모든 이가 저마다 상자를 갖고 있고, 그 안에 우리가 '딱정벌레'라 부르는 것이 있다고 가정하자. 누구도 다른 이의 상자를 들여다 볼 수 없으며, 누구나 오직 자기의 딱정벌레만 보고 딱정벌레가 무엇인지 안다고 하자. (…) 그 상자 안에 든 것은 언어놀이에 전혀 속하지 않는다. 그 어떤 것으로서도 속하지 않는다. 왜냐하면 그 상자는 비어있을 수도 있기 때문이다." Ludwig Wittgenstein, *Philosophische Untersuchungen*, Suhrkamp 2003, §293.

64 "자기에게만 속하는 색채인상이라면, 나는 — 대강 아무리 봐도 질리지 않을 것 같은 방식으로 — 그 색채 안으로 침잠해 들어간다. 따라서 이런 체험은 빛나는 색채를 바라보거나 우리에게 인상적인 색채의 배열을 바라볼 때 일어나기가 더 쉽다." 같은 책 §277.

나가며

1 Theophrastus, "Theophrastus on the Senses," 69면에서 재인용.

2 Leucippus & Democritus 앞의 책 18면.

3 Ioannis G. Kalogerakos, *Seele und Unsterblichkeit: Untersuchungen zur Vorsokratik bis Empedokles*, Walter de Gruyter 2012, 4면에서 재인용.

4 Leucippus & Democritus, 앞의 책 9면.

5 George E. Karamanolis, *Plato and Aristotle in Agreement?: Platonists on Aristotle from Antiochus to Porphyry*, Clarendon Press 2006, 252면.

6 Lucius Annaeus Seneca, *Seneca's Letters from a Stoic*, tr., Richard Mott Gummere, Courier Dover Publications 2016, 94면.

7 Phillip Cary, *Augustine's Invention of the Inner Self: The Legacy of a Christian Platonist*, Oxford University Press 2003.

8 Stephen Menn, *Descartes and Augustine*, Cambridge University Press 2002, 4면.

9 Gilbert Ryle, *The Concept of Mind*, Routledge 2009.

10 Heidegger, 앞의 책 33면.

수록된 그림 및 소장처

108면 Gerardus de Harderwijk, *Epitomata, seu Reparationes totius philosophiae naturalis Aristotelis*, Köln Heinrich Quentel 1496.

159면 P. Oxy. 29 in Oxyrhynchus Papyrus, AD 100?

165면 그림6 철로(일러스트: 김윤경).

171면 Rudolf E. Siegel, *Galen on Sense Perception: His Doctrines, Observations and Experiments on Vision, Hearing, Smell, Taste, Touch and Pain, and Their Historical Sources*, S. Karger 1970, 63면의 도판을 다시 그림(일러스트: 김윤경).

172면 같은 책 61면의 도판을 다시 그림(일러스트: 김윤경).

178면 같은 책 141면의 도판을 다시 그림(일러스트: 김윤경).

183면 (위) 같은 책 41면의 도판을 다시 그림(일러스트: 김윤경).
(아래) 같은 책 105면.

237면 Serefeddin Sabuncuoglu, *Cerrahat al-Haniyye*, 79면, Millet Library.

238면 (왼쪽) Al-Mutadibih, *Manuscript titled 'Anatomy of the Eye'*, 1197, Cairo National Library.
(오른쪽) S. L. Polyak, *The Retina*, University of Chicago Press 1941, 98~135면.

239면 A Copy of Hunayn Ibn-Ishaq's Kitab al-Ashar Maqalat fil-ayn, AD 12C.

252면 Monfredo de Monte Imperiali, "Liber de herbis," 14th century, in *Inventions et Decouvertes au Moyen-Age*, Samuel Sadaune, Ediitions Ouest-France 2014, 112면.

253면 Jabril ibn Bukhtishu, *Kitāb al-Hayawān*, AD 9C.

259면 Raffael Sanzio, The School of Athens, 1510-1511. Vatican Museum(세부).

269면 (위) Illustration of the visual system in Kamāl al-Dīn al-Fārisī's Tanqih al-Manāẓir.

Topkapi Palace Museum, Istanbul, Ahmed III Library, MS 3340, folio 16a.

270면 (왼쪽) Diagram of the eye in Kamāl al-Dīn al-Fārisī's *Tanqīḥ al-Manāẓir*, MS 3340, folio 25b. Topkapi Palace Museum, Ahmed III Library.

(오른쪽) The eye in an early Latin Manuscript of Alhazen's *De Aspectibus*. MS 9-11-3 (20), fol. 4v, of the Crawford Library, Royal Observatory, Edinburgh (dated AD 1269).

276면 Roger Bacon, *Opus Majus or De Multiplicatione Specierum*. iv.ii.2, MS Roy.7. F.viii, f.25v.

280면 (왼쪽) Roger Bacon, *Perspectiva*, Wolfgang Richter for Anton Humm 1614, 51면. (오른쪽) 같은 책 24면.

299면 (위) Leonardo da Vinci. MS D, fol. 3v, of the Bibliothèque de l'Institut de France, Paris.

301면 Andreas Vesalius, *De Humani Corporis Fabrica*, 1543.

303면 Felix Platter, *De Corporis Humani Structura et Usu*, 1583.

308면 (아래) Giambattista Della Porta, *De Refractione Optices parte libri nouem*, ex officina Horatii Saluiani 1593, 85면.

312면 René Descartes, "La dioptrique", in Discours de la Methode, Leiden, 1637, 36면.

319면 같은 책 11면.

320면 같은 책 56면.

322면 같은 책 26면.

323면 René Descartes, *L'homme*, Charles Angot 1664, 71면.

324면 Christoph Scheiner Oculus, *Hoc est Fundamentum Opticum*, Apud Danielem Agricolam/Agricola 1619, 17면.

325면 Descartes, 앞의 책 79면.

326면 같은 책 103면.

330면 같은 책 63면.

346면 Albertus Magnus, *Philosophia Naturalis*, Mich. Furter 1506, cap.xiii.

349면 Manuscript, 1310, G.g.I.1., Cambridge University Library. fol.490v.

351면 Handschrift (ca. 1347), München, Die königliche Hof und Staatsbibliothek, Bl.64.

354면 (위) Johann von Ketham, *Fasciculus Medicinae*, 1400, MS. lat. 11299 fol.37v. (아래) Manuscript, 1410, Cambridge University Library, fol.57v.

356면 Gregor Reisch, *Margarita philosophica*, 1503/1535, 883면.

417면 (왼쪽) Paul Cezanne, "La Table de Cuisine," 1888-1890. oil on canvas. 65.0x80.0 cm. Musée d'Orsay, Paris. Bequest of Auguste Pellerin 1929.
(오른쪽) Erle Loran, *Cézanne's Composition: Analysis of His Form with Diagrams and Photographs of His Motifs*, University of California Press 2006, 77면.

445면 Francis Bacon, "Study for Head of Lucian Freud," 1967. oil on canvas. 35.5x30.5 cm. private collection.

447면 Francis Bacon, "Three Studies for a crucifixion," 1962. oil with sand on canvas. 198.1x144.8 cm. Solomon R. Guggenheim Museum.

450면 Francis Bacon, "Study after Velázquez's Portrait of Pope Innocent X," 1953. oil on canvas, 153x118cm. Des Moines Art Center.

ㄱ

가상디, 피에르(Pierre Gassendi, 1592~1655)
330

갈레노스(Aelius Galenus, 129~200?) 22,
23, 26, 28, 54, 76, 112, 149, 169,
170~187, 191, 202, 212, 234, 236~238,
242, 245, 247, 248, 253, 255, 256, 261,
268, 270, 274, 278, 287, 300~302, 345

감각과 이성 38, 39, 42, 61, 372, 466

감각기관 22, 28, 46, 51, 54, 91, 107,
114, 121, 145, 146, 171, 174, 179, 199,
206~208, 215, 216, 231, 241, 245, 254,
290, 303, 325, 337, 375, 389, 420~423

감각된 것 43, 134, 135, 138, 141, 142, 149

감각문화 372

감각세계 16, 41, 86, 87, 91, 195, 204,
452, 465

감각의 쾌락 128, 459

감각의 폭력 444

감각이후 31, 342, 367, 467

감각주의 32, 38, 361, 377, 405, 407, 410

감각지각 44, 50, 51, 53, 57~59, 61, 63,
68, 69, 146, 199, 204, 206, 208, 212,
214, 215, 217, 244, 258, 286, 344, 350,
359, 367, 372, 381, 398, 399, 419, 457

감각질 5, 30, 79, 259, 326, 408, 429, 452

감관 17~19, 21~25, 30, 46, 50, 51, 54, 55,
61, 64, 72, 76, 79, 81, 106, 107, 109, 114,
115, 117, 121, 122, 124, 140, 141, 146,
149, 150, 154, 169, 174, 186, 199, 200,
202, 205~207, 212, 213, 215, 217, 240,
242, 244, 245, 247~249, 287, 289~291,
325, 329, 335, 338, 342, 343, 345, 359,
381, 391, 421, 430, 443, 455, 457, 458, 465

감관과 대상의 협력 19, 21, 150

감성론 6, 30, 31, 364~372, 387, 388,
397~399, 421, 423, 439, 467, 468, 471

감성적 인식 367~370, 372, 399

감성적 판단력 369, 370

감성학 419~426, 438, 439, 444, 445, 450,
468

경험주의 24, 31, 220, 221, 334~341, 360,

361, 387, 388, 389, 395, 396, 398, 405, 410, 413, 459, 464, 466

고기 127, 447~451, 469, 470

공감 203~205, 424

공공감 379

공기인상 18, 20, 25, 77, 83, 84, 137, 138, 150

공통감 31, 109, 122~125, 146, 253, 256~258, 287, 322, 342~345, 347, 360, 387, 391, 395, 396, 398, 407, 409, 410, 423

관념 29, 31, 56, 61, 75, 85~87, 99, 105, 120, 144, 154, 159, 168, 171, 197, 199, 206, 221, 227, 230, 232, 235, 238, 258, 259, 265, 275, 276, 306~309, 313, 320, 321, 325, 329, 334~341, 355, 364, 365, 371, 375, 377~380, 385, 387, 392, 393, 406, 407, 410, 412, 429, 430, 440, 443, 451, 452, 455, 456, 462, 465

관념론 75, 85, 99, 407, 408, 413

관습 296, 297, 337, 435

관조적 지혜 126

광선추적 272

광학 22~24, 26~29, 55, 69, 158~169, 181~192, 209, 226~314

구르스키, 안드레아스(Andreas Gursky, 1955~) 8

굴절 29, 113, 175, 186, 192, 260, 266, 267, 275, 277, 281, 302~313, 316, 319, 320, 322, 332

그라시안, 발타사르(Baltasar Gracián, 1601~1658) 374, 375

『세속적 지식의 기술』(El Arte de la Prudencia, 1647) 374

그로스테스트, 로버트(Robert Grosseteste, 1175~1253) 27, 228, 235, 274~283, 286, 288

『빛에 관하여』(De Luce, 1225) 275

근대광학 28, 192, 233, 260~272, 274~314

근원 34(아르케), 40(아르케), 61, 64, 68, 69, 138, 190, 204, 238, 275, 277, 285~287, 300, 301, 313, 385, 387, 391, 409, 414~417, 420~422, 430, 440, 443, 454(아르케), 462, 466, 469, 470

기계 속의 유령 467, 468

기관 없는 신체 411, 444, 446, 449, 470

기독교 26, 27, 85, 87, 211, 220, 221, 223, 236, 279, 281, 283, 284, 429, 461, 462

중세 기독교 211

기독교 신앙 220, 221, 284

기독교 신학 25, 221, 279, 281, 284

기분 437, 440

기억력 343~346, 348~357, 360, 369, 371, 392, 410

기울기 운동 134

기하학 22, 86, 95, 148, 158, 159, 166~170, 182, 185~187, 189, 228, 233, 234, 250, 277, 307, 311, 312, 316, 322, 334, 418, 423

긴장 145~148, 169, 175, 176, 181, 216, 217, 287, 431~433, 449

ㄴ

나는 만진다, 고로 존재한다 409

나는 생각한다, 고로 존재한다 409, 422

내감 25, 31, 244, 279, 294, 342~361
내성 296, 380, 381
내포적 명석함 368
내향투사 428, 429, 437, 438, 465
네메시우스(Nemesius, 4세기경 활동) 345, 346, 353
뇌중심주의 54
뉴턴, 아이작(Isaac Newton, 1643~1727) 332
능동성과 수동성 64, 145, 207, 359, 360
능동적 감각 215
능동적 감각지각의 이론 215
능동적 동작주 282
능동적 원소 144
능동적 이성 197
능동적 활동 25, 199, 214, 216, 465
니시비스 학교 223

ㄷ
다빈치, 레오나르도(Leonardo da Vinci, 1452~1519) 28, 298~300, 306, 312
다양성의 통일 366~367, 380~381, 393, 396
다원론 62, 68
단순관념 335, 336, 338, 380
단안시각 166, 182
대조에 의한 지각 36, 53, 55~58, 60
더듬이머리 445
덕 125, 126, 128, 377
데루치, 몬디노(Mondino de Lucci, 1270?~1326) 28, 300
『해부학』(Anathomia, 1316) 300

데리다, 자크(Jacques Derrida, 1930~2004) 92
데모크리토스(Democritus, BC 460?~370?) 17~21, 34, 70, 72~89, 93, 99, 100, 105~107, 110~115, 133~138, 140, 142, 150, 152, 153, 155, 185, 200, 201, 230, 241, 337, 427, 429, 442, 455, 457, 458
데미우르고스 85, 86, 88, 89, 99, 144
데카르트, 르네(René Descartes, 1596~1650) 5, 7, 8, 29~31, 52, 55, 149, 166, 192, 206, 221, 311, 313, 316~335, 337, 340, 357, 360, 364, 365, 399, 405, 409, 410, 412, 414, 416, 417, 419, 421, 422, 425~429, 432, 434, 436, 443, 451, 463~471
『굴절광학』(La Dioptrique, 1637) 316~320, 322
『빛에 관한 논문』(Traité du Monde et de la Lumiére, 1629~1633) 30, 316, 321~325
『제1철학에 관한 성찰』(Meditiationes de Prima Philosophia, 1641) 327~329, 331, 465~466
『철학의 원리』(Principia Philosophiae, 1644) 326
도덕감 376~379
도식 397, 416~418, 423, 435
동물-되기 446
동조설 17, 27
드 메레, 슈발리에(Chevalier de Méré, 1607~1684) 375
들뢰즈, 질(Gilles Deleuze, 1925~1995) 6, 411, 442~452, 469~471

『감각의 논리』(*Logique de la Sensation*)
442, 444

『천개의 고원』(*Milles Plateaux*, 1980.
펠릭스 가타리와 공저) 445, 449

디드로, 드니(Denis Diderot, 1713~1784)
404, 405

『농아에 관한 편지』(*Lettre sur les sourds
et muets à l'usage de ceux qui enterdent dt
qui parlent*, 1751) 404

『맹인에 관한 편지』(*Lettre sur les aveugles
à l'usage de ceux qui voients*, 1749) 404

디오게네스, 아폴로니아의(Diogenes of
Apollonia, BC 5세기경 활동) 62~70

ㄹ

라에르티오스, 디오게네스(Diogenes
Laërtius, 3세기경 활동) 147

라이프니츠, 고트프리트 빌헬름(Gottfried
Wilhelm Leibniz, 1646~1716) 221,
357, 364~368

『지식과 진리와 관념에 관한 성찰』
(*Meditationes de Cognitione, Veritate et
Ideis*, 1684) 365

라일, 길버트(Gilbert Ryle, 1900~1976) 467

라캉, 자크(Jaques Lacan, 1901~1981) 451

레우키포스(Leukippos, BC 5세기경 활동)
72, 74, 82, 455

렌즈 8, 28, 29, 240, 271, 278, 300, 303~310

볼록렌즈 307, 310

오목렌즈 307

로크, 존(John Locke, 1632~1704) 140, 221,
327, 334~341, 357, 358, 360, 364, 380,

389, 402~405, 412, 428, 429, 464, 466

『인간오성론』(*An Essay Concerning Human
Understanding*, 1689) 334~336, 338,
402~404

루멘 277, 285, 313, 332, 340

루크레티우스(Lucretirus, BC 94?~55?) 83,
133~135, 139~141, 415

『사물의 본성에 관하여』(*De Rerum
Natura*, BC 1세기경) 140~141

룩스 277, 285, 313, 332

르네상스 284, 295~304, 342, 347, 353, 355,
356, 370, 373, 386, 387, 418, 420, 427, 467

리세움 151, 156

린드버그, 데이비드 C.(David C. Lindberg,
1935~2015) 230, 265, 267

ㅁ

마그누스, 알베르투스(Albertus Magnus,
1200~1280) 27, 278, 346, 353, 355

『동물론』(*De Animalibus*, 1249) 355

마우롤리코, 프란체스코(Francesco Maurolico,
1494~1575) 307

만물유전 73

말피기, 마르첼로(Marcello Malpighi, 1628~
1694) 121

망막 28, 29, 175, 176, 183, 189, 237, 238,
253, 257, 258, 271, 300~307, 309~313,
316, 322~324, 444

망막영상 306, 324

매체 8, 19, 25, 81, 99~128, 136, 139,
148, 154, 155, 174~176, 182, 188, 199,
200, 202, 203, 205, 208, 216, 217, 244,

247~250, 254, 256, 264, 265, 278, 279, 282, 288, 293, 296, 298, 319

매체설 18, 20, 21, 23, 25, 27, 106, 112, 113, 130, 136, 139, 150, 153, 154, 155, 191, 199~201, 204, 205, 209, 230~232, 241, 243, 244, 249, 253, 264, 272, 279

메를로퐁티, 모리스(Maurice Merleau-Ponty, 1908~1961) 31, 410~418, 420, 427, 430, 438~444, 447, 448, 450, 468~470

『보이는 것과 보이지 않는 것』(*La Visible et l'invisible*, 1988) 448

『세잔의 회의』(*La Doute de Cézanne*, 1949) 418

『지각의 현상학』(*Phénoménologie de la perception*, 1962) 417, 420, 438

명석·판명(한 인식) 149, 328, 329, 364, 365, 367, 371, 393

명석·혼연(한 인식) 364, 365~367, 393

명예감 379

목적인 100, 101

몰리뉴, 윌리엄(William Molyneux, 1656~1698) 336, 402, 403

몸 45, 96, 97, 197, 325, 427, 430~432, 435, 439, 440, 443, 444, 447~449, 451, 452, 470

무 39, 40, 73, 74, 85

무관심성 378, 394, 396, 399

무의식적 추론 272

물리주의 144

물질적 선험성 422

물활론 41, 42, 69, 70, 454

미 366, 368, 369

미각 7, 49, 55, 58, 66, 76, 77, 81, 82, 96, 109, 114, 116, 118~121, 127, 139, 147, 154, 179, 180, 219, 239, 240, 245, 279, 290, 292, 293, 328, 332, 337, 357, 375, 377, 384, 404, 407, 423, 424, 435

미감 127, 361, 376~380, 387, 394

미분화 상태 35, 399, 412

미적 문화 373, 374, 388, 399

미적 자율성 372

미적대상 399

미적태도 399

미적판단(→취미판단) 370, 371, 383, 386, 398

미학 6~8, 26, 30, 31, 210, 361, 364~373, 375, 386, 395, 398, 399, 438, 467, 468, 471

18세기 미학 50, 82

근대미학 31, 50, 142, 371, 373, 387, 438

실존미학 90, 196, 211, 219, 220, 463

영국 미학 385, 375, 376

존재미학 459, 462

밀레투스 34, 35, 38, 42

ㅂ

바움가르텐, 알렉산더 고틀리프(Alexander Gottlieb Baumgarten, 1714~1762) 364~372

『미학』(*Aesthetica*, 1750) 367~368

『시에 대한 성찰』(*Meditationes Philosophicae de Nonnullis ad Poema Pertinentibus*,

1735) 368

『철학백과사전의 스케치』(*Sciagraphia Encyclopaedia Philosophicae*, 1769) 370, 372

『형이상학』(*Metaphysica*, 1739) 369, 461

바타유, 조르주(Georges Bataille, 1897~1962) 446

반(半) 사물 437

반데카르트주의 468

반성 238, 336, 357, 360, 369, 405, 468

반성적 사유 357, 360, 369

반성적 판단 393

반성철학 220, 221, 360, 461

반영 55, 58, 60, 64, 65, 68, 69, 77~79, 153, 250, 275, 321, 324, 348

발산설 18, 19, 21, 23, 25~27, 106, 111, 112, 130, 136, 149, 150, 153~155, 167, 173, 178, 191, 230, 232, 241, 264, 321

방법적 회의 330, 464, 468

방사설 18~21, 27, 106, 149, 150, 155, 209

방종 126~128, 219, 459, 463

배경 448, 449

버크, 에드먼드(Edmund Burke, 1729~1797) 358, 384~387, 395

버클리, 조지(George Berkeley, 1685~ 1753) 334~341, 408, 410, 412, 428, 465

『하일라스와 필로누스의 대화』(*Three Dialogues between Hylas and Philonus*, 1713) 338~340

벌로, 에드워드(Edward Bullough, 1880~1934) 399

베냐민, 발터(Balter Benjamin, 1892~1940) 8

베살리우스, 안드레아스(Andreas Vesalius, 1514~1564) 28, 171, 301, 302, 358

『인체구조론』(*De Humani Corporis Fabrica Libri Septem*, 1543) 28, 301, 302

베이컨, 로저(Roger Bacon, 1214?~1292?) 27, 28, 228, 235, 274~283, 295, 355

베이컨, 프랜시스(Francis Bacon, 1909~1992) 444~450

「루치안 프로이트의 머리를 위한 습작」(Study for Head of Lucian Freud, 1967) 445

「벨라스케스의 교황 이노센트 10세 초상 연구」(Study after Velázquez's Portrait of Pope Innocent X, 1953) 450

「십자가형을 위한 세개의 습작」(Three Studies for a Crucifixion, 1962) 447

벤담, 제레미(Jeremy Bentham, 1748~1832) 447

보스, 히에로니무스(Hieronymus Bosch, 1450?~1516) 403

복합관념 335, 336, 380

볼프, 크리스티안 (Christian Wolff, 1679~1754) 366~369, 396

『경험적 심리학』(*Phychologia Empirica*, 1733) 366

『독일 형이상학』(*Deutsche Metaphysik*, 1719) 366

뵈메, 게르노트(Gernot Böhme, 1937~) 6, 438

부동의 일자(또는 일자) 25, 40, 72~74,

86, 194~196, 209~211, 228, 277, 290

부우르, 도미니크(Dominique Bouhours,
1628~1702) 375

분별력 352, 359

분위기 7, 435, 436, 437, 438, 440

분유 86, 87, 195, 196

브렌타노, 프란츠(Franz Brentano, 1838~
1917) 413, 414, 417

브루넬레스키, 필리포(Filippo Brunelleschi,
1377~1446) 297

비어, 존 아이작(John Isaac Beare, 1857~
1918) 47

비인간성 445

비존재 39, 40, 42

비텔로(Witelo, 1230?~1280?) 283

비트겐슈타인, 루트비히(Ludwig Josef
Johann Wittgenstein, 1889~1951) 452,
468

빈 서판 104, 199, 216, 334

빛 5, 18~21, 24~30, 37, 46~48, 78, 81, 83,
91, 93, 94, 104, 110~113, 136, 147~150,
168, 174, 179, 181, 182, 186, 195,
201~203, 208~210, 219, 226~230, 234,
235, 239, 243, 249, 250, 255~258, 260,
261, 263, 265, 266, 268, 271, 275~278,
280, 281, 284, 285, 288~292, 298, 305,
306, 311, 313, 314, 316, 318~321,
324~326, 332, 333, 336, 416
  빛의 미학 26, 210, 219
  빛의 형이상학 208~210, 227, 229, 278,
  281, 284, 285

ㅅ

사물 자체 79, 140, 320, 336~338, 380,
390, 413, 464

사본 298

사태 자체 443

사태 자체로 31, 412~418, 468

산초 판사 374, 384

살 121, 245, 411, 430, 439, 448, 468, 469

삼위일체 211

상상계 451, 452

상상력 8, 30, 31, 52, 124, 331, 334,
343~346, 348, 350~357, 359~360, 371,
376, 384, 385~387, 389~400, 409, 410,
415, 422, 467, 468
  보유적 상상력 348~356, 387, 392
  생산적 상상력 346~356, 371, 387,
  389~392

상징계 451, 452

생각하는 자아(→코기토) 221, 463

생득관념 221, 334, 335, 407, 464

생성 39, 40, 45, 73, 74, 86~92, 140, 141,
145, 171, 208, 261, 288, 335, 443, 446,
448

생성의 형이상학 448

생테브레몽, 샤를 드(Charles de Saint-
Évremond, 1613~1703) 375

섀프츠베리(3rd Earl of Shaftesbury, 1671~
1713) 376~382

성 이그나티오스(Ignatius of Loyola,
1491~1556) 331

세네카, 루키우스 안나에우스(Lucius

Annaeus Seneca, BC 4~AD 65) 143,
274, 461, 462
세르반테스, 미겔 데(Miguel de Cervantes,
1547~1616) 374, 384
『돈키호테』(Don Quixote, 1600) 374
세잔, 폴(Paul Cézanne, 1839~1906)
417~418, 442~444
섹스투스 엠피리쿠스(Sextus Empiricus,
3세기경 활동) 76
셸링, 프리드리히 빌헬름 요제프 폰
(Friedrich Wilhelm Joseph von Schelling,
1775~1854) 413
소요학파 21, 151~156
소크라테스(Socrates, BC 469?~399) 73~
74, 456, 457
소크라테스 이전 철학 17, 33~70, 152
속견 39~43, 74, 90
속성 30, 138, 140, 146, 290, 296, 320, 322,
327, 332, 336~339, 366, 380, 381, 395,
400, 402, 412
    객관적 속성 140, 320, 327, 337, 338,
366, 380, 381, 395, 402
    관계적 속성 134, 140, 380
    주관적 속성 336, 337, 402
송과선 206, 323, 325, 329, 330
쇼펜하우어, 아르투어(Arthur Schopenhauer,
1788~1860) 399
수동적 감각 199, 207, 272, 329, 412
수동적 수용체 282
수동적 원소 144
수동적 이성 104, 105, 199, 208, 216, 459
수용 19, 20, 56, 61, 83, 84, 94, 106, 107,

112, 133, 138, 195, 206, 207, 212, 215,
257, 265, 268, 277, 282, 287, 303, 348,
380, 381, 391, 397, 440, 445
수정체 28, 29, 55, 175, 176, 182, 183, 237,
257, 267, 268~272, 281, 298~312, 321,
322
수축 93, 94, 96, 97, 243, 431, 449
숨결 21~27, 63, 116, 139, 143~150,
171~178, 181, 182, 188, 203, 204,
213~216, 238, 240~242, 246~248, 253,
257, 287, 302, 454
    뇌숨결 171~174
    숨결 이론 23, 26, 149, 173, 177, 178,
242, 253, 287
    시각숨결 21, 25~27, 146~148, 173,
182, 189, 190, 240~242, 247, 248, 287
    영혼숨결 173, 238~241, 257
    청각숨결 173, 287
    활성숨결 171, 178
    후각숨결 287
숭고 377, 385, 438
슈미츠, 헤르만(Hermann Schmitz, 1928~)
6, 31, 411, 427~442, 446~450, 465, 468,
470
    『철학의 체계』(System der Philosophie,
1964~1980) 427
스콜라철학 295, 313, 316, 329, 330, 413
스토바이오스(Stobaeus, 5세기경 활동)
47, 455
스토아 포이킬레 143
스토아학파 20~25, 131, 132, 143~151,
158, 160, 162, 168~173, 176, 181, 183,

186~188, 190, 194, 197, 200~204, 208, 211, 213, 216, 217, 231, 237, 241, 242, 245, 247, 253, 255, 256, 261, 283, 287, 288, 346, 359

스토아주의 144, 146, 173, 175, 185, 203, 461

스트라토(Strato of Lampsacus, BC 335?~ 259?) 151, 156, 201

스트래튼, 조지 말콤(George M. Stratton, 1865~1957) 153~154

승인 146, 149, 208, 214

시각 18~30, 46~48, 55~65, 68, 77, 78, 82, 84, 90~98, 106~114, 116, 121, 123, 136~139, 146~150, 158~192, 200~205, 208, 213, 217, 226~272, 275~285, 287~293, 295~314, 316, 320~325, 357, 360, 375, 380, 402~408, 415~417, 423, 435, 444, 458

시각 피라미드 282, 297, 298

시각광선 18~28, 93~94, 97, 160~169, 171, 182, 186~188, 202, 213, 217, 229~234, 246~251, 261~268, 277, 278, 282, 288, 298

시각론(시각 이론) 55, 60, 63, 78, 84, 107, 112, 113, 147, 158, 167~169, 173, 185, 186, 187, 192, 201, 209, 213, 226, 229, 231, 233, 235, 236, 237, 240, 242~245, 251, 260, 264, 272, 277, 295~305, 307, 309, 311~313

시각영혼 236, 237, 243, 270, 301, 302

시각원뿔 21, 23, 78, 146, 148, 158~169, 181, 182, 186~190, 200, 233, 246, 247, 250, 306, 312, 316

시각종 이론(→종의 이론) 381

시각중심주의 402, 458

시간과 공간 391, 413, 422, 465

시신경 171~175, 182, 183, 190, 236, 240, 268, 270, 281, 300~303, 313, 321~325, 358

신비주의 70

신적 이성 456

신체 25, 31, 32, 35~37, 42, 51, 59~61, 63, 64, 67, 70, 77, 79, 81, 88~91, 93, 98, 101, 103~105, 115~119, 122, 124, 128, 139, 144, 170~172, 198, 199, 203, 206, 207, 215~218, 221, 238, 241, 245, 279, 293, 329, 336, 344, 358~361, 369, 372, 391, 399, 404, 406~411, 412~426, 427~452, 455~459, 465~470

신체가짐 434

신체성 410, 416, 426, 430

신체와 정신의 분리 414

신체현상학 414, 430, 439, 440, 442, 468

실재계 451, 452

실체 22, 25, 30, 36, 40, 41, 69, 75, 79, 86, 87, 89, 102, 111, 117, 144, 171, 187, 197, 204, 206, 227, 229, 233, 234, 240, 256, 263, 265, 275~277, 292, 296, 304, 316, 329, 330, 335, 338~340, 409, 419, 448, 467

사유실체 206, 329, 330, 335, 409, 419, 427, 434, 467

연장실체 206, 329, 335, 409, 419, 425, 427, 434, 437, 466

심리주의 428, 429, 465

심상 116, 451

심신이원론 144, 198, 329, 357, 361, 405, 427~430, 435, 437, 439, 442, 452, 464, 470

심적 거리 399

ㅇ

아가티아스(Agathias, 532?~580?) 222

아낙시만드로스(Anaximandro, BC 610~546) 34, 40, 41, 63

아낙시메네스(Anaximenes, BC 585~525) 34, 62, 454

아르케(→근원) 34, 40, 454

아르키메데스(Archimedes of Syracuse BC 287?~212) 185

아리스타르코스(Aristarchus of Samos, BC 310~230) 201

아리스토텔레스(Aristotle, BC 384~322) 17~27, 38, 39, 43, 82, 99~128, 130, 133~136, 139, 148, 150~158, 172, 174, 176, 181~185, 188, 191, 194, 196~204, 207, 208, 211~218, 230, 232, 241, 243, 244, 248, 249, 250, 252~259, 264, 265, 271, 272, 275, 278~298, 301, 317, 325, 327, 330, 331, 335, 337, 342, 343, 347, 350, 352, 358, 359, 371, 386, 409, 415, 417, 423, 430, 457~463, 467

『감각 및 감각대상론』(약칭 『감각론』, *De Sensu et Sensibilibus*, BC 350?) 106, 111, 112, 116, 152, 253

『니코마코스 윤리학』(*Éthika Nichomacheia*) 125, 128, 218, 219, 459

『자연학』(*Physica*) 158

『천상론』(*De Caelo*) 275

『영혼론』(*De Anima*) 82, 101, 104, 106, 116, 122, 125, 253, 278, 289, 293, 415, 417

아리스토텔레스주의 185, 196, 244, 281, 283, 284, 287, 294, 295, 298, 330, 331, 460

아베로에스(→이븐루시드) 252

아비센나(→이븐시나) 244

아에티우스(Aetius, 1~2세기경 활동) 49

아우구스티누스, 성 아우렐리우스(St. Aurelius Augustinus, 354~430) 25, 211~223, 259, 274, 275, 277, 283~286, 289, 329, 331, 342~361, 370, 462, 463, 466, 470

『고백록』(*Confessiones*, 397~400) 217, 218, 219, 220

『삼위일체론』(*De Trinitate*, 417?) 213

『음악론』(*De Musica*, 386?) 213

『자유로운 선택에 관하여』(*De Libero Arbitrio*, 387~395) 344

『창세기의 문자적 의미』(*De Genesi ad Litteram*) 215

『편지들』(*Epistulae*) 215

아우렐리우스, 마르쿠스(Marcus Aurelius, 121~180) 143, 344

아이스테시스(→감각지각) 6~8, 31, 37, 43, 207, 214, 372, 399, 409, 412, 414, 415, 420, 421, 424, 443, 444, 455, 457, 458, 463, 465, 466, 469, 471

아퀴나스, 토마스(Thomas Aquimans, 1225?~

1274) 27, 106, 253, 278, 284~294, 331, 353, 356

아킬리니, 알레산드로(Alessandro Achillini, 1463~1512) 301, 302

아타나시우스, 알렉산드리아의(Athanasius of Alexandria, 296?~373) 219

아타락시아 131, 132

아테네 학당 221, 222, 259

아파테이아 131, 132

알 수 없는 무엇 365, 375

알라지(Muhammad ibn Zakariyya al-Razi, 854~925) 243

알렉산더, 아프로디시아스의(Alexander of Aphrodisias, 3세기경 활동) 156
  『아리스토텔레스의 감각론에 관하여』(Peri Aisthêseôs kai Aisthêtôn) 156

알렉산더대왕(Alexander Ⅲ of Macedon, BC 356~323) 130

알베르티, 레온 바티스타(Leon Battista Alberti, 1404~1472) 28, 159, 297, 298
  『회화론』(Della Pittura, 1435) 28, 159, 297

알크마이온(Alcmaeon of Croton, BC 500?~450?) 17, 53~61, 152, 324, 457

알킨디(Abu Yūsuf Ya'qūb ibn ʾIsḥāq aṣ-Ṣabbāḥ al-Kindī, 800?~870?) 26, 27, 226~235, 236, 263, 245, 246, 255, 260, 264, 268, 272, 276, 278, 283, 288, 346
  『광학의 서』(De Aspectibus) 226, 228, 229, 260
  『색채담지체론』 227, 228
  『성광론』(De Radiis Stellarum) 226~229

『청천원인론』 227, 228

알파라비(Abū Naṣr Muḥammad ibn Muḥammad al Fārābī, 870?~950) 243

알하이삼(→이븐 알하이삼)

알하젠(→이븐 알하이삼)

애디슨, 조셉(Joseph Addison, 1672~1719) 375, 376, 384~387

앨리슨, 아치볼드(Archibald Alison, 1757~1839) 385, 387

양안시각 166, 182, 183, 189, 190, 313

언어놀이 452

얼굴 45, 91, 291, 300, 378, 445, 446, 449

에라시스트라토스(Erasistratus, 304?~250?) 155 170, 185

에밀슨, 이욜뷔르 크얄라(Eyjólfur Kjalar Emilsson, 1953~) 201

에우클레이데스(Eukleides, BC 330~275) 22~24, 158~169, 171, 182, 183, 185, 187, 229, 230, 232, 233, 236, 241, 245, 246, 250, 255, 264, 268, 278, 279, 283
  『광학』(Optica, BC 300?) 22 , 148, 158, 159, 167, 168, 182, 229, 230, 234
  『기하학원론』(Stoicheia, BC 300?) 158, 159

에이돌라 18~21, 72~84, 93, 135~138, 150, 200, 230, 232, 282, 298

에피쿠로스(Epikuros, BC 341?~270?) 20~23, 43, 82~84, 130~143, 149, 151, 155, 185, 230, 241, 259, 415, 469
  「헤로도토스에게 보낸 편지」(Epistula ad Herodotum) 135

에피쿠로스학파 20, 21, 131, 132, 135,

142, 143, 151

엘리아스, 노르베르트(Norbert Elias, 1897~1990) 373

　문명화 과정 373

엠페도클레스(Empedocles, BC 495?~ 435?) 16, 17, 34, 44~54, 59, 61~63, 65, 68, 69, 78, 81, 85, 93, 95, 97, 111, 112, 115, 119, 152, 259, 454, 455, 457

역상 29, 271, 300, 306, 311, 312, 322, 323

영육이원론 199, 207, 214, 216, 217, 359, 361, 427, 429, 464

영적 감각 279, 377

영적 변화 27, 284~294

영지주의 185, 198

영토 445

　탈영토화 445

영향 23, 25, 57, 58, 62, 106, 107, 110, 111, 117, 119, 144, 146, 149, 198~200, 202, 203, 206~209, 214~217, 221, 222, 227, 263, 265, 290, 329, 360, 412, 425, 461, 465

영향받음 25, 199, 206, 207, 214~216, 465

영혼 18, 22, 24, 25, 42, 57, 62, 63, 67, 69, 70, 76, 77, 79, 82, 88~93, 98, 101~106, 109, 116, 125, 126, 128, 143~150, 195~199, 202~208, 211~219, 244, 254, 256, 258, 264, 265, 286, 289, 293, 302, 313, 325~327, 342, 344, 345, 347, 348, 359, 360, 369, 390, 391, 405, 427~430, 440, 445, 455~467, 470

　동물영혼 196, 244, 286, 289, 293, 347, 348

식물영혼 196, 244, 286, 289, 293

　영혼과 육체 197, 208, 216, 427, 455, 456, 459

예센, 요하네스(Johannes Jessen, 1566~ 1621) 309

예술 6~8, 196, 298, 367, 368, 372, 375, 376, 383, 384, 395, 396, 399, 416, 424, 444, 451, 471

예술종언론 400

예술철학 6, 399, 471

예지계 74, 75, 86, 99, 207, 291

오감 5, 17, 46, 54, 55, 79, 92, 108, 109, 123, 124, 128, 146, 214, 218, 220, 278, 287, 290, 294, 335, 338, 342~345, 348~350, 355, 357~359, 365, 375, 377, 378, 381, 384, 387, 404, 409, 410, 423, 431, 435, 439, 440, 446, 458, 463, 466, 468, 470

오감의 윤리학 218, 220

오감의 테크네 463

오성 136, 138, 371, 384, 390~393, 397, 422

오컴, 윌리엄(William of Ockham, 1287?~ 1347) 295~304

올바른 구축 297

외감 244, 245, 294, 342, 345~347, 352, 357, 359, 369, 375, 378, 379, 381, 390, 395, 405, 409, 410

외연적 명석함 368, 371

원격지각 24, 203, 204, 214

원근법 159, 164, 166, 297, 418, 423

　체험된 원근법 418

원자 18~21, 25, 26, 34, 47, 70, 72~84, 86,

99, 106, 107, 111, 112, 130, 132~141,
148, 194, 197, 254, 264, 337, 421, 429,
455

원자론 26, 47, 72~84, 112, 132~135, 173,
178, 206, 253, 264, 265, 317, 321

유기체 63, 203, 204, 209, 238, 421, 425,
439, 444, 446, 449, 450, 451, 452, 469, 470

유물론 26, 32, 52, 75, 88, 99, 144, 422,
443, 450, 452

유물론적 사건 443, 452

유사에 의한 지각 37, 50, 51, 53, 60

유사이성 31, 361, 367, 370~372, 389,
439, 467

유스티니아누스 1세(Iustinianus I, 483~
565) 222, 223

유아론 221, 408, 410, 465

유 39, 73

유입설 19~21, 26~28, 47, 84, 112, 113,
150, 173, 230~232, 243~251, 253, 258,
260, 261, 263~272, 278, 283, 284, 287,
288, 295, 298, 321

유출설 18~21, 23, 25~28, 47, 84, 111~113,
130, 150, 153~155, 160, 167, 168, 173,
182, 186, 188, 191, 201~204, 226~251,
255, 258, 260, 261, 267, 268, 272, 278,
282~284, 288, 295, 298

   광학적 유출설 226~235, 245~249,
   255

   의학적 유출설 236~242, 245~249,
   255

육체 32, 42, 48, 90, 103, 126, 131, 197,
198, 206~208, 214~216, 218, 254, 285,

286, 289, 358, 360, 410, 411, 414, 421,
427~441, 448, 449, 454~472

육체임 434

윤곽 7, 83, 203, 204, 298, 347, 370, 408,
409, 425, 431, 432, 435, 439, 448, 449

윤리학 20, 125, 128, 130, 133, 134, 218,
220, 459

융즉 41~43, 378, 433

의미부여 421, 424, 439, 442, 444, 450, 452,
470

의식 37, 63, 210, 220, 221, 258, 259, 265,
335, 336, 339~341, 357~359, 389~391,
409, 410, 412, 413, 419, 423, 428, 440,
451, 452, 454, 455, 461, 462, 464, 465

   재현적 의식 423

   현시적 의식 423

이교철학 221, 222

이념 372, 379, 384, 399

   이념의 감각적 현현 399

이데아 24, 75, 86, 87, 91, 99, 195, 196,
220, 254, 285, 378, 460, 461

이미지 77, 124, 173, 175, 186, 203, 218,
249~251, 264, 266, 281, 298, 306, 310,
312, 316, 321, 343, 345, 355, 368, 384,
386, 390~392, 422

아비센나(→이븐시나) 244

이븐 살(Ibn Sahl, 940~1000) 266

이븐 알하이삼(Ibn Al-Haytham, 965?~
1040?) 26~28, 113, 192, 233, 255,
260~272, 278, 279~283, 310

이븐 이스하크, 후나인(Ḥunayn ibn Isḥāq,
809~873) 26, 27, 236~243, 245, 255,

272

『안학십서』 236~238

이븐루시드(Ibn Rushd, 1126~1198) 26,
27, 243, 244, 252~259, 264, 265, 272,
278, 287, 288, 351~354, 377
　『비정합성의 비정합성』(*Tahafut al-
　Tahafut*) 353

이븐시나(Ibn Sina, 980~1037) 26, 27, 156,
243~251, 253, 255, 261, 264, 266, 272,
278, 279, 283, 285, 288, 347~356, 409
　『구원의 서』(*Kitab al-Najat*) 244, 247
　『태아 형성론』 351

이성 16, 30, 36~42, 54, 56, 57, 61, 63, 66,
68, 69, 73, 75~77, 89~92, 104, 105, 112,
145, 149, 197~199, 207, 208, 214, 216,
277, 296, 318, 327, 328, 331~334, 339,
343, 344, 350, 352, 358~361, 364, 367,
370~372, 377, 378, 387, 389, 397~399,
409, 413, 414, 426, 428, 430, 439, 442,
444, 446, 447, 450, 456~460, 464~469

이성이전 31, 467

이성적 사유 16, 30, 35, 37~39, 54, 57, 69,
77, 197, 350, 466, 468

이성중심주의 5, 31, 92, 409, 426, 442,
444, 450, 458, 469

이콴 알사파(Ikhwān al-safā) 346

이해력 54, 57, 66, 67, 457

인간중심주의 426, 442, 444, 447, 458, 469

인격적 퇴행 434, 446

인격적 해방 434, 446

인공지능 8, 407

인상 18, 20, 25, 38, 43, 64, 69, 77, 79,

83~84, 101, 103, 136~138, 146

인상주의 424

인식론 35, 50, 125, 137, 158, 285, 295,
327, 372, 419, 443, 451

인지력 352~356

일원론 62, 68, 144

임재 86, 87, 195

입지성 425
　탈중심적 입지성 426

ㅈ

자아 146, 197, 198, 221, 340, 349, 357,
360, 407, 408, 417, 422, 433, 434, 456,
461~463, 465

자연 31, 56~57, 87, 91, 122, 140~142

자연미 399

자연철학 16, 34, 35, 74, 108, 113, 125,
130, 292, 346, 425, 454, 469

자연학 22, 38, 151~152, 156, 158, 189, 191,
244

자연학자 41, 57, 70, 74, 152, 156, 244, 277

자유의지 134

자의식 349, 357, 389, 409, 425, 471

작용 18~20, 63, 69, 77, 78, 96, 100, 110,
122, 155, 168, 169, 173, 176, 186, 198,
207, 232, 263, 282, 294, 318~320, 391,
412, 444, 449

작용인 100, 101

잠재태 100, 101, 104, 107, 110, 148, 207

재현 297, 298, 323, 384, 423, 451, 452

전회 221, 295, 360, 389, 391, 413, 442,
452, 460, 461, 463, 464

내향적 전회 221, 360, 460, 461, 463, 464

언어학적 전회 452

해석학적 전회 442, 452

절제 126~128, 219, 220, 331, 459, 463

점형분석 233, 255, 265, 271

접촉 18, 23, 59, 77, 106, 107, 109, 114, 118, 119, 121, 139, 147, 154, 174, 188, 202, 213, 214, 245, 248, 263, 293, 350, 404, 417

정신 25, 31, 42, 52, 83, 88~90, 93, 99, 104, 105, 116, 124, 126, 128, 131, 132, 142, 144, 149, 195, 196, 204, 206, 211, 214, 216~218, 220, 227, 258, 259, 261, 292, 322, 328~330, 334, 335, 338, 339, 358, 370, 372, 376, 381, 399, 405, 407, 409, 410, 412~414, 416~419, 421~424, 427~430, 434, 436, 443, 446, 448, 450~452, 454, 457, 462, 464~471

정신의 감성학 419~426, 444, 450

제1성질 140, 141, 327, 336~339, 364, 402, 428, 464, 465

제2성질 140, 327, 336~339, 380, 402, 429, 464, 465

제논, 엘레아의(Zeno of Elea, BC 490~430) 73

제논의 역리 74면

제논, 키티온의(Zeno of Citium, BC 334~262) 143, 145

제라드, 알렉산더(Alexander Gerard, 1728~1795) 385

존재론적 사건 443

종 275~277, 280~282, 285, 296~298, 304, 313, 316, 321

종 이론 295, 296

종의 번식 228

주객동일성 341

주관적 보편성 394, 396

주관적 필연성 396

주체 8, 42, 52, 99, 216, 221, 341, 383, 407~410, 414, 416~418, 427, 432, 434, 437, 439, 442, 443, 445, 448~450, 455, 463, 468~470

근대적 주체 221, 449, 463

주체와 객체 341, 414, 418, 439, 448, 455, 470

중세 감각론 285, 296, 297

중용 126

지각의 생리학 258

지각의 심리학 214

지성 25, 36, 37, 62~64, 66, 69, 88, 89, 91, 92, 103, 125, 196, 205, 244, 258, 277, 286, 289, 294, 344, 345, 348, 456, 459

지양 31, 400

지주막 268, 300

지팡이(의 비유) 21, 146, 182, 187, 202, 213, 241, 242, 320

지향성 217, 258, 259, 286, 292, 413, 414, 417, 437

진동 21, 95, 115, 138, 147, 176, 208, 244, 292, 443, 452

진리 5, 39~42, 74, 90, 132, 135, 137, 218, 277, 285, 286, 291, 318, 330, 332, 364, 371, 378, 414, 415, 420, 460, 461, 468

질료 없이 형상 199, 255, 259, 286, 295
질료인 100, 101
질료형상론 99, 101, 125
집중 25, 211, 216, 217, 259, 329, 359, 370, 437, 465

ㅊ
창발 194
창세기 275
창조적 역행 446, 469, 471
철학적 인간학 425
청각 7, 21, 46, 48, 49, 55, 56, 58, 59, 61, 65, 76, 77, 79, 92, 94, 95, 98, 102, 109, 114, 115, 116, 118, 121, 122, 126, 127, 138, 139, 145, 147, 150, 154, 155, 169, 173, 174, 176, 177, 179, 208, 209, 214, 218, 219, 231, 239, 244, 245, 279, 287, 290~292, 328, 332, 344, 357, 375, 377, 379, 380, 384, 404, 406, 407, 410, 415, 416, 423, 426, 435, 439, 444, 458, 466
청각중심주의 92, 458
체르비, 가브리엘레(Gabriele Zerbi, 1445~1505) 28, 300
체슬든, 윌리엄(William Cheselden, 1688~1752) 403
촉각 7, 8, 49, 55~56, 58, 66, 76~77, 79, 93, 96, 98, 102, 109, 114, 115, 118, 119, 121~123, 127, 128, 139, 145, 147, 154, 179, 180, 188, 200, 202, 212~214, 218, 219, 240, 245, 279, 285, 286, 290, 292, 293, 321, 326, 328, 332, 336, 337, 344, 357, 375, 384, 403, 404, 407~410, 418,

423, 424, 430, 431, 435, 440, 444, 446, 458, 459, 463, 466, 468, 470
취미 82, 142, 367, 369~389, 393~399, 438
취미론 142, 373~389, 397, 399
취미판단 371, 378, 382, 385, 386, 388, 393~398, 438
치명적 주형 427, 428, 430, 438, 465

ㅋ
카메라 옵스쿠라 29, 176, 271, 272, 281, 298, 304, 306~310, 323
칸트, 임마누엘(Immanuel Kant, 1724~1804) 357, 358, 371, 372, 378, 381, 389~400, 410, 413, 421~423, 438, 465
  『순수이성비판』(Kritik der reinen Vernunft, 1781) 389, 391~392, 398
  『판단력비판』(Kritik der Urteilskraft, 1790) 394~395
칼시디우스(Calcidius, 4세기경 활동) 54, 274
케플러, 요하네스(Johannes Kepler, 1571~1630) 29, 192, 257, 271, 283, 305~314, 316, 322, 324, 332
  『굴절학』(Dioptrice, 1611) 305, 313
  『비텔로 보론』(Ad Vitellionem paralipomena, 1603) 305, 309
코기토 221, 410, 434, 444, 468, 470
  신체의 코기토 410, 468, 470
  정신의 코기토 410, 436
코라 85, 87, 99, 105, 195, 330
콘스탄티누스대제 221
콜롬보, 레알도(Realdo Colombo, 1515?~

1559) 302

콩디야크, 에티엔(Etienne Condillac, 1714~ 1780) 6, 32, 402~411, 430, 431, 468, 470

『감각론』(Traité des Sensations, 1754) 404

쾌(또는 쾌감) 50, 66, 68, 97~98, 102, 218~219, 365~371, 378~379, 381, 392~397, 405~407, 410, 438

　1차적 쾌 384~386

　2차적 쾌 384~386

　불쾌 118, 218, 366, 370~371, 386, 392, 394, 396, 405, 437, 438

　육체적 쾌 410

　정신적 쾌 410

　쾌락 92, 97~98, 126~128, 131~132, 218~219, 431, 459, 463

쿠퍼, 앤서니(→섀프츠베리) 377

크리시포스(Chrysippus, BC 280?~206?) 143, 145

클레안테스(Cleanthes, BC 331~232) 143

클리데모스(Clidemo, BC 378~340) 60, 61, 65, 152, 153

ㅌ

탈레스(Thales of Miletus, BC 623?~548?) 34, 42, 454

테오도시우스 1세(Theodosius I, 347~395) 221

테오프라스토스(Theophrastus, BC 371?~ 287?) 17, 35, 37, 38, 43, 45, 49~51, 53, 55, 56, 58~61, 64, 65, 67~69, 79, 81, 82, 111, 135, 136, 151~156

『감각론』(De Sensibus) 17, 35~36, 49~ 50, 53, 54, 59~61, 64~66, 68, 118, 152, 153

『냄새에 관하여』(De Odoribus) 155

테온, 알렉산드리아의(Theon of Alexandria, 335?~405?) 231

통각 391, 392, 424

ㅍ

파니자, 바르톨로메오(Bartolomeo Panizza, 1785~1867) 180

파르메니데스(Parmenides, BC 515?~?) 16, 17, 34~43, 44, 45, 50, 51, 53, 54, 61, 68, 69, 73~75, 86, 90, 152, 259, 454

파르메니데스의 역리 39, 73, 74

판단력 31, 343, 344, 346, 348~356, 359, 360, 369~371, 377, 386, 388, 392, 393, 409, 410

　규정적 판단력 393

　반성적 판단력 393

판단중지 413

페르시아 223

페캄, 존(Peckham, John, 1230?~1292) 283

포르타, 자코모 델라(Giacomo della Porta, 1535~1615) 307~309

포르피리오스(Porphyry, 233~305) 252, 460

표면 없는 공간 435

표상기관 145, 146

표현주의 424

푸코, 미셸(Michel Foucault, 1926~1984)

220

프리스키아노스(Priskianos, 6세기경 활동)
154, 223

프톨레마이오스(Ptolemaios, 100~170)
23, 24, 27, 169, 183~192, 226, 229,
233~235, 245, 246, 255, 260, 261, 266
『광학』(Optica) 24, 186~190, 261

플라터, 펠릭스(Felix Plater, 1536~1614)
28, 295~310

플라톤(Plato, BC 427~347) 17~21, 24~26,
39, 44, 47, 53, 69, 70, 75, 85~100, 103,
105, 106, 112~114, 128, 130, 136, 148,
150, 152~155, 160, 168, 172, 185, 186,
191, 194~196, 201, 205, 207, 211, 213,
214, 220~222, 228, 230, 231, 235, 241,
243, 244, 253, 254, 274, 275, 277, 283,
285, 287, 288, 330, 331, 378, 427, 429,
442, 455~460
『티마이오스』(Timaios) 86~98, 144,
152, 274

플라톤주의 24, 87, 185, 191, 194, 196,
244, 288, 328, 331, 335, 377, 460
신플라톤주의 24~26, 191, 194, 211,
221, 222, 228, 235, 275, 277, 281, 283,
284, 289~290, 321, 331, 460
중플라톤주의 191

플레스너, 헬무트(Helmuth Plesner, 1892~
1985) 31, 419~426, 427, 434, 438,
439, 442~444, 446, 449, 450, 468, 470
『감각의 통일성』(Die Einheit der Sinne,
1923) 424
『유기체의 단계와 인간』(Die Stufen des

Organischen und der Mensch, 1923) 424

플로티노스(Plotinus, 204?~270) 25, 191,
194~210, 214, 232, 345, 470
『엔네아데스』(Enneads) 196~197,
199~208, 214

플루타르코스(Plutarch, 45?~120?) 142,
147
「콜로테스에 대한 반론」(Adversus
Colotem) 142

플리니우스(Gaius Plinius Secundus Major,
23~79) 274

피론(Pyrrhon, BC 360?~270?) 131, 132,
135, 137, 141, 142

피타고라스(Pythagoras, BC 570?~495?)
85, 105, 118, 186, 188, 430, 456

피히테, 요한 고틀리프(Johann Gottlieb
Fichte, 1762~1814) 413

ㅎ

하위헌스, 크리스티안(Christian Huygens,
1629~1695) 332

하이데거, 마르틴(Martin Heidegger, 1889~
1976) 16, 31, 412~418, 420~422, 424,
427, 438, 440, 468, 469
『존재와 시간』(Sein und Zeit, 1927)
414, 416, 420, 438, 440

합리주의 220, 332, 334, 360, 361, 364~367,
371, 387, 389, 395, 410, 413

합목적성 394, 396, 399
객관적 합목적성 398
목적 없는 합목적성 394, 396, 399
주관적 합목적성 398

해석학 31, 414, 419, 438~440, 442, 452, 468, 469
　반해석학주의 469
행복 125, 128, 131, 132, 141, 142, 220, 463
허치슨, 프랜시스(Francis Hutcheson, 1694~ 1746) 379~382, 385, 386, 393, 396, 397, 399
헤게모니콘 21, 23, 145~149, 172, 190, 287
헤겔(Georg Wilhelm Friedrich Hegel, 1770~ 1831) 6, 31, 399, 413, 425, 471
　『정신현상학』(Phänomenologie des Geistes, 1807) 31, 471
헤라클레이토스(Heraclitus, BC 540?~ 480?) 17, 34, 53~61, 62, 67, 68, 73~75, 86, 340, 457
헤로필로스(Herophilus, BC 325?~255?) 185, 211, 212
헤론, 알렉산드리아의 (Heron of Alexandria, 10?~70?) 169, 185
헬레니즘 18, 20, 21, 22, 130, 131, 143, 150, 151, 155, 211, 226, 359
헬름홀츠, 헤르만 폰(Hermann von Helmholtz, 1821~1894) 272
현상계 74, 75, 86, 99, 196
현상학 5, 6, 31, 32, 217, 338, 413, 416, 417, 419, 420, 424, 427, 438, 440, 441~444, 450, 452, 468, 469
　신현상학 31, 427~442, 450, 468
　신체현상학 414, 430, 439, 440, 442, 468
현실태 100~102, 104, 107, 110, 120, 148, 207

현전 432~434, 451
　원초적 현전 432~434, 446
　전개된 현전 432~434
현존재 414, 416
현존재의 해석학 440
협력 19, 21, 124, 150, 277, 343, 393, 409, 434
　감관과 대상의 협력 21, 150
　개별 감각의 협력 124, 343
　상상력과 오성의 협력 393
　외감들의 협력 409
　자기로부터의 거리 취함과 자기감지의 협력 434
형상 19, 25, 99~101, 103, 104, 107, 112, 136~138, 195, 197, 199, 204~206, 209, 210, 216, 228, 230, 241, 244, 245, 249, 254~257, 259, 261, 263~266, 271, 275~277, 280~282, 285, 286, 288~291, 296, 298, 306, 316, 321, 323, 331, 335, 347, 348, 380, 403, 430, 447, 448, 459~461
　대문자 형상 25, 204, 205, 277
　소문자 형상 25, 204, 205, 277
형상인 100, 101, 144
형이상학 30, 35, 38, 40, 41, 100, 101, 105, 125, 130, 152, 156, 171, 173, 175~177, 194, 196, 208~210, 213, 226~230, 276, 278, 281, 284~286, 292, 304, 313, 369, 409, 414, 416, 427, 437~439, 441, 442, 448, 458, 459, 469, 471
환원주의 428, 429, 465, 466

후각 7, 46, 49, 55~56, 58, 66, 76~77,
79, 95, 96, 102, 109, 116~118, 120,
122, 127, 139, 145, 147, 154~155, 174,
177~179, 214, 218~219, 240, 244~245,
279, 287, 290, 292~293, 328, 332, 337,
344, 357, 375, 377, 384, 404~407,
423~435, 459, 466
후기구조주의 442, 469
후설, 에드문트(Edmund Husserl, 1859~
1938) 31, 412~418, 427, 443, 468

흄, 데이비드(David Hume, 1711~1776)
334~341, 374, 381~384, 388, 389, 396,
398, 399, 408, 410, 412, 428, 465
『취미기준론』(Of the Standard of Taste,
1757) 374
히스테리 448, 450~452
히포크라테스(Hippocrates of Cos, BC 460?~
370?) 170, 179, 300

감각의 역사

초판 1쇄 발행 / 2019년 8월 30일
초판 4쇄 발행 / 2020년 12월 21일

지은이 / 진중권
펴낸이 / 강일우
책임편집 / 김새롬 최지수
조판 / 박아경
펴낸곳 / (주)창비
등록 / 1986년 8월 5일 제85호
주소 / 10881 경기도 파주시 회동길 184
전화 / 031-955-3333
팩시밀리 / 영업 031-955-3399 편집 031-955-3400
홈페이지 / www.changbi.com
전자우편 / nonfic@changbi.com

ⓒ 진중권 2019
ISBN 978-89-364-7777-6 93100